DDR-JUGEND

Ein statistisches
Handbuch

Institut für zeitgeschichtliche Jugendforschung e.V.

DDR-JUGEND

Ein statistisches Handbuch

Herausgegeben von Edeltraud Schulze
unter Mitarbeit von Gert Noack

Akademie Verlag

Die Deutsche Bibliothek – CIP-Einheitsaufnahme:
DDR-Jugend : ein statistisches Handbuch / [Institut für Zeitgeschichtliche Jugendforschung e.V.]. Hrsg. von Edeltraud Schulze unter Mitarb. von Gert Noack. – Berlin : Akad.Verl., 1995
ISBN 3-05-002818-1
NE: Schulze, Edeltraud [Hrsg.]; Institut für Zeitgeschichtliche Jugendforschung

Redaktionsschluß: 29. Juni 1995

Der Akademie Verlag ist ein Unternehmen der VCH-Verlagsgruppe.

Gedruckt auf chlorfrei gebleichtem Papier.
Das eingesetzte Papier entspricht der amerikanischen Norm ANSI Z.39.48 – 1984 bzw. der europäischen Norm ISO TC 46.

Satz: Mirko Gotschlich, Berlin
Druck: GAM Media GmbH, Berlin
Bindung: Dieter Mikolai, Berlin

Printed in the Federal Republic of Germany

Inhaltsverzeichnis

Vorwort

Politisch gesehen ist die DDR ein abgeschlossenes Kapitel der deutschen und europäischen Geschichte nach 1945 und Gegenstand geschichtswissenschaftlicher Forschungen aus dem Blickwinkel der Historisierung.[1] Gleichwohl werden die politischen, sozialen und mentalen Prägungen, welche die Mitglieder der DDR-Gesellschaft erhielten und erwarben, noch über einen längeren Zeitraum spürbar sein und vererbt werden. Der Analyse dieser Phänomene haben sich verschiedene Disziplinen der Sozialwissenschaften angenommen. Ein komplexes Gesamtbild der DDR-Gesellschaft steht noch aus.

Der vorliegende Band will ausgewählte, statistisch meßbare Basisdaten zur Geschichte der Jugend in der Sowjetischen Besatzungszone (SBZ) und der DDR vorstellen und damit sowohl einen bescheidenen Beitrag zur Geschichtsschreibung über die DDR als auch zur zeithistorischen Jugendforschung leisten. Er versteht sich als Quellenband, der neue Forschungen zur Jugend in der DDR anregen will und diesen auf Teilgebieten möglicherweise ein Fundament geben kann. Das Buch richtet sich an Historiker, Sozialwissenschaftler, Jugendpolitiker und historisch Interessierte, die sich über quantitative Daten zur Geschichte der Jugend in der DDR informieren wollen.

Die Jugend der DDR ist seit 1990 oft unter den Paradigmen von Gewalt, Fremdenhaß und Rechtsradikalismus wahrgenommen worden. Die pogromartigen Gewaltexzesse gegen Ausländer im September 1991 in Hoyerswerda und im August 1992 in Rostock waren die Anlässe für die Konzentration einer Vielzahl von empirischen Studien auf die Problematik der Gewaltbereitschaft und des Rechtsradikalismus unter den Jugendlichen der neuen Bundesländer.[2] Eine umfassende Beantwortung der Fragen „nach Kontinuität oder Wandel innerhalb der Jugendbevölkerung“[3] während des politischen Umbruchs seit 1989 steht noch aus. Wohl aber sind auf der

---

1 Einen ersten und aktuellen Überblick zu 759 laufenden Forschungsprojekten liefert die Publikation: Deutscher Bundestag. Enquetekommission „Aufarbeitung von Geschichte und Folgen der SED-Diktatur in Deutschland“: Forschungsprojekte zur DDR-Geschichte. Ergebnisse einer Umfrage des Arbeitskreises DDR-Geschichte im Mannheimer Zentrum für Europäische Sozialforschung (MZES) der Universität Mannheim. Bearbeitet von Thomas Heimann. Mannheim 1994.

2 Die kaum noch zu überschauende Zahl von Einzelstudien kann hier nicht wiedergegeben werden. Instruktive Überblicke liefern Klinger, Fred: Soziale Konflikte und offene Gewalt. Die Herausforderungen des Transformationsprozesses in den neuen Bundesländern. In: Deutschland Archiv, Heft 2/1993, S. 146–161, sowie Golz, Hans-Georg: Jugend und Gewalt in Ostdeutschland. Ein Literaturbericht. In: Ebenda, Heft 5/1993, S. 584–596.

3 Hille, Barbara: Jugendforschung und Probleme des Jugendalters in beiden deutschen Staaten. In: Hille, Barbara; Jaide, Walter: DDR-Jugend. Politisches Bewußtsein und Lebensalltag. Opladen 1990, S. 10.

Suche nach den Ursachen der eskalierenden Jugendgewalt die praktizierte Jugendpolitik, der verwandte Jugendbegriff und die Jugendforschung der DDR erneut ins Blickfeld geraten.[4]

Die Hauptlinien der Jugendpolitik und Jugendforschung in der DDR sind für uns von mehrfachem Interesse. Einerseits korrelieren politische Entscheidungen – z. B. zur Bildungspolitik, zur Geburtenförderung oder zur politischen Organisierung – mit von uns aufgefundenen statistischen Daten, andererseits beeinflußte der in der DDR verwandte Jugendbegriff u. a. auch die Ausweisung der Altersstruktur bei statistischen Erhebungen.

In den Sozialwissenschaften und der Politik wurde unter Jugend eine sozialdemographische Gruppe oder auch Schicht der Bevölkerung im Alter von 14 bis 25 Jahren verstanden.[5] Dies entsprach den Festlegungen des Jugendgesetzes vom 21. Januar 1974[6], die auch für die Forschung bindend waren.[7] Eigenständige sozialwissenschaftliche Definitionsversuche wurden ausdrücklich abgelehnt, da diese „unter Umständen die gesellschaftliche Praxis desorientieren (könnten)".[8] Die diesem Band zugrundeliegende Begriffsbestimmung von Jugend folgt in bezug auf die Altersgrenzen der in der DDR üblichen. Für diese nicht unproblematische Vorgehensweise spricht zum einen die Quellenlage. Viele statistische Erhebungen wurden unter Berücksichtigung des gesetzlich festgelegten Jugendalters vorgenommen, eine Neuaufbereitung der Daten nach anderen denkbaren Altersstrukturen wäre in vielen Fällen nicht möglich gewesen. Zum anderen waren die Altersbegrenzungen für Jugendliche auch durch politische und jugendpolitische Maßnahmen sowie alltägliche Erscheinungen erfahrbar. Mit 14 Jahren erfolgte für die übergroße Mehrheit die Jugendweihe, der Eintritt in die Jugendorganisation Freie Deutsche Jugend (FDJ) und die Aushändigung eines Personalausweises. Mit 25 Jahren erlosch der Anspruch auf jugendspezifische sozialpolitische Leistungen wie die zinslosen Kredite für junge Ehen, aber zumeist auch die Mitgliedschaft in der Einheitsjugendorganisation. Gleichzeitig muß darauf hingewiesen werden, daß durch ein solches Vorgehen Veränderungen in der Ausgestaltung der Jugendphase zwischen 1945 und 1990 – z. B. ihre mögliche zeitliche Ausdehnung – nicht erfaßt werden können. Einzelne, aus der Quellenlage resultierende Abweichungen in der von uns gebrauchten Altersstruktur sind separat ausgewiesen.

Inhaltlich besaßen die Vorstellungen von der jungen Generation in der DDR kaum emanzipatorische Dimensionen. Die Jugendphase wurde zumeist als zeitlich relativ eng begrenzte Status-

---

4 Vgl. Friedrich, Walter: DDR-Jugendforschung – zwischen wissenschaftlichem Anspruch und politischer Bevormundung. In: Friedrich, Walter/Griese, Hartmut (Hrsg.): Jugend und Jugendforschung in der DDR. Opladen 1991, S. 11 ff.; derselbe: Zur Geschichte der Jugendforschung in der ehemaligen DDR. In: Krüger, Heinz-Hermann (Hrsg.): Handbuch der Jugendforschung. Opladen 1993, S. 31–41. Einen detaillierten Überblick über die Jugendforschung in der DDR zwischen 1945 und 1970 bietet immer noch Schäfer, Hans-Peter: Jugendforschung in der DDR. Entwicklungen, Ergebnisse, Kritik. München 1974.

5 Vgl. Weidig, Rudi (Leiter Autorenkollektiv): Sozialstruktur der DDR. Berlin 1988, S. 330. Darüber hinaus existierte ein juristischer Jugendbegriff, der 14- bis 18jährigen unter Umständen eine verminderte Schuldfähigkeit zugestand (§ 65, Abs. 2 Strafgesetzbuch der DDR, 1968), sowie eine medizinische Definition des Jugendalters, welche den Beginn und das Ende der Pubertät zum Maßstab nahm.

6 Das erste Jugendgesetz vom 8. Februar 1950 kannte gar keine Altersbestimmung, das zweite vom 4. Mai 1964 erklärte die Jugendphase mit dem vollendeten 25. Lebensjahr für beendet, ohne ihren Beginn zu definieren.

7 Das Statut des Leipziger Zentralinstitutes für Jugendforschung von 1966 definierte die Zielgruppe ebenfalls als die 14- bis 25jährigen. Vgl. Friedrich, Walter: Zur Geschichte der Jugendforschung in der ehemaligen DDR. A. a. O., S. 31.

8 Friedrich, Walter: Jugend und Jugendforschung. Berlin 1976, S. 127.

passage vom Kind zum Erwachsenen gesehen, in welcher die Formung zu „sozialistischen Staatsbürgern“ und „disponiblen Produzenten“ zu erfolgen hatte. „Jede übersteigerte Betonung der Eigenständigkeit oder Spezifik der Jugend (war) zurückzuweisen.“[9] In diesem Zusammenhang scheint es nur logisch, daß die Jugendforschung der DDR westeuropäische und nordamerikanische Theorieansätze zurückwies und sich, wie alle anderen Geistes- und Sozialwissenschaften auch, ausschließlich dem Marxismus-Leninismus verpflichtet fühlte. Hinzu kam in den sechziger Jahren – auch das ist eine DDR-typische Erscheinung – die Bildung von Forschungsmonopolen, wonach das Leipziger Zentralinstitut für Jugendforschung (ZIJ) den sozialwissenschaftlich-empirischen Bereich, eine Forschungsgruppe an der Universität Rostock den historischen Part bearbeitete. Diente letzterer vor allem der historischen Legitimierung der SED-Jugendpolitik, sollte das ZIJ die sozialistische Erziehung der jungen Generation optimieren.[10] Es lag in der Natur der Sache, daß trotz aller Einschränkungen bei empirischen Forschungen auch unliebsame – die offizielle Propaganda konterkarierende – Erkenntnisse gewonnen wurden. Die Folge war ein paranoid anmutendes Bedürfnis zur Geheimhaltung entsprechender Studien. Dies traf auch auf statistische Daten wie zur sozialen Zusammensetzung der Studentenschaft oder Schülerzahlen an Spezialschulen zu.

Es verwundert so nicht, daß eine umfassende statistische Quellensammlung zur Geschichte der Jugend in der DDR nicht existierte. Der Umfang der veröffentlichten Daten ist bis heute relativ schmal geblieben. In jüngster Zeit versuchten Rytlewski/Opp de Hipt (1987) im Rahmen eines sozialgeschichtlichen Arbeitsbuches zur Statistik der DDR[11] eine Gesamtschau auf der Grundlage der amtlichen Statistik, wobei Jugendprobleme nur eine untergeordnete Rolle spielen konnten. Köhler/Schreier (1990) widmeten sich – auf Vorarbeiten aus den 60er und 70er Jahren aufbauend – ausführlich den statistischen Grunddaten zum Bildungswesen im deutsch-deutschen Vergleich.[12] Mit der Arbeit von Zilch (1994)[13] erschien erstmals eine detaillierte, auf unveröffentlichten Quellen beruhende Fallstudie, in welcher die Mitgliedschaft der Jugendorganisation FDJ einer Analyse unterzogen wurde.

Der vorliegende Band kann ebenfalls nicht für sich in Anspruch nehmen, eine Gesamtschau zu liefern. Er konzentriert sich vielmehr auf ausgewählte Bereiche, für die im Laufe von drei Jahren Quellen erschlossen werden konnten, hat aber den Anspruch – wo immer möglich –, den gesamten Zeitraum zwischen 1945 und 1989 zu erfassen. Die Darstellung gliedert sich in drei Kapitel:

- zur demographischen Entwicklung der Jugendbevölkerung,
- zur Jugend im Bildungssystem,
- zur politischen Organisiertheit der Jugend in der SBZ/DDR.

Die grundlegende Basis bildet dabei der demographische Teil, auf dessen Daten die folgenden Kapitel aufbauen. Darüber hinaus gehören Angaben über die quantitative Entwicklung der Be-

---

9 Ebenda, S. 128.

10 Vgl. Friedrich, Walter: DDR-Jugendforschung ... A. a. O., S. 12.

11 Rytlewski, Ralf; Opp de Hipt, Manfred: Die DDR in Zahlen. 1945/49–1980. München 1987.

12 Köhler, Helmut; Schreier, Gerhard: Statistische Grunddaten zum Bildungswesen. In: Vergleich von Bildung und Erziehung in der Bundesrepublik Deutschland und der Deutschen Demokratischen Republik. Wissenschaftliche Kommission unter Leitung von Oskar Anweiler. Köln 1990, S. 112 ff.

13 Zilch, Dorle: Millionen unter der blauen Fahne. Die FDJ. Zahlen – Fakten – Tendenzen. Mitgliederbewegung und Strukturen in der FDJ-Mitgliedschaft von 1946 bis 1989 unter besonderer Berücksichtigung der Funktionäre. Bd. 1: Mitgliederbewegung der FDJ von 1946 bis 1989. Rostock 1994.

völkerung zum grundlegenden Informationsbedarf moderner Gesellschaften und besitzen eine große Relevanz für sozial- und bildungspolitische Entscheidungen. Die hier publizierten Daten können möglicherweise neue Forschungen zu den Jugendgenerationen der DDR anregen.

Das Kapitel zum Bildungssystem geht von dessen zentralem Platz in der Sozialisation und Qualifikation der Heranwachsenden aus und will statistisch meßbaren Phänomenen seiner Struktur und seinen Ergebnissen nachgehen.

Im dritten Abschnitt schließlich sollen detaillierte Daten zur Mitgliedschaft in der Einheitsjugendorganisation FDJ vorgestellt und damit einem gewichtigen Aspekt der politischen Organisiertheit der DDR-Jugend nachgegangen werden.

Jedes Kapitel unterliegt einer Dreiteilung. In einer knappen Einleitung wird auf dominierende Trends und wichtige Einzelinformationen hingewiesen, gleichzeitig werden einige statistische Daten einer ersten vorsichtigen Interpretation unterzogen. Darauf folgen Kommentare und detailliertere Erläuterungen zu den Tabellenwerken und graphischen Darstellungen. (Die dazu gehörigen Tabellen und Abbildungen bilden aus drucktechnischen Gründen den Abschluß des jeweiligen Kapitels.) Der Abschnitt „Quellen und Literatur“, der keinen Anspruch auf bibliographische Vollständigkeit erheben kann, will auf Standardwerke und unveröffentlichte Quellenbestände hinweisen.

Die Einleitungen wurden von Gert Noack, die Tabellenwerke mit Erläuterungen und Kommentaren von Edeltraud Schulze und die Abschnitte zu Quellen und Literatur gemeinsam bearbeitet.

Der Leser wird sicher wichtige Themen vermissen. Hierzu zählen die Bereiche Jugendkriminalität, Freizeitverhalten, Wehrdienst und seine Verweigerung, christliche Jugendarbeit und vieles andere mehr. Die Autoren können hier nur auf die oft ungünstige Quellenlage und die projektsprengenden Dimensionen dieser Themen sowie auf mögliche nachfolgende Forschungen verweisen. Gleiches trifft auf sicher reizvolle Vergleiche mit den Entwicklungen in der alten Bundesrepublik zu. In den Einleitungen zu den einzelnen Kapiteln werden zwar einige parallele bzw. gegenläufige Trends aufgezeigt, eigenständige empirische Forschungen konnten hierzu jedoch nicht durchgeführt werden.

Die Tabellenwerke stützen sich auf zwei wesentliche Quellengruppen: Die erste und wichtigste Grundlage stellen die Überlieferungen der amtlichen Statistik dar. Eine zweite Gruppe bilden die Nachlässe der Parteien und Massenorganisationen, insbesondere der SED und FDJ.

Die amtliche Statistik der DDR war im Hinblick auf ihre wissenschaftliche Seriosität besser als ihr Ruf, der vorrangig aus der restriktiven Veröffentlichungspraxis und dem verzerrenden propagandistischen Umgang mit Wirtschaftsdaten resultierte. Bereits 1945 wurde von der Sowjetischen Militäradministration in Deutschland (SMAD) eine zentrale Deutsche Verwaltung für Statistik (Statistisches Zentralamt) eingerichtet. Daneben existierten bis 1952 Statistische Landesämter, die aber im Zuge des Aufbaus eines zentralistischen Einheitsstaates bereits 1950 dem Zentralamt (ab 1952 Staatliche Zentralverwaltung für Statistik) unterstellt wurden.

Der Umfang der publizierten Statistik war relativ schmal. Er findet sich im wesentlichen in den seit 1956 jährlich herausgegebenen Statistischen Jahrbüchern der DDR. Detailliertere und auch brisantere Zahlenreihen, die erst mit der generellen Öffnung der Archive 1989/90 eingesehen werden konnten, fanden sich in internen Berichterstattungen und umfangreichen Materialien zu den Volkszählungen, die in der SBZ/DDR 1945, 1946, 1950, 1964, 1971 und 1981 stattfanden. Darüber hinaus fertigten Ministerien und Staatssekretariate interne Statistiken für ihren Verantwortungsbereich an. Insbesondere Übersichten der Ministerien für Volksbildung bzw. Hoch- und Fachschulwesen dienten als Quellengrundlage für diesen Band. Dabei kann nicht übersehen werden, daß sich die Erfassungsmethoden und -kriterien oft veränderten oder undurchsichtig blieben. Daraus ergibt sich, daß einzelne Ergebnisse – z. B. zur Sozialstruktur der Studentenschaft – relativiert werden müssen. Die Datenreihen geben hier allenfalls aufschlußreiche Trends wieder, sind aber auch als solche ausgewiesen.

Eine kritische Sicht war auch auf die zweite Quellengruppe, die Überlieferungen von Parteien und Verbänden, notwendig. Zwar besaßen sowohl die SED als auch die FDJ einen Sektor Statistik, diese beschäftigten jedoch nur wenige ausgebildete Fachleute. Gleichzeitig genügte die Datenerfassung an der Basis kaum wissenschaftlichen Kriterien. Trotzdem waren diese Quellen für uns unverzichtbar, da sich nur aus ihnen ein Bild von der politischen Organisiertheit der DDR-Jugend erschließen ließ. Es wird deshalb deutlich zwischen exakten und nur Tendenzen vermittelnden Aussagen unterschieden.

Die Verfasser danken allen wissenschaftlichen Mitarbeitern des Instituts für zeitgeschichtliche Jugendforschung (IzJ) für ihre konstruktiven Ratschläge und kritischen Hinweise. Unser besonderer Dank gebührt der Direktorin, Frau Dr. Helga Gotschlich, die mit Engagement die Entstehung des Buches förderte. Herzlichsten Dank schulden die Herausgeber dem Layouter Herrn Mirko Gotschlich, den wissenschaftlich-technischen Mitarbeitern Frau Vera Wandschneider und Herrn Dr. Uwe Pape sowie dem Korrektor Herrn Wolfgang Buth. Wir danken dem Akademie Verlag, dem Statistischen Bundesamt, Zweigstelle Berlin, und der Stiftung Archiv der Parteien und Massenorganisationen der DDR im Bundesarchiv für ihre bereitwillige Unterstützung.

Um den wissenschaftlichen Meinungsstreit zu fördern, sind die Autoren an allen Meinungen, Hinweisen und Kritiken interessiert.

Editorische Vorbemerkung

In den hier vorgestellten Tabellen bedeutet:

•	=	Entsprechende Angaben lagen nicht vor bzw. wurden in den untersuchten Quellen nicht gefunden
–	=	Ergebnis gleich Null
0	=	Zahl ist kleiner als die Hälfte der verwendeten Einheit
davon (dav.)	=	Summe der Einzelpositionen ergibt Gesamtsumme
darunter (dar.)	=	Nur ausgewählte Einzelpositionen

Die beim Auf- und Abrunden entstehenden Rundungsdifferenzen führen beim Summieren von Anteilsgrößen vereinzelt zu geringen Abweichungen.

1 Die demographische Struktur der jugendlichen DDR-Bevölkerung

1.1 Einleitung

Genaue Angaben über die quantitative Entwicklung der Bevölkerung, ihre Zahl, den Altersaufbau und die Zusammensetzung nach dem Geschlecht, gehören zum grundlegenden Informationsbedarf jeder Industriegesellschaft. Die Relevanz dieser Daten für politische Zukunftsentscheidungen (Bildungspolitik, Arbeitskräftesituation, Sozialversicherungssysteme) ist unumstritten. Für den zentralgeleiteten und mit dem Anspruch allumfassender Planung ausgestatteten real existierenden Sozialismus in der DDR ergab sich zudem ein besonderer Bedarf an prognostischen Angaben,[14] die kaum erbracht werden konnten.[15]

Aus der heutigen historischen Perspektive ist es jedoch möglich, einen quantitativen Überblick über die Wohnbevölkerung der SBZ/DDR zu geben und dabei Tendenzen, Brüche und Strukturen aufzuzeigen.

Die allgemeine Bevölkerungsentwicklung der SBZ/DDR war durch einen ständigen Rückgang gekennzeichnet, der nur in den 60er Jahren vorübergehend aufgehalten werden konnte.[16] Im Unterschied zur Bundesrepublik lebten seit den 80er Jahren auf dem Gebiet der DDR weniger Menschen als 1939. Im Jahre 1989 umfaßte die Bevölkerung 16,4 Millionen Personen, rund 2,7 Millionen Bewohner weniger als auf dem Höchststand von 1947.

---

14 Vgl. Donda, Arno: Die Bevölkerung der DDR im Spiegel der Statistik. In: Jahrbuch für Wirtschaftsgeschichte, 1974/1, S. 33f.

15 Auch J. Kuczynski mußte eingestehen: „Aber was die Prognosetätigkeit betrifft, so scheitern wir völlig, da es noch keine marxistische demographische Theorie gibt." Vgl. Kuczynski, Jürgen: Prognosen der Bevölkerungsentwicklung. In: Ebenda, S. 11. Die Unfähigkeit zu präzisen Prognosen der Bevölkerungsentwicklung war nicht nur ein DDR-typisches Problem. Auch die bundesdeutsche Bevölkerungswissenschaft glaubte am Anfang der 60er Jahre an eine stabile Bevölkerungsentwicklung und wurde von den starken Geburtenrückgängen seit 1965 völlig überrascht. Vgl. Marschalck, Peter: Bevölkerungsgeschichte Deutschlands im 19. und 20. Jahrhundert. Frankfurt a. M. 1984, S. 97.

16 Vgl. Tabelle 1 und Rytlewski, Ralf/Opp de Hipt, Manfred: Die DDR in Zahlen. 1945/49–1980. München 1987, S. 19.

Dieser Rückgang resultierte aus den die SBZ/DDR prägenden demographischen Grundprozessen – der Fluchtbewegung aus der DDR[17] und einer allgemeinen Veränderung des generativen Verhaltens[18] – sowie den Folgen des Zweiten Weltkrieges[19].

Der Zweite Weltkrieg griff als exogener Faktor in die natürliche und räumliche Bevölkerungsbewegung ein und verursachte Übersterblichkeit, Geborenenausfall und Zwangswanderungen.[20] Die kriegsbedingte Mehrsterblichkeit belief sich auf rund 5,1 Millionen, was die Verluste des Ersten Weltkrieges deutlich übertraf, während der Geburtenausfall aufgrund der in den ersten Kriegsjahren noch sehr hohen Geborenenziffern mit etwa 1,7 Millionen geringer als im Ersten Weltkrieg ausfiel.[21] Die Vertreibung der Deutschen aus den Ostgebieten[22] glich die negative Bevölkerungsbilanz bis 1950 wieder aus. Bezogen auf das verbliebene deutsche Staatsgebiet, ergaben sich sogar Bevölkerungszuwächse. Auf dem Gebiet der späteren DDR lebten 1946 1,6 Millionen Menschen mehr als 1939. Ebenfalls einschneidende Veränderungen betrafen die Zusammensetzung der Bevölkerung nach Alter und Geschlecht. Kamen 1939 auf 100 Männer 104 Frauen, waren es 1950 in der DDR 125.[23]

Besaß die DDR hinsichtlich der Bevölkerungsstruktur schon 1950 eine ungünstigere Ausgangsposition gegenüber der Bundesrepublik, welche aus einer deutlichen Überalterung und einem höheren Frauenüberschuß resultierten, verschärfte sich diese Situation durch die millionenfache Flucht aus der DDR dramatisch. Die Wanderungsbewegung in den Westen wurde bis 1961 zum dominierenden Aspekt der demographischen Entwicklung. Die Angaben über den Wanderungsverlust schwanken je nach Zählweise und politischer Opportunität zwischen 3,095[24] Millionen und 2,129[25] Millionen Menschen. Mit deutlich über 300 000 Flüchtlingen bildete das Jahr 1953 die Spitze des Exodus von mehrheitlich jungen, arbeitsfähigen Menschen aus der DDR. Hatte die SED-Führung die Republikflucht zunächst als Weggang von Klassengegnern beurteilt, setzte 1953, im Angesicht der nicht mehr auszugleichenden Substanzverluste, ein Umdenken ein. Mit ideologischen[26]

---

17 Siehe hierzu Bethlehem, Siegfried: Heimatvertreibung, DDR-Flucht, Gastarbeiterzuwanderung. Wanderungsströme und Wanderungspolitik in der Bundesrepublik Deutschland. Stuttgart 1982, und Heidemeyer, Helge: Flucht und Zuwanderung aus der SBZ/DDR 1945/49–1961. Die Flüchtlingspolitik der Bundesrepublik Deutschland bis zum Bau der Berliner Mauer. Düsseldorf 1994.

18 Vgl. Marschalck, S. 122–126.

19 Vgl. dazu Adelheid zu Castell: Die demographischen Konsequenzen des Ersten und Zweiten Weltkrieges für das Deutsche Reich, die Deutsche Demokratische Republik und die Bundesrepublik Deutschland. In: Dlugoborski, Waclaw (Hrsg.): Zweiter Weltkrieg und sozialer Wandel. Achsenmächte und besetzte Länder. Göttingen 1981, S. 117–137.

20 Vgl. Castell, S. 117.

21 Zahlen nach Marschalck, S. 84 und 149.

22 Ihre Zahl betrug 1950 12,3 Millionen. Vgl. ebenda, S. 84, und Castell, S. 119. Differenzierte Zahlen für die Bundesrepublik bei Bethlehem, S. 22–48.

23 Vgl. Freiburg, Arnold: Die Kinder- und Jugendbevölkerung der DDR im Spiegel statistischer Daten. In: Jaide, Walter; Hille, Barbara: DDR-Jugend. Politisches Bewußtsein und Lebensalltag. Opladen 1990, S. 397.

24 Vgl. Bethlehem, S. 26. Den aktuellen Forschungsstand legt Heidemeyer (1994) in differenzierten Statistiken, in denen auch die Probleme der Datenerfassung geschildert werden, dar.

25 Vgl. Lungwitz, Kurt: Die Bevölkerungsbewegung in der DDR und der BRD zwischen 1945 und 1970 – eine komparative Untersuchung. In: Jahrbuch für Wirtschaftsgeschichte, 1974/1, S. 72.

26 Ein Beispiel hierfür sind die Maßnahmen gegen die Republikflucht, welche das Sekretariat des FDJ-Zentralrates am 27. Mai 1953 beschloß. Vgl. Stiftung Archiv der Parteien und Massenorganisationen der DDR im Bundesarchiv (SAPMO-BArch), FDJ: A 2 525.

und seit 1957[27] stärker repressiven Mitteln versuchte sie – letztlich erfolglos – gegenzusteuern. Erst die Schließung der Grenzen am 13. August 1961 ließ den Flüchtlingsstrom fast versiegen.

Neben diesen durch politische Einflüsse verursachten Trends setzte sich in der SBZ/DDR auch der tiefgreifende Wandel generativer Strukturen fort, der, beginnend im 19. Jahrhundert, eine Verdoppelung der Lebenserwartung, den Rückgang der Geburtenrate um ein Drittel und die Verkürzung des Generationsabstandes um ein Viertel zur Folge hatte.[28]

Bedingt durch die Wanderungsverluste und den hohen Anteil alter Menschen an der Bevölkerung, war für die DDR die Entwicklung der Geburtenrate immer von zentraler Bedeutung. Während in den gesamten 50er Jahren die Geburtenrate deutlich über dem Bestandserhaltungsniveau lag und 1963 mit 305 000 Lebendgeborenen nochmals einen Höhepunkt erlangte, begann seit 1964 eine kontinuierliche Minderung der Geburtenzahlen, welche unterschiedlich interpretiert wurde.[29] 1972/73 setzte – kurzfristig ausgelöst durch das „Gesetz über die Unterbrechung der Schwangerschaft“[30] – ein starker Rückgang der Geburtenziffern ein, welche nun unter das Bestandserhaltungsniveau abglitten. 1976 wurde dieser von einem schlagartigen Anstieg abgelöst[31], um dann seit 1980 wieder tendenziell zurückzugehen (vgl. Tab. 40). Umstritten blieb, ob die sofortigen Reaktionen auf die veränderten gesetzlichen Rahmenbedingungen auch langfristige Auswirkungen auf die Fruchtbarkeit haben oder nur kurzfristige Vorzieh- und Nachholeffekte zeitigen würden.[32] Die vorliegenden Daten zeigen sowohl die nachweisbaren sprunghaften Einschnitte nach sozialpolitischen Maßnahmen als auch langfristige Wirkungen. Zwar konnte in der DDR die Fruchtbarkeit nicht erhöht, wohl aber der langfristige Trend der Abnahme zumindest zeitweilig gestoppt werden. Jedoch reichte dies nicht aus, um das erklärte Ziel der DDR-Bevölkerungspolitik – die Bestandserhaltung[33] – zu erreichen. Auch ohne die neuerliche Massenausreise von 1989 wäre die DDR-Bevölkerung weiter rückläufig gewesen.[34]

---

27 1957 wurde das Gesetz gegen Republikflucht erlassen.

28 Vgl. Marschalck, S. 7.

29 Während Donda, S. 41, den Rückgang der Frauen in den fruchtbarsten Altersjahrgängen, das heißt eine Spätfolge des Krieges, dafür verantwortlich machte, sahen andere Autoren hierin stärker eine Auswirkung des 1965 liberalisierten Abtreibungsrechts (Einführung der sozialen Indikation zum legalen Schwangerschaftsabbruch). Vgl. DDR: Stabilisierung der Geburtenrate durch Sozialpolitik. In: Deutsches Institut für Wirtschaftsforschung (DIW). Wochenbericht 44/1989 vom 2. November 1989, S. 548.

30 Das Gesetz wurde am 9. März 1972 von der Volkskammer verabschiedet. Es blieb bis 1989 der einzige Gesetzgebungsakt, welcher nicht einstimmig, sondern bei 14 Gegenstimmen und 8 Enthaltungen aus der CDU-Fraktion erfolgte.

31 1976 wurden umfangreiche sozialpolitische Maßnahmen beschlossen, die materielle Vergünstigungen für Familien mit arbeitsrechtlichen Regelungen – bezahlte Freistellung für ein Jahr ab dem 2. Kind und Arbeitszeitverkürzung – verbanden.

32 Als Vergleich wird immer wieder die nationalsozialistische Bevölkerungspolitik herangezogen, die mit ähnlichen Mitteln – Ehestandsdarlehen, die durch Kinder getilgt werden konnten, Kindergeld und Steuererleichterungen – nur eine kurzfristige Erhöhung der Geburtenrate erreichen konnte.

33 Vgl. Stoph, Willi: Bericht zur Direktive des VIII. Parteitages der SED zum Fünfjahrplan für die Entwicklung der Volkswirtschaft der DDR in den Jahren 1971 bis 1975. Berlin 1971, S. 51. Siehe auch Cromm, Jürgen: Bevölkerung und Politik. In: Bevölkerungsentwicklung. Informationen zur politischen Bildung, Nr. 220/1988, S. 39.

34 Freiburg, S. 396, und DIW 44/1989, S. 558.

Die Veränderungen in der jugendlichen Wohnbevölkerung, d. h. der 14- bis unter 26jährigen, folgen diesem generellen Trend, sind aber sowohl zeitlichen Verschiebungen[35] als auch Sonderentwicklungen unterworfen.

Der mittlere Anteil der Jugendlichen an der Gesamtbevölkerung betrug für den gesamten Zeitraum zwischen 1945 und 1989 18 Prozent, wobei 1979/80 mit 19,6 Prozent die höchste und 1967 mit 15,1 Prozent die niedrigste Quote zu verzeichnen ist. Beim Vergleich der jugendlichen Wohnbevölkerung zwischen 1946 und 1989 beträgt der Rückgang 8,4 Prozent. Der jugendliche Anteil an der Wohnbevölkerung stellt sich als charakteristische S-förmige Kurve dar. Von einem niedrigen Ausgangsniveau 1945, welches durch die Kriegsverluste bei jungen Männern verursacht wurde, stieg die Quote bis zur Mitte der 50er Jahre an, verharrte bis 1958 auf einem hohen Niveau, um dann in den 60er Jahren drastisch abzufallen, da jetzt die geburtenschwachen Jahrgänge der Kriegs- und Nachkriegszeit einen maßgeblichen Anteil an der Jugend stellten. Der zweite Anstieg bildete sich seit Anfang der 70er Jahre aus, um an deren Ende den Höhepunkt zu erreichen und in den 80er Jahren wieder stark abzufallen (vgl. Abb. 1).

Die Zusammensetzung einer Bevölkerung nach dem Geschlecht differiert nach Altersgruppen und der historischen Situation. Die Auswirkungen des Krieges auf die Jugend bestanden neben der allgemeinen Verringerung ihres Anteils an der Gesamtbevölkerung vor allem in einem großen Frauenüberschuß. 1945 kamen 192 jugendliche Frauen auf 100 jugendliche Männer, was das schon vorhandene düstere Zukunftsbild noch verstärkte. Das „Auswachsen" und die gleichzeitige „Übergabe" dieser Disproportion auf die Gruppen der über 26jährigen erfolgte bis 1954, dem Jahr, in welchem erstmals wieder ein leichter Männerüberschuß bei den 14- bis unter 26jährigen existierte. Während in der Altersgruppe der Bevölkerung „im arbeitsfähigen Alter" das Männerdefizit erst um 1980 überwunden wurde und sich der Frauenüberschuß ins Rentenalter verlagerte[36], wiesen die Geborenenziffern von 1950 bis 1989 einen konstanten Knabenüberschuß zwischen 107 bis 105 Jungen zu 100 Mädchen auf. Diese Relation ist eine demographische Grundkonstante und ist auch in anderen Staaten anzutreffen.[37]

Das Gebiet der DDR wies in bezug auf die Verteilung und Alterszusammensetzung der Bevölkerung bemerkenswerte territoriale Unterschiede auf, die sich als charakteristisches Nord-Süd-Gefälle ausbildeten. Trotz der im Gefolge von Vertreibung und Umsiedlung zunehmenden Bevölkerungszahl blieben die aus dem Land Mecklenburg hervorgegangenen Bezirke Rostock, Schwerin und Neubrandenburg die am dünnsten besiedelten und bevölkerungsärmsten Gebiete der DDR. Dem standen die bevölkerungsreichsten und dichtbesiedelten sächsischen Bezirke Leipzig, Dresden und Karl-Marx-Stadt gegenüber. Die mittleren Bezirke nahmen eine durchschnittliche Entwicklung. Eine Ausnahme bildete immer Berlin, welches mit dem Ausbau des zentralistischen Einheitsstaates von Wanderungsgewinnen profitierte.

Die Alterszusammensetzung zeigte ebenfalls ein Gefälle. Die Nordbezirke der DDR waren mit einem mittleren Anteil von fast 18 Prozent Jugendlichen an ihrer Gesamtbevölkerung deutlich „jugendlicher" als ihre südlichen Pendants, die nur rund 15 Prozent Jugendliche aufweisen konnten, während die mittleren Bezirke bei einem Wert von 16 Prozent verharrten. Der „jugendliche Impuls" des Nordens konnte allerdings aufgrund der geringen absoluten Zahl zu keiner Zeit einen Ausgleich der Bevölkerungsverluste aus Abwanderung und Sterbeüberschuß bewirken.

---

35 Diese resultieren aus dem sich verkürzenden Abstand der Generationen und aus den unterschiedlichen Auswirkungen der Kriegs- und Nachkriegsereignisse auf verschiedene Altersgruppen.

36 Vgl. Freiburg, S. 397.

37 Vgl. Jürgens, Hans W.: Bevölkerung und Statistik. In: Bevölkerungsentwicklung. A. a. O., S. 4.

Dies war auch deshalb nicht möglich, weil die Wanderungsverluste bis 1961 Jugendliche in einem überdurchschnittlichen Maße betrafen. Während der jugendliche Anteil an der Gesamtbevölkerung zwischen 16 Prozent (1951) und 18,9 Prozent (1955) schwankte, waren Jugendliche an der Fluchtwelle mit 26 Prozent (1953) bis 34,8 Prozent (1952) beteiligt. Mit Ausnahme von 1953/54 lag der Wert immer über 30 Prozent, was fast das Doppelte des Anteils an der Gesamtbevölkerung ausmachte.[38] Dieser hohe Anteil beruhte einerseits auf der generell höheren Wanderungsbereitschaft junger Menschen, andererseits natürlich auch auf den günstigen Entwicklungsperspektiven für junge Arbeitskräfte im Wirtschaftsboom der Bundesrepublik. In welchem Grade die speziell auf Jugendliche gerichteten politischen Verfolgungen und Repressionen – Kampagne zur Liquidierung der Jungen Gemeinde 1952/53, zahlreiche drakonische Gerichtsurteile in „Halbstarkenprozessen" und die Militarisierung seit 1952 – die Fluchtbereitschaft der jungen Generation erhöhten, kann statistisch nicht verifiziert werden.

Das scheinbare Paradoxon, daß gleichzeitig mit der Massenflucht der Jugendanteil an der Wohnbevölkerung der DDR stieg, erklärt sich aus der Tatsache, daß nun die geburtenstarken Vorkriegsjahrgänge in das jugendliche Alter aufrückten.

Die Geburtenrate bei jugendlichen Müttern folgte den charakteristischen Einschnitten und Trends der allgemeinen Geburtenrate. Im Mittel waren 62 Prozent aller Geborenen Kinder von jugendlichen Müttern. Dieser Wert hatte 1949 noch bei 48 Prozent gelegen, er stieg mit leichten Schwankungen bis 1976 auf 76,6 Prozent, um dann bis 1989 kontinuierlich auf 66 Prozent abzufallen. Die Mütter wurden also in den 80er Jahren wieder deutlich älter, was auch mit einer sinkenden Heiratsbereitschaft und dem allgemeinen Geburtenrückgang korrespondierte. Insgesamt jedoch nahm die Bedeutung der jugendlichen Mütter für die Gesamtgeburtenzahlen deutlich zu. In unmittelbarem Zusammenhang damit steht der säkulare Trend der Abnahme der 4. und folgenden Kinder, d. h. auch der Fruchtbarkeitsrückgang von über 40jährigen Frauen, welcher eine wichtige Komponente des Geburtenrückgangs im 20. Jahrhundert überhaupt darstellte.[39]

Über die langfristigen Tendenzen der Fruchtbarkeitsentwicklung und die aktuellen Wirkungen von bevölkerungspolitischen Maßnahmen können die Daten zur Geborenenfolge genauer Aufschluß geben. Im langjährigen Durchschnitt waren bei jugendlichen Müttern 59 Prozent Erst-, 32 Prozent Zweit- und 9 Prozent Dritt- und Folgendgeborene. Am stabilsten erwiesen sich die Raten der Erstgeborenen, „interessanterweise auch 1972/73, als die Legalisierung des Schwangerschaftsabbruchs erstmals Auswirkungen gezeigt hat. Im Zuge der generellen Geburtenzunahme war 1976/77 allerdings auch bei Erstkindern eine beachtliche Aufwärtsbewegung festzustellen; die Zuwachsraten lagen indes deutlich unter dem Durchschnittswert für alle Lebendgeborenen".[40] Viel stärker reagierten die Zahlen für die Zweit- und Drittkinder. Der starke Geburtenrückgang 1972 war besonders auf diese Gruppe zurückzuführen, und auch der Anstieg 1976 betraf diese überdurchschnittlich. Dies könnte aus dem „Paket" der sozialpolitischen Maßnahmen erklärbar sein, das sich 1976 im Gefolge des IX. Parteitages der SED besonders an die Frauen mit einem zweiten Kind richtete.[41] Der Geburtenrückgang in den 80er Jahren war bei den jugendlichen Müttern vor allem ein Rückgang der Erst- und Zweitgeborenen.

---

38 Vgl. Rytlewski; Opp de Hipt, S. 28. Zu den demographischen und wirtschaftlichen Folgen der Abwanderung siehe unter anderem Storbeck, Dietrich: Soziale Strukturen in Mitteldeutschland. Eine sozialstatistische Bevölkerungsanalyse im gesamtdeutschen Vergleich. Berlin 1962, S. 11–31.

39 Marschalck, S. 101f.

40 DIW 44/1989, S. 551.

41 1976 erhielten Mütter ab dem 2. Kind eine einjährige bezahlte Freistellung von der Arbeit.

Auffällig war, daß der Anteil der unehelichen Kinder von jugendlichen Müttern seit 1971 ständig stieg und sich von einem Ausgangswert von 10,2 Prozent (1971) bis 28,1 Prozent (1984) entwickelte. Offensichtlich existierten in der DDR der Ära Honecker soziale Bedingungen, die es alleinstehenden Müttern erlaubten, ihren Lebensunterhalt zu verdienen, und gleichzeitig ein gesellschaftliches Klima der Akzeptanz unehelicher Kinder.

Keinen nennenswerten Einfluß auf die Bevölkerungsentwicklung hatte die Todesrate bei Jugendlichen, die über den gesamten Zeitraum des Bestehens der DDR nur geringen Veränderungen unterworfen war und im internationalen Trend lag. Pro Jahr starben zwischen 3 500 (1952) und 1 700 (1989) Jugendliche. Insgesamt war die Sterberate rückläufig, was aus der verbesserten medizinischen Versorgung und dem Ausbau der Notfallmedizin erklärbar wird. Die Todesfälle wurden bei männlichen Jugendlichen zu 50 Prozent durch Unfälle verursacht, bei Frauen betrug diese Rate nur 22 Prozent. Durchaus auch im internationalen Trend lagen die deutlich höheren Sterbeziffern bei männlichen Jugendlichen, die vor allem aus den höheren Unfallzahlen resultierten. Diese sind zu einem großen Teil auf spezifisches männliches Freizeitverhalten und die Berufswahl zurückzuführen. Ob der Aufbau der militärischen Streitkräfte seit 1952 und die Einführung der allgemeinen Wehrpflicht 1962 eine nennenswerte Auswirkung auf die Todesrate von männlichen Jugendlichen hatten, war nicht zu ermitteln.

1.2 Die jugendliche Wohnbevölkerung im Gebiet der DDR für den Zeitraum 1945 bis 1989

Für den Zeitraum 1945 bis 1989 ließ sich ermitteln, daß 18 Prozent der Gesamtbevölkerung Jugendliche waren. Die höchsten Anteile wurden 1979 und 1980 mit 19,6 Prozent gefunden, wobei 21,5 Prozent bzw. 21,4 Prozent männliche und jeweils 18,0 Prozent weibliche Jugendliche waren. Für 1967 wurde der kleinste Anteil mit 15,1 Prozent berechnet (16,8 Prozent männlich und 13,7 Prozent weiblich).

Beim Vergleich der jugendlichen Bevölkerung von 1946 und 1989 betrug der Rückgang 8,4 Prozent. Dabei erwies es sich als interessant, den Geschlechteranteil zu untersuchen. Es ergab sich für männliche Jugendliche eine Zunahme um 17,8 Prozent und für weibliche eine Abnahme um 25,8 Prozent.

Erläuterungen zu den Tabellen 1 und 2:
Zur Wohnbevölkerung zählten Personen, die an einem bestimmten Ort bzw. in einer bestimmten territorialen Einheit (Gemeinde, Kreis usw.) ihren ständigen Hauptwohnsitz hatten. Zur Wohnbevölkerung zählten aber auch die für längere Zeit polizeilich als wohnhaft gemeldeten Ausländer.

Flüchtlinge aus der DDR in die Bundesrepublik Deutschland und nach Berlin (West)
Die Angaben zu den Flüchtlingsströmen von 1949 bis 1962 wurden aus „Die DDR in Zahlen. 1945/49–1980“ von Ralf Rytlewski und Manfred Opp de Hipt entnommen. Seit 1952 existieren Daten, aufgeschlüsselt nach der Altersstruktur. Ein Drittel aller Flüchtlinge rekrutierte sich aus der Gruppe der Jugendlichen. 1957 ergab sich der höchste Anteil und 1953 der niedrigste. Für die Altersgruppe der 25- bis unter 45jährigen, die die nächststärkere Gruppe darstellte, ließ sich ein mittlerer Wert von 26 Prozent errechnen.

Erläuterungen zur Tabelle 3:
Es handelte sich um Flüchtlinge, die spätestens ein halbes Jahr nach ihrem Eintreffen im Bundesgebiet oder in Berlin (West) die Anerkennung bzw. Notaufnahme beantragten. Hier wurden 14- bis unter 25jährige erfaßt.

1.3 Die jugendliche Wohnbevölkerung nach Bezirken der DDR

1952 wurden die fünf Länder (Mecklenburg, Brandenburg, Sachsen-Anhalt, Sachsen und Thüringen) aufgelöst. An ihre Stelle traten 14 Verwaltungsbezirke plus Berlin (Ost), das praktisch den Status eines Bezirkes hatte. Nach geographischen Gesichtspunkten geordnet, ergab sich ein Nord-Süd-Gefälle. 14 Prozent aller Jugendlichen wohnten bzw. hatten ihren Hauptwohnsitz in den nördlichen Bezirken (Rostock, Schwerin und Neubrandenburg). Der mittlere Teil des Landes umfaßte sowohl die Bezirke Potsdam, Frankfurt/Oder, Magdeburg und Berlin (Ost) mit 25 Prozent als auch die Bezirke Cottbus, Halle und Leipzig mit 24 Prozent. Die Bezirke (Erfurt, Gera, Suhl, Dresden und Karl-Marx-Stadt), die zum Süden des Landes gehörten, wiesen einen mittleren Anteil von 37 Prozent aus.

Im einzelnen hieß das: 6 Prozent waren Jugendliche aus dem Bezirk Rostock, 4 Prozent aus dem Bezirk Schwerin, 4 Prozent aus dem Bezirk Neubrandenburg, 7 Prozent aus dem Bezirk Potsdam, 4 Prozent aus dem Bezirk Frankfurt/Oder, 5 Prozent aus dem Bezirk Cottbus, 8 Prozent aus dem Bezirk Magdeburg, 11 Prozent aus dem Bezirk Halle, 8 Prozent aus dem Bezirk Erfurt, 4 Prozent aus dem Bezirk Gera, 3 Prozent aus dem Bezirk Suhl, 11 Prozent aus dem Bezirk Dresden, 8 Prozent aus dem Bezirk Leipzig, 11 Prozent aus dem Bezirk Karl-Marx-Stadt und 6 Prozent aus Berlin (Ost).

Die insgesamt rückläufige jugendliche Wohnbevölkerung spiegelte sich auch im Zeitraum von 1955 bis 1989 in den einzelnen Bezirken wider. Besonders hoch war der Rückgang im Bezirk Neubrandenburg (35 Prozent), in den Bezirken Schwerin, Potsdam und Halle (31 Prozent). Im Bezirk Cottbus betrug er nur 9 Prozent. Einzig Berlin (Ost) konnte eine Zunahme (4 Prozent) nachweisen.

Der Anteil der Jugendlichen an der Gesamtbevölkerung in den einzelnen Bezirken entwickelte sich unterschiedlich. Für den Zeitraum 1955 bis 1989 ließen sich folgende mittlere Anteile berechnen:

Die nördlichen Bezirke (Rostock, Schwerin und Neubrandenburg) hatten die meisten Jugendlichen – gemessen an der Gesamtbevölkerung – aufzuweisen. Der Anteil betrug fast 18 Prozent. 1955 lagen die Anteile über dem gemittelten Wert, sanken dann bis Mitte der 60er Jahre sukzessiv, stiegen Ende der 60er Jahre und fielen Anfang der 80er Jahre wieder. Sie betrugen 1989 in den drei Bezirken 15 Prozent.

Im südlichen Teil des Landes waren 16 Prozent der Bevölkerung Jugendliche. Der höchste mittlere Wert mit 16,7 Prozent wurde im Bezirk Erfurt und der niedrigste mit 15,0 Prozent im Bezirk Karl-Marx-Stadt berechnet. Auch hier war in der Tendenz ersichtlich, daß bis Mitte der 60er Jahre der Anteil der Jugendlichen sank, dann kontinuierlich anstieg und Anfang der 80er Jahre wieder abnahm.

Die Bezirke Potsdam, Frankfurt/Oder, Magdeburg, Cottbus, Halle, Leipzig und Berlin (Ost) hatten ebenfalls einen mittleren Anteil von 16 Prozent und zeigten die bereits genannten Entwicklungen.

Bezogen auf die Gesamtbevölkerung und unter Zugrundelegung der Jahre 1955 und 1989, war der Anteil der Jugendlichen in allen Bezirken rückläufig. Regionale Spitzen bildeten sich besonders in den Bezirken Rostock, Neubrandenburg, Schwerin, Potsdam und Frankfurt/Oder. Aus den Tabellen 28 bis 33 sind die Anteile der männlichen bzw. weiblichen Jugendlichen an der jeweiligen Gesamtbevölkerung nach Bezirken ersichtlich.

Erläuterungen zu den Tabellen 4 bis 33:
Da die Wohnbevölkerung nach Bezirken von seiten der amtlichen Statistik nur nach üblichen Altersgruppen aufbereitet wurde, konnte demzufolge nur die Gruppe der 14- bis unter 25jährigen bearbeitet werden. 1952 bis 1954 handelte es sich um die Altersgruppe der 15- bis unter 25jährigen. Für 1981 wurden die Daten einer Kopie der Originallisten über die Wohnbevölkerung nach Alter und Geschlecht des Statistischen Bundesamtes, Zweigstelle Berlin, entnommen.

1.4 Die Verteilung der jugendlichen Wohnbevölkerung nach dem Familienstand

Die Verteilung der jugendlichen Wohnbevölkerung nach dem Familienstand setzt sich aus Ledigen, Verheirateten, Verwitweten und Geschiedenen zusammen. Da der Anteil der jugendlichen Verwitweten äußerst gering war, wurde er hier vernachlässigt. Statistische Übersichten zum Familienstand ließen sich bis 1964 zurückverfolgen. Zusätzlich sind für 1946 und 1950 in den Tabellen 34 und 36 Angaben enthalten.

Im Untersuchungszeitraum (1964 bis 1989) waren im Mittel 81 Prozent der männlichen Jugendlichen ledig, 18 Prozent verheiratet und 1 Prozent geschieden. Die größten Anteile existierten 1989 bei Ledigen mit 86,1 Prozent und bei Verheirateten 1964 mit 26,0 Prozent. 1964 traten die kleinsten Anteile bei Ledigen mit 73,3 Prozent und 1989 bei Verheirateten mit 13,0 Prozent auf. Geht man von den Ledigen insgesamt aus, dann waren im Mittel 37 Prozent jugendliche Ledige. Bei den Verheirateten handelte es sich um 7 Prozent jugendliche Verheiratete und 7 Prozent jugendliche Geschiedene.

Bei den weiblichen Jugendlichen waren dagegen im Mittel 66 Prozent ledig, 32 Prozent verheiratet und 2 Prozent geschieden. Auch 1989 erwies sich bei den Ledigen mit 72,3 Prozent als höchster Wert, 1964 bei den Verheirateten mit 41,3 Prozent. Die kleinsten Werte lauteten bei Ledigen 57,3 Prozent (1964) und bei Verheirateten 25,6 Prozent (1989). Bezogen auf den Familienstand insgesamt, gab es im Mittel 32 Prozent jugendliche Ledige, 11 Prozent jugendliche Verheiratete und 6 Prozent jugendliche Geschiedene.

Seit Mitte der 70er Jahre zeichneten sich überraschende Entwicklungen bei den Ledigen bzw. Verheirateten ab. Es nahm der Anteil der männlichen und weiblichen Ledigen sukzessiv zu, demzufolge sank der Anteil der männlichen und weiblichen Verheirateten.

Erläuterungen zu den Tabellen 34 bis 37:
In den Statistischen Jahrbüchern fehlen bei den Angaben der Wohnbevölkerung nach dem Familienstand die 14jährigen. Diese Altersgruppe wurde nach eigenen Berechnungen zu den Ledigen addiert. Für 1946 und 1950 konnten mit Hilfe der Volkszählungsergebnisse vom 29. Oktober 1946 bzw. 31. August 1950 die Daten dementsprechend ergänzt werden. Die Addition der Jugendlichen nach dem Familienstand für 1964 bis 1980 weicht geringfügig von der jugendlichen Wohnbevölkerung ab (vgl. Tab. 1), denn die auftretenden statistischen Differenzen wurden in den

frühen Statistischen Jahrbüchern nicht ausgeglichen. 1971 sind die Abweichungen allerdings bedeutend größer, weil für die Berechnungen zum Familienstand die endgültigen Ergebnisse der Volks-, Berufs-, Wohnraum- und Gebäudezählung vom 1. Januar 1971 verwendet wurden.

1.5 Der Anteil der jugendlichen Eheschließenden an den Gesamteheschließungen

Für Eheschließungen liegen Zahlenreihen seit 1946 vor. Der höchste Anteil der jugendlichen Eheschließenden an den Gesamteheschließungen wurde 1962 mit 74,6 Prozent gefunden. Der Anteil der männlichen Eheschließenden betrug 69,3 Prozent, der weiblichen dagegen 79,9 Prozent. 1989 existierte der niedrigste Anteil mit 53,7 Prozent, wobei 45,5 Prozent auf die männlichen und 62,0 Prozent auf die weiblichen jugendlichen Eheschließenden entfielen. Die Jahre 1974 und 1975 wiesen ebenfalls hohe Anteile aus. Der Anteil der männlichen Jugendlichen ließ sich mit 69,0 Prozent und der Anteil der weiblichen Jugendlichen mit 80,0 Prozent ermitteln.

Für die gesamte Entwicklungsreihe galt, daß die Heiratsneigung der weiblichen Jugendlichen rund 10 Prozent höher war als die der männlichen Jugendlichen. Bezogen auf die Jahre 1975 und 1989, war der Anteil der jugendlichen Eheschließenden an den Gesamteheschließungen rückläufig. Der Rückgang betrug 33,5 Prozent. Vergleicht man 1975 und 1989 für die übrigen Bevölkerungsgruppen, so ergibt sich nur ein Rückgang von 7,8 Prozent.

Erläuterungen zur Tabelle 38:
Als Eheschließungen zählten alle standesamtlichen Trauungen, bei denen mindestens ein Partner seinen Wohnsitz in der DDR hatte. Für 1957 bis 1989 verstand man unter jugendlichen Eheschließenden 18- bis unter 26jährige. 1956 wurden bereits Jugendliche ab 16 Jahren erfaßt, 1954 und 1955 sogar Jugendliche ab 15 Jahren.[42]

1.6 Der Anteil der ehelösenden Jugendlichen an den Gesamtehelösungen

Die Untersuchung zu den Ehelösungen Jugendlicher bezog sich auf den Zeitraum 1958 bis 1989. Der mittlere Wert der Jugendlichen an den Gesamtehelösungen betrug 20 Prozent. Für die männlichen Jugendlichen ergab sich ein mittlerer Anteil von 15 Prozent und für die weiblichen von 26 Prozent. Der Anteil der weiblichen Ehelösenden war somit mindestens 10 Prozent höher.

Beim Betrachten der Jahre 1975 und 1989 zeigte sich, daß der Anteil der Jugendlichen an den Ehelösungen ebenfalls rückläufig war. Der Rückgang betrug 22,8 Prozent.

42 Das Kontrollratsgesetz Nr. 16 vom 20. Februar 1946 legte die Ehemündigkeit grundsätzlich mit dem Eintritt in die Volljährigkeit (Vollendung des 21. Lebensjahres) fest. 1950 wurde die Altersgrenze auf das vollendete 18. Lebensjahr herabgesetzt. Bis 1955 konnte auf Beschluß des Vormundschaftsgerichtes diese Altersgrenze außer Kraft gesetzt werden. 1954 heirateten beispielsweise 396 Personen unter 18 Jahren. In: Bürgerliches Gesetzbuch. Beck-Texte. München 1993, S. 563.

Erläuterungen zur Tabelle 39:
Unter einer Ehelösung wurde die Trennung einer bestehenden Ehe durch Tod eines Ehepartners oder durch gerichtliches Urteil bei einer Ehescheidung verstanden. Es handelte sich hier um 18- bis unter 25jährige. Ehelösung und Ehescheidung wurden in der folgenden Tabelle synonym benutzt, weil – wie an anderer Stelle nachgewiesen (vgl. Abschnitt 1.4.) – der Anteil der Verwitweten in dieser Altersgruppe so extrem niedrig war.

1.7 Die Verteilung der Geborenen/Lebendgeborenen jugendlicher Mütter

Die Verteilung der Geborenen/Lebendgeborenen jugendlicher Mütter ließ sich bis 1946 zurückverfolgen. Im Mittel waren 62 Prozent aller Neugeborenen Kinder jugendlicher Mütter. Der niedrigste Wert wurde 1949/50 mit 48,3 Prozent und der höchste Wert 1976 mit 76,6 Prozent gefunden. Die Neugeborenen erfaßte man nach der Legitimität, d. h. es wurde zwischen Kindern verheirateter und nichtverheirateter Mütter unterschieden. Bei den jugendlichen Müttern waren im Mittel 77 Prozent der Neugeborenen von verheirateten und 23 Prozent von nichtverheirateten Müttern. Für sämtliche Mütter galt dagegen, daß 82 Prozent ehelich und 18 Prozent nichtehelich entbunden haben.

Anhand der Abbildung 4 ist zu erkennen, daß sich der Anteil der Geborenen/Lebendgeborenen verheirateter jugendlicher Mütter zugunsten der Geborenen/Lebendgeborenen nichtverheirateter Mütter in den letzten Jahren verändert hatte.

Für die gesamte Zeitreihe ergab sich, daß nur 59 Prozent der Neugeborenen von verheirateten Müttern Kinder jugendlicher Mütter waren, wohingegen der Anteil bei nichtverheirateten Müttern 79 Prozent betrug.

Erläuterungen zu den Tabellen 40 und 41:
In den Statistischen Jahrbüchern wurde zwischen Lebendgeborenen und Geborenen unterschieden. Unter Lebendgeborenen verstand man Geborene, bei denen nach vollständigem Verlassen des Mutterleibes, unabhängig von der Durchtrennung der Nabelschnur oder von der Ausstoßung der Plazenta, Herztätigkeit und Lungenatmung vorhanden waren. Bei den Geborenen wurden die Totgeborenen mitaufgenommen. Von 1978 bis 1989 wurden die Lebendgeborenen verheirateter und nichtverheirateter jugendlicher Mütter angegeben. Lebendgeborene verheirateter Mütter waren Kinder, die in der Ehe oder innerhalb von 302 Tagen nach Auflösung der Ehe geboren wurden.

Dagegen erfaßte man von 1946 bis 1977 die Geborenen, d. h. sowohl sämtliche in der Ehe lebend- und totgeborene Kinder einschließlich legitimierter Kinder als auch nichteheliche Kinder.

Für die Jahre 1946 bis 1953 gab es für Berlin (Ost) keine Unterscheidung zwischen ehelich und nichtehelich Geborenen jugendlicher Mütter. Bei der Addition von ehelichen und nichtehelichen jugendlichen Müttern treten 1952 bzw. 1953 Differenzen (6 929 bzw. 7 713) auf. Diese Werte entsprechen den jugendlichen Berliner Müttern.

1.8 Die Verteilung der Geborenen/Lebendgeborenen jugendlicher Mütter nach der Geborenenfolge

Bei der Verteilung der Geborenen/Lebendgeborenen nach der Geborenenfolge ist folgende Einschränkung zu beachten: Es handelte sich hierbei um die Verteilung der Geborenen/Lebendgeborenen in der Ehe einschließlich legitimierter Kinder. Zur Geborenenfolge außerhalb der Ehe liegen keine Angaben vor.

Für die untersuchte Zeitreihe waren im Mittel 59 Prozent der Neugeborenen Erstgeborene, 32 Prozent Zweitgeborene und die verbleibenden 9 Prozent Dritt- bzw. Folgendgeborene.

Den höchsten Anteil gab es bei Erstgeborenen 1974 mit 71,2 Prozent und den niedrigsten 1966 mit 52,9 Prozent. Bei den Zweitgeborenen betrug der höchste Wert 39,7 Prozent (1987) und der kleinste 25,1 Prozent (1973). Die weiteren Kinder wurden bei den jugendlichen Müttern statistisch vernachlässigt.

Erläuterungen zur Tabelle 42:
Es gab für den Zeitraum von 1946 bis 1953 keine Angaben zur Geborenenfolge in der Ehe. Für die Untersuchung nach der Geborenenfolge galt ebenfalls die Unterscheidung in Lebendgeborene und Geborene. Von 1954 bis 1977 wurden die Geborenen nach der Geborenenfolge in der Ehe ausgewiesen. Aber von 1978 bis 1989 handelte es sich um die Erfassung nach der Lebendgeborenenfolge in der Ehe.

1.9 Die Verteilung der gestorbenen Jugendlichen

Für die gestorbenen Jugendlichen existieren seit 1952 Entwicklungsreihen. Die Verteilung der gestorbenen Jugendlichen zeigte, daß der Anteil der Jugendlichen an den Gestorbenen insgesamt wenig Schwankungen unterworfen war. Der Anteil der jugendlichen Gestorbenen an den Gesamtgestorbenen bewegte sich über den gesamten Zeitraum um 1,2 Prozent.

Auffällig erschien dagegen die Geschlechterverteilung. Aus den Tabellen 43 und 44 erkennt man, daß der Anteil der männlichen jugendlichen Gestorbenen wesentlich höher als der der weiblichen war. Er betrug meist das Dreifache gegenüber den weiblichen jugendlichen Gestorbenen.

Bei den männlichen jugendlichen Gestorbenen fand sich der kleinste absolute Wert 1989 mit 1 408, dagegen der größte 1957 mit 2 308. Der mittlere Anteil der männlichen jugendlichen Gestorbenen an den männlichen Gestorbenen wies 1,8 Prozent aus. 1,4 Prozent war somit der kleinste Anteil für die Jahre 1967 bis 1969. Der größte Anteil belief sich auf 2,1 Prozent und traf für die Jahre 1955 bis 1957, 1961 und 1977 zu.

Für die weiblichen jugendlichen Gestorbenen galt, daß in den ersten zehn Jahren der Anteil kontinuierlich abnahm und dann weitgehend konstant blieb. Der mittlere Anteil betrug 0,7 Prozent. 1 530 (höchster absoluter Wert) weibliche jugendliche Gestorbene wurden 1952 gezählt, 1989 waren es 542 (niedrigster absoluter Wert).

Setzt man 1952 und 1989 ins Verhältnis, so zeigte sich eine rückläufige Entwicklung. Der Rückgang betrug 46,4 Prozent. Berücksichtigte man den Geschlechteranteil, dann ergab sich für die weiblichen Gestorbenen ein Rückgang von 64,6 Prozent und für die männlichen Gestorbenen dagegen nur von 33,1 Prozent. Vergleicht man 1979 mit 1989, so betrug der Rückgang 34,8 Prozent. Dabei entfielen auf die weiblichen jugendlichen Gestorbenen 32,8 Prozent und auf die männlichen 35,6 Prozent.

Erläuterungen zu den Tabellen 43 und 44:
Die Gestorbenen wurden ohne Totgeborene erfaßt. Im Statistischen Jahrbuch der DDR '90 hieß Totgeborenes: Leibesfrucht mit einem Gewicht von mindestens 1000 g, bei der nach vollständigem Verlassen des Mutterleibes von den Lebenszeichen Herztätigkeit und Lungenatmung beide nicht oder nur eines vorhanden war.

1.10 Die Verteilung der jugendlichen Gestorbenen nach ausgewählten Todesursachen

Die Todesursachen wurden seit 1955 detailliert angegeben, einige Gründe (zum Beispiel Selbsttötung, Mord und Totschlag einschließlich Kindestötung) wurden jedoch 1960 letztmalig veröffentlicht. Es wurden nur die Todesursachen untersucht, die einen stärkeren Einfluß auf das Gesamtergebnis hatten bzw. von politischer Bedeutung waren. Dabei handelte es sich um Unfälle, bösartige Neoplasmen (Neubildungen) und Selbsttötungen.

Die Analyse der Todesursachen für männliche jugendliche Gestorbene zeigte, daß im Mittel 51 Prozent an den Folgen von Unfällen verstorben sind. Bei den weiblichen Gestorbenen betrug der mittlere Anteil nur 22 Prozent. Vergleicht man diese Ergebnisse mit der Gruppe der 25- bis unter 45jährigen Gestorbenen, so stellt man fest, daß nur 10 bis 25 Prozent bei beiden Geschlechtern infolge von Unfällen verstorben sind.

Der mittlere Anteil bei Selbsttötungen, bezogen auf männliche jugendliche Gestorbene, betrug 18 Prozent, bei weiblichen jugendlichen Gestorbenen ebenfalls 18 Prozent.

Die bösartigen Neoplasmen hatten einen mittleren Anteil von 8 Prozent bei männlichen und 13 Prozent bei weiblichen jugendlichen Gestorbenen.

Die restlichen 23 Prozent bei jungen Männern bzw. 47 Prozent bei jungen Frauen sind auf Krankheiten des Kreislaufsystems und übrige Todesursachen zurückzuführen.

Erläuterungen zu den Tabellen 45 und 46:
Die statistische Aufgliederung der Gestorbenen nach Todesursachen erfolgte nach dem Grundleiden, das die Krankheit oder Verletzung, die den Ablauf der direkt zum Tode führenden Krankheitszustände auslöste, oder den Umständen des Unfalls, die die tödliche Verletzung hervorriefen. Die Richtlinien wurden vom Ministerium für Gesundheitswesen der DDR herausgegeben und entsprachen der Internationalen Statistischen Klassifikation der Krankheiten, Verletzungen und Todesursachen der Weltgesundheitsorganisation.

Die Analyse der Todesursachen nach der Altersstruktur galt nur für 15- bis unter 25jährige.

1.11 Quellen und Literatur

1.11.1 Quellen
Die Daten zur demographischen Entwicklung der SBZ/DDR wurden durch die Staatliche Zentralverwaltung für Statistik erhoben, fortgeschrieben und ausgewertet. Bereits 1945 wurde von der Sowjetischen Militäradministration in Deutschland (SMAD) eine zentrale Deutsche Verwaltung für Statistik (Statistisches Zentralamt) eingerichtet. Daneben existierten bis 1952 – bis zur Auflösung der Länder (vgl. Abschnitt 1.3.) – Statistische Landesämter, die aber bereits 1950 dem Zentralamt (ab 1952 Staatliche Zentralverwaltung für Statistik) unterstellt wurden. 1956 erschien erst-

mals das „Statistische Jahrbuch der Deutschen Demokratischen Republik 1955", welches bis 1990 jährliche Fortsetzungen erfuhr. Diese Datensammlung enthält unter anderem ausführliche und präzise Angaben zur Bevölkerungszahl und zur demographischen Struktur. Grundlage hierfür waren Volkszählungen, die 1945, 1946, 1950, 1964, 1971 und 1981 stattfanden. Die Ergebnisse der Volkszählungen dienten als Basis für die jährliche Fortschreibung der Bevölkerung und wurden sowohl in den Statistischen Jahrbüchern als auch separat veröffentlicht (siehe Auswahlbibliographie). Zur Bevölkerungsfortschreibung wurden die Aufzeichnungen der Standesämter über Geburten, Eheschließungen und Sterbefälle herangezogen. Über Wanderungsbewegungen (Zu- und Fortzüge) gaben die Unterlagen der Einwohnermeldeämter Auskunft. Diese Daten wurden im zentralen Einwohnermelderegister gesammelt und sind nicht öffentlich zugänglich.

Globale statistische Untersuchungen zur demographischen und sozialen Entwicklung der Jugend wurden 1977 bis 1979 und 1982 bis 1989 angefertigt, aber nicht veröffentlicht.

Über diese Angaben hinaus liegt detaillierteres Datenmaterial (interne Sonderdrucke, EDV-Listen und nichtveröffentlichte Materialien) im Archiv des Statistischen Bundesamtes, Zweigstelle Berlin, vor. Dies betrifft vor allem Quellen zu den Todesursachen und Ehescheidungen, welche auf Anfrage und kostenpflichtig einzusehen sind.

Das Quellenmaterial ist teilweise lückenhaft und nicht durchgängig nach der Altersstruktur gegliedert. Einschränkungen ergaben sich insbesondere bei Daten:
- zur Berliner Wohnbevölkerung für das Jahr 1945;
- zur jugendlichen Bevölkerung der SBZ zwischen 1947 und 1949;
- zum Familienstand 1947 bis 1949 und 1951 bis 1963;
- zu den Todesursachen, insbesondere Selbsttötungen.

Im allgemeinen ist davon auszugehen, daß die veröffentlichten demographischen Daten wissenschaftlich seriös waren, jedoch fanden politisch brisante Angaben (Selbsttötung, Kriminalität, Republikflucht, Unfallursachen) keine Aufnahme in allgemein zugängliche Publikationen.

Daten zu Einzelproblemen, insbesondere zur Republikflucht, finden sich verstreut und lückenhaft auch in den Nachlässen der SED und der FDJ, die in der Stiftung Archiv der Parteien und Massenorganisationen der DDR im Bundesarchiv verwahrt werden.

Angaben zu den Flüchtlingen aus der SBZ/DDR hat das Statistische Bundesamt Wiesbaden, das Bundesministerium für Vertriebene, Flüchtlinge und Kriegsgeschädigte sowie das Bundesministerium für Gesamtdeutsche Fragen bzw. ab 1969 das Bundesministerium für innerdeutsche Beziehungen publiziert.

1.11.2 Literatur

Publikationen zur demographischen Struktur der SBZ/DDR und speziell zur jugendlichen Wohnbevölkerung blieben selten. Einen neueren instruktiven Überblick zur Bevölkerungsentwicklung in Deutschland im 19. und 20. Jahrhundert und zu den verschiedenen demographischen Theorien bieten Marschalck (1982) sowie Cromm und Jürgens (1988).

Rytlewski/Opp de Hipt (1987) beschrieben knapp die allgemeine demographische Entwicklung in der SBZ/DDR bis 1980. Zu den Wirkungen des Zweiten Weltkrieges auf die Bevölkerungsentwicklung in beiden deutschen Staaten äußerte sich A. zu Castell (1981). Eine detaillierte Bevölkerungsanalyse der SBZ/DDR legte Storbeck (1962) vor. Alle diese Autoren mußten sich ausschließlich auf die in der DDR publizierten Quellen stützen.

Unter dem Eindruck der sinkenden Geburtenrate seit 1972 gewannen auch die demographischen Forschungen in der DDR eine größere Bedeutung. Sichtbarer Ausdruck hierfür war eine Ausgabe des Jahrbuchs für Wirtschaftsgeschichte 1974, die sich ausschließlich Problemen der

Demographie zuwandte. Einen aktuellen Überblick über die Bevölkerung der DDR und den Versuch einer Prognose lieferten hierin Donda, Khalatbari und Strohbach. Schon hier wird die bis zum Ende der DDR wirksame Tendenz sichtbar, das Hauptaugenmerk der Untersuchungen auf die Entwicklung der Geburtenrate, der Arbeitskräftesituation und der Berufstätigkeit von Frauen zu richten. Diese Orientierung fand ihren Ausdruck auch in zahlreichen Dissertationen, die sich seit Mitte der 70er Jahre mit der Quantität und den Ursachen der Schwangerschaftsunterbrechungen beschäftigten. Einen Überblick liefert Friedrich, Jürgen: Sozialwissenschaftliche Dissertationen und Habilitationen in der DDR 1951–1991. Eine Dokumentation. Berlin/New York 1993. Der hohe Anteil berufstätiger Frauen in der DDR und die im deutsch-deutschen Vergleich differierende Entwicklung der Geburtenrate fand auch das Interesse von bundesdeutschen Forschungsinstituten. Insbesondere die Frage, ob mit einer aktiven Bevölkerungspolitik – die in der BRD zumeist abgelehnt wurde – eine langfristige Stabilisierung der Geburtenrate zu erreichen sei, war Thema einiger quellengestützter Untersuchungen, insbesondere des Deutschen Instituts für Wirtschaftsforschung 1978, 1979 und 1989.

Spezielle Darstellungen zur Entwicklung der jugendlichen Wohnbevölkerung wurden in der DDR nicht publiziert.

Demgegenüber gab Freiburg (1990) einen aktuellen Überblick über die Kinder- und Jugendbevölkerung der DDR, welcher sich auf das in der DDR veröffentlichte Material stützte und auch einige Aspekte der Entwicklung seit 1945 mit einbezog.

Zur Fluchtbewegung aus der SBZ/DDR liegen einige Darstellungen vor, die jedoch mit Ausnahme von Rytlewski/Opp de Hipt die Jugendlichen nicht gesondert auswiesen. Eine umfassende Untersuchung lieferte Bethlehem (1982), der die Flucht aus der DDR im Rahmen seiner Darstellung zur Einwanderung und Wanderungspolitik der Bundesrepublik abhandelte. Als noch differenzierter und den neuesten Forschungsstand verkörpernd, erweist sich die Monographie von Heidemeyer (1994). Den hohen Anteil der jugendlichen Flüchtlinge analysierte in einer frühen Arbeit Storbeck (1962).

Aus der Sicht der DDR äußerte sich Lungwitz (1974) ausführlich zur Abwanderung in die Bundesrepublik, wobei er die Ursachen der Flucht in zentral geleiteten Abwerbungskampagnen sah, jedoch als einziger DDR-Autor mit detailliertem Zahlenmaterial operierte.

Im Statistischen Bundesamt wurde nach dem Ende der DDR ein Arbeitsbereich „Deutsche Statistik“ geschaffen, der an der Rückrechnung statistischer Daten der DDR arbeitet. Erste Ergebnisse, die auch Aussagen zur Altersstruktur der Bevölkerung liefern, werden seit 1992 in der „Sonderreihe mit Beiträgen für das Gebiet der ehemaligen DDR“ publiziert.

Tabelle 1: Jugendliche Wohnbevölkerung (14- bis unter 26jährig) für den Zeitraum 1945, 1946 bzw. 1950 bis 1989

Jahr	Bevölkerung gesamt	Jugendliche gesamt	männl. Bev. gesamt	weibl. Bev. gesamt	männl. jug. Bevölkerung	weibl. jug. Bevölkerung
1945	16 194 626	2 491 628	6 581 979	9 612 647	853 020	1 638 608
1946	18 488 316	2 902 307	7 859 545	10 628 771	1 160 985	1 741 322
1950	18 388 172	3 050 721	8 161 189	10 226 983	1 439 492	1 611 229
1951	18 350 128	2 938 761	8 159 015	10 191 113	1 427 191	1 511 570
1952	18 300 111	3 029 245	8 146 390	10 153 721	1 488 502	1 540 743
1953	18 112 122	3 088 276	8 071 789	10 040 333	1 532 055	1 556 221
1954	18 001 547	3 145 672	8 036 712	9 964 835	1 574 447	1 571 225
1955	17 832 232	3 369 812	7 968 716	9 863 516	1 687 212	1 682 600
1956	17 603 578	3 290 394	7 876 305	9 727 273	1 657 896	1 632 498
1957	17 410 670	3 231 740	7 795 241	9 615 429	1 634 171	1 597 569
1958	17 311 707	3 222 408	7 769 816	9 541 891	1 633 532	1 588 876
1959	17 285 902	3 150 228	7 774 689	9 511 213	1 596 328	1 553 900
1960	17 188 488	2 985 350	7 745 274	9 443 214	1 512 432	1 472 918
1961	17 079 306	2 840 612	7 704 357	9 374 949	1 435 686	1 404 926
1962	17 135 867	2 767 736	7 743 936	9 391 931	1 398 202	1 369 534
1963	17 181 083	2 731 967	7 784 482	9 396 601	1 379 969	1 351 998
1964	17 003 631	2 649 728	7 748 134	9 255 497	1 341 189	1 308 539
1965	17 047 933	2 628 235	7 783 347	9 264 586	1 331 647	1 296 588
1966	17 079 654	2 599 351	7 811 978	9 267 676	1 318 886	1 280 465
1967	17 089 884	2 578 918	7 829 905	9 259 979	1 311 720	1 267 198
1968	17 087 236	2 624 405	7 843 503	9 243 733	1 338 818	1 285 587
1969	17 074 504	2 660 937	7 851 573	9 222 931	1 360 453	1 300 484
1970	17 056 983	2 697 705	7 857 628	9 199 355	1 381 521	1 316 184
1971	17 042 363	2 799 420	7 865 335	9 177 028	1 435 105	1 364 315
1972	17 011 343	2 923 991	7 866 579	9 144 764	1 497 270	1 426 721
1973	16 951 251	3 019 673	7 851 336	9 099 915	1 547 794	1 471 879
1974	16 890 760	3 114 760	7 834 818	9 055 942	1 596 786	1 517 974
1975	16 820 249	3 188 739	7 817 415	9 002 834	1 636 484	1 552 255
1976	16 767 030	3 223 499	7 805 889	8 961 141	1 654 151	1 569 348
1977	16 757 857	3 253 419	7 817 041	8 940 816	1 668 673	1 584 746
1978	16 751 375	3 274 689	7 830 905	8 920 470	1 679 759	1 594 930
1979	16 740 324	3 281 405	7 839 484	8 900 840	1 683 297	1 598 108
1980	16 739 538	3 279 970	7 856 965	8 882 573	1 683 610	1 596 360
1981	16 736 030	3 269 437	7 863 587	8 872 443	1 677 914	1 591 523
1982	16 702 306	3 229 805	7 862 064	8 840 242	1 656 238	1 573 567
1983	16 701 487	3 207 613	7 876 958	8 824 529	1 645 062	1 562 551
1984	16 659 957	3 171 493	7 868 406	8 791 551	1 624 415	1 547 078
1985	16 640 059	3 123 393	7 877 669	8 762 390	1 600 143	1 523 250
1986	16 639 877	3 043 848	7 903 614	8 736 263	1 562 014	1 481 834
1987	16 661 423	2 943 593	7 935 297	8 726 126	1 510 319	1 433 274
1988	16 674 632	2 840 669	7 972 802	8 701 830	1 460 888	1 379 781
1989	16 433 796	2 659 730	7 873 300	8 560 496	1 367 480	1 292 250

Quelle: 1945/46 bzw. 1950 bis 1954 eigene Berechnungen, 1955 bis 1989 Statistische Jahrbücher der DDR

Tabelle 2: Jugendliche Wohnbevölkerung für den Zeitraum 1945, 1946 bzw. 1950 bis 1989 in Prozent

Jahr	Anteil Jugendl. ges.	Anteil männl. Jug.	Anteil weibl. Jug.
1945	15,4	13,0	17,0
1946	15,7	14,8	16,4
1950	16,6	17,6	15,8
1951	16,0	17,5	14,8
1952	16,6	18,3	15,2
1953	17,1	19,0	15,5
1954	17,5	19,6	15,8
1955	18,9	21,2	17,1
1956	18,7	21,0	16,8
1957	18,6	21,0	16,6
1958	18,6	21,0	16,7
1959	18,2	20,5	16,3
1960	17,4	19,5	15,6
1961	16,6	18,6	15,0
1962	16,2	18,1	14,6
1963	15,9	17,7	14,4
1964	15,6	17,3	14,1
1965	15,4	17,1	14,0
1966	15,2	16,9	13,8
1967	15,1	16,8	13,7
1968	15,4	17,1	13,9
1969	15,6	17,3	14,1
1970	15,8	17,6	14,3
1971	16,4	18,2	14,9
1972	17,2	19,0	15,6
1973	17,8	19,7	16,2
1974	18,4	20,4	16,8
1975	19,0	20,9	17,2
1976	19,2	21,2	17,5
1977	19,4	21,3	17,7
1978	19,5	21,5	17,9
1979	19,6	21,5	18,0
1980	19,6	21,4	18,0
1981	19,5	21,3	17,9
1982	19,3	21,1	17,8
1983	19,2	20,9	17,7
1984	19,0	20,6	17,6
1985	18,8	20,3	17,4
1986	18,3	19,8	17,0
1987	17,7	19,0	16,4
1988	17,0	18,3	15,9
1989	16,2	17,4	15,1

Abbildung 1: Jugendliche Wohnbevölkerung (14- bis unter 26jährig) für den Zeitraum 1945, 1946 bzw. 1950 bis 1989

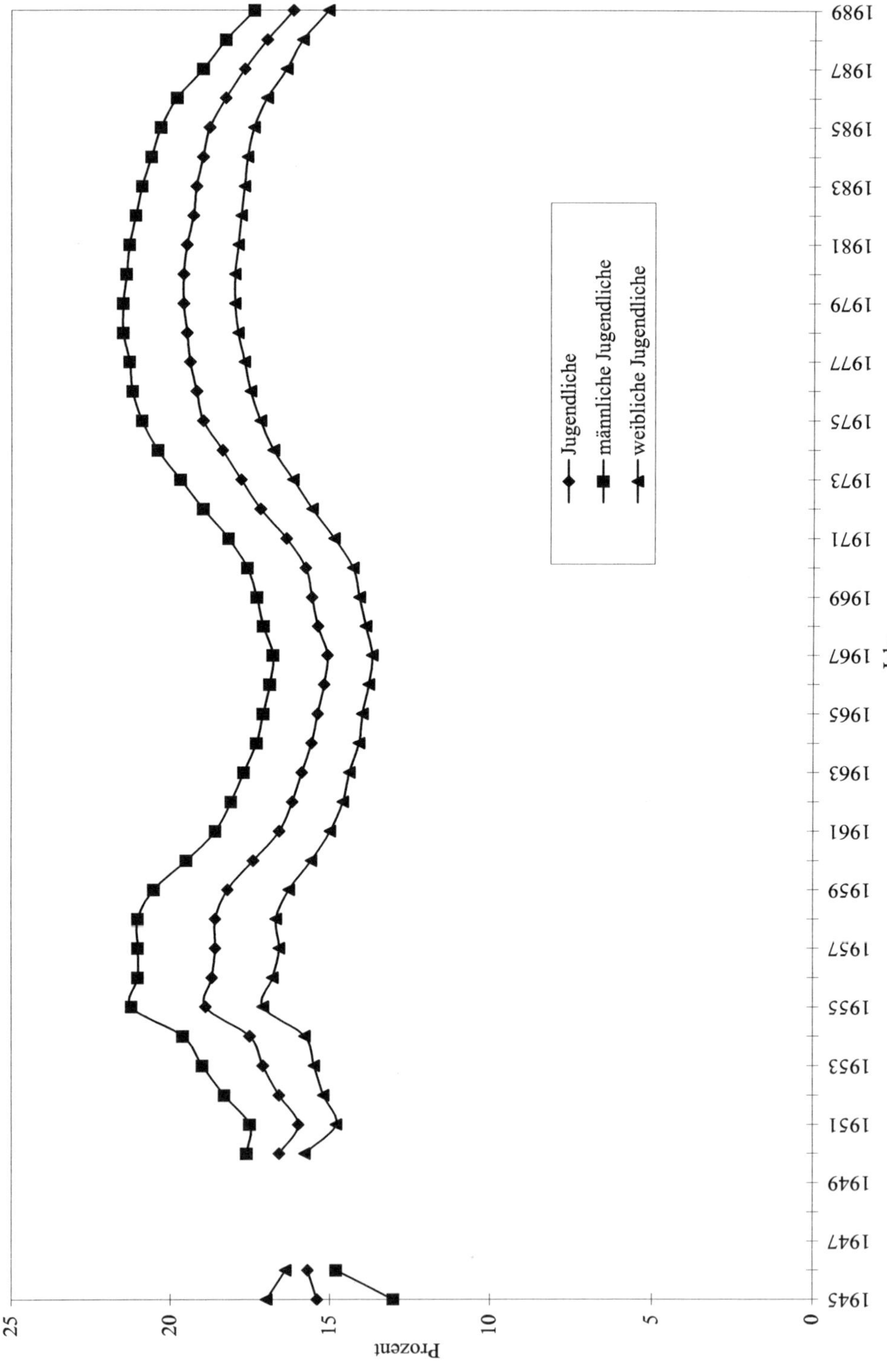

Tabelle 3: Flüchtlinge aus der DDR in die BRD und nach Berlin (West) und deren Anteile für den Zeitraum 1949 bzw. 1952 bis 1962

Jahr	Flüchtlinge in [1000]	14- bis u. 18j. in [%]	18- bis 21j. in [%]	Jugendl. ges. in [%]
1949	129	•	•	•
1950	198	•	•	•
1951	166	•	•	•
1952	182	11,1	23,7	34,8
1953	331	11,8	14,2	26,0
1954	184	12,9	15,2	28,1
1955	253	9,6	25,5	35,1
1956	279	9,4	22,1	31,5
1957	262	9,2	26,5	35,7
1958	204	8,1	22,7	30,8
1959	144	7,1	25,8	32,9
1960	199	5,7	25,7	31,4
1961	207	5,3	26,6	31,9
1962	21	4,6	25,4	30,0

Quelle: R. Rytlewski und M. Opp de Hipt: Die DDR in Zahlen. 1945/49–1980

Tabelle 4: Jugendliche Wohnbevölkerung (14- bis unter 25jährig) in den Bezirken Rostock, Schwerin, Neubrandenburg, Potsdam, Frankfurt/Oder, Cottbus und Magdeburg für den Zeitraum 1952 bis 1989

Jahr	Jugendl. in der DDR	Rostock gesamt	Schwerin gesamt	Neubrandenburg gesamt	Potsdam gesamt	Frankfurt/ Oder gesamt	Cottbus gesamt	Magdeburg gesamt
1952	2 691 225	150 909	109 832	121 285	191 010	106 649	120 528	221 738
1953	2 737 520	159 425	110 591	124 641	195 459	112 461	121 647	223 437
1954	2 800 440	164 267	113 829	127 647	203 283	116 075	127 820	228 211
1955	3 136 143	180 052	127 757	141 363	230 180	129 174	145 422	253 333
1956	3 079 951	175 831	123 816	136 298	227 702	126 585	146 914	246 102
1957	3 024 450	168 242	118 917	130 334	224 839	124 438	145 519	240 702
1958	3 012 963	165 297	115 195	124 430	219 179	120 620	146 312	239 421
1959	2 890 660	156 374	107 979	114 165	208 303	113 120	140 304	228 276
1960	2 717 395	145 618	99 386	102 338	190 621	103 617	129 883	216 081
1961	2 579 859	137 167	93 068	93 984	175 657	96 643	121 062	206 714
1962	2 512 141	133 165	90 426	90 960	167 483	92 663	117 293	202 392
1963	2 460 042	129 022	87 432	88 667	160 435	90 267	115 478	197 740
1964	2 369 935	122 240	80 243	83 478	149 733	85 686	113 410	183 687
1965	2 338 582	121 289	79 686	82 877	146 648	85 524	111 844	180 279
1966	2 321 860	118 919	81 562	85 587	145 612	84 860	109 235	181 206
1967	2 357 856	121 665	84 736	90 380	148 397	87 532	112 895	184 575
1968	2 395 552	125 418	87 954	95 558	151 876	90 905	116 126	188 402
1969	2 439 803	130 414	92 052	100 992	156 339	95 554	119 762	192 389
1970	2 546 512	138 708	98 021	108 384	165 387	102 761	127 276	200 854
1971	2 663 653	148 020	103 711	115 810	175 893	110 905	135 897	208 700
1972	2 744 068	154 155	107 615	120 416	183 252	116 419	143 124	215 669
1973	2 835 486	161 198	111 823	125 221	191 803	122 097	150 438	222 133
1974	2 897 984	167 515	114 940	128 857	199 312	126 877	156 724	226 720
1975	2 939 309	172 097	117 112	131 745	204 773	130 646	160 609	230 067
1976	2 964 273	175 033	118 588	133 472	208 654	133 458	163 244	232 607
1977	2 991 600	177 362	119 698	133 989	211 814	136 355	165 776	234 690
1978	3 010 334	178 597	119 957	133 887	214 089	138 316	167 238	235 351
1979	3 016 858	179 042	119 728	132 561	215 750	139 152	167 711	235 344
1980	3 014 470	179 032	118 906	131 441	215 666	139 165	168 098	234 809
1981	2 993 620	177 337	117 389	128 064	214 193	137 349	167 571	232 263
1982	2 977 344	176 396	115 887	125 214	212 944	136 113	166 477	231 257
1983	2 953 464	174 191	113 938	122 106	210 212	134 322	164 645	229 687
1984	2 900 219	170 495	111 128	117 907	204 927	130 551	161 249	225 707
1985	2 847 492	166 521	108 047	113 713	198 829	127 014	158 093	221 657
1986	2 757 574	160 789	104 007	108 078	190 481	122 102	152 753	213 530
1987	2 657 461	154 125	98 977	102 814	181 275	116 208	146 265	204 778
1988	2 548 994	147 121	94 314	97 439	171 978	110 681	139 993	195 033
1989	2 383 024	138 988	88 642	92 237	159 436	103 761	131 775	182 878

Quelle: 1952 bis 1954 und 1981 eigene Berechnungen, 1955 bis 1989 Statistische Jahrbücher der DDR

Tabelle 5: Jugendliche Wohnbevölkerung (14- bis unter 25jährig) in den Bezirken Halle, Erfurt, Gera, Suhl, Dresden, Leipzig, Karl-Marx-Stadt und Berlin für den Zeitraum 1952 bis 1989

Jahr	Jugendl. in der DDR	Halle gesamt	Erfurt gesamt	Gera gesamt	Suhl gesamt	Dresden gesamt	Leipzig gesamt	Karl-Marx-Stadt gesamt	Berlin gesamt
1952	2 691 225	317 264	195 486	111 419	80 936	270 065	225 515	320 625	147 964
1953	2 737 520	322 031	197 697	113 519	82 205	273 939	229 614	318 264	152 590
1954	2 800 440	328 282	202 671	115 220	84 033	278 354	236 479	315 930	158 339
1955	3 136 143	365 359	231 801	129 968	95 589	316 589	264 421	347 629	177 506
1956	3 079 951	357 378	226 089	127 640	94 818	312 217	262 436	337 668	178 457
1957	3 024 450	350 174	220 986	125 594	93 987	311 656	258 480	330 109	180 473
1958	3 012 963	350 257	220 443	127 013	94 819	317 474	259 601	333 915	178 987
1959	2 890 660	338 585	212 504	122 816	91 686	309 353	251 651	323 500	172 044
1960	2 717 395	323 355	201 858	116 833	87 196	293 470	238 807	306 526	161 806
1961	2 579 859	309 508	193 207	112 049	83 201	280 832	228 698	294 934	153 134
1962	2 512 141	302 707	190 402	109 204	80 412	273 609	224 307	287 692	149 426
1963	2 460 042	298 792	187 869	106 873	78 734	267 705	219 221	285 352	146 455
1964	2 369 935	285 309	182 108	104 471	75 282	261 593	214 628	283 843	144 224
1965	2 338 582	281 570	179 664	101 749	73 826	258 887	210 732	284 053	139 954
1966	2 321 860	278 238	180 116	100 069	74 995	254 879	207 737	285 700	133 145
1967	2 357 856	281 137	183 693	103 038	76 577	254 374	207 931	291 354	129 572
1968	2 395 552	284 683	187 412	105 003	78 371	256 031	207 022	294 529	126 262
1969	2 439 803	289 004	191 452	106 743	80 219	256 979	207 708	295 426	124 770
1970	2 546 512	298 529	200 202	111 069	83 949	264 699	213 716	303 785	129 172
1971	2 663 653	308 362	207 407	115 535	87 774	275 241	220 948	312 469	136 981
1972	2 744 068	314 147	212 597	119 131	90 362	282 515	226 053	316 036	142 577
1973	2 835 486	321 765	217 733	123 316	93 191	290 964	233 020	321 964	148 820
1974	2 897 984	325 269	221 728	125 984	95 540	294 812	236 382	321 026	156 298
1975	2 939 309	326 836	224 877	128 096	97 103	297 266	238 224	316 309	163 549
1976	2 964 273	327 781	225 831	129 467	97 694	297 372	238 982	310 693	171 397
1977	2 991 600	327 945	227 405	130 218	98 333	299 888	239 838	307 816	180 473
1978	3 010 334	328 260	228 347	131 154	98 778	302 111	240 727	307 016	186 506
1979	3 016 858	327 514	227 820	131 841	98 918	303 274	241 296	304 927	191 980
1980	3 014 470	325 211	227 602	132 043	98 659	303 134	241 050	302 562	197 092
1981	2 993 620	321 067	224 754	130 376	97 416	304 875	239 607	299 198	202 161
1982	2 977 344	319 368	223 794	129 728	96 422	303 241	237 850	297 417	205 236
1983	2 953 464	316 146	222 169	129 273	95 515	301 604	236 741	295 250	207 665
1984	2 900 219	310 519	218 921	127 165	94 230	296 033	232 771	290 446	208 170
1985	2 847 492	304 834	215 352	125 113	92 569	291 683	229 258	286 454	208 355
1986	2 757 574	295 342	209 059	120 970	90 193	283 699	221 768	279 609	205 194
1987	2 657 461	283 793	202 943	117 449	86 942	275 140	212 780	272 152	201 820
1988	2 548 994	272 074	196 363	112 905	83 928	263 074	203 194	264 943	195 954
1989	2 383 024	253 886	183 786	105 203	79 657	242 407	188 330	247 279	184 759

Quelle: 1952 bis 1954 und 1981 eigene Berechnungen, 1955 bis 1989 Statistische Jahrbücher der DDR

Tabelle 6: Jugendliche Wohnbevölkerung in den Bezirken Rostock, Schwerin, Neubrandenburg, Potsdam, Frankfurt/Oder, Cottbus und Magdeburg für den Zeitraum 1952 bis 1989 in Prozent

Jahr	Ant. Jug. Rostock	Ant. Jug. Schwerin	Ant. Jug. Neubrandenburg	Ant. Jug. Potsdam	Ant. Jug. Frankfurt/ Oder	Ant. Jug. Cottbus	Ant. Jug. Magdeburg
1952	5,6	4,1	4,5	7,1	4,0	4,5	8,2
1953	5,8	4,0	4,6	7,1	4,1	4,4	8,2
1954	5,9	4,1	4,6	7,3	4,1	4,6	8,1
1955	5,7	4,1	4,5	7,3	4,1	4,6	8,1
1956	5,7	4,0	4,4	7,4	4,1	4,8	8,0
1957	5,6	3,9	4,3	7,4	4,1	4,8	8,0
1958	5,5	3,8	4,1	7,3	4,0	4,9	7,9
1959	5,4	3,7	3,9	7,2	3,9	4,9	7,9
1960	5,4	3,7	3,8	7,0	3,8	4,8	8,0
1961	5,3	3,6	3,6	6,8	3,7	4,7	8,0
1962	5,3	3,6	3,6	6,7	3,7	4,7	8,1
1963	5,2	3,6	3,6	6,5	3,7	4,7	8,0
1964	5,2	3,4	3,5	6,3	3,6	4,8	7,8
1965	5,2	3,4	3,5	6,3	3,7	4,8	7,7
1966	5,1	3,5	3,7	6,3	3,7	4,7	7,8
1967	5,2	3,6	3,8	6,3	3,7	4,8	7,8
1968	5,2	3,7	4,0	6,3	3,8	4,8	7,9
1969	5,3	3,8	4,1	6,4	3,9	4,9	7,9
1970	5,4	3,8	4,3	6,5	4,0	5,0	7,9
1971	5,6	3,9	4,3	6,6	4,2	5,1	7,8
1972	5,6	3,9	4,4	6,7	4,2	5,2	7,9
1973	5,7	3,9	4,4	6,8	4,3	5,3	7,8
1974	5,8	4,0	4,4	6,9	4,4	5,4	7,8
1975	5,9	4,0	4,5	7,0	4,4	5,5	7,8
1976	5,9	4,0	4,5	7,0	4,5	5,5	7,8
1977	5,9	4,0	4,5	7,1	4,6	5,5	7,8
1978	5,9	4,0	4,4	7,1	4,6	5,6	7,8
1979	5,9	4,0	4,4	7,2	4,6	5,6	7,8
1980	5,9	3,9	4,4	7,2	4,6	5,6	7,8
1981	5,9	3,9	4,3	7,2	4,6	5,6	7,8
1982	5,9	3,9	4,2	7,2	4,6	5,6	7,8
1983	5,9	3,9	4,1	7,1	4,5	5,6	7,8
1984	5,9	3,8	4,1	7,1	4,5	5,6	7,8
1985	5,8	3,8	4,0	7,0	4,5	5,6	7,8
1986	5,8	3,8	3,9	6,9	4,4	5,5	7,7
1987	5,8	3,7	3,9	6,8	4,4	5,5	7,7
1988	5,8	3,7	3,8	6,7	4,3	5,5	7,7
1989	5,8	3,7	3,9	6,7	4,4	5,5	7,7

Tabelle 7: Jugendliche Wohnbevölkerung in den Bezirken Halle, Erfurt, Gera, Suhl, Dresden, Leipzig, Karl-Marx-Stadt und Berlin für den Zeitraum 1952 bis 1989 in Prozent

Jahr	Ant. Jug. Halle	Ant. Jug. Erfurt	Ant. Jug. Gera	Ant. Jug. Suhl	Ant. Jug. Dresden	Ant. Jug. Leipzig	Ant. Jug. Karl-Marx-Stadt	Ant. Jug. Berlin
1952	11,8	7,3	4,1	3,0	10,0	8,4	11,9	5,5
1953	11,8	7,2	4,1	3,0	10,0	8,4	11,6	5,6
1954	11,7	7,2	4,1	3,0	9,9	8,4	11,3	5,7
1955	11,6	7,4	4,1	3,0	10,1	8,4	11,1	5,7
1956	11,6	7,3	4,1	3,1	10,1	8,5	11,0	5,8
1957	11,6	7,3	4,2	3,1	10,3	8,5	10,9	6,0
1958	11,6	7,3	4,2	3,1	10,5	8,6	11,1	5,9
1959	11,7	7,4	4,2	3,2	10,7	8,7	11,2	6,0
1960	11,9	7,4	4,3	3,2	10,8	8,8	11,3	6,0
1961	12,0	7,5	4,3	3,2	10,9	8,9	11,4	5,9
1962	12,0	7,6	4,3	3,2	10,9	8,9	11,5	5,9
1963	12,1	7,6	4,3	3,2	10,9	8,9	11,6	6,0
1964	12,0	7,7	4,4	3,2	11,0	9,1	12,0	6,1
1965	12,0	7,7	4,4	3,2	11,1	9,0	12,1	6,0
1966	12,0	7,8	4,3	3,2	11,0	8,9	12,3	5,7
1967	11,9	7,8	4,4	3,2	10,8	8,8	12,4	5,5
1968	11,9	7,8	4,4	3,3	10,7	8,6	12,3	5,3
1969	11,8	7,9	4,4	3,3	10,5	8,5	12,1	5,1
1970	11,7	7,9	4,4	3,3	10,4	8,4	11,9	5,1
1971	11,6	7,8	4,3	3,3	10,3	8,3	11,7	5,1
1972	11,4	7,7	4,3	3,3	10,3	8,2	11,5	5,2
1973	11,3	7,7	4,3	3,3	10,3	8,2	11,4	5,2
1974	11,2	7,7	4,3	3,3	10,2	8,2	11,1	5,4
1975	11,1	7,7	4,4	3,3	10,1	8,1	10,8	5,6
1976	11,1	7,6	4,4	3,3	10,0	8,1	10,5	5,8
1977	11,0	7,6	4,4	3,3	10,0	8,0	10,3	6,0
1978	10,9	7,6	4,4	3,3	10,0	8,0	10,2	6,2
1979	10,9	7,6	4,4	3,3	10,1	8,0	10,1	6,4
1980	10,8	7,6	4,4	3,3	10,1	8,0	10,0	6,5
1981	10,7	7,5	4,4	3,3	10,2	8,0	10,0	6,8
1982	10,7	7,5	4,4	3,2	10,2	8,0	10,0	6,9
1983	10,7	7,5	4,4	3,2	10,2	8,0	10,0	7,0
1984	10,7	7,5	4,4	3,2	10,2	8,0	10,0	7,2
1985	10,7	7,6	4,4	3,3	10,2	8,1	10,1	7,3
1986	10,7	7,6	4,4	3,3	10,3	8,0	10,1	7,4
1987	10,7	7,6	4,4	3,3	10,4	8,0	10,2	7,6
1988	10,7	7,7	4,4	3,3	10,3	8,0	10,4	7,7
1989	10,7	7,7	4,4	3,3	10,2	7,9	10,4	7,8

Tabelle 8: Männliche jugendliche Wohnbevölkerung in den Bezirken Rostock, Schwerin, Neubrandenburg, Potsdam, Frankfurt/Oder, Cottbus und Magdeburg für den Zeitraum 1952 bis 1989

Jahr	männl. Jug. in der DDR	Rostock männlich	Schwerin männlich	Neubrandenburg männlich	Potsdam männlich	Frankfurt/ Oder männlich	Cottbus männlich	Magdeburg männlich
1952	1 317 027	76 538	52 773	60 016	93 415	53 596	59 926	108 296
1953	1 353 955	82 903	53 719	62 830	96 420	58 008	60 658	109 884
1954	1 399 367	85 546	56 298	64 561	101 566	59 845	65 584	113 790
1955	1 577 271	93 618	63 941	71 942	115 756	66 341	75 547	127 420
1956	1 556 844	91 609	62 212	69 466	115 028	65 124	77 788	124 505
1957	1 531 950	87 186	59 999	66 769	113 570	63 991	77 108	122 114
1958	1 527 349	85 821	58 059	63 622	110 918	61 714	77 884	121 698
1959	1 463 972	81 124	54 481	58 057	105 391	57 938	74 766	115 606
1960	1 375 830	75 212	50 262	51 831	96 469	52 974	68 397	109 311
1961	1 304 042	70 087	46 975	47 689	88 907	48 979	62 708	104 681
1962	1 268 692	67 944	45 615	46 301	84 679	47 066	60 337	102 511
1963	1 242 951	65 777	43 990	45 239	81 283	46 224	59 541	100 103
1964	1 199 587	62 823	40 444	42 926	75 718	43 590	58 153	92 797
1965	1 185 733	62 671	40 138	42 819	74 330	43 461	57 096	91 201
1966	1 179 179	61 182	41 509	44 405	73 954	42 793	54 995	92 126
1967	1 201 009	62 559	43 551	47 012	75 529	44 192	57 115	94 342
1968	1 223 596	64 645	45 305	49 980	77 428	46 043	59 045	96 277
1969	1 249 475	67 370	47 518	52 692	80 228	48 590	61 164	98 523
1970	1 305 963	71 532	50 764	56 543	85 054	52 595	65 431	102 771
1971	1 366 092	76 334	53 899	60 453	90 499	56 650	70 029	106 854
1972	1 405 989	79 299	55 847	62 577	94 181	59 360	73 636	110 690
1973	1 453 876	82 988	57 872	65 060	98 725	62 326	77 356	114 055
1974	1 486 225	86 227	59 423	66 930	102 599	64 911	80 695	116 555
1975	1 508 840	88 521	60 620	68 459	105 575	67 235	82 603	118 295
1976	1 520 840	89 774	61 427	69 422	107 575	68 710	83 903	119 585
1977	1 534 180	90 848	62 005	69 795	109 333	70 180	85 274	120 532
1978	1 543 656	91 574	62 230	69 752	110 672	71 209	86 079	120 672
1979	1 547 110	91 862	62 027	68 861	111 598	71 803	86 348	120 587
1980	1 546 413	92 052	61 485	68 305	111 244	72 000	86 608	120 300
1981	1 534 829	91 382	60 535	66 447	110 247	70 797	86 266	118 718
1982	1 526 763	91 079	59 720	64 726	109 549	70 198	85 785	118 354
1983	1 514 380	90 036	58 783	63 186	108 030	69 299	84 704	117 624
1984	1 485 507	88 059	57 390	61 085	105 276	67 229	82 911	115 584
1985	1 459 096	86 126	55 763	59 007	102 445	65 548	81 442	113 593
1986	1 415 024	83 111	53 801	56 115	98 348	63 306	78 902	109 705
1987	1 362 965	79 812	51 173	53 435	93 513	60 459	75 291	105 175
1988	1 309 871	76 448	48 837	50 674	88 793	57 709	72 315	99 995
1989	1 224 227	72 137	45 750	47 839	82 245	54 071	68 083	94 039

Quelle: 1952 bis 1954 und 1981 eigene Berechnungen, 1955 bis 1989 Statistische Jahrbücher der DDR

Tabelle 9: Männliche jugendliche Wohnbevölkerung in den Bezirken Halle, Erfurt, Gera, Suhl, Dresden, Leipzig, Karl-Marx-Stadt und Berlin für den Zeitraum 1952 bis 1989

Jahr	Halle männlich	Erfurt männlich	Gera männlich	Suhl männlich	Dresden männlich	Leipzig männlich	K.-M.-Stadt männlich	Berlin männlich
1952	153 877	92 905	54 618	38 784	131 858	107 399	160 140	72 886
1953	157 854	95 016	56 425	39 733	134 730	110 778	159 316	75 681
1954	162 803	99 103	57 362	41 332	138 420	116 030	157 966	79 161
1955	182 674	114 798	65 647	47 805	159 329	130 402	173 770	88 281
1956	180 057	112 573	64 985	47 734	158 081	130 269	169 200	88 213
1957	177 090	110 608	63 879	47 640	158 840	128 883	165 342	88 931
1958	177 511	110 497	64 401	48 247	162 137	129 633	167 300	87 907
1959	171 847	106 449	62 063	46 869	157 569	125 543	162 189	84 080
1960	164 830	101 129	58 886	44 716	149 803	119 275	153 884	78 851
1961	157 568	96 682	56 503	42 585	143 145	114 136	148 366	75 029
1962	153 942	95 359	54 980	41 182	139 490	112 124	144 287	72 875
1963	151 767	93 951	53 676	40 259	136 434	109 682	143 287	71 738
1964	144 712	91 410	52 584	38 462	133 940	107 610	143 033	71 385
1965	142 814	90 420	51 388	37 793	132 695	106 009	143 763	69 135
1966	141 075	91 328	50 668	38 467	129 942	105 342	145 528	65 865
1967	143 036	93 648	52 549	39 312	129 126	106 010	148 837	64 191
1968	145 417	95 805	53 851	40 124	130 114	105 663	151 323	62 576
1969	148 087	98 146	54 895	41 064	131 079	106 168	151 962	61 989
1970	152 661	102 841	57 126	43 115	135 231	109 362	156 613	64 324
1971	157 692	106 649	59 353	45 188	140 543	113 142	160 644	68 163
1972	160 487	109 283	61 058	46 528	144 636	115 770	161 738	70 899
1973	164 766	111 896	63 072	47 996	149 123	119 647	164 984	74 010
1974	166 755	113 897	64 455	49 153	150 909	121 523	164 507	77 686
1975	167 906	115 635	65 834	50 080	152 508	122 464	161 913	81 192
1976	168 472	115 915	66 407	50 277	152 489	122 830	158 856	85 198
1977	168 589	116 630	66 801	50 453	153 588	123 023	157 265	89 864
1978	168 820	116 826	67 217	50 698	154 736	123 417	156 762	92 992
1979	168 376	116 550	67 598	50 743	155 524	123 616	155 817	95 800
1980	167 402	116 536	67 879	50 650	155 352	123 568	154 525	98 507
1981	165 134	114 669	66 798	49 865	157 121	122 623	153 217	101 010
1982	164 314	114 191	66 622	49 354	156 283	121 517	152 466	102 605
1983	162 431	113 468	66 360	48 900	155 521	120 904	151 327	103 807
1984	159 331	111 845	65 095	48 248	152 486	118 724	148 534	103 710
1985	156 375	110 177	63 918	47 270	150 185	117 203	146 408	103 636
1986	151 678	107 019	61 831	46 249	146 332	113 665	143 220	101 742
1987	146 262	103 676	60 083	44 653	142 028	109 138	138 599	99 668
1988	140 712	101 014	57 704	43 353	136 349	104 528	134 611	96 829
1989	131 364	94 442	53 906	41 115	125 502	96 935	125 747	91 052

Quelle: 1952 bis 1954 und 1981 eigene Berechnungen, 1955 bis 1989 Statistische Jahrbücher der DDR

Tabelle 10: Männliche jugendliche Wohnbevölkerung in den Bezirken Rostock, Schwerin, Neubrandenburg, Potsdam, Frankfurt/Oder, Cottbus und Magdeburg für den Zeitraum 1952 bis 1989 in Prozent

Jahr	Ant. m. Jug. Rostock	Ant. m. Jug. Schwerin	Ant. m. Jug. Neubranden-burg	Ant. m. Jug. Potsdam	Ant. m. Jug. Frankfurt/Oder	Ant. m. Jug. Cottbus	Ant. m. Jug. Magdeburg
1952	5,8	4,0	4,6	7,1	4,1	4,6	8,2
1953	6,1	4,0	4,6	7,1	4,3	4,5	8,1
1954	6,1	4,0	4,6	7,3	4,3	4,7	8,1
1955	5,9	4,1	4,6	7,3	4,2	4,8	8,1
1956	5,9	4,0	4,5	7,4	4,2	5,0	8,0
1957	5,7	3,9	4,4	7,4	4,2	5,0	8,0
1958	5,6	3,8	4,2	7,3	4,0	5,1	8,0
1959	5,5	3,7	4,0	7,2	4,0	5,1	7,9
1960	5,5	3,7	3,8	7,0	3,9	5,0	7,9
1961	5,4	3,6	3,7	6,8	3,8	4,8	8,0
1962	5,4	3,6	3,6	6,7	3,7	4,8	8,1
1963	5,3	3,5	3,6	6,5	3,7	4,8	8,1
1964	5,2	3,4	3,6	6,3	3,6	4,8	7,7
1965	5,3	3,4	3,6	6,3	3,7	4,8	7,7
1966	5,2	3,5	3,8	6,3	3,6	4,7	7,8
1967	5,2	3,6	3,9	6,3	3,7	4,8	7,9
1968	5,3	3,7	4,1	6,3	3,8	4,8	7,9
1969	5,4	3,8	4,2	6,4	3,9	4,9	7,9
1970	5,5	3,9	4,3	6,5	4,0	5,0	7,9
1971	5,6	3,9	4,4	6,6	4,1	5,1	7,8
1972	5,6	4,0	4,5	6,7	4,2	5,2	7,9
1973	5,7	4,0	4,5	6,8	4,3	5,3	7,8
1974	5,8	4,0	4,5	6,9	4,4	5,4	7,8
1975	5,9	4,0	4,5	7,0	4,5	5,5	7,8
1976	5,9	4,0	4,6	7,1	4,5	5,5	7,9
1977	5,9	4,0	4,5	7,1	4,6	5,6	7,9
1978	5,9	4,0	4,5	7,2	4,6	5,6	7,8
1979	5,9	4,0	4,5	7,2	4,6	5,6	7,8
1980	6,0	4,0	4,4	7,2	4,7	5,6	7,8
1981	6,0	3,9	4,3	7,2	4,6	5,6	7,7
1982	6,0	3,9	4,2	7,2	4,6	5,6	7,8
1983	5,9	3,9	4,2	7,1	4,6	5,6	7,8
1984	5,9	3,9	4,1	7,1	4,5	5,6	7,8
1985	5,9	3,8	4,0	7,0	4,5	5,6	7,8
1986	5,9	3,8	4,0	7,0	4,5	5,6	7,8
1987	5,9	3,8	3,9	6,9	4,4	5,5	7,7
1988	5,8	3,7	3,9	6,8	4,4	5,5	7,6
1989	5,9	3,7	3,9	6,7	4,4	5,6	7,7

Tabelle 11: Männliche jugendliche Wohnbevölkerung in den Bezirken Halle, Erfurt, Gera, Suhl, Dresden, Leipzig, Karl-Marx-Stadt und Berlin für den Zeitraum 1952 bis 1989 in Prozent

Jahr	Ant. m. Jug. Halle	Ant. m. Jug. Erfurt	Ant. m. Jug. Gera	Ant. m. Jug. Suhl	Ant. m. Jug. Dresden	Ant. m. Jug. Leipzig	Ant. m. Jug. Karl-Marx-Stadt	Ant. m. Jug. Berlin
1952	11,7	7,1	4,1	2,9	10,0	8,2	12,2	5,5
1953	11,7	7,0	4,2	2,9	10,0	8,2	11,8	5,6
1954	11,6	7,1	4,1	3,0	9,9	8,3	11,3	5,7
1955	11,6	7,3	4,2	3,0	10,1	8,3	11,0	5,6
1956	11,6	7,2	4,2	3,1	10,2	8,4	10,9	5,7
1957	11,6	7,2	4,2	3,1	10,4	8,4	10,8	5,8
1958	11,6	7,2	4,2	3,2	10,6	8,5	11,0	5,8
1959	11,7	7,3	4,2	3,2	10,8	8,6	11,1	5,7
1960	12,0	7,4	4,3	3,3	10,9	8,7	11,2	5,7
1961	12,1	7,4	4,3	3,3	11,0	8,8	11,4	5,8
1962	12,1	7,5	4,3	3,2	11,0	8,8	11,4	5,7
1963	12,2	7,6	4,3	3,2	11,0	8,8	11,5	5,8
1964	12,1	7,6	4,4	3,2	11,2	9,0	11,9	6,0
1965	12,0	7,6	4,3	3,2	11,2	8,9	12,1	5,8
1966	12,0	7,7	4,3	3,3	11,0	8,9	12,3	5,6
1967	11,9	7,8	4,4	3,3	10,8	8,8	12,4	5,3
1968	11,9	7,8	4,4	3,3	10,6	8,6	12,4	5,1
1969	11,9	7,9	4,4	3,3	10,5	8,5	12,2	5,0
1970	11,7	7,9	4,4	3,3	10,4	8,4	12,0	4,9
1971	11,5	7,8	4,3	3,3	10,3	8,3	11,8	5,0
1972	11,4	7,8	4,3	3,3	10,3	8,2	11,5	5,0
1973	11,3	7,7	4,3	3,3	10,3	8,2	11,3	5,1
1974	11,2	7,7	4,3	3,3	10,2	8,2	11,1	5,2
1975	11,1	7,7	4,4	3,3	10,1	8,1	10,7	5,4
1976	11,1	7,6	4,4	3,3	10,0	8,1	10,4	5,6
1977	11,0	7,6	4,4	3,3	10,0	8,0	10,3	5,9
1978	10,9	7,6	4,4	3,3	10,0	8,0	10,2	6,0
1979	10,9	7,5	4,4	3,3	10,1	8,0	10,1	6,2
1980	10,8	7,5	4,4	3,3	10,0	8,0	10,0	6,4
1981	10,8	7,5	4,4	3,2	10,2	8,0	10,0	6,6
1982	10,8	7,5	4,4	3,2	10,2	8,0	10,0	6,7
1983	10,7	7,5	4,4	3,2	10,3	8,0	10,0	6,9
1984	10,7	7,5	4,4	3,2	10,3	8,0	10,0	7,0
1985	10,7	7,6	4,4	3,2	10,3	8,0	10,0	7,1
1986	10,7	7,6	4,4	3,3	10,3	8,0	10,1	7,2
1987	10,7	7,6	4,4	3,3	10,4	8,0	10,2	7,3
1988	10,7	7,7	4,4	3,3	10,4	8,0	10,3	7,4
1989	10,7	7,7	4,4	3,4	10,3	7,9	10,3	7,4

Tabelle 12: Weibliche jugendliche Wohnbevölkerung in den Bezirken Rostock, Schwerin, Neubrandenburg, Potsdam, Frankfurt/Oder, Cottbus und Magdeburg für den Zeitraum 1952 bis 1989

Jahr	weibl. Jug. in der DDR	Rostock weiblich	Schwerin weiblich	Neubranden-burg weiblich	Potsdam weiblich	Frankfurt/ Oder weiblich	Cottbus weiblich	Magdeburg weiblich
1952	1 374 198	74 371	57 059	61 269	97 595	53 053	60 602	113 442
1953	1 383 565	76 522	56 872	61 811	99 039	54 453	60 989	113 553
1954	1 401 073	78 721	57 531	63 086	101 717	56 230	62 236	114 421
1955	1 558 872	86 434	63 816	69 421	114 424	62 833	69 875	125 913
1956	1 523 107	84 222	61 604	66 832	112 674	61 461	69 126	121 597
1957	1 492 500	81 056	58 918	63 565	111 269	60 447	68 411	118 588
1958	1 485 614	79 476	57 136	60 808	108 261	58 906	68 428	117 723
1959	1 426 688	75 250	53 498	56 108	102 912	55 182	65 538	112 670
1960	1 341 565	70 406	49 124	50 507	94 152	50 643	61 486	106 770
1961	1 275 818	67 080	46 093	46 295	86 750	47 664	58 354	102 033
1962	1 243 449	65 221	44 811	44 659	82 804	45 597	56 956	99 881
1963	1 217 091	63 245	43 442	43 428	79 152	44 043	55 937	97 637
1964	1 170 348	59 417	39 799	40 552	74 015	42 096	55 257	90 890
1965	1 152 849	58 618	39 548	40 058	72 318	42 063	54 748	89 078
1966	1 142 681	57 737	40 053	41 182	71 658	42 067	54 240	89 080
1967	1 156 847	59 106	41 185	43 368	72 868	43 340	55 780	90 233
1968	1 171 956	60 773	42 649	45 578	74 448	44 862	57 081	92 125
1969	1 190 328	63 044	44 534	48 300	76 111	46 964	58 598	93 866
1970	1 240 549	67 176	47 257	51 841	80 333	50 166	61 845	98 083
1971	1 297 561	71 686	49 812	55 357	85 394	54 255	65 868	101 846
1972	1 338 079	74 856	51 768	57 839	89 071	57 059	69 488	104 979
1973	1 381 610	78 210	53 951	60 161	93 078	59 771	73 082	108 078
1974	1 411 759	81 288	55 517	61 927	96 713	61 966	76 029	110 165
1975	1 430 469	83 576	56 492	63 286	99 198	63 411	78 006	111 772
1976	1 443 433	85 259	57 161	64 050	101 079	64 748	79 341	113 022
1977	1 457 420	86 514	57 693	64 194	102 481	66 175	80 502	114 158
1978	1 466 678	87 023	57 727	64 135	103 417	67 107	81 159	114 679
1979	1 469 748	87 180	57 701	63 700	104 152	67 349	81 363	114 757
1980	1 468 057	86 980	57 421	63 136	104 422	67 165	81 490	114 509
1981	1 458 791	85 955	56 854	61 617	103 946	66 552	81 305	113 545
1982	1 450 581	85 317	56 167	60 488	103 395	65 915	80 692	112 903
1983	1 439 084	84 155	55 155	58 920	102 182	65 023	79 941	112 063
1984	1 414 712	82 436	53 738	56 822	99 651	63 322	78 338	110 123
1985	1 388 396	80 395	52 284	54 706	96 384	61 466	76 651	108 064
1986	1 342 550	77 678	50 206	51 963	92 133	58 796	73 851	103 825
1987	1 294 496	74 313	47 804	49 379	87 762	55 749	70 974	99 603
1988	1 239 123	70 673	45 477	46 765	83 185	52 972	67 678	95 038
1989	1 158 797	66 851	42 892	44 398	77 191	49 690	63 692	88 839

Quelle: 1952 bis 1954 und 1981 eigene Berechnungen, 1955 bis 1989 Statistische Jahrbücher der DDR

Tabelle 13: Weibliche jugendliche Wohnbevölkerung in den Bezirken Halle, Erfurt, Gera, Suhl, Dresden, Leipzig, Karl-Marx-Stadt und Berlin für den Zeitraum 1952 bis 1989

Jahr	Halle weiblich	Erfurt weiblich	Gera weiblich	Suhl weiblich	Dresden weiblich	Leipzig weiblich	K.-M.-Stadt weiblich	Berlin weiblich
1952	163 387	102 581	56 801	42 152	138 207	118 116	160 485	75 078
1953	164 177	102 681	57 094	42 472	139 209	118 836	158 948	76 909
1954	165 479	103 568	57 858	42 701	139 934	120 449	157 964	79 178
1955	182 685	117 003	64 321	47 784	157 260	134 019	173 859	89 225
1956	177 321	113 516	62 655	47 084	154 136	132 167	168 468	90 244
1957	173 084	110 378	61 715	46 347	152 816	129 597	164 767	91 542
1958	172 746	109 946	62 612	46 572	155 337	129 968	166 615	91 080
1959	166 738	106 055	60 753	44 817	151 784	126 108	161 311	87 964
1960	158 525	100 729	57 947	42 480	143 667	119 532	152 642	82 955
1961	151 940	96 525	55 546	40 616	137 687	114 562	146 568	78 105
1962	148 765	95 043	54 224	39 230	134 119	112 183	143 405	76 551
1963	147 025	93 918	53 197	38 475	131 271	109 539	142 065	74 717
1964	140 597	90 698	51 887	36 820	127 653	107 018	140 810	72 839
1965	138 756	89 244	50 361	36 033	126 192	104 723	140 290	70 819
1966	137 163	88 788	49 401	36 528	124 937	102 395	140 172	67 280
1967	138 101	90 045	50 489	37 265	125 248	101 921	142 517	65 381
1968	139 266	91 607	51 152	38 247	125 917	101 359	143 206	63 686
1969	140 917	93 306	51 848	39 155	125 900	101 540	143 464	62 781
1970	145 868	97 361	53 943	40 834	129 468	104 354	147 172	64 848
1971	150 670	100 758	56 182	42 586	134 698	107 806	151 825	68 818
1972	153 660	103 314	58 073	43 834	137 879	110 283	154 298	71 678
1973	156 999	105 837	60 244	45 195	141 841	113 373	156 980	74 810
1974	158 514	107 831	61 529	46 387	143 903	114 859	156 519	78 612
1975	158 930	109 242	62 262	47 023	144 758	115 760	154 396	82 357
1976	159 309	109 916	63 060	47 417	144 883	116 152	151 837	86 199
1977	159 356	110 775	63 417	47 880	146 300	116 815	150 551	90 609
1978	159 440	111 521	63 937	48 080	147 375	117 310	150 254	93 514
1979	159 138	111 270	64 243	48 175	147 750	117 680	149 110	96 180
1980	157 809	111 066	64 164	48 009	147 782	117 482	148 037	98 585
1981	155 933	110 085	63 578	47 551	147 754	116 984	145 981	101 151
1982	155 054	109 603	63 106	47 068	146 958	116 333	144 951	102 631
1983	153 715	108 701	62 913	46 615	146 083	115 837	143 923	103 858
1984	151 188	107 076	62 070	45 982	143 547	114 047	141 912	104 460
1985	148 459	105 175	61 195	45 299	141 498	112 055	140 046	104 719
1986	143 664	102 040	59 139	43 944	137 367	108 103	136 389	103 452
1987	137 531	99 267	57 366	42 289	133 112	103 642	133 553	102 152
1988	131 362	95 349	55 201	40 575	126 725	98 666	130 332	99 125
1989	122 522	89 344	51 297	38 542	116 905	91 395	121 532	93 707

Quelle: 1952 bis 1954 und 1981 eigene Berechnungen, 1955 bis 1989 Statistische Jahrbücher der DDR

Tabelle 14: Weibliche jugendliche Wohnbevölkerung in den Bezirken Rostock, Schwerin, Neubrandenburg, Potsdam, Frankfurt/Oder, Cottbus und Magdeburg für den Zeitraum 1952 bis 1989 in Prozent

Jahr	Ant. w. Jug. Rostock	Ant. w. Jug. Schwerin	Ant. w. Jug. Neubranden-burg	Ant. w. Jug. Potsdam	Ant. w. Jug. Frankfurt/ Oder	Ant. w. Jug. Cottbus	Ant. w. Jug. Magdeburg
1952	5,4	4,2	4,5	7,1	3,9	4,4	8,3
1953	5,5	4,1	4,5	7,2	3,9	4,4	8,2
1954	5,6	4,1	4,5	7,3	4,0	4,4	8,2
1955	5,5	4,1	4,5	7,3	4,0	4,5	8,1
1956	5,5	4,0	4,4	7,4	4,0	4,5	8,0
1957	5,4	3,9	4,3	7,5	4,1	4,6	7,9
1958	5,3	3,8	4,1	7,3	4,0	4,6	7,9
1959	5,3	3,7	3,9	7,2	3,9	4,6	7,9
1960	5,2	3,7	3,8	7,0	3,8	4,6	8,0
1961	5,3	3,6	3,6	6,8	3,7	4,6	8,0
1962	5,2	3,6	3,6	6,7	3,7	4,6	8,0
1963	5,2	3,6	3,6	6,5	3,6	4,6	8,0
1964	5,1	3,4	3,5	6,3	3,6	4,7	7,8
1965	5,1	3,4	3,5	6,3	3,6	4,7	7,7
1966	5,1	3,5	3,6	6,3	3,7	4,7	7,8
1967	5,1	3,6	3,7	6,3	3,7	4,8	7,8
1968	5,2	3,6	3,9	6,4	3,8	4,9	7,9
1969	5,3	3,7	4,1	6,4	3,9	4,9	7,9
1970	5,4	3,8	4,2	6,5	4,0	5,0	7,9
1971	5,5	3,8	4,3	6,6	4,2	5,1	7,8
1972	5,6	3,9	4,3	6,7	4,3	5,2	7,8
1973	5,7	3,9	4,4	6,7	4,3	5,3	7,8
1974	5,8	3,9	4,4	6,9	4,4	5,4	7,8
1975	5,8	3,9	4,4	6,9	4,4	5,5	7,8
1976	5,9	4,0	4,4	7,0	4,5	5,5	7,8
1977	5,9	4,0	4,4	7,0	4,5	5,5	7,8
1978	5,9	3,9	4,4	7,1	4,6	5,5	7,8
1979	5,9	3,9	4,3	7,1	4,6	5,5	7,8
1980	5,9	3,9	4,3	7,1	4,6	5,6	7,8
1981	5,9	3,9	4,2	7,1	4,6	5,6	7,8
1982	5,9	3,9	4,2	7,1	4,5	5,6	7,8
1983	5,8	3,8	4,1	7,1	4,5	5,6	7,8
1984	5,8	3,8	4,0	7,0	4,5	5,5	7,8
1985	5,8	3,8	3,9	6,9	4,4	5,5	7,8
1986	5,8	3,7	3,9	6,9	4,4	5,5	7,7
1987	5,7	3,7	3,8	6,8	4,3	5,5	7,7
1988	5,7	3,7	3,8	6,7	4,3	5,5	7,7
1989	5,8	3,7	3,8	6,7	4,3	5,5	7,7

Tabelle 15: Weibliche jugendliche Wohnbevölkerung in den Bezirken Halle, Erfurt, Gera, Suhl, Dresden, Leipzig, Karl-Marx-Stadt und Berlin für den Zeitraum 1952 bis 1989 in Prozent

Jahr	Ant. w. Jug. Halle	Ant. w. Jug. Erfurt	Ant. w. Jug. Gera	Ant. w. Jug. Suhl	Ant. w. Jug. Dresden	Ant. w. Jug. Leipzig	Ant. w. Jug. Karl-Marx-Stadt	Ant. w. Jug. Berlin
1952	11,9	7,5	4,1	3,1	10,1	8,6	11,7	5,5
1953	11,9	7,4	4,1	3,1	10,1	8,6	11,5	5,6
1954	11,8	7,4	4,1	3,0	10,0	8,6	11,3	5,7
1955	11,7	7,5	4,1	3,1	10,1	8,6	11,2	5,7
1956	11,6	7,5	4,1	3,1	10,1	8,7	11,1	5,9
1957	11,6	7,4	4,1	3,1	10,2	8,7	11,0	6,1
1958	11,6	7,4	4,2	3,1	10,5	8,7	11,2	6,1
1959	11,7	7,4	4,3	3,1	10,6	8,8	11,3	6,2
1960	11,8	7,5	4,3	3,2	10,7	8,9	11,4	6,2
1961	11,9	7,6	4,4	3,2	10,8	9,0	11,5	6,1
1962	12,0	7,6	4,4	3,2	10,8	9,0	11,5	6,2
1963	12,1	7,7	4,4	3,2	10,8	9,0	11,7	6,1
1964	12,0	7,7	4,4	3,1	10,9	9,1	12,0	6,2
1965	12,0	7,7	4,4	3,1	10,9	9,1	12,2	6,1
1966	12,0	7,8	4,3	3,2	10,9	9,0	12,3	5,9
1967	11,9	7,8	4,4	3,2	10,8	8,8	12,3	5,7
1968	11,9	7,8	4,4	3,3	10,7	8,6	12,2	5,4
1969	11,8	7,8	4,4	3,3	10,6	8,5	12,1	5,3
1970	11,8	7,8	4,3	3,3	10,4	8,4	11,9	5,2
1971	11,6	7,8	4,3	3,3	10,4	8,3	11,7	5,3
1972	11,5	7,7	4,3	3,3	10,3	8,2	11,5	5,4
1973	11,4	7,7	4,4	3,3	10,3	8,2	11,4	5,4
1974	11,2	7,6	4,4	3,3	10,2	8,1	11,1	5,6
1975	11,1	7,6	4,4	3,3	10,1	8,1	10,8	5,8
1976	11,0	7,6	4,4	3,3	10,0	8,0	10,5	6,0
1977	10,9	7,6	4,4	3,3	10,0	8,0	10,3	6,2
1978	10,9	7,6	4,4	3,3	10,0	8,0	10,2	6,4
1979	10,8	7,6	4,4	3,3	10,1	8,0	10,1	6,5
1980	10,7	7,6	4,4	3,3	10,1	8,0	10,1	6,7
1981	10,7	7,5	4,4	3,3	10,1	8,0	10,0	6,9
1982	10,7	7,6	4,4	3,2	10,1	8,0	10,0	7,1
1983	10,7	7,6	4,4	3,2	10,2	8,0	10,0	7,2
1984	10,7	7,6	4,4	3,3	10,1	8,1	10,0	7,4
1985	10,7	7,6	4,4	3,3	10,2	8,1	10,1	7,5
1986	10,7	7,6	4,4	3,3	10,2	8,1	10,2	7,7
1987	10,6	7,7	4,4	3,3	10,3	8,0	10,3	7,9
1988	10,6	7,7	4,5	3,3	10,2	8,0	10,5	8,0
1989	10,6	7,7	4,4	3,3	10,1	7,9	10,5	8,1

Tabelle 16: Wohnbevölkerung der DDR in den Bezirken Berlin, Cottbus, Dresden, Erfurt und Frankfurt/Oder für den Zeitraum 1946, 1950 bzw. 1952 bis 1989

Jahr	Berlin gesamt	Cottbus gesamt	Dresden gesamt	Erfurt gesamt	Frankfurt/ Oder gesamt
1946	1 174 582	804 974	1 951 773	1 391 701	609 522
1950	1 189 074	803 978	1 981 233	1 368 963	643 515
1952	1 187 050	804 326	1 986 334	1 343 274	664 913
1953	1 169 382	796 668	1 969 779	1 323 689	666 054
1954	1 158 693	799 830	1 953 359	1 314 304	667 067
1955	1 139 864	798 989	1 941 317	1 302 943	666 322
1956	1 121 873	801 177	1 918 248	1 280 729	662 075
1957	1 110 016	799 160	1 902 702	1 264 400	661 106
1958	1 090 353	802 740	1 895 669	1 257 370	658 240
1959	1 082 349	807 840	1 893 219	1 256 122	659 816
1960	1 071 775	807 268	1 885 214	1 248 660	657 745
1961	1 055 283	805 844	1 875 639	1 241 687	655 512
1962	1 061 218	813 113	1 876 767	1 246 571	661 062
1963	1 065 296	823 021	1 880 011	1 249 186	666 924
1964	1 071 462	831 837	1 884 311	1 246 807	653 041
1965	1 077 969	839 133	1 887 739	1 249 540	660 666
1966	1 080 726	839 957	1 889 779	1 253 540	666 001
1967	1 082 019	847 266	1 884 626	1 256 034	670 293
1968	1 083 913	853 412	1 881 712	1 256 066	674 256
1969	1 083 856	857 353	1 877 131	1 255 822	677 119
1970	1 085 441	861 061	1 873 069	1 255 536	680 576
1971	1 087 982	864 730	1 867 702	1 256 354	684 442
1972	1 089 874	869 935	1 863 809	1 254 548	687 748
1973	1 088 828	871 056	1 855 881	1 250 607	688 432
1974	1 094 147	872 242	1 845 459	1 247 213	688 637
1975	1 098 174	872 986	1 835 621	1 242 454	688 883
1976	1 106 267	874 007	1 825 816	1 238 231	690 230
1977	1 118 142	877 370	1 821 694	1 238 040	693 901
1978	1 128 983	880 630	1 816 919	1 237 377	698 056
1979	1 140 254	881 897	1 811 821	1 236 997	702 019
1980	1 152 529	883 920	1 806 401	1 238 576	705 943
1981	1 157 557	884 574	1 804 411	1 238 948	706 916
1982	1 173 028	884 545	1 799 928	1 238 156	707 058
1983	1 185 533	883 924	1 796 347	1 238 628	708 958
1984	1 196 871	883 476	1 783 180	1 237 068	706 755
1985	1 215 586	883 308	1 775 574	1 235 546	707 100
1986	1 236 248	883 591	1 768 990	1 235 785	710 634
1987	1 260 921	884 942	1 766 654	1 238 137	712 146
1988	1 284 535	884 744	1 757 363	1 240 394	713 764
1989	1 279 212	875 581	1 713 086	1 222 897	706 116

Quelle: 1946 bzw. 1952 bis 1954 und 1981 eigene Berechnungen, 1955 bis 1989 Statistische Jahrbücher der DDR

Tabelle 17: Wohnbevölkerung der DDR in den Bezirken Gera, Halle, Karl-Marx-Stadt, Leipzig und Magdeburg für den Zeitraum 1946, 1950 bzw. 1952 bis 1989

Jahr	Gera gesamt	Halle gesamt	Karl-Marx-Stadt gesamt	Leipzig gesamt	Magdeburg gesamt
1946	788 712	2 147 854	2 192 736	1 649 529	1 533 718
1950	754 572	2 118 874	2 335 361	1 630 395	1 518 595
1952	755 495	2 111 779	2 287 981	1 620 370	1 500 293
1953	751 613	2 096 593	2 265 751	1 604 135	1 477 053
1954	744 707	2 083 972	2 242 705	1 596 361	1 464 048
1955	740 531	2 055 458	2 218 772	1 581 432	1 442 095
1956	733 867	2 023 974	2 181 194	1 563 804	1 418 806
1957	727 576	1 995 879	2 144 191	1 544 316	1 400 616
1958	728 145	1 984 034	2 130 597	1 534 605	1 392 085
1959	729 630	1 979 613	2 123 660	1 529 360	1 387 619
1960	726 922	1 969 759	2 112 057	1 518 693	1 377 449
1961	723 652	1 958 073	2 098 592	1 509 610	1 369 035
1962	726 498	1 961 878	2 094 763	1 513 816	1 373 024
1963	728 774	1 965 383	2 091 267	1 512 847	1 374 373
1964	734 204	1 930 021	2 090 180	1 511 487	1 323 700
1965	735 175	1 932 733	2 082 927	1 510 773	1 323 644
1966	734 905	1 932 698	2 080 090	1 511 171	1 326 660
1967	735 952	1 932 938	2 074 000	1 507 873	1 325 927
1968	737 134	1 931 524	2 065 783	1 501 847	1 323 747
1969	737 748	1 930 890	2 057 200	1 496 432	1 320 588
1970	738 451	1 925 988	2 047 854	1 490 611	1 317 511
1971	739 650	1 921 371	2 038 067	1 483 724	1 314 500
1972	740 810	1 913 045	2 023 855	1 476 675	1 311 866
1973	739 879	1 902 256	2 009 286	1 467 123	1 304 991
1974	738 847	1 890 187	1 994 115	1 457 817	1 297 881
1975	737 916	1 876 516	1 976 869	1 445 840	1 289 615
1976	737 228	1 863 500	1 962 233	1 435 424	1 283 359
1977	737 178	1 855 633	1 953 158	1 429 526	1 279 323
1978	738 483	1 850 454	1 945 190	1 424 349	1 275 545
1979	739 612	1 841 444	1 937 301	1 417 245	1 271 342
1980	741 557	1 833 135	1 930 087	1 412 037	1 268 360
1981	742 001	1 829 412	1 925 263	1 409 426	1 267 067
1982	741 992	1 816 253	1 911 082	1 395 594	1 259 980
1983	743 115	1 810 022	1 902 973	1 392 558	1 258 977
1984	742 200	1 800 808	1 889 078	1 384 037	1 254 745
1985	741 320	1 790 835	1 875 918	1 378 456	1 252 143
1986	739 856	1 783 987	1 866 321	1 371 427	1 249 636
1987	741 171	1 779 424	1 863 279	1 366 017	1 249 384
1988	742 023	1 776 458	1 859 525	1 360 923	1 249 518
1989	728 079	1 748 030	1 817 487	1 333 142	1 237 907

Quelle: 1946 bzw. 1952 bis 1954 und 1981 eigene Berechnungen, 1955 bis 1989 Statistische Jahrbücher der DDR

Tabelle 18: Wohnbevölkerung der DDR in den Bezirken Neubrandenburg, Potsdam, Rostock, Schwerin und Suhl für den Zeitraum 1946, 1950 bzw. 1952 bis 1989

Jahr	Neubrandenburg gesamt	Potsdam gesamt	Rostock gesamt	Schwerin gesamt	Suhl gesamt
1946	733 437	1 223 627	849 779	729 557	573 488
1950	717 749	1 221 698	844 999	690 491	568 675
1952	704 237	1 235 198	858 866	681 780	558 215
1953	696 791	1 219 628	856 006	664 698	554 282
1954	692 229	1 218 635	854 939	660 063	550 635
1955	685 509	1 212 298	845 786	652 292	548 624
1956	675 107	1 195 786	838 526	642 535	545 877
1957	667 521	1 187 637	828 440	634 057	543 053
1958	662 526	1 172 902	827 697	630 477	544 267
1959	658 633	1 174 085	829 952	628 601	545 403
1960	651 651	1 161 305	831 916	623 137	544 937
1961	644 879	1 146 712	831 850	618 937	544 001
1962	649 090	1 151 129	840 692	621 297	544 949
1963	652 624	1 152 741	848 991	622 968	546 677
1964	632 996	1 124 264	834 950	593 722	548 949
1965	633 209	1 127 498	842 743	594 786	549 398
1966	636 495	1 131 874	845 868	597 615	552 275
1967	638 265	1 134 388	849 058	598 670	552 575
1968	638 976	1 134 848	852 868	598 391	552 759
1969	639 582	1 133 631	856 224	598 041	552 887
1970	638 842	1 132 799	858 846	597 378	553 020
1971	637 756	1 132 897	862 424	597 310	553 454
1972	634 581	1 131 540	864 518	596 020	552 519
1973	631 554	1 128 568	866 491	594 361	551 938
1974	628 686	1 124 892	867 806	592 334	550 497
1975	626 362	1 120 557	868 674	590 347	549 435
1976	625 058	1 117 104	871 226	589 103	548 244
1977	624 477	1 116 151	875 897	589 246	548 121
1978	623 393	1 115 576	880 076	588 994	547 350
1979	622 603	1 116 842	883 624	589 305	548 018
1980	622 904	1 117 523	887 820	589 870	548 876
1981	622 569	1 118 675	889 818	590 195	549 198
1982	620 618	1 120 195	893 502	590 881	549 494
1983	620 979	1 121 900	895 909	591 979	549 685
1984	620 141	1 121 539	897 532	592 209	550 318
1985	619 623	1 121 099	901 722	592 231	549 598
1986	620 057	1 121 640	909 550	592 519	549 636
1987	620 389	1 122 759	913 632	593 627	548 941
1988	620 467	1 123 759	916 541	595 176	549 442
1989	615 767	1 111 210	909 840	590 171	545 271

Quelle: 1946 bzw. 1952 bis 1954 und 1981 eigene Berechnungen, 1955 bis 1989 Statistische Jahrbücher der DDR

Tabelle 19: Männliche Wohnbevölkerung der DDR in den Bezirken Berlin, Cottbus, Dresden, Erfurt und Frankfurt/Oder für den Zeitraum 1946, 1950 bzw. 1952 bis 1989

Jahr	Berlin männlich	Cottbus männlich	Dresden männlich	Erfurt männlich	Frankfurt/ Oder männlich
1946	479 999	341 843	817 892	598 848	259 150
1950	506 358	356 892	853 241	608 426	286 028
1952	508 095	360 229	863 130	597 878	299 237
1953	500 458	356 797	856 415	589 104	302 222
1954	496 101	361 974	849 593	586 958	302 898
1955	486 672	363 728	847 301	582 824	301 923
1956	478 502	368 697	838 692	572 335	300 049
1957	473 073	369 034	834 084	565 684	299 950
1958	464 305	372 729	832 740	563 994	298 963
1959	462 135	376 272	832 783	564 828	300 924
1960	458 773	375 193	831 194	562 399	300 819
1961	453 542	373 575	827 818	560 108	299 651
1962	457 636	377 131	829 703	563 492	303 165
1963	462 476	382 972	833 012	565 644	307 371
1964	468 727	388 071	842 865	570 542	302 383
1965	474 004	391 816	846 682	572 586	306 840
1966	476 892	389 890	848 489	576 415	309 532
1967	478 921	393 861	846 252	578 795	311 849
1968	481 095	397 324	846 742	580 007	314 334
1969	482 620	399 900	846 346	581 167	316 063
1970	484 960	402 655	846 255	582 167	318 254
1971	487 783	405 267	845 353	583 717	320 686
1972	490 377	408 710	845 959	584 093	323 296
1973	490 948	409 894	844 118	583 203	324 146
1974	494 564	411 229	840 530	582 548	325 127
1975	497 978	412 167	838 122	581 435	326 513
1976	503 378	413 916	835 209	580 297	328 033
1977	510 531	416 939	835 279	581 340	330 942
1978	517 222	419 808	834 846	581 721	334 105
1979	524 025	421 083	834 312	582 239	337 084
1980	532 141	422 847	833 838	584 090	340 061
1981	535 395	423 405	834 043	584 797	340 799
1982	544 757	423 369	835 837	585 247	339 898
1983	552 450	423 090	836 482	586 350	341 301
1984	559 261	423 506	831 790	586 395	339 403
1985	571 311	424 327	830 568	586 841	340 299
1986	583 032	425 789	830 435	588 436	344 079
1987	596 289	427 761	832 333	590 955	345 846
1988	610 088	429 579	831 990	594 115	347 802
1989	608 938	426 093	812 012	586 458	344 944

Quelle: 1946 bzw. 1952 bis 1954 und 1981 eigene Berechnungen, 1955 bis 1989 Statistische Jahrbücher der DDR

Tabelle 20: Männliche Wohnbevölkerung der DDR in den Bezirken Gera, Halle, Karl-Marx-Stadt, Leipzig und Magdeburg für den Zeitraum 1946, 1950 bzw. 1952 bis 1989

Jahr	Gera männlich	Halle männlich	Karl-Marx-Stadt männlich	Leipzig männlich	Magdeburg männlich
1946	335 033	933 194	917 681	706 023	659 872
1950	331 712	953 087	1 068 323	709 601	677 893
1952	336 693	954 510	1 029 138	709 708	672 568
1953	335 679	948 651	1 016 396	702 849	662 183
1954	331 330	945 100	1 003 290	702 132	658 607
1955	330 744	932 835	990 256	695 773	648 816
1956	328 540	919 943	969 859	689 743	639 473
1957	325 948	908 551	949 980	681 974	631 713
1958	327 084	904 972	945 359	679 694	629 672
1959	328 451	904 830	943 273	678 639	628 499
1960	327 250	902 344	940 277	675 558	624 801
1961	325 844	897 770	934 917	672 478	621 697
1962	327 532	900 408	934 024	675 705	624 467
1963	329 281	903 463	933 836	676 923	626 531
1964	335 381	890 049	939 940	677 782	605 309
1965	336 261	892 704	937 811	678 729	606 407
1966	336 276	893 849	938 983	680 945	609 529
1967	337 639	895 120	937 763	681 008	610 290
1968	338 918	895 890	936 167	678 953	610 375
1969	339 819	896 811	933 718	677 495	609 842
1970	340 657	895 147	931 359	675 866	609 458
1971	341 827	894 093	928 011	673 928	609 112
1972	343 012	891 861	922 132	671 821	609 240
1973	342 930	888 269	916 467	668 721	607 034
1974	342 944	883 319	910 707	665 555	604 517
1975	343 318	878 289	903 676	661 018	601 751
1976	343 393	872 734	898 184	657 187	599 917
1977	343 889	869 970	895 473	655 760	598 738
1978	345 188	869 886	893 224	655 059	597 898
1979	346 347	865 619	891 274	653 061	596 925
1980	348 266	862 837	889 821	652 256	596 556
1981	348 806	861 750	888 494	651 626	596 584
1982	349 394	856 283	884 587	645 667	593 612
1983	350 518	854 219	882 445	645 999	594 651
1984	350 378	850 682	877 337	642 981	593 659
1985	350 487	846 753	872 985	642 145	593 477
1986	350 709	845 812	870 677	641 026	594 142
1987	352 325	846 530	871 233	640 759	595 493
1988	354 030	848 606	871 998	641 978	597 747
1989	347 943	836 539	853 468	631 097	594 518

Quelle: 1946 bzw. 1952 bis 1954 und 1981 eigene Berechnungen, 1955 bis 1989 Statistische Jahrbücher der DDR

Tabelle 21: Männliche Wohnbevölkerung der DDR in den Bezirken Neubrandenburg, Potsdam, Rostock, Schwerin und Suhl für den Zeitraum 1946, 1950 bzw. 1952 bis 1989

Jahr	Neubranden-burg männlich	Potsdam männlich	Rostock männlich	Schwerin männlich	Suhl männlich
1946	312 403	513 418	361 914	310 501	248 440
1950	323 405	537 163	383 845	309 324	255 891
1952	318 981	546 071	393 580	304 730	251 842
1953	318 472	540 141	395 095	297 192	250 135
1954	316 540	542 105	394 874	296 373	248 837
1955	313 886	540 661	390 618	294 105	248 574
1956	309 553	534 655	387 711	290 567	247 986
1957	306 781	531 231	382 695	287 279	247 264
1958	305 203	526 108	383 940	286 464	248 589
1959	304 046	528 524	385 820	286 039	249 626
1960	301 161	524 037	387 365	284 323	249 780
1961	298 253	518 717	387 405	283 065	249 517
1962	301 049	522 044	392 520	284 922	250 138
1963	303 349	524 803	397 289	286 307	251 225
1964	296 376	513 695	391 339	274 418	254 985
1965	296 967	516 133	395 979	275 082	255 346
1966	299 521	519 544	397 530	277 337	257 246
1967	301 020	521 981	399 228	278 494	257 684
1968	301 988	523 280	401 433	278 889	258 108
1969	302 766	523 747	403 581	279 246	258 452
1970	302 798	524 450	405 234	279 356	259 012
1971	302 717	525 561	407 605	279 789	259 886
1972	301 568	525 833	409 189	279 820	259 668
1973	300 583	525 232	410 771	279 257	259 763
1974	299 750	524 394	411 852	278 676	259 106
1975	299 201	523 727	412 828	278 317	259 075
1976	299 120	523 119	414 577	278 291	258 534
1977	299 391	523 894	417 524	278 810	258 561
1978	299 495	524 873	420 315	279 090	258 175
1979	299 609	526 895	422 757	279 550	258 704
1980	300 267	528 330	425 753	280 171	259 731
1981	300 360	529 470	427 326	280 645	260 087
1982	299 742	531 748	429 610	281 803	260 510
1983	300 453	533 849	431 204	282 830	261 117
1984	300 370	534 918	432 276	283 537	261 913
1985	300 517	536 091	435 831	284 056	261 981
1986	301 688	538 261	442 079	285 002	262 447
1987	302 539	539 594	444 837	286 238	262 565
1988	303 338	542 051	447 753	288 043	263 684
1989	301 168	537 263	444 731	285 808	262 320

Quelle: 1946 bzw. 1952 bis 1954 und 1981 eigene Berechnungen, 1955 bis 1989 Statistische Jahrbücher der DDR

Tabelle 22: Weibliche Wohnbevölkerung der DDR in den Bezirken Berlin, Cottbus, Dresden, Erfurt und Frankfurt/Oder für den Zeitraum 1946, 1950 bzw. 1952 bis 1989

Jahr	Berlin weiblich	Cottbus weiblich	Dresden weiblich	Erfurt weiblich	Frankfurt/ Oder weiblich
1946	694 583	463 131	1 133 881	792 853	350 372
1950	682 716	447 086	1 127 992	760 537	357 487
1952	678 955	444 097	1 123 204	745 396	365 676
1953	668 924	439 871	1 113 364	734 585	363 832
1954	662 592	437 856	1 103 766	727 346	364 169
1955	653 192	435 261	1 094 016	720 119	364 399
1956	643 371	432 480	1 079 556	708 394	362 026
1957	636 943	430 126	1 068 618	698 716	361 156
1958	626 048	430 011	1 062 929	693 376	359 277
1959	620 214	431 568	1 060 436	691 386	358 892
1960	613 002	432 075	1 054 020	686 261	356 926
1961	601 741	432 269	1 047 821	681 579	355 861
1962	603 582	435 982	1 047 064	683 079	357 897
1963	602 820	440 049	1 046 999	683 542	359 553
1964	602 735	443 766	1 041 446	676 265	350 658
1965	603 965	447 317	1 041 057	676 954	353 826
1966	603 834	450 067	1 041 290	677 125	356 469
1967	603 098	453 405	1 038 374	677 239	358 444
1968	602 818	456 088	1 034 970	676 059	359 922
1969	601 236	457 453	1 030 785	674 655	361 056
1970	600 481	458 406	1 026 814	673 369	362 322
1971	600 199	459 463	1 022 349	672 637	363 756
1972	599 497	461 225	1 017 850	670 455	364 452
1973	597 880	461 162	1 011 763	667 404	364 286
1974	599 583	461 013	1 004 929	664 665	363 510
1975	600 196	460 819	997 499	661 019	362 370
1976	602 889	460 091	990 607	657 934	362 197
1977	607 611	460 431	986 415	656 700	362 959
1978	611 761	460 822	982 073	655 656	363 951
1979	616 229	460 814	977 509	654 758	364 935
1980	620 388	461 073	972 563	654 486	365 882
1981	622 162	461 169	970 368	654 151	366 117
1982	628 271	461 176	964 091	652 909	367 160
1983	633 083	460 834	959 865	652 278	367 657
1984	637 610	459 970	951 390	650 673	367 352
1985	644 275	458 981	945 006	648 705	366 801
1986	653 216	457 802	938 555	647 349	366 555
1987	664 632	457 181	934 321	647 182	366 300
1988	674 447	455 165	925 373	646 279	365 962
1989	670 274	449 488	901 074	636 439	361 172

Quelle: 1946 bzw. 1952 bis 1954 und 1981 eigene Berechnungen, 1955 bis 1989 Statistische Jahrbücher der DDR

Tabelle 23: Weibliche Wohnbevölkerung der DDR in den Bezirken Gera, Halle, Karl-Marx-Stadt, Leipzig und Magdeburg für den Zeitraum 1946, 1950 bzw. 1952 bis 1989

Jahr	Gera weiblich	Halle weiblich	Karl-Marx-Stadt weiblich	Leipzig weiblich	Magdeburg weiblich
1946	453 679	1 214 660	1 275 055	943 506	873 846
1950	422 860	1 165 787	1 267 038	920 794	840 702
1952	418 802	1 157 269	1 258 843	910 662	827 725
1953	415 934	1 147 942	1 249 355	901 286	814 870
1954	413 377	1 138 872	1 239 415	894 229	805 441
1955	409 787	1 122 623	1 228 516	885 659	793 279
1956	405 327	1 104 031	1 211 335	874 061	779 333
1957	401 628	1 087 328	1 194 211	862 342	768 903
1958	401 061	1 079 062	1 185 238	854 911	762 413
1959	401 179	1 074 691	1 180 387	850 721	759 120
1960	399 672	1 067 415	1 171 780	843 135	752 648
1961	397 808	1 060 303	1 163 675	837 132	747 338
1962	398 966	1 061 470	1 160 739	838 111	748 557
1963	399 493	1 061 920	1 157 431	835 924	747 842
1964	398 823	1 039 972	1 150 240	833 705	718 391
1965	398 914	1 040 029	1 145 116	832 044	717 237
1966	398 629	1 038 849	1 141 107	830 226	717 131
1967	398 313	1 037 818	1 136 237	826 865	715 637
1968	398 216	1 035 634	1 129 616	822 894	713 372
1969	397 929	1 034 079	1 123 482	818 937	710 746
1970	397 794	1 030 841	1 116 495	814 745	708 053
1971	397 823	1 027 278	1 110 056	809 796	705 388
1972	397 798	1 021 184	1 101 723	804 854	702 626
1973	396 949	1 013 987	1 092 819	798 402	697 957
1974	395 903	1 006 868	1 083 408	792 262	693 364
1975	394 598	998 227	1 073 193	784 822	687 864
1976	393 835	990 766	1 064 049	778 237	683 442
1977	393 289	985 663	1 057 685	773 766	680 585
1978	393 295	980 568	1 051 966	769 290	677 647
1979	393 265	975 825	1 046 027	764 184	674 417
1980	393 291	970 298	1 040 266	759 781	671 804
1981	393 195	967 662	1 036 769	757 800	670 483
1982	392 598	959 970	1 026 495	749 927	666 368
1983	392 597	955 803	1 020 528	746 559	664 326
1984	391 822	950 126	1 011 741	741 056	661 086
1985	390 833	944 082	1 002 933	736 311	658 666
1986	389 147	938 175	995 644	730 401	655 494
1987	388 846	932 894	992 046	725 258	653 891
1988	387 993	927 852	987 527	718 945	651 771
1989	380 136	911 491	964 019	702 045	643 389

Quelle: 1946 bzw. 1952 bis 1954 und 1981 eigene Berechnungen, 1955 bis 1989 Statistische Jahrbücher der DDR

Tabelle 24: Weibliche Wohnbevölkerung der DDR in den Bezirken Neubrandenburg, Potsdam, Rostock, Schwerin und Suhl für den Zeitraum 1946, 1950 bzw. 1952 bis 1989

Jahr	Neubrandenburg weiblich	Potsdam weiblich	Rostock weiblich	Schwerin weiblich	Suhl weiblich
1946	421 034	710 209	487 865	419 056	325 048
1950	394 344	684 535	461 154	381 167	312 784
1952	385 256	689 127	465 286	377 050	306 373
1953	378 319	679 487	460 911	367 506	304 147
1954	375 689	676 530	460 065	363 690	301 798
1955	371 623	671 637	455 168	358 187	300 050
1956	365 554	661 131	450 815	351 968	297 891
1957	360 740	656 406	445 745	346 778	295 789
1958	357 323	646 794	443 757	344 013	295 678
1959	355 000	645 561	444 132	342 149	295 777
1960	350 490	637 268	444 551	338 814	295 157
1961	346 626	627 995	444 445	335 872	294 484
1962	348 041	629 085	448 172	336 375	294 811
1963	349 275	627 938	451 702	336 661	295 452
1964	336 620	610 569	443 611	319 304	293 964
1965	336 242	611 365	446 764	319 704	294 052
1966	336 974	612 330	448 338	320 278	295 029
1967	337 245	612 407	449 830	320 176	294 891
1968	336 988	611 568	451 435	319 502	294 651
1969	336 816	609 884	452 643	318 795	294 435
1970	336 044	608 349	453 612	318 022	294 008
1971	335 039	607 336	454 819	317 521	293 568
1972	333 013	605 707	455 329	316 200	292 851
1973	330 971	603 336	455 720	315 104	292 175
1974	328 936	600 498	455 954	313 658	291 391
1975	327 161	596 830	455 846	312 030	290 360
1976	325 938	593 985	456 649	310 812	289 710
1977	325 086	592 257	458 373	310 436	289 560
1978	323 898	590 703	459 761	309 904	289 175
1979	322 994	589 947	460 867	309 755	289 314
1980	322 637	589 193	462 067	309 699	289 145
1981	322 209	589 205	462 492	309 550	289 111
1982	320 876	588 447	463 892	309 078	288 984
1983	320 526	588 051	464 705	309 149	288 568
1984	319 771	586 621	465 256	308 672	288 405
1985	319 106	585 008	465 891	308 175	287 617
1986	318 369	583 379	467 471	307 517	287 189
1987	317 850	583 165	468 795	307 389	286 376
1988	317 129	581 708	468 788	307 133	285 758
1989	314 599	573 947	465 109	304 363	282 951

Quelle: 1946 bzw. 1952 bis 1954 und 1981 eigene Berechnungen, 1955 bis 1989 Statistische Jahrbücher der DDR

Tabelle 25: Anteil der Jugendlichen an der Wohnbevölkerung in den Bezirken Berlin, Cottbus, Dresden, Erfurt und Frankfurt/Oder für den Zeitraum 1952 bis 1989

Jahr	Anteil Jug. Berlin	Anteil Jug. Cottbus	Anteil Jug. Dresden	Anteil Jug. Erfurt	Anteil Jug. Frankfurt/ Oder
1952	12,5	15,0	13,6	14,6	16,0
1953	13,0	15,3	13,9	14,9	16,9
1954	13,7	16,0	14,3	15,4	17,4
1955	15,6	18,2	16,3	17,8	19,4
1956	15,9	18,3	16,3	17,7	19,1
1957	16,3	18,2	16,4	17,5	18,8
1958	16,4	18,2	16,7	17,5	18,3
1959	15,9	17,4	16,3	16,9	17,1
1960	15,1	16,1	15,6	16,2	15,8
1961	14,5	15,0	15,0	15,6	14,7
1962	14,1	14,4	14,6	15,3	14,0
1963	13,7	14,0	14,2	15,0	13,5
1964	13,5	13,6	13,9	14,6	13,1
1965	13,0	13,3	13,7	14,4	12,9
1966	12,3	13,0	13,5	14,4	12,7
1967	12,0	13,3	13,5	14,6	13,1
1968	11,6	13,6	13,6	14,9	13,5
1969	11,5	14,0	13,7	15,2	14,1
1970	11,9	14,8	14,1	15,9	15,1
1971	12,6	15,7	14,7	16,5	16,2
1972	13,1	16,5	15,2	16,9	16,9
1973	13,7	17,3	15,7	17,4	17,7
1974	14,3	18,0	16,0	17,8	18,4
1975	14,9	18,4	16,2	18,1	19,0
1976	15,5	18,7	16,3	18,2	19,3
1977	16,1	18,9	16,5	18,4	19,7
1978	16,5	19,0	16,6	18,5	19,8
1979	16,8	19,0	16,7	18,4	19,8
1980	17,1	19,0	16,8	18,4	19,7
1981	17,5	18,9	16,9	18,1	19,4
1982	17,5	18,8	16,8	18,1	19,3
1983	17,5	18,6	16,8	17,9	18,9
1984	17,4	18,3	16,6	17,7	18,5
1985	17,1	17,9	16,4	17,4	18,0
1986	16,6	17,3	16,0	16,9	17,2
1987	16,0	16,5	15,6	16,4	16,3
1988	15,3	15,8	15,0	15,8	15,5
1989	14,4	15,1	14,2	15,0	14,7

Tabelle 26: Anteil der Jugendlichen an der Wohnbevölkerung in den Bezirken Gera, Halle, Karl-Marx-Stadt, Leipzig und Magdeburg für den Zeitraum 1952 bis 1989

Jahr	Anteil Jug. Gera	Anteil Jug. Halle	Anteil Jug. Karl-Marx-Stadt	Anteil Jug. Leipzig	Anteil Jug. Magdeburg
1952	14,7	15,0	14,0	13,9	14,8
1953	15,1	15,4	14,0	14,3	15,1
1954	15,5	15,8	14,1	14,8	15,6
1955	17,6	17,8	15,7	16,7	17,6
1956	17,4	17,7	15,5	16,8	17,3
1957	17,3	17,5	15,4	16,7	17,2
1958	17,4	17,7	15,7	16,9	17,2
1959	16,8	17,1	15,2	16,5	16,5
1960	16,1	16,4	14,5	15,7	15,7
1961	15,5	15,8	14,1	15,1	15,1
1962	15,0	15,4	13,7	14,8	14,7
1963	14,7	15,2	13,6	14,5	14,4
1964	14,2	14,8	13,6	14,2	13,9
1965	13,8	14,6	13,6	13,9	13,6
1966	13,6	14,4	13,7	13,7	13,7
1967	14,0	14,5	14,0	13,8	13,9
1968	14,2	14,7	14,3	13,8	14,2
1969	14,5	15,0	14,4	13,9	14,6
1970	15,0	15,5	14,8	14,3	15,2
1971	15,6	16,0	15,3	14,9	15,9
1972	16,1	16,4	15,6	15,3	16,4
1973	16,7	16,9	16,0	15,9	17,0
1974	17,1	17,2	16,1	16,2	17,5
1975	17,4	17,4	16,0	16,5	17,8
1976	17,6	17,6	15,8	16,6	18,1
1977	17,7	17,7	15,8	16,8	18,3
1978	17,8	17,7	15,8	16,9	18,5
1979	17,8	17,8	15,7	17,0	18,5
1980	17,8	17,7	15,7	17,1	18,5
1981	17,6	17,6	15,5	17,0	18,3
1982	17,5	17,6	15,6	17,0	18,4
1983	17,4	17,5	15,5	17,0	18,2
1984	17,1	17,2	15,4	16,8	18,0
1985	16,9	17,0	15,3	16,6	17,7
1986	16,4	16,6	15,0	16,2	17,1
1987	15,8	15,9	14,6	15,6	16,4
1988	15,2	15,3	14,2	14,9	15,6
1989	14,4	14,5	13,6	14,1	14,8

Tabelle 27: Anteil der Jugendlichen an der Wohnbevölkerung in den Bezirken Neubrandenburg, Potsdam, Rostock, Schwerin und Suhl für den Zeitraum 1952 bis 1989

Jahr	Anteil Jug. Neubranden-burg	Anteil Jug. Potsdam	Anteil Jug. Rostock	Anteil Jug. Schwerin	Anteil Jug. Suhl
1952	17,2	15,5	17,6	16,1	14,5
1953	17,9	16,0	18,6	16,6	14,8
1954	18,4	16,7	19,2	17,2	15,3
1955	20,6	19,0	21,3	19,6	17,4
1956	20,2	19,0	21,0	19,3	17,4
1957	19,5	18,9	20,3	18,8	17,3
1958	18,8	18,7	20,0	18,3	17,4
1959	17,3	17,7	18,8	17,2	16,8
1960	15,7	16,4	17,5	15,9	16,0
1961	14,6	15,3	16,5	15,0	15,3
1962	14,0	14,5	15,8	14,6	14,8
1963	13,6	13,9	15,2	14,0	14,4
1964	13,2	13,3	14,6	13,5	13,7
1965	13,1	13,0	14,4	13,4	13,4
1966	13,4	12,9	14,1	13,6	13,6
1967	14,2	13,1	14,3	14,2	13,9
1968	15,0	13,4	14,7	14,7	14,2
1969	15,8	13,8	15,2	15,4	14,5
1970	17,0	14,6	16,2	16,4	15,2
1971	18,2	15,5	17,2	17,4	15,9
1972	19,0	16,2	17,8	18,1	16,4
1973	19,8	17,0	18,6	18,8	16,9
1974	20,5	17,7	19,3	19,4	17,4
1975	21,0	18,3	19,8	19,8	17,7
1976	21,4	18,7	20,1	20,1	17,8
1977	21,5	19,0	20,2	20,3	17,9
1978	21,5	19,2	20,3	20,4	18,0
1979	21,3	19,3	20,3	20,3	18,1
1980	21,1	19,3	20,2	20,2	18,0
1981	20,6	19,1	19,9	19,9	17,7
1982	20,2	19,0	19,7	19,6	17,5
1983	19,7	18,7	19,4	19,2	17,4
1984	19,0	18,3	19,0	18,8	17,1
1985	18,4	17,7	18,5	18,2	16,8
1986	17,4	17,0	17,7	17,6	16,4
1987	16,6	16,1	16,9	16,7	15,8
1988	15,7	15,3	16,1	15,8	15,3
1989	15,0	14,3	15,3	15,0	14,6

Tabelle 28: Anteil der männlichen Jugendlichen an der Wohnbevölkerung in den Bezirken Berlin, Cottbus, Dresden, Erfurt und Frankfurt/Oder für den Zeitraum 1952 bis 1989

Jahr	Ant. m. Jug. Berlin	Ant. m. Jug. Cottbus	Ant. m. Jug. Dresden	Ant. m. Jug. Erfurt	Ant. m. Jug. Frankfurt/ Oder
1952	14,3	16,6	15,3	15,5	17,9
1953	15,1	17,0	15,7	16,1	19,2
1954	16,0	18,1	16,3	16,9	19,8
1955	18,1	20,8	18,8	19,7	22,0
1956	18,4	21,1	18,8	19,7	21,7
1957	18,8	20,9	19,0	19,6	21,3
1958	18,9	20,9	19,5	19,6	20,6
1959	18,2	19,9	18,9	18,8	19,3
1960	17,2	18,2	18,0	18,0	17,6
1961	16,5	16,8	17,3	17,3	16,3
1962	15,9	16,0	16,8	16,9	15,5
1963	15,5	15,5	16,4	16,6	15,0
1964	15,2	15,0	15,9	16,0	14,4
1965	14,6	14,6	15,7	15,8	14,2
1966	13,8	14,1	15,3	15,8	13,8
1967	13,4	14,5	15,3	16,2	14,2
1968	13,0	14,9	15,4	16,5	14,6
1969	12,8	15,3	15,5	16,9	15,4
1970	13,3	16,2	16,0	17,7	16,5
1971	14,0	17,3	16,6	18,3	17,7
1972	14,5	18,0	17,1	18,7	18,4
1973	15,1	18,9	17,7	19,2	19,2
1974	15,7	19,6	18,0	19,6	20,0
1975	16,3	20,0	18,2	19,9	20,6
1976	16,9	20,3	18,3	20,0	20,9
1977	17,6	20,5	18,4	20,1	21,2
1978	18,0	20,5	18,5	20,1	21,3
1979	18,3	20,5	18,6	20,0	21,3
1980	18,5	20,5	18,6	20,0	21,2
1981	18,9	20,4	18,8	19,6	20,8
1982	18,8	20,3	18,7	19,5	20,7
1983	18,8	20,0	18,6	19,4	20,3
1984	18,5	19,6	18,3	19,1	19,8
1985	18,1	19,2	18,1	18,8	19,3
1986	17,5	18,5	17,6	18,2	18,4
1987	16,7	17,6	17,1	17,5	17,5
1988	15,9	16,8	16,4	17,0	16,6
1989	15,0	16,0	15,5	16,1	15,7

Tabelle 29: Anteil der männlichen Jugendlichen an der Wohnbevölkerung in den Bezirken Gera, Halle, Karl-Marx-Stadt, Leipzig und Magdeburg für den Zeitraum 1952 bis 1989

Jahr	Ant. m. Jug. Gera	Ant. m. Jug. Halle	Ant. m. Jug. Karl-Marx-Stadt	Ant. m. Jug. Leipzig	Ant. m. Jug. Magdeburg
1952	16,2	16,1	15,6	15,1	16,1
1953	16,8	16,6	15,7	15,8	16,6
1954	17,3	17,2	15,7	16,5	17,3
1955	19,8	19,6	17,5	18,7	19,6
1956	19,8	19,6	17,4	18,9	19,5
1957	19,6	19,5	17,4	18,9	19,3
1958	19,7	19,6	17,7	19,1	19,3
1959	18,9	19,0	17,2	18,5	18,4
1960	18,0	18,3	16,4	17,7	17,5
1961	17,3	17,6	15,9	17,0	16,8
1962	16,8	17,1	15,4	16,6	16,4
1963	16,3	16,8	15,3	16,2	16,0
1964	15,7	16,3	15,2	15,9	15,3
1965	15,3	16,0	15,3	15,6	15,0
1966	15,1	15,8	15,5	15,5	15,1
1967	15,6	16,0	15,9	15,6	15,5
1968	15,9	16,2	16,2	15,6	15,8
1969	16,2	16,5	16,3	15,7	16,2
1970	16,8	17,1	16,8	16,2	16,9
1971	17,4	17,6	17,3	16,8	17,5
1972	17,8	18,0	17,5	17,2	18,2
1973	18,4	18,5	18,0	17,9	18,8
1974	18,8	18,9	18,1	18,3	19,3
1975	19,2	19,1	17,9	18,5	19,7
1976	19,3	19,3	17,7	18,7	19,9
1977	19,4	19,4	17,6	18,8	20,1
1978	19,5	19,4	17,6	18,8	20,2
1979	19,5	19,5	17,5	18,9	20,2
1980	19,5	19,4	17,4	18,9	20,2
1981	19,2	19,2	17,2	18,8	19,9
1982	19,1	19,2	17,2	18,8	19,9
1983	18,9	19,0	17,1	18,7	19,8
1984	18,6	18,7	16,9	18,5	19,5
1985	18,2	18,5	16,8	18,3	19,1
1986	17,6	17,9	16,4	17,7	18,5
1987	17,1	17,3	15,9	17,0	17,7
1988	16,3	16,6	15,4	16,3	16,7
1989	15,5	15,7	14,7	15,4	15,8

Tabelle 30: Anteil der männlichen Jugendlichen an der Wohnbevölkerung in den Bezirken Neubrandenburg, Potsdam, Rostock, Schwerin und Suhl für den Zeitraum 1952 bis 1989

Jahr	Ant. m. Jug. Neubranden-burg	Ant. m. Jug. Potsdam	Ant. m. Jug. Rostock	Ant. m. Jug. Schwerin	Ant. m. Jug. Suhl
1952	18,8	17,1	19,4	17,3	15,4
1953	19,7	17,9	21,0	18,1	15,9
1954	20,4	18,7	21,7	19,0	16,6
1955	22,9	21,4	24,0	21,7	19,2
1956	22,4	21,5	23,6	21,4	19,2
1957	21,8	21,4	22,8	20,9	19,3
1958	20,8	21,1	22,4	20,3	19,4
1959	19,1	19,9	21,0	19,0	18,8
1960	17,2	18,4	19,4	17,7	17,9
1961	16,0	17,1	18,1	16,6	17,1
1962	15,4	16,2	17,3	16,0	16,5
1963	14,9	15,5	16,6	15,4	16,0
1964	14,5	14,7	16,1	14,7	15,1
1965	14,4	14,4	15,8	14,6	14,8
1966	14,8	14,2	15,4	15,0	15,0
1967	15,6	14,5	15,7	15,6	15,3
1968	16,6	14,8	16,1	16,2	15,5
1969	17,4	15,3	16,7	17,0	15,9
1970	18,7	16,2	17,7	18,2	16,6
1971	20,0	17,2	18,7	19,3	17,4
1972	20,8	17,9	19,4	20,0	17,9
1973	21,6	18,8	20,2	20,7	18,5
1974	22,3	19,6	20,9	21,3	19,0
1975	22,9	20,2	21,4	21,8	19,3
1976	23,2	20,6	21,7	22,1	19,4
1977	23,3	20,9	21,8	22,2	19,5
1978	23,3	21,1	21,8	22,3	19,6
1979	23,0	21,2	21,7	22,2	19,6
1980	22,7	21,1	21,6	21,9	19,5
1981	22,1	20,8	21,4	21,6	19,2
1982	21,6	20,6	21,2	21,2	18,9
1983	21,0	20,2	20,9	20,8	18,7
1984	20,3	19,7	20,4	20,2	18,4
1985	19,6	19,1	19,8	19,6	18,0
1986	18,6	18,3	18,8	18,9	17,6
1987	17,7	17,3	17,9	17,9	17,0
1988	16,7	16,4	17,1	17,0	16,4
1989	15,9	15,3	16,2	16,0	15,7

Tabelle 31: Anteil der weiblichen Jugendlichen an der Wohnbevölkerung in den Bezirken Berlin, Cottbus, Dresden, Erfurt und Frankfurt/Oder für den Zeitraum 1952 bis 1989

Jahr	Ant. w. Jug. Berlin	Ant. w. Jug. Cottbus	Ant. w. Jug. Dresden	Ant. w. Jug. Erfurt	Ant. w. Jug. Frankfurt/ Oder
1952	11,1	13,6	12,3	13,8	14,5
1953	11,5	13,9	12,5	14,0	15,0
1954	11,9	14,2	12,7	14,2	15,4
1955	13,7	16,1	14,4	16,2	17,2
1956	14,0	16,0	14,3	16,0	17,0
1957	14,4	15,9	14,3	15,8	16,7
1958	14,5	15,9	14,6	15,9	16,4
1959	14,2	15,2	14,3	15,3	15,4
1960	13,5	14,2	13,6	14,7	14,2
1961	13,0	13,5	13,1	14,2	13,4
1962	12,7	13,1	12,8	13,9	12,7
1963	12,4	12,7	12,5	13,7	12,2
1964	12,1	12,5	12,3	13,4	12,0
1965	11,7	12,2	12,1	13,2	11,9
1966	11,1	12,1	12,0	13,1	11,8
1967	10,8	12,3	12,1	13,3	12,1
1968	10,6	12,5	12,2	13,6	12,5
1969	10,4	12,8	12,2	13,8	13,0
1970	10,8	13,5	12,6	14,5	13,8
1971	11,5	14,3	13,2	15,0	14,9
1972	12,0	15,1	13,5	15,4	15,7
1973	12,5	15,8	14,0	15,9	16,4
1974	13,1	16,5	14,3	16,2	17,0
1975	13,7	16,9	14,5	16,5	17,5
1976	14,3	17,2	14,6	16,7	17,9
1977	14,9	17,5	14,8	16,9	18,2
1978	15,3	17,6	15,0	17,0	18,4
1979	15,6	17,7	15,1	17,0	18,5
1980	15,9	17,7	15,2	17,0	18,4
1981	16,3	17,6	15,2	16,8	18,2
1982	16,3	17,5	15,2	16,8	18,0
1983	16,4	17,3	15,2	16,7	17,7
1984	16,4	17,0	15,1	16,5	17,2
1985	16,3	16,7	15,0	16,2	16,8
1986	15,8	16,1	14,6	15,8	16,0
1987	15,4	15,5	14,2	15,3	15,2
1988	14,7	14,9	13,7	14,8	14,5
1989	14,0	14,2	13,0	14,0	13,8

Tabelle 32: Anteil der weiblichen Jugendlichen an der Wohnbevölkerung in den Bezirken Gera, Halle, Karl-Marx-Stadt, Leipzig und Magdeburg für den Zeitraum 1952 bis 1989

Jahr	Ant. w. Jug. Gera	Ant. w. Jug. Halle	Ant. w. Jug. Karl-Marx-Stadt	Ant. w. Jug. Leipzig	Ant. w. Jug. Magdeburg
1952	13,6	14,1	12,7	13,0	13,7
1953	13,7	14,3	12,7	13,2	13,9
1954	14,0	14,5	12,7	13,5	14,2
1955	15,7	16,3	14,2	15,1	15,9
1956	15,5	16,1	13,9	15,1	15,6
1957	15,4	15,9	13,8	15,0	15,4
1958	15,6	16,0	14,1	15,2	15,4
1959	15,1	15,5	13,7	14,8	14,8
1960	14,5	14,9	13,0	14,2	14,2
1961	14,0	14,3	12,6	13,7	13,7
1962	13,6	14,0	12,4	13,4	13,3
1963	13,3	13,8	12,3	13,1	13,1
1964	13,0	13,5	12,2	12,8	12,7
1965	12,6	13,3	12,3	12,6	12,4
1966	12,4	13,2	12,3	12,3	12,4
1967	12,7	13,3	12,5	12,3	12,6
1968	12,8	13,4	12,7	12,3	12,9
1969	13,0	13,6	12,8	12,4	13,2
1970	13,6	14,2	13,2	12,8	13,9
1971	14,1	14,7	13,7	13,3	14,4
1972	14,6	15,0	14,0	13,7	14,9
1973	15,2	15,5	14,4	14,2	15,5
1974	15,5	15,7	14,4	14,5	15,9
1975	15,8	15,9	14,4	14,7	16,2
1976	16,0	16,1	14,3	14,9	16,5
1977	16,1	16,2	14,2	15,1	16,8
1978	16,3	16,3	14,3	15,2	16,9
1979	16,3	16,3	14,3	15,4	17,0
1980	16,3	16,3	14,2	15,5	17,0
1981	16,2	16,1	14,1	15,4	16,9
1982	16,1	16,2	14,1	15,5	16,9
1983	16,0	16,1	14,1	15,5	16,9
1984	15,8	15,9	14,0	15,4	16,7
1985	15,7	15,7	14,0	15,2	16,4
1986	15,2	15,3	13,7	14,8	15,8
1987	14,8	14,7	13,5	14,3	15,2
1988	14,2	14,2	13,2	13,7	14,6
1989	13,5	13,4	12,6	13,0	13,8

Tabelle 33: Anteil der weiblichen Jugendlichen an der Wohnbevölkerung in den Bezirken Neubrandenburg, Potsdam, Rostock, Schwerin und Suhl für den Zeitraum 1952 bis 1989

Jahr	Ant. w. Jug. Neubranden-burg	Ant. w. Jug. Potsdam	Ant. w. Jug. Rostock	Ant. w. Jug. Schwerin	Ant. w. Jug. Suhl
1952	15,9	14,2	16,0	15,1	13,8
1953	16,3	14,6	16,6	15,5	14,0
1954	16,8	15,0	17,1	15,8	14,1
1955	18,7	17,0	19,0	17,8	15,9
1956	18,3	17,0	18,7	17,5	15,8
1957	17,6	17,0	18,2	17,0	15,7
1958	17,0	16,7	17,9	16,6	15,8
1959	15,8	15,9	16,9	15,6	15,2
1960	14,4	14,8	15,8	14,5	14,4
1961	13,4	13,8	15,1	13,7	13,8
1962	12,8	13,2	14,6	13,3	13,3
1963	12,4	12,6	14,0	12,9	13,0
1964	12,0	12,1	13,4	12,5	12,5
1965	11,9	11,8	13,1	12,4	12,3
1966	12,2	11,7	12,9	12,5	12,4
1967	12,9	11,9	13,1	12,9	12,6
1968	13,5	12,2	13,5	13,3	13,0
1969	14,3	12,5	13,9	14,0	13,3
1970	15,4	13,2	14,8	14,9	13,9
1971	16,5	14,1	15,8	15,7	14,5
1972	17,4	14,7	16,4	16,4	15,0
1973	18,2	15,4	17,2	17,1	15,5
1974	18,8	16,1	17,8	17,7	15,9
1975	19,3	16,6	18,3	18,1	16,2
1976	19,7	17,0	18,7	18,4	16,4
1977	19,7	17,3	18,9	18,6	16,5
1978	19,8	17,5	18,9	18,6	16,6
1979	19,7	17,7	18,9	18,6	16,7
1980	19,6	17,7	18,8	18,5	16,6
1981	19,1	17,6	18,6	18,4	16,4
1982	18,9	17,6	18,4	18,2	16,3
1983	18,4	17,4	18,1	17,8	16,2
1984	17,8	17,0	17,7	17,4	15,9
1985	17,1	16,5	17,3	17,0	15,7
1986	16,3	15,8	16,6	16,3	15,3
1987	15,5	15,0	15,9	15,6	14,8
1988	14,7	14,3	15,1	14,8	14,2
1989	14,1	13,4	14,4	14,1	13,6

Tabelle 34: Männliche jugendliche Wohnbevölkerung (14- bis unter 26jährig) nach dem Familienstand für den Zeitraum 1946, 1950 bzw. 1964 bis 1989

Jahr	männl. Jug. gesamt	männl. jug. Ledige	männl. jug. Verheiratete	männl. jug. Verwitwete	männl. jug. Geschiedene
1946	1 114 614	1 024 428	88 315	663	1 208
1950	1 371 990	1 177 258	192 214	505	2 013
1964	1 341 350	983 441	348 786	354	8 807
1965	1 331 647	1 000 116	319 602	298	9 157
1966	1 318 886	1 024 975	283 037	258	8 681
1967	1 311 720	1 055 506	247 966	227	8 242
1968	1 338 818	1 095 304	235 795	193	7 886
1969	1 360 453	1 129 051	224 419	144	7 101
1970	1 381 521	1 154 217	221 344	139	6 107
1971	1 435 105	1 151 095	220 736	175	6 097
1972	1 497 270	1 208 971	279 173	180	8 984
1973	1 547 794	1 236 869	299 510	181	11 268
1974	1 596 786	1 263 629	319 363	192	13 644
1975	1 636 484	1 291 592	329 538	168	15 200
1976	1 654 151	1 308 608	329 132	170	16 210
1977	1 668 673	1 326 552	325 640	167	16 335
1978	1 679 759	1 343 868	319 186	153	16 825
1979	1 683 297	1 356 609	309 545	149	17 384
1980	1 683 610	1 366 467	299 357	166	17 858
1981	1 668 727	1 369 743	281 486	236	17 262
1982	1 656 238	1 370 334	267 720	210	17 974
1983	1 645 062	1 370 411	256 239	188	18 224
1984	1 624 415	1 356 460	249 652	167	18 136
1985	1 600 143	1 345 232	237 097	138	17 676
1986	1 562 014	1 317 632	227 180	141	17 061
1987	1 510 319	1 278 251	216 423	127	15 518
1988	1 460 888	1 242 636	203 663	116	14 473
1989	1 367 480	1 176 995	177 852	111	12 522

Quelle: 1946/50 eigene Berechnungen, 1964 bis 1989 Statistische Jahrbücher der DDR und eigene Berechnungen, 1988 Statistisches Bundesamt Wiesbaden, Zweigstelle Berlin

Tabelle 35: Männliche jugendliche Wohnbevölkerung nach dem Familienstand für den Zeitraum 1946, 1950 bzw. 1964 bis 1989 in Prozent

Jahr	Ant. led. männl. Jug.	Ant. verh. männl. Jug.	Ant. verw. männl. Jug.	Ant. gesch. männl. Jug.	Anteil jug. Led. ges. Led.	Anteil jug. Verh. ges. Verh.	Anteil jug. Verw. ges. Verw.	Anteil jug. Gesch. ges. Gesch.
1946	91,9	7,9	0,06	0,1	30,4	2,4	0,22	2,1
1950	85,8	14,0	0,04	0,1	35,3	4,9	0,17	2,8
1964	73,3	26,0	0,03	0,7	31,5	8,1	0,15	9,4
1965	75,1	24,0	0,02	0,7	31,7	7,5	0,13	9,3
1966	77,7	21,5	0,02	0,7	32,1	6,6	0,11	8,4
1967	80,5	18,9	0,02	0,6	32,7	5,8	0,10	7,5
1968	81,8	17,6	0,10	0,6	33,6	5,6	0,08	6,9
1969	83,0	16,5	0,01	0,5	34,5	5,3	0,06	5,9
1970	83,5	16,0	0,01	0,4	35,1	5,3	0,06	5,0
1971	80,2	15,4	0,01	0,4	34,9	5,2	0,08	4,8
1972	80,7	18,6	0,01	0,6	36,7	6,6	0,08	6,2
1973	79,9	19,4	0,01	0,7	37,8	7,1	0,08	7,2
1974	79,1	20,0	0,01	0,9	39,0	7,6	0,08	8,0
1975	78,9	20,1	0,01	0,9	40,1	7,9	0,07	8,3
1976	79,1	19,9	0,01	1,0	40,9	7,9	0,07	8,2
1977	79,5	19,5	0,01	1,0	41,6	7,8	0,07	7,8
1978	80,0	19,0	0,01	1,0	42,1	7,6	0,07	7,6
1979	80,6	18,4	0,01	1,0	42,5	7,4	0,07	7,4
1980	81,2	17,8	0,01	1,1	42,6	7,2	0,07	7,1
1981	82,1	16,9	0,01	1,0	42,5	6,8	0,11	6,3
1982	82,7	16,2	0,01	1,1	42,2	6,5	0,10	6,1
1983	83,3	15,6	0,01	1,1	42,0	6,3	0,09	5,9
1984	83,5	15,4	0,01	1,1	41,7	6,1	0,08	5,6
1985	84,1	14,8	0,01	1,1	41,3	5,8	0,07	5,2
1986	84,4	14,5	0,01	1,1	40,4	5,6	0,07	4,8
1987	84,6	14,3	0,01	1,0	39,0	5,3	0,06	4,2
1988	85,1	13,9	0,01	1,0	37,7	5,0	0,06	3,8
1989	86,1	13,0	0,01	0,9	36,3	4,4	0,06	3,2

Tabelle 36: Weibliche jugendliche Wohnbevölkerung (14- bis unter 26jährig) nach dem Familienstand für den Zeitraum 1946, 1950 bzw. 1964 bis 1989

Jahr	weibl. Jug. gesamt	weibl. jug. Ledige	weibl. jug. Verheiratete	weibl. jug. Verwitwete	weibl. jug. Geschiedene
1946	1 671 451	1 332 427	306 319	25 442	7 263
1950	1 537 290	1 193 560	331 098	3 777	8 298
1964	1 308 807	750 016	540 744	1 561	16 528
1965	1 296 588	765 395	508 872	1 490	16 487
1966	1 280 465	790 973	468 183	1 365	15 931
1967	1 267 198	821 144	429 303	1 143	15 391
1968	1 285 587	853 062	416 756	1 080	14 664
1969	1 300 484	879 157	406 787	962	13 725
1970	1 316 184	896 571	406 274	899	12 770
1971	1 364 315	896 680	404 857	997	14 387
1972	1 426 721	932 697	474 670	1 105	18 262
1973	1 471 879	950 986	498 254	1 135	21 487
1974	1 517 974	971 361	520 668	1 154	24 805
1975	1 552 255	992 024	532 091	1 199	26 941
1976	1 569 348	1 007 424	532 492	1 180	28 249
1977	1 584 746	1 023 582	531 806	1 145	28 220
1978	1 594 930	1 039 434	525 359	1 107	29 017
1979	1 598 108	1 051 419	515 023	1 099	30 512
1980	1 596 360	1 060 112	503 677	1 135	31 402
1981	1 587 365	1 068 836	482 750	1 209	34 570
1982	1 573 567	1 072 683	464 279	1 124	35 481
1983	1 562 551	1 076 636	448 931	1 090	35 894
1984	1 547 078	1 071 699	439 042	987	35 350
1985	1 523 250	1 067 083	420 690	912	34 565
1986	1 481 834	1 042 401	405 372	824	33 237
1987	1 433 274	1 013 384	388 752	693	30 445
1988	1 379 781	983 137	368 086	583	27 975
1989	1 292 250	934 240	330 804	597	26 609

Quelle: 1946/50 eigene Berechnungen, 1964 bis 1989 Statistische Jahrbücher der DDR und eigene Berechnungen, 1988 Statistisches Bundesamt Wiesbaden, Zweigstelle Berlin

Tabelle 37: Weibliche jugendliche Wohnbevölkerung nach dem Familienstand für den Zeitraum 1946, 1950 bzw. 1964 bis 1989 in Prozent

Jahr	Ant. led. weibl. Jug.	Ant. verh. weibl. Jug.	Ant. verw. weibl. Jug.	Ant. gesch. weibl. Jug.	Anteil jug. Led. ges. Led.	Anteil jug. Verh. ges. Verh.	Anteil jug. Verw. ges. Verw.	Anteil jug. Gesch. ges. Gesch.
1946	79,7	18,3	1,52	0,4	33,6	6,7	1,98	5,2
1950	77,6	21,5	0,25	0,5	32,7	7,8	0,27	4,1
1964	57,3	41,3	0,12	1,3	23,9	12,4	0,11	5,0
1965	59,0	39,2	0,11	1,3	24,2	11,7	0,11	5,0
1966	61,8	36,6	0,11	1,2	24,9	10,8	0,10	4,7
1967	64,8	33,9	0,09	1,2	25,8	9,9	0,08	4,5
1968	66,4	32,4	0,08	1,1	26,7	9,7	0,08	4,2
1969	67,6	31,3	0,07	1,1	27,5	9,5	0,07	3,9
1970	68,1	30,9	0,07	1,0	28,1	9,5	0,07	3,6
1971	65,7	29,7	0,07	1,1	28,1	9,5	0,07	4,0
1972	65,4	33,3	0,08	1,3	29,6	11,2	0,08	4,8
1973	64,6	33,9	0,08	1,5	30,5	11,8	0,08	5,5
1974	64,0	34,3	0,08	1,6	31,6	12,4	0,08	6,1
1975	63,9	34,3	0,08	1,7	32,7	12,6	0,09	6,4
1976	64,2	33,9	0,08	1,8	33,7	12,7	0,09	6,5
1977	64,6	33,6	0,07	1,8	34,5	12,6	0,09	6,4
1978	65,2	32,9	0,07	1,8	35,2	12,5	0,08	6,4
1979	65,8	32,2	0,07	1,9	35,7	12,3	0,08	6,5
1980	66,4	31,6	0,07	2,0	36,1	12,0	0,09	6,5
1981	67,3	30,4	0,08	2,2	36,4	11,6	0,10	6,8
1982	68,2	29,5	0,07	2,3	36,5	11,3	0,09	6,8
1983	68,9	28,7	0,07	2,3	36,6	10,9	0,09	6,7
1984	69,3	28,4	0,06	2,3	36,5	10,7	0,08	6,4
1985	70,1	27,6	0,06	2,3	36,4	10,3	0,08	6,2
1986	70,3	27,4	0,06	2,2	35,7	10,0	0,07	5,8
1987	70,7	27,1	0,05	2,1	34,7	9,5	0,06	5,2
1988	71,3	26,7	0,04	2,0	33,8	9,0	0,05	4,8
1989	72,3	25,6	0,05	2,1	32,8	8,2	0,06	4,5

Tabelle 38: Eheschließende Jugendliche (15-, 16- bzw. 18- bis unter 26jährig) und deren Anteile für den Zeitraum 1946 bis 1989

Jahr	Eheschl. gesamt	jug. Eheschließ.	jug. männl. Eheschl.	jug. weibl. Eheschl.	Ant. jug. Eheschl. gesamt in [%]	Ant. jug. Eheschl. männl. in [%]	Ant. jug. Eheschl. weibl. in [%]
1946	250 052	127 472	50 050	77 422	51,0	40,0	61,9
1947	308 422	171 780	69 996	101 784	55,7	45,4	66,0
1948	365 742	184 711	76 794	107 917	50,5	42,0	59,0
1949	381 350	191 059	81 324	109 735	50,1	42,7	57,6
1950	429 488	211 023	92 603	118 420	49,1	43,1	55,1
1951	390 440	196 460	87 502	108 958	50,3	44,8	55,8
1952	352 842	190 965	87 121	103 844	54,1	49,4	58,9
1953	316 040	179 580	82 516	97 064	56,8	52,2	61,4
1954	304 448	185 362	86 277	99 085	60,9	56,7	65,1
1955	310 820	196 954	91 713	105 241	63,4	59,0	67,7
1956	305 160	194 065	90 102	103 963	63,6	59,1	68,1
1957	300 138	198 335	91 784	106 551	66,1	61,2	71,0
1958	308 722	213 046	98 975	114 071	69,0	64,1	73,9
1959	323 726	230 906	107 815	123 091	71,3	66,6	76,0
1960	335 166	244 602	114 295	130 307	73,0	68,2	77,8
1961	338 876	249 152	116 645	132 507	73,5	68,8	78,2
1962	331 354	247 101	114 734	132 367	74,6	69,3	79,9
1963	296 660	213 024	99 662	113 362	71,8	67,2	76,4
1964	271 710	191 096	89 323	101 773	70,3	65,7	74,9
1965	258 004	178 235	82 910	95 325	69,1	64,3	73,9
1966	243 142	161 782	73 937	87 845	66,5	60,8	72,3
1967	234 292	154 520	69 629	84 891	66,0	59,4	72,5
1968	239 352	157 748	70 235	87 513	65,9	58,7	73,1
1969	250 302	167 999	74 716	93 283	67,1	59,7	74,5
1970	261 446	180 042	80 013	100 029	68,9	61,2	76,5
1971	260 410	184 900	83 144	101 756	71,0	63,9	78,2
1972	267 150	196 088	89 598	106 490	73,4	67,1	79,7
1973	274 838	204 185	94 143	110 042	74,3	68,5	80,1
1974	277 632	206 893	95 825	111 068	74,5	69,0	80,0
1975	284 260	211 848	98 136	113 712	74,5	69,0	80,0
1976	289 180	214 536	99 341	115 195	74,2	68,7	79,7
1977	294 804	216 080	99 625	116 455	73,3	67,6	79,0
1978	282 126	206 705	95 553	111 152	73,3	67,7	78,8
1979	273 768	200 040	92 092	107 948	73,1	67,3	78,9
1980	268 390	194 606	89 337	105 269	72,5	66,6	78,4
1981	256 348	181 124	78 391	102 733	70,7	61,2	80,2
1982	249 780	172 914	78 490	94 424	69,2	62,8	75,6
1983	250 858	170 933	77 343	93 590	68,1	61,7	74,6
1984	267 800	178 816	80 530	98 286	66,8	60,1	73,4
1985	263 028	172 039	77 339	94 700	65,4	58,8	72,0
1986	274 416	172 412	76 357	96 055	62,8	55,7	70,0
1987	282 566	168 159	72 914	95 245	59,5	51,6	67,4
1988	274 330	155 201	66 541	88 660	56,6	48,5	64,6
1989	261 978	140 793	59 594	81 199	53,7	45,5	62,0

Quelle: 1946 bis 1954 unveröffentlichtes Material des Statistischen Bundesamtes Wiesbaden, Zweigstelle Berlin, und eigene Berechnungen, 1955 bis 1989 Statistische Jahrbücher der DDR, Die Jugend in der DDR – Statistische Übersichten, 1988 Statistisches Bundesamt Wiesbaden, Zweigstelle Berlin

Abbildung 2: Eheschließende Jugendliche (15-, 16- bzw. 18- bis unter 26jährig) für den Zeitraum 1946 bis 1989

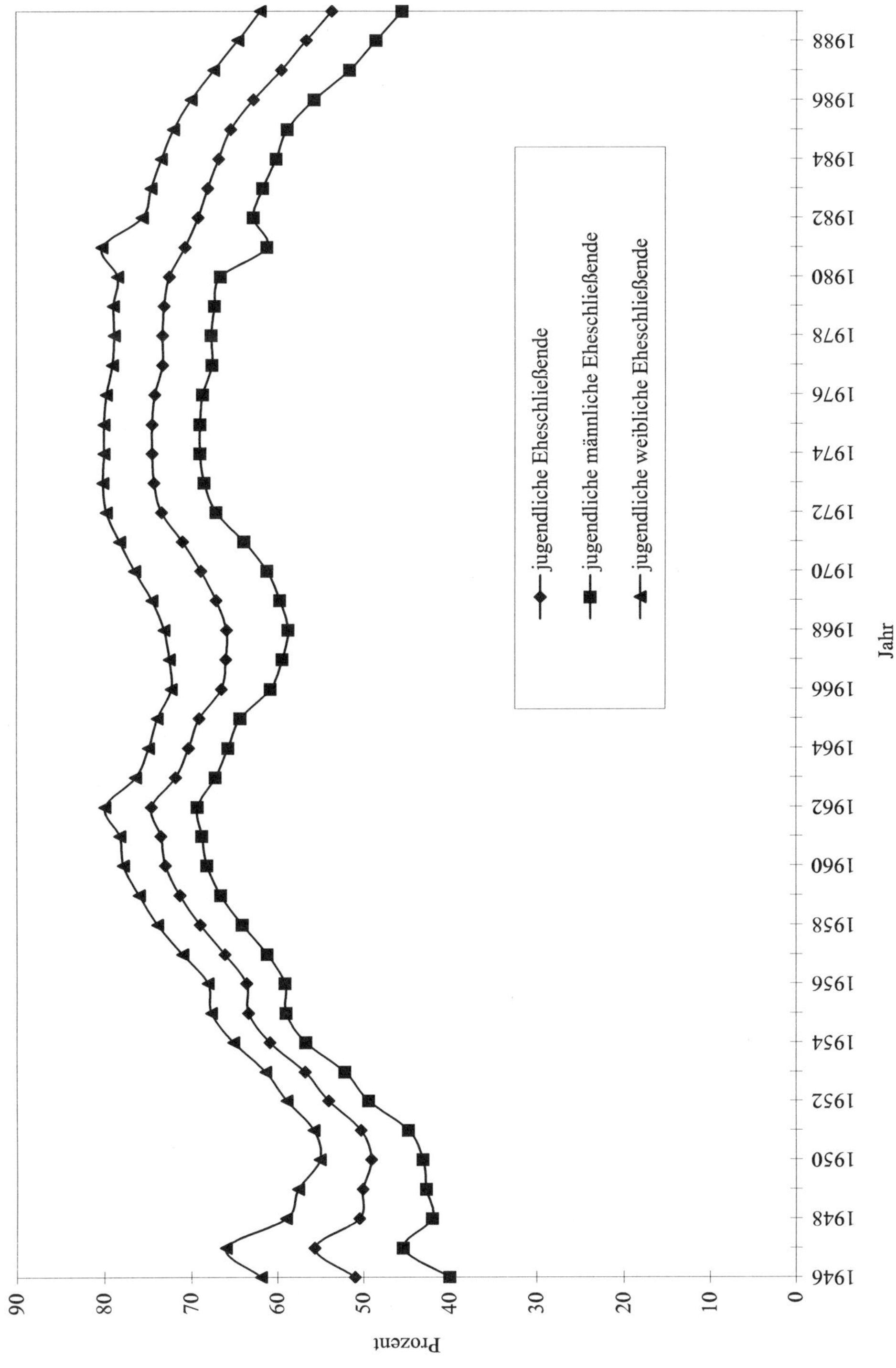

Tabelle 39: Ehelösende Jugendliche (18- bis unter 25jährig) und deren Anteile für den Zeitraum 1958 bis 1989

Jahr	Ehelösungen gesamt	jug. Ehe-lösungen	jug. männl. Ehelös.	jug. weibl. Ehelös.	Ant. jug. Ehelös. gesamt in [%]	Ant. jug. Ehelös. männl. in [%]	Ant. jug. Ehelös. weibl. in [%]
1958	46 334	8 582	3 436	5 146	18,5	14,8	22,2
1959	48 546	9 785	3 929	5 856	20,2	16,2	24,1
1960	49 080	10 490	4 197	6 293	21,4	17,1	25,6
1961	52 228	11 537	4 597	6 940	22,1	17,6	26,6
1962	49 800	11 639	4 650	6 989	23,4	18,7	28,1
1963	49 298	12 171	4 916	7 255	24,7	19,9	29,4
1964	54 972	13 666	5 470	8 196	24,9	19,9	29,8
1965	53 152	12 124	4 858	7 566	22,8	18,3	28,5
1966	55 898	11 566	4 333	7 233	20,7	15,5	25,9
1967	56 606	11 043	4 085	6 958	19,5	14,4	24,6
1968	57 442	10 051	3 675	6 376	17,5	12,8	22,2
1969	57 800	9 389	3 293	6 096	16,2	11,4	21,1
1970	54 814	8 773	3 041	5 732	16,0	11,1	20,9
1971	61 662	11 139	3 907	7 232	18,1	12,7	23,5
1972	69 532	13 598	4 883	8 715	19,6	14,0	25,1
1973	77 088	16 628	6 060	10 568	21,6	15,7	27,4
1974	83 230	18 334	6 693	11 641	22,0	16,1	28,0
1975	83 264	18 947	7 059	11 888	22,8	17,0	28,6
1976	89 606	20 245	7 507	12 738	22,6	16,8	28,4
1977	86 274	18 869	6 958	11 911	21,9	16,1	27,6
1978	86 592	19 482	7 253	12 229	22,5	16,8	28,2
1979	89 470	20 011	7 331	12 680	22,4	16,4	28,3
1980	89 588	19 827	7 222	12 605	22,1	16,1	28,1
1981	97 134	20 752	7 392	13 360	21,4	15,2	27,5
1982	99 730	20 632	7 277	13 355	20,7	14,6	26,8
1983	99 248	20 246	7 149	13 097	20,4	14,4	26,4
1984	100 640	19 484	6 730	12 754	19,4	13,4	25,3
1985	102 480	19 413	6 679	12 734	18,9	13,0	24,9
1986	104 878	18 476	6 255	12 221	17,6	11,9	23,3
1987	101 280	16 715	5 665	11 050	16,5	11,2	21,8
1988	98 760	15 849	5 358	10 491	16,0	10,9	21,2
1989	100 126	14 623	4 870	9 753	14,6	9,7	19,5

Quelle: 1958 bis 1970 unveröffentlichtes Material des Statistischen Bundesamtes Wiesbaden, Zweigstelle Berlin, 1988/89 Statistisches Bundesamt Wiesbaden, Zweigstelle Berlin, 1971 bis 1987 Die Jugend in der DDR – Statistische Übersichten

Abbildung 3: Ehelösende Jugendliche (18- bis unter 25jährig) für den Zeitraum 1958 bis 1989

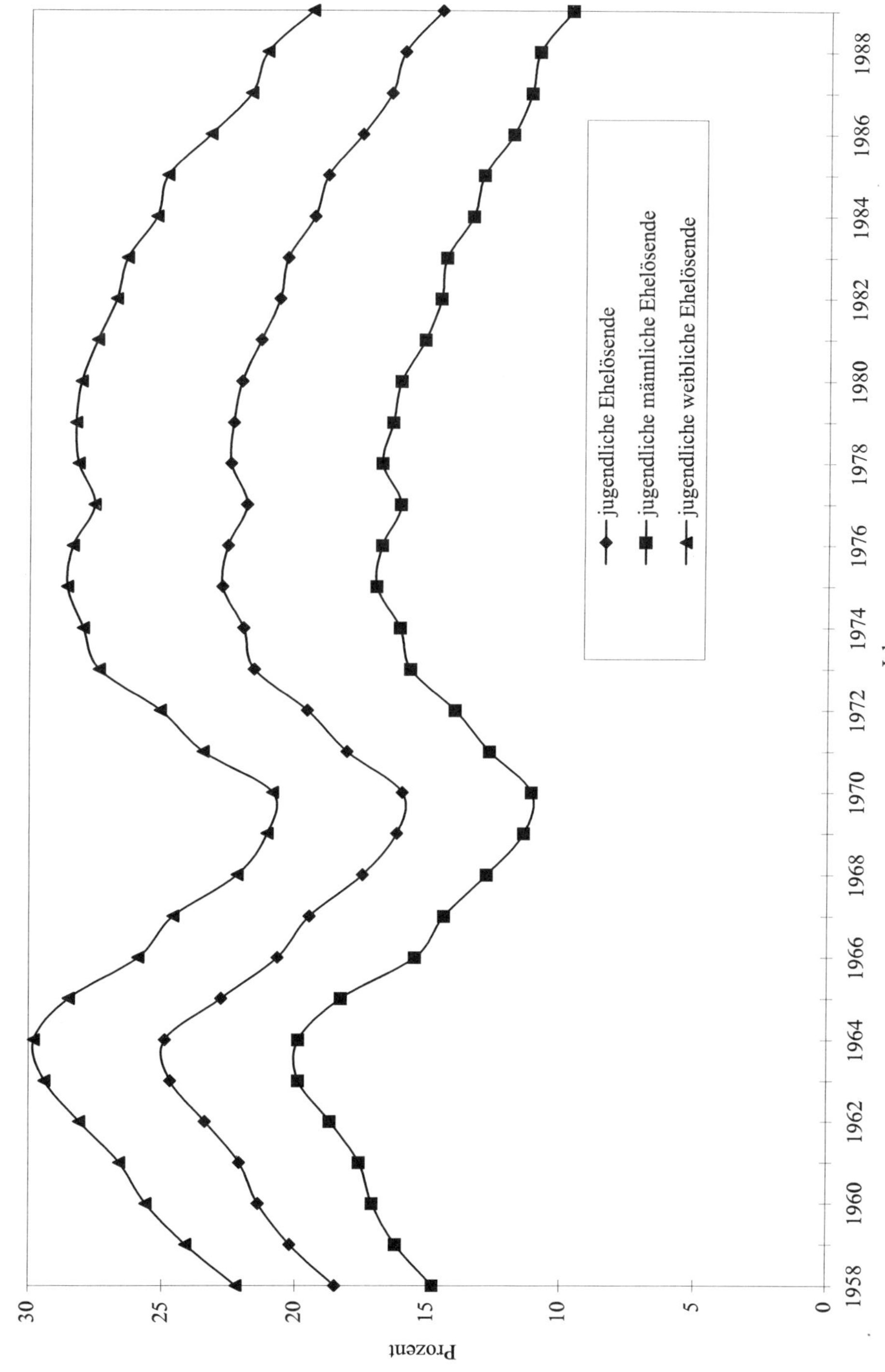

Tabelle 40: Geborene/Lebendgeborene jugendlicher Mütter (14- bis unter 26jährig) nach der Legitimität für den Zeitraum 1946 bis 1989

Jahr	Geb./Leb.-geborene gesamt	Geb./Leb.-geborene jug. Mütter	Geb./Leb.-geb. verh. jug. Mütter	Geb./Leb.-geb. nichtv. jug. Mütter	Geb./Leb.-geb. verh. Mütter gesamt	Geb./Leb.-geb. nichtv. Mütter gesamt	Geborene Berliner Mütter gesamt
1946	192 292	98 460	72 935	25 525	150 481	34 724	7 087
1947	251 772	123 115	96 904	26 211	204 584	36 919	10 269
1948	247 312	121 715	100 296	21 419	206 725	30 255	10 332
1949	278 788	134 528	111 657	22 871	235 567	31 923	11 298
1950	308 373	148 925	121 745	27 180	259 092	37 876	11 405
1951	315 500	155 735	127 580	28 155	264 818	40 051	10 631
1952	312 627	162 175	127 768	27 478	261 290	38 758	12 579
1953	304 859	162 527	127 717	27 097	253 634	37 755	13 470
1954	299 448	162 649	133 372	29 277	259 496	39 952	–
1955	298 782	165 552	136 142	29 410	259 615	39 167	–
1956	286 462	162 455	133 313	29 142	248 466	37 996	–
1957	277 864	160 095	131 567	28 528	241 044	36 820	–
1958	275 793	161 715	135 095	26 620	241 504	34 289	–
1959	296 770	179 614	151 592	28 022	261 049	35 721	–
1960	297 750	184 202	156 903	27 299	263 087	34 663	–
1961	305 501	190 453	163 913	26 540	271 377	34 124	–
1962	302 369	187 810	164 632	23 178	271 765	30 604	–
1963	305 757	186 160	164 886	21 274	277 124	28 633	–
1964	295 842	176 188	155 539	20 649	267 886	27 956	–
1965	284 723	166 538	145 819	20 719	256 745	27 978	–
1966	271 353	154 505	134 460	20 045	244 161	27 192	–
1967	255 759	143 289	122 540	20 749	228 373	27 386	–
1968	247 946	138 027	116 314	21 713	219 416	28 530	–
1969	241 519	139 352	115 930	23 422	211 478	30 041	–
1970	239 431	142 529	118 021	24 508	207 553	31 878	–
1971	237 206	146 082	115 924	30 158	201 327	35 879	–
1972	200 443	131 738	104 054	27 684	167 968	32 475	–
1973	180 336	127 977	103 457	24 520	152 139	28 197	–
1974	179 127	130 365	104 969	25 396	149 949	29 178	–
1975	181 798	134 522	108 863	25 659	152 458	29 340	–
1976	195 483	149 820	121 997	27 823	163 787	31 696	–
1977	223 152	167 502	136 989	30 513	187 950	35 202	–
1978	232 151	173 041	138 202	34 839	191 895	40 256	–
1979	235 233	174 769	134 972	39 797	189 147	46 086	–
1980	245 132	174 723	127 286	47 437	189 134	55 998	–
1981	237 543	168 068	116 710	51 358	176 791	60 752	–
1982	240 102	168 612	109 283	59 329	169 786	70 316	–
1983	233 756	164 209	101 112	63 097	158 853	74 903	–
1984	228 135	159 698	95 564	64 134	151 588	76 547	–
1985	227 648	156 009	92 517	63 492	150 686	76 962	–
1986	222 269	149 694	87 645	62 049	145 745	76 524	–
1987	225 959	155 084	94 552	60 532	151 855	74 104	–
1988	215 734	136 807	80 708	56 099	143 585	72 149	–
1989	198 922	131 105	78 449	52 656	132 008	66 914	–

Quelle: Statistische Jahrbücher der DDR, eigene Berechnungen, 1988 Statistisches Bundesamt Wiesbaden, Zweigstelle Berlin

Tabelle 41: Geborene/Lebendgeborene jugendlicher Mütter nach der Legitimität für den Zeitraum 1946 bis 1989 in Prozent

Jahr	Ant. jug. Mütter an ges. Geb.	Ant. verh. jug. Mü. an ges. Geb.	Ant. nichtv. jug. Mü. an ges. Geb.	Ant. verh. jug. Mütter an ges. verh. Müttern	Ant. nichtv. jug. Mütter an ges. nicht-verh. Mü.	Ant. verh. Mütter an ges. Geb.	Ant. nichtv. Mütter an ges. Geb.	Ant. Berl. Mütter an ges. Geb.
1946	51,2	37,9	13,3	48,5	73,5	78,3	18,1	3,7
1947	48,9	38,5	10,4	47,4	71,0	81,3	14,7	4,1
1948	49,2	40,6	8,7	48,5	70,8	83,6	12,2	4,2
1949	48,3	40,1	8,2	47,4	71,6	84,5	11,5	4,1
1950	48,3	39,5	8,8	47,0	71,8	84,0	12,3	3,7
1951	49,4	40,4	8,9	48,2	70,3	83,9	12,7	3,4
1952	51,9	40,9	8,8	48,9	70,9	83,6	12,4	4,0
1953	53,3	41,9	8,9	50,4	71,8	83,2	12,4	4,4
1954	54,3	44,5	9,8	51,4	73,3	86,7	13,3	–
1955	55,4	45,6	9,8	52,4	75,1	86,9	13,1	–
1956	56,7	46,5	10,2	53,7	76,7	86,7	13,3	–
1957	57,6	47,3	10,3	54,6	77,5	86,7	13,3	–
1958	58,6	49,0	9,7	55,9	77,6	87,6	12,4	–
1959	60,5	51,1	9,4	58,1	78,4	88,0	12,0	–
1960	61,9	52,7	9,2	59,6	78,8	88,4	11,6	–
1961	62,3	53,7	8,7	60,4	77,8	88,8	11,2	–
1962	62,1	54,4	7,7	60,6	75,7	89,9	10,1	–
1963	60,9	53,9	7,0	59,5	74,3	90,6	9,4	–
1964	59,6	52,6	7,0	58,1	73,9	90,6	9,4	–
1965	58,5	51,2	7,3	56,8	74,1	90,2	9,8	–
1966	56,9	49,6	7,4	55,1	73,7	90,0	10,0	–
1967	56,0	47,9	8,1	53,7	75,8	89,3	10,7	–
1968	55,7	46,9	8,8	53,0	76,1	88,5	11,5	–
1969	57,7	48,0	9,7	54,8	78,0	87,6	12,4	–
1970	59,5	49,3	10,2	56,9	76,9	86,7	13,3	–
1971	61,6	48,9	12,7	57,6	84,1	84,9	15,1	–
1972	65,7	51,9	13,8	61,9	85,2	83,8	16,2	–
1973	71,0	57,4	13,6	68,0	87,0	84,4	15,6	–
1974	72,8	58,6	14,2	70,0	87,0	83,7	16,3	–
1975	74,0	59,9	14,1	71,4	87,5	83,9	16,1	–
1976	76,6	62,4	14,2	74,5	87,8	83,8	16,2	–
1977	75,1	61,4	13,7	72,9	86,7	84,2	15,8	–
1978	74,5	59,5	15,0	72,0	86,5	82,7	17,3	–
1979	74,3	57,4	16,9	71,4	86,4	80,4	19,6	–
1980	71,3	51,9	19,4	67,3	84,7	77,2	22,8	–
1981	70,8	49,1	21,6	66,0	84,5	74,4	25,6	–
1982	70,2	45,5	24,7	64,4	84,4	70,7	29,3	–
1983	70,3	43,3	27,0	63,7	84,2	68,0	32,0	–
1984	70,0	41,9	28,1	63,0	83,8	66,4	33,6	–
1985	68,5	40,6	27,9	61,4	82,5	66,2	33,8	–
1986	67,3	39,4	27,9	60,1	81,1	65,6	34,4	–
1987	68,6	41,8	26,8	62,3	81,7	67,2	32,8	–
1988	63,4	37,4	26,0	56,2	77,8	66,6	33,4	–
1989	65,9	39,4	26,5	59,4	78,7	66,4	33,6	–

Abbildung 4: Geborene/Lebendgeborene verheirateter jugendlicher Mütter (14- bis unter 26jährig) für den Zeitraum 1946 bis 1989

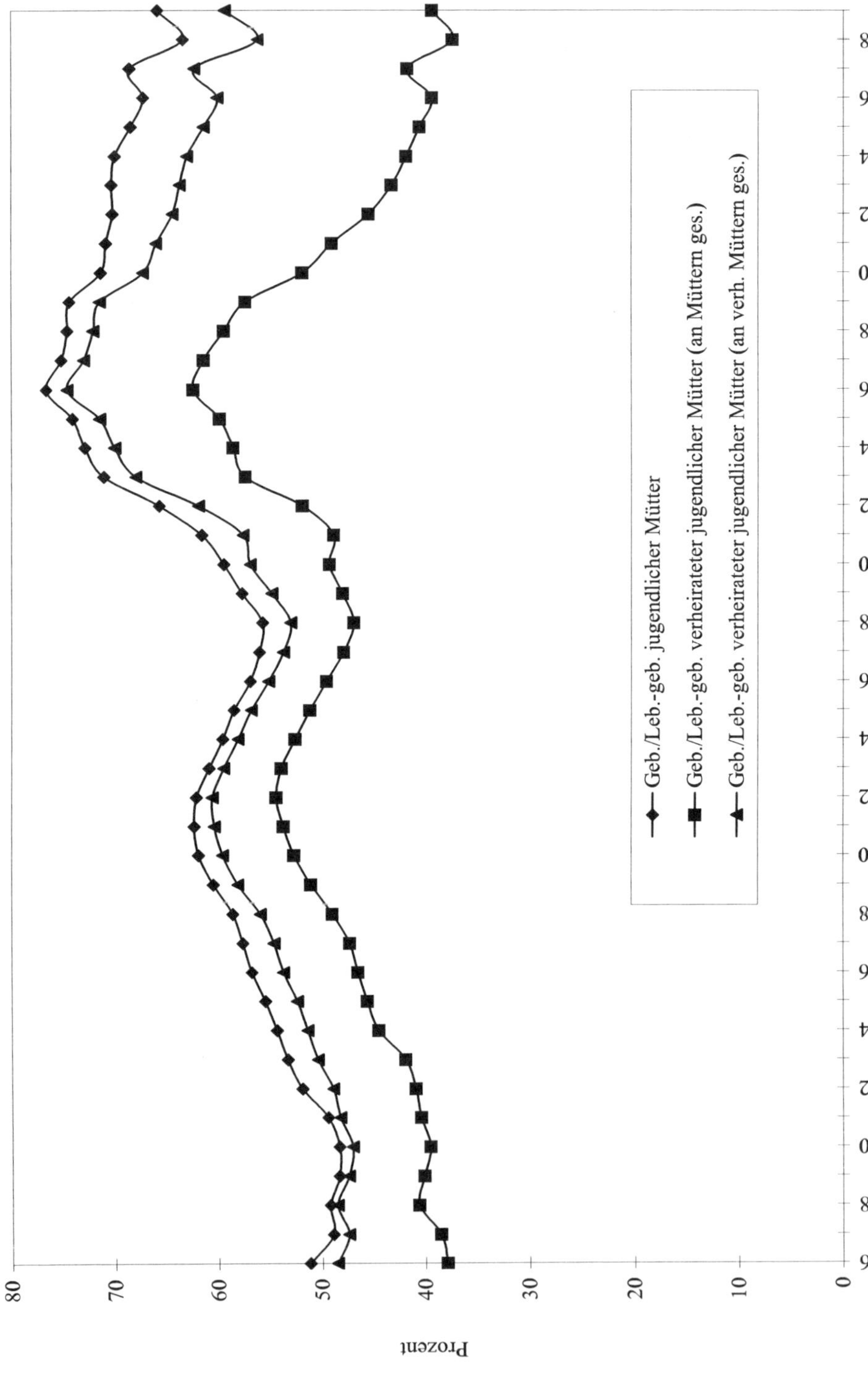

Abbildung 5: Geborene/Lebendgeborene nichtverheirateter jugendlicher Mütter (14- bis unter 26jährig) für den Zeitraum 1946 bis 1989

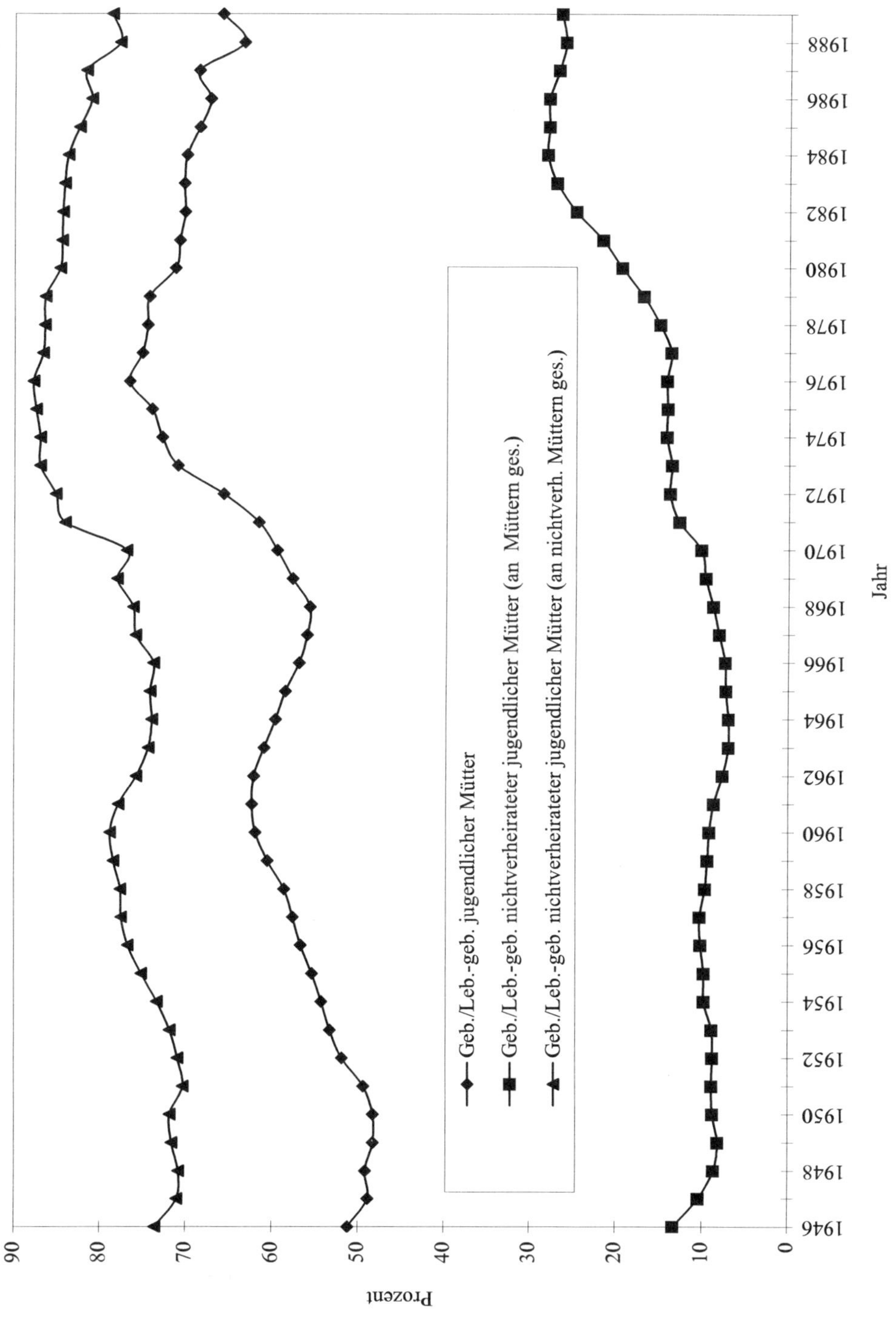

Tabelle 42: Geborene/Lebendgeborene verheirateter jugendlicher Mütter (14- bis unter 26jährig) nach der Geborenenfolge und deren Anteile für den Zeitraum 1954 bis 1989

Jahr	1. Kind in d. Ehe	2. Kind in d. Ehe	3. Kind in d. Ehe	4. u. folg. Kinder in d. Ehe	Anteil 1. Kind in d. Ehe in [%]	Anteil 2. Kind in d. Ehe in [%]	Anteil 3. Kind in d. Ehe in [%]	Ant. 4. u. folg. Kinder in d. Ehe in [%]
1954	74 690	40 799	13 209	4 674	56,0	30,6	9,9	3,5
1955	76 318	40 792	13 714	5 318	56,1	30,0	10,1	3,9
1956	73 972	40 189	13 369	5 783	55,5	30,1	10,0	4,3
1957	72 547	39 567	13 560	5 893	55,1	30,1	10,3	4,5
1958	75 567	39 750	13 649	6 129	55,9	29,4	10,1	4,5
1959	85 715	43 895	15 007	6 975	56,5	29,0	9,9	4,6
1960	89 246	45 065	15 384	7 208	56,9	28,7	9,8	4,6
1961	93 460	47 376	15 780	7 297	57,0	28,9	9,6	4,5
1962	93 951	47 952	15 502	7 225	57,1	29,1	9,4	4,4
1963	92 863	49 099	15 769	7 155	56,3	29,8	9,6	4,3
1964	85 088	47 794	15 636	7 021	54,7	30,7	10,1	4,5
1965	77 632	46 419	15 080	6 688	53,2	31,8	10,3	4,6
1966	71 099	43 138	14 420	5 803	52,9	32,1	10,7	4,3
1967	67 057	38 525	12 252	4 706	54,7	31,4	10,0	3,8
1968	65 026	36 262	11 132	3 894	55,9	31,2	9,6	3,3
1969	68 231	34 622	10 024	3 053	58,9	29,9	8,6	2,6
1970	72 129	34 560	8 835	2 497	61,1	29,3	7,5	2,1
1971	73 126	33 623	7 386	1 789	63,1	29,0	6,4	1,5
1972	69 861	28 258	4 873	1 062	67,1	27,2	4,7	1,0
1973	73 572	25 969	3 240	676	71,1	25,1	3,1	0,7
1974	74 725	26 701	2 937	606	71,2	25,4	2,8	0,6
1975	76 490	29 069	2 761	543	70,3	26,7	2,5	0,5
1976	82 810	35 187	3 382	618	67,9	28,8	2,8	0,5
1977	89 280	43 171	3 883	655	65,2	31,5	2,8	0,5
1978	89 233	44 175	4 142	652	64,6	32,0	3,0	0,5
1979	86 094	44 050	4 184	644	63,8	32,6	3,1	0,5
1980	76 424	45 148	4 807	907	60,0	35,5	3,8	0,7
1981	67 341	43 859	4 617	893	57,7	37,6	4,0	0,8
1982	64 999	39 745	3 885	654	59,5	36,4	3,6	0,6
1983	58 792	37 907	3 802	611	58,1	37,5	3,8	0,6
1984	54 664	36 550	3 724	626	57,2	38,2	3,9	0,7
1985	51 441	36 170	4 283	623	55,6	39,1	4,6	0,7
1986	49 291	33 983	3 776	595	56,2	38,8	4,3	0,7
1987	51 749	37 580	4 523	700	54,7	39,7	4,8	0,7
1988	39 037	36 072	4 749	850	48,4	44,7	5,9	1,1
1989	43 618	30 649	3 570	612	55,6	39,1	4,6	0,8

Quelle: Statistische Jahrbücher der DDR, 1988 Statistisches Bundesamt Wiesbaden, Zweigstelle Berlin

Tabelle 43: Männliche jugendliche Gestorbene (14- bis unter 26jährig) und deren Anteile für den Zeitraum 1952 bis 1989

Jahr	Gestorbene gesamt	männliche Gestorbene	jugendliche Gestorbene	männl. jug. Gestorbene	Ant. jug. Gest. an ges. Gest. in [%]	Ant. m. jug. Gest. an ges. männl. Gest. in [%]
1952	221 676	108 609	3 635	2 105	1,6	1,9
1953	212 627	104 753	3 226	1 931	1,5	1,8
1954	219 832	107 428	3 530	2 115	1,6	2,0
1955	214 066	104 843	3 405	2 150	1,6	2,1
1956	212 698	105 122	3 355	2 205	1,6	2,1
1957	225 179	111 422	3 488	2 308	1,5	2,1
1958	221 113	107 963	3 225	2 136	1,5	2,0
1959	229 898	112 470	3 278	2 219	1,4	2,0
1960	233 759	114 496	3 142	2 169	1,3	1,9
1961	222 739	108 608	3 102	2 227	1,4	2,1
1962	233 995	113 049	2 992	2 120	1,3	1,9
1963	222 001	107 411	2 754	1 928	1,2	1,8
1964	226 191	109 235	2 562	1 828	1,1	1,7
1965	230 254	111 129	2 409	1 697	1,0	1,5
1966	225 663	107 849	2 375	1 725	1,1	1,6
1967	227 068	108 541	2 253	1 571	1,0	1,4
1968	242 473	115 156	2 304	1 631	1,0	1,4
1969	243 732	115 538	2 289	1 637	0,9	1,4
1970	240 821	112 721	2 335	1 635	1,0	1,5
1971	234 953	108 945	2 384	1 710	1,0	1,6
1972	234 425	108 784	2 474	1 798	1,1	1,7
1973	231 960	107 991	2 501	1 834	1,1	1,7
1974	229 062	106 101	2 465	1 795	1,1	1,7
1975	240 389	110 117	2 727	2 016	1,1	1,8
1976	233 733	106 756	2 890	2 106	1,2	2,0
1977	226 233	103 738	2 964	2 212	1,3	2,1
1978	232 332	106 235	2 861	2 113	1,2	2,0
1979	232 742	106 670	2 991	2 185	1,3	2,0
1980	238 254	107 909	2 873	2 068	1,2	1,9
1981	232 244	104 167	2 836	2 082	1,2	2,0
1982	227 975	102 090	2 731	1 998	1,2	2,0
1983	222 695	99 255	2 572	1 905	1,2	1,9
1984	221 181	97 869	2 509	1 798	1,1	1,8
1985	225 353	99 370	2 461	1 770	1,1	1,8
1986	223 536	97 713	2 243	1 618	1,0	1,7
1987	213 872	94 083	2 172	1 572	1,0	1,7
1988	213 111	94 489	1 996	1 448	0,9	1,5
1989	205 711	91 090	1 950	1 408	0,9	1,5

Quelle: 1952 bis 1954 Bevölkerungsstatistisches Jahrbuch der DDR 1965, 1955 bis 1989 Statistische Jahrbücher der DDR

Tabelle 44: Weibliche jugendliche Gestorbene (14- bis unter 26jährig) und deren Anteile für den Zeitraum 1952 bis 1989

Jahr	Gestorbene gesamt	weibliche Gestorbene	jugendliche Gestorbene	weibl. jug. Gestorbene	Ant. jug. Gest. an ges. Gest. in [%]	Ant. w. jug. Gest. an ges. weibl. Gest. in [%]
1952	221 676	113 067	3 635	1 530	1,6	1,4
1953	212 627	107 874	3 226	1 295	1,5	1,2
1954	219 832	112 404	3 530	1 415	1,6	1,3
1955	214 066	109 223	3 405	1 255	1,6	1,1
1956	212 698	107 576	3 355	1 150	1,6	1,1
1957	225 179	113 757	3 488	1 180	1,5	1,0
1958	221 113	113 150	3 225	1 089	1,5	1,0
1959	229 898	117 428	3 278	1 059	1,4	0,9
1960	233 759	119 263	3 142	973	1,3	0,8
1961	222 739	114 131	3 102	875	1,4	0,8
1962	233 995	120 946	2 992	872	1,3	0,7
1963	222 001	114 590	2 754	826	1,2	0,7
1964	226 191	116 956	2 562	734	1,1	0,6
1965	230 254	119 125	2 409	712	1,0	0,6
1966	225 663	117 814	2 375	650	1,1	0,6
1967	227 068	118 527	2 253	682	1,0	0,6
1968	242 473	127 317	2 304	673	1,0	0,5
1969	243 732	128 194	2 289	652	0,9	0,5
1970	240 821	128 100	2 335	700	1,0	0,5
1971	234 953	126 008	2 384	674	1,0	0,5
1972	234 425	125 641	2 474	676	1,1	0,5
1973	231 960	123 969	2 501	667	1,1	0,5
1974	229 062	122 961	2 465	670	1,1	0,5
1975	240 389	130 272	2 727	711	1,1	0,5
1976	233 733	126 977	2 890	784	1,2	0,6
1977	226 233	122 495	2 964	752	1,3	0,6
1978	232 332	126 097	2 861	748	1,2	0,6
1979	232 742	126 072	2 991	806	1,3	0,6
1980	238 254	130 345	2 873	805	1,2	0,6
1981	232 244	128 077	2 836	754	1,2	0,6
1982	227 975	125 885	2 731	733	1,2	0,6
1983	222 695	123 440	2 572	667	1,2	0,5
1984	221 181	123 312	2 509	711	1,1	0,6
1985	225 353	125 983	2 461	691	1,1	0,5
1986	223 536	125 823	2 243	625	1,0	0,5
1987	213 872	119 789	2 172	600	1,0	0,5
1988	213 111	118 622	1 996	548	0,9	0,5
1989	205 711	114 621	1 950	542	0,9	0,5

Quelle: 1952 bis 1954 Bevölkerungsstatistisches Jahrbuch der DDR 1965, 1955 bis 1989 Statistische Jahrbücher der DDR

Abbildung 6: Gestorbene Jugendliche (14- bis unter 26jährig) für den Zeitraum 1952 bis 1989

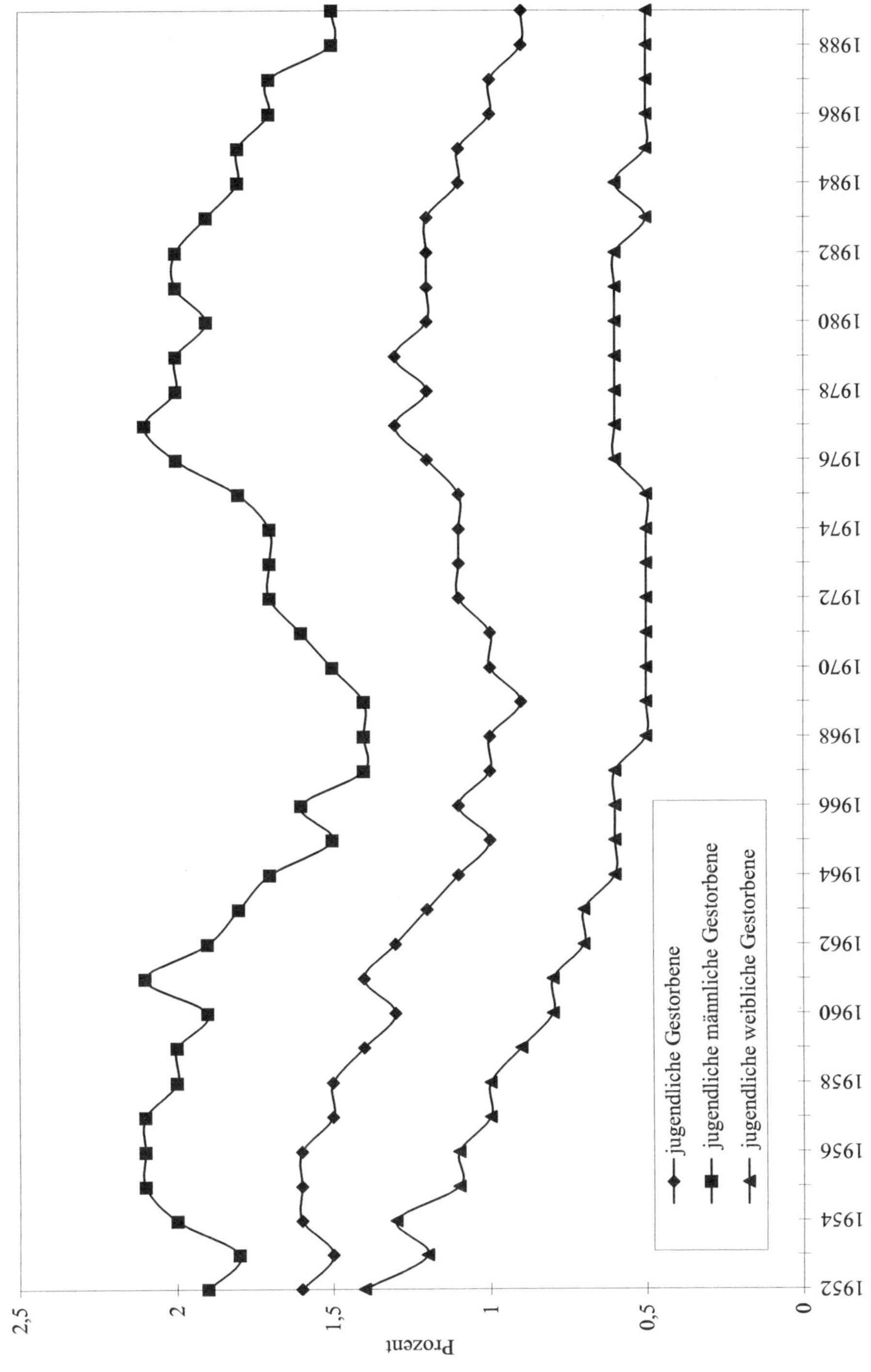

Tabelle 45: Jugendliche Gestorbene (15- bis unter 25jährig) nach ausgewählten Todesursachen für den Zeitraum 1952 bis 1989

Jahr	jug. Gest. gesamt	jug. Gest. männlich	jug. Gest. weiblich	Unfälle männlich	Unfälle weiblich	Selbsttöt. männlich	Selbsttöt. weiblich	bösart. Neubildg. männlich	bösart. Neubildg. weiblich
1952	3 531	2 105	1 426	694	110	239	123	105	102
1953	3 226	1 930	1 296	773	125	257	177	106	115
1954	2 863	1 744	1 119	713	122	286	142	103	110
1955	2 902	1 857	1 045	745	96	297	168	134	90
1956	2 915	1 908	1 007	760	111	352	152	140	93
1957	3 086	2 053	1 033	940	108	303	129	137	119
1958	2 818	1 882	936	809	112	335	164	149	108
1959	2 889	1 972	917	852	129	339	142	152	92
1960	2 775	1 933	842	938	100	324	152	137	83
1961	2 742	1 980	762	1 042	130	334	155	109	75
1962	2 606	1 874	732	913	97	406	166	141	91
1963	2 369	1 670	699	846	95	352	185	129	75
1964	2 168	1 569	599	751	89	323	119	150	75
1965	1 962	1 389	573	635	78	322	136	124	65
1966	1 917	1 392	525	662	74	346	115	94	70
1967	1 857	1 306	551	672	99	246	114	104	85
1968	1 953	1 383	570	729	134	240	99	127	70
1969	1 942	1 405	537	813	162	197	72	107	67
1970	2 038	1 435	603	807	161	230	109	126	79
1971	2 142	1 539	603	857	152	252	76	139	104
1972	2 184	1 597	587	859	148	273	103	142	78
1973	2 218	1 642	576	901	137	327	139	128	67
1974	2 180	1 612	568	843	112	296	127	150	79
1975	2 407	1 795	612	979	135	317	134	151	79
1976	2 529	1 848	681	993	183	373	124	153	83
1977	2 597	1 951	646	1 068	203	379	124	152	97
1978	2 494	1 857	637	1 036	209	346	129	155	64
1979	2 645	1 939	706	1 058	223	313	118	161	81
1980	2 511	1 810	701	929	192	346	136	142	89
1981	2 507	1 855	652	957	199	372	123	149	70
1982	2 411	1 756	655	889	200	332	126	151	74
1983	2 250	1 668	582	857	167	308	113	126	72
1984	2 222	1 597	625	811	189	307	92	123	79
1985	2 165	1 551	614	730	155	317	104	132	74
1986	1 962	1 427	535	697	155	258	79	117	78
1987	1 859	1 355	504	689	118	234	78	108	94
1988	1 728	1 258	470	661	112	217	63	114	69
1989	1 673	1 198	475	609	124	186	57	118	83

Quelle: Statistische Jahrbücher der DDR und eigene Berechnungen, Statistisches Bundesamt Wiesbaden, Zweigstelle Berlin, Mitteilungen zur Selbstmordsterblichkeit in der DDR 1961 bis 1989 und nach Bezirken für 1989, Sonderheft 1990

Tabelle 46: Jugendliche Gestorbene nach ausgewählten Todesursachen für den Zeitraum 1952 bis 1989 in Prozent

Jahr	Ant. m. jug. Unfälle an m. j. Gest.	Ant. w. jug. Unfälle an w. j. Gest.	Ant. m. jug. Selbsttöt. an m. j. Gest.	Ant. w. jug. Selbsttöt. an w. j. Gest.	Ant. m. jug. Neubildungen an m. j. Gest.	Ant. w. jug. Neubildungen an w. j. Gest.
1952	33,0	7,7	11,4	8,6	5,0	7,2
1953	40,1	9,6	13,3	13,7	5,5	8,9
1954	40,9	10,9	16,4	12,7	5,9	9,8
1955	40,1	9,2	16,0	16,1	7,2	8,6
1956	39,8	11,0	18,4	15,1	7,3	9,2
1957	45,8	10,5	14,8	12,5	6,7	11,5
1958	43,0	12,0	17,8	17,5	7,9	11,5
1959	43,2	14,1	17,2	15,5	7,7	10,0
1960	48,5	11,9	16,8	18,1	7,1	9,9
1961	52,6	17,1	16,9	20,3	5,5	9,8
1962	48,7	13,3	21,7	22,7	7,5	12,4
1963	50,7	13,6	21,1	26,5	7,7	10,7
1964	47,9	14,9	20,6	19,9	9,6	12,5
1965	45,7	13,6	23,2	23,7	8,9	11,3
1966	47,6	14,1	24,9	21,9	6,8	13,3
1967	51,5	18,0	18,8	20,7	8,0	15,4
1968	52,7	23,5	17,4	17,4	9,2	12,3
1969	57,9	30,2	14,0	13,4	7,6	12,5
1970	56,2	26,7	16,0	18,1	8,8	13,1
1971	55,7	25,2	16,4	12,6	9,0	17,2
1972	53,8	25,2	17,1	17,5	8,9	13,3
1973	54,9	23,8	19,9	24,1	7,8	11,6
1974	52,3	19,7	18,4	22,4	9,3	13,9
1975	54,5	22,1	17,7	21,9	8,4	12,9
1976	53,7	26,9	20,2	18,2	8,3	12,2
1977	54,7	31,4	19,4	19,2	7,8	15,0
1978	55,8	32,8	18,6	20,3	8,3	10,0
1979	54,6	31,6	16,1	16,7	8,3	11,5
1980	51,3	27,4	19,1	19,4	7,8	12,7
1981	51,6	30,5	20,1	18,9	8,0	10,7
1982	50,6	30,5	18,9	19,2	8,6	11,3
1983	51,4	28,7	18,5	19,4	7,6	12,4
1984	50,8	30,2	19,2	14,7	7,7	12,6
1985	47,1	25,2	20,4	16,9	8,5	12,1
1986	48,8	29,0	18,1	14,8	8,2	14,6
1987	50,8	23,4	17,3	15,5	8,0	18,7
1988	52,5	23,8	17,2	13,4	9,1	14,7
1989	50,8	26,1	15,5	12,0	9,8	17,5

2 Die Jugend im Bildungssystem der SBZ/DDR

2.1 Einleitung

Das Bildungswesen eines jeden Staates nimmt einen zentralen Platz in der Sozialisation und Qualifikation der Heranwachsenden ein. In modernen Industriegesellschaften kommt hinzu, daß die individuellen Lebenschancen in zunehmendem Maße von den erworbenen Bildungstiteln abhängig sind.[43] Statistische Daten zu einem Bildungssystem können einen allgemeinen Überblick über seine Struktur, Entwicklung und die Ergebnisse geben, sofern es sich um statistisch meßbare Phänomene handelt. Nur eingeschränkt oder gar nicht aussagekräftig sind sie für die „innere Verfaßtheit" von Bildung und Erziehung. Gleichwohl können Massendaten Indikatoren für wichtige Entwicklungen, Reformen und Trendwenden im Zeitverlauf sein.[44]

Unter dem Bildungssystem – synonym verwendet auch Bildungswesen – wurden in der DDR die Bereiche des Volksbildungswesens (allgemeinbildende Schulen, Kindergärten und Volkshochschulen), der Berufsbildung und des Hoch- und Fachschulwesens verstanden. Seit 1965 und bis 1989 sprach man vom „einheitlichen sozialistischen Bildungssystem"[45], wodurch auch die planmäßige Organisation und Integriertheit aller drei Bereiche in einem allgemeingültigen Konzept von Bildung und Erziehung betont werden sollte.[46]

Das Bildungssystem der DDR stand einerseits in der Tradition deutscher Bildungsgeschichte, andererseits war es – resultierend aus der Zugehörigkeit der DDR zum „sozialistischen Lager" – vor allem sowjetischen Einflüssen ausgesetzt, welche deutlich sichtbare Spuren hinterließen.[47]

43 Geißler, Reiner: Entwicklung der Sozialstruktur und Bildungswesen. In: Vergleich von Bildung und Erziehung in der Bundesrepublik und in der Deutschen Demokratischen Republik. Wissenschaftliche Kommission unter Leitung von Oskar Anweiler. Köln 1990 (= Materialien zur Lage der Nation. Hrsg. vom Bundesministerium für innerdeutsche Beziehungen), S. 83 (im folgenden zitiert als: Vergleich).

44 Köhler, Helmut; Schreier, Gerhard: Statistische Grunddaten zum Bildungswesen. In: Ebenda, S. 112.

45 Vgl. den Artikel „Einheitliches sozialistisches Bildungssystem". In: DDR-Handbuch. Wissenschaftliche Leitung Hartmut Zimmermann unter Mitarbeit von Horst Ulrich und Michael Fehlauer. Bd.1. Köln 1984, S. 318ff.

46 Vgl. Anweiler, Oskar: Schulpolitik und Schulsystem in der DDR. Opladen 1988, S. 10.

47 Vgl. Baske, Siegfried: Das Problem der Eigenständigkeit der DDR im Bereich der Bildung und Erziehung. In: Die DDR – Partner oder Satellit der Sowjetunion? Hrsg. von Siegfried Mampel und Karl C. Thalheim. München 1980, S. 115–142.

Hinzu kamen Einflüsse und Herausforderungen systemübergreifender Entwicklungen in modernen Industriegesellschaften, deren Lösungsversuche auch das Bildungssystem der DDR veränderten,[48] und die Auswirkungen der unmittelbaren Systemkonkurrenz mit der Bundesrepublik. Insgesamt entwickelte sich in der DDR ein modernes Bildungswesen, das nach einer langen Experimentierphase zwischen 1946 und 1965 seit Mitte der 60er Jahre eine bemerkenswerte strukturelle Stabilität aufwies.[49] Diese Stabilität – in den 80er Jahren wohl auch Verkrustung – bezog sich auch auf die sozialstaatliche Einbettung von Bildung, wobei die sozialen Verpflichtungen, z. B. Arbeitsplatzgarantie und -zuweisung nach Bildungsabschlüssen, neben ihren ungedeckten Kosten durchaus auch strangulierende Momente besaßen und insgesamt auf Kosten der Leistungsfähigkeit des Bildungssystems gingen.

Im folgenden wird jedoch auf einen allgemeinen historischen und strukturellen Abriß zum Bildungssystem der DDR verzichtet, da dieser den Rahmen dieser Einleitung sprengen würde und sich zudem bei Anweiler (1988 und 1990) und im Bildungsbericht des Max-Planck-Institutes (1994) findet. Stattdessen soll sich auf die zentralen quantitativen Aussagen konzentriert werden.

Das Schulsystem der DDR war seit dem „Gesetz über die Demokratisierung der deutschen Schule“ vom Mai 1946 dem Prinzip der Einheitlichkeit verpflichtet, welches auch die Entwicklung einer differenzierten Schulstruktur beinhaltete, die neben den verbindlichen Grundschulen seit 1959 allgemeinbildende polytechnische Oberschulen (POS), Berufsschulen, Erweiterte Oberschulen (EOS) sowie Sonder- und Spezialschulen kannte. Diese Schulformen wiesen wiederum bemerkenswerte Binnendifferenzierungen auf.[50] Daten zu den Schülern und Lehrlingen in der DDR korrelieren so einerseits mit demographischen Entwicklungen, andererseits weisen sie auf sich wandelnde bildungspolitische Prämissen hin. Da die Prinzipien der zentralgeleiteten Planwirtschaft spätestens seit Mitte der sechziger Jahre auch in vollem Umfang auf das Bildungssystem Anwendung fanden, schwankten die quantitativen Aussagen auch im Gleichklang mit den Planvorgaben, wobei dies insbesondere an den Zugängen zu weiterführender Bildung nachweisbar ist.

Die Schülerzahlen in ihrer Gesamtheit wiesen 1949 mit 2,75 Millionen den höchsten Wert auf, was sich aus den geburtenstarken Vorkriegsjahrgängen und den Vertriebenen erklärt. Binnen zehn Jahren sank diese Zahl auf 1,81 Millionen, den niedrigsten Wert während des Bestehens der DDR. Dieser Schwund hing maßgeblich mit dem Eintreten der geburtenschwachen Nachkriegsjahrgänge in die Schulpflicht und der Fluchtwelle aus der DDR zusammen. Danach stieg die Schülerzahl jedes Jahr kontinuierlich bis auf 2,74 Millionen 1973 an. Hierfür waren nicht nur demographische Entwicklungen verantwortlich, ein weiteres Moment war die schrittweise Durchsetzung der Zehnklassenschule. Beginnend 1950/51, seit 1956 unter dem Namen Mittelschule und ab 1959 als „allgemeinbildende polytechnische Oberschule“ wurde sie zur obligatorischen Bildungseinrichtung, dem Charakter nach eine Einheits- bzw. Gesamtschule.[51] Obwohl schon 1955 beschlossen,

48 Vgl. Anweiler, Oskar: Schulpolitik ...: A. a. O., S. 9, und Klinger, Fred: Wirtschaftsentwicklung, Beschäftigungssystem und Bildungswesen. In: Vergleich, S. 57–81.

49 Vgl. Arbeitsgruppe Bildungsbericht am Max-Planck-Institut für Bildungsforschung: Das Bildungswesen in der Bundesrepublik Deutschland. Strukturen und Entwicklungen im Überblick. Reinbek bei Hamburg 1994, S. 39f.

50 Vgl. „Von ‚Landeiern‘ und Latein-Klassen für die Pastorenkinder“. Gespräch mit Bernd Zymek. In: Frankfurter Rundschau, 6. April 1995.

51 Vgl. auch die entsprechenden Bestimmungen im „Gesetz über die sozialistische Entwicklung des Schulwesens in der DDR“ vom 2. Dezember 1959. In: GBl. der DDR, Teil I, Nr. 67/1959, S. 859–863. Das „Gesetz über das einheitliche sozialistische Bildungssystem“ vom 25. Februar 1965 bestätigte die POS als grundlegenden Schultyp. Vgl. GBl. der DDR, Teil I, Nr. 6/1965, S. 83ff.

konnte das Ziel einer zehnjährigen allgemeinbildenden Schulbildung nur sukzessiv realisiert werden. Setzten 1959 nur 40 Prozent aller Schüler nach der 8. Klasse ihre Schulbildung in Klasse 9 bzw. 10 fort, waren es 1965 schon 72 Prozent.[52] 1975 galt der Aufbau der zehnklassigen POS als abgeschlossen. 1985 gelangten 93,4 Prozent aller Schüler der 8. in die 9. Klasse. Die dadurch verursachte Zunahme der Schülerzahl reichte allerdings nicht aus, den abwärts weisenden demographischen Trend zu stoppen. Die seit 1965 sinkende Geburtenrate und der scharfe Geburtenrückgang seit 1972 führten zu abnehmenden Schülerzahlen, die sich ab Mitte der 80er Jahre, d. h. nach der Stabilisierung der Geburtenrate seit 1976, bei rund 2 Millionen etablierten. Dieser Rückgang warf mannigfache Probleme, vor allem in bezug auf den fehlenden Facharbeiternachwuchs, auf.

Für die Beurteilung eines Bildungssystems spielen neben dem durch die allgemeine Schulpflicht definierten Bildungsgang die Strukturen und Zugangsmöglichkeiten für die weiterführende Bildung, insbesondere die Erlangung der Hochschulreife, eine wichtige Rolle. Der Hauptweg zum Abitur bestand in der DDR fast immer im Besuch der Oberschule, seit 1959 der erweiterten Oberschule. Eine weitere Möglichkeit war die Berufsausbildung mit Abitur, die Ende der fünfziger Jahre kurzzeitig zum Hauptweg erklärt wurde, sich jedoch nicht gegen die EOS durchsetzen konnte. Zudem konnte das Abitur auch in Volkshochschulkursen abgelegt werden. Die Zulassungskriterien wie auch die Gesamtzahlen der Abiturienten deuten auf ein stark reglementiertes System weiterführender Bildung.

Die Schülerzahlen an den erweiterten Oberschulen weisen charakteristische Schwankungen auf, die jedoch nicht demographisch, sondern ausschließlich bildungspolitisch zu begründen sind. Lag die Zahl der Schüler in Klasse 11 und 12 in den 50er Jahren bei rund 50 000, reduzierte sie sich zwischen 1956 und 1963 um ein Viertel. Ein besonders scharfer Einschnitt war seit 1959 zu verzeichnen, da sich hier die Bestrebungen, welche die Berufsausbildung mit Abitur favorisierten, auch statistisch deutlich auswirkten. Nach der Rücknahme dieser Reformen zu Beginn der 60er Jahre stieg die Schülerzahl an den EOS seit 1964 wieder an, wozu auch die Auswirkungen der von Ulbricht forcierten Wirtschaftsreformen und die ausgeprägte politische Orientierung auf die Entwicklung von Wissenschaft und Technik beitrugen. 1971 wurde der Höhepunkt dieser Entwicklung mit 57 000 Schülern der 11. und 12. Klasse erreicht. Der Machtantritt Honeckers und die Rücknahme der ambitionierten Wissenschaftsprogramme zugunsten eines „Konsumsozialismus“ führten unter anderem auch zu einer starken Reduzierung der Schülerzahlen an den EOS, welche 1975 nur noch 45 000 erreichten und sich dann bis 1989 auf die Grenze von 34 000 zubewegten. Die deutlich eingeengten Zugänge zu höherer Bildung in der Ära Honecker beruhten wohl auch auf Konflikten zwischen dem Bildungs- und dem Wirtschaftssystem. Insbesondere die Wirtschaftsfunktionäre drängten auf die Bereitstellung von Facharbeitern für untere Lohngruppen, während das Bildungssystem seit den 60er Jahren zunehmend hochqualifizierte Fachleute „produzierte“, für die im industriellen Sektor nicht genügend adäquate Arbeitsplätze zur Verfügung standen.[53]

Im langjährigen Durchschnitt erhielten 10 Prozent der Schüler einer Klasse die Möglichkeit zum Besuch der EOS.

Rund 5 Prozent konnten eine Berufsausbildung mit Abitur aufnehmen. Diese war bis 1971 ähnlichen Schwankungen wie die EOS ausgesetzt gewesen. Verläßliche Zahlen liegen jedoch erst seit 1970 vor. Hierbei zeigt sich nach einer deutlichen Reduzierung von 16 000 Abiturienten 1970

52 Das Bildungssystem der Deutschen Demokratischen Republik. Berlin 1989, S. 51.

53 Vgl. Gespräch mit Klaus Korn (ehemals persönlicher Referent bei der Ministerin für Volksbildung Margot Honecker) vom 11. Mai 1995. Protokoll im Besitz der Verfasser.

auf 9 000 im Jahr 1972 eine Kontinuität bis zum Ende der DDR. Die Werte pegelten sich mit leichten Ausschlägen auf 10 000 Abiturienten pro Jahr mit Berufsausbildung ein.

Die Auswahl zwischen EOS und POS erfolgte bis 1981 in der 8. Klasse. Das bedeutete eine Durchbrechung des Leitbildes der Einheitlichkeit. Dieses wurde zusätzlich durch die Existenz von Spezialschulen in Frage gestellt, weshalb Angaben zu diesen schon im Kindesalter selektierenden Schulen nicht veröffentlicht wurden. Die Einrichtung von Spezialschulen erfolgte in unmittelbarem Zusammenhang mit dem Neuen Ökonomischen System der Leitung und Planung der Volkswirtschaft und der damit auch zeitweilig verbundenen Favorisierung der qualifizierenden Funktion von Bildung gegenüber ihren ideologischen und politischen Aufgaben.[54] Ein Beschluß des Politbüros und des Ministerrates verkündete 1963[55] die Entwicklung von Spezialschulen und -klassen vor allem im mathematisch-naturwissenschaftlichen Bereich, wobei der Zugang ausschließlich Leistungskriterien unterworfen war. Jenseits der verheimlichten Schülerzahlen in diesen Bildungseinrichtungen waren die Spezialschulen wohl auch ein DDR-spezifischer Antwortversuch auf die Probleme bei der Förderung von Begabungen und der Elitenbildung in modernen Gesellschaften.

Die 1971 von der Volksbildungsministerin Margot Honecker vorgetragene Umorientierung der Bildungspolitik, die vor allem eine deutliche Fixierung auf den Facharbeiternachwuchs gegenüber der Hochschulbildung beinhaltete,[56] rückte auch die Spezialschulen in ein kritisches Licht, ohne sie jedoch in Frage zu stellen.

Interne Berichte, die nur für die Zeit zwischen 1975 und 1989 verfügbar waren, weisen aus, daß immerhin 0,5 bis 1 Prozent aller Schüler an Spezialschulen unterrichtet wurden. Dieser Anteil stieg in den 80er Jahren stark an. Waren 1975 12 300 Spezialschüler zu verzeichnen, wiesen die Statistiken 1989 21 300 aus. Die naheliegende These, daß die sich zunehmend aus sich selbst heraus reproduzierende „sozialistische Intelligenz" auch den Trend zur Spezialschule beförderte, müßte allerdings noch in differenzierten Analysen geprüft werden. Möglicherweise ergab sich ein erheblicher Teil der beschriebenen Steigerung auch aus dem extensiv betriebenen Ausbau des Hochleistungssports und den Kinder- und Jugendsportschulen als seinen Kaderschmieden.

Die Daten über das Hochschulwesen der DDR geben Auskünfte über eine bemerkenswerte Bildungsexpansion zwischen 1945 und 1989, zeigen ein tiefgestaffeltes und differenziertes System von Studienformen und weisen die Funktion dieser Bildungsinstitutionen als Orte zur Schaffung einer neuen Elite und später zur Reproduktion dieser aus sich selbst heraus aus.

Die Studentenzahlen hatten sich zwischen 1949 (28 500) und 1989 (131 000) mehr als verfünffacht. Seit den 60er Jahren waren zwischen 4 und 5 Prozent der jugendlichen Wohnbevölkerung Hochschulstudenten. Nach einem stetigen Anstieg in den 50er Jahren begann am Ende der 60er Jahre eine „Qualifizierungsoffensive", die 1972 mit 161 000 die höchste Studentenzahl überhaupt hervorbrachte. Unter Honecker erfolgten seit 1972 ein Abbruch dieser Expansion und die Stabilisierung bei rund 130 000 Studenten. Die seit Ende der 60er Jahre in der Bundesrepublik einsetzende Bildungsexpansion, die mit einem starken Anstieg der Abiturienten- und Studentenzahlen einherging, wurde also in der DDR eher konterkariert, wozu das streng planwirtschaftliche System der Studienzulassung die entsprechenden Instrumente bot.

---

54 Anweiler, Oskar: Grundzüge der Bildungspolitik und der Entwicklung des Bildungswesens seit 1945. In: Vergleich: A. a. O., S. 21.

55 Beschluß des Politbüros und des Ministerrates vom 3. Juli 1963. In: Deutsche Lehrerzeitung, Nr. 29/1963.

56 Vgl. Rede Margot Honeckers auf dem VIII. Parteitag der SED. In: Protokoll der Verhandlungen des VIII. Parteitages der SED. Bd. 2. Berlin 1971, S. 79f.

Die Altersstruktur der Studierenden an Hoch- und Fachschulen wurde nur sporadisch erhoben.[57] Insgesamt waren die Direktstudenten der DDR jünger als ihre Pendants in der Bundesrepublik, wobei sich diese Tendenz in den 70er Jahren noch verstärkte. Der weitaus größte Teil war unter 26 Jahre alt. Dieser Wert stieg von 83 Prozent männlich und 89 Prozent weiblich 1976 auf 93 Prozent männlich und 97 Prozent weiblich 1986 an. Ähnliche Ergebnisse zeigten die Untersuchungen an den Fachschulen, wobei sich die Differenzen zwischen Männern und Frauen ursächlich aus der eineinhalb- bis dreijährigen Wehrpflicht ergaben. Demgegenüber waren die Studenten im Fern- und Abendstudium mehrheitlich älter als 26 Jahre, da diese Studienformen eine mehrjährige Berufserfahrung voraussetzten.

War das Hochschulsystem bis 1950 noch auf das traditionelle Direktstudium beschränkt, begann 1951 der Versuch, differenzierte Studienformen zu entwickeln. In ursächlichem Zusammenhang damit standen der Kader- und Qualifikationsmangel, der durch den Elitenwechsel seit 1945/46 und die Fluchtbewegung bis 1961 exorbitant verstärkt wurde. Die Einführung des Fernstudiums[58] spielte dabei die quantitativ bedeutsamste und dauerhafteste Rolle. Seit 1960 vermehrten sich die Studienformen noch um das Abend-[59] und Zusatzstudium sowie das Studium an Industrieinstituten, das eine Qualifizierungsvariante für leitende Funktionäre darstellte,[60] jedoch nur eine geringe quantitative Bedeutung erhielten. Zwischen 1951 und 1989 waren im Mittel 77 Prozent im Direkt-, 18 Prozent im Fernstudium und 5 Prozent in den erwähnten Sonderstudienformen immatrikuliert. Der Anteil der Fernstudenten ist dabei bemerkenswerten Schwankungen unterworfen. Die Qualifizierungsoffensive der 60er Jahre war vor allem mittels einer starken Ausweitung dieser Studienform in Angriff genommen worden. Ihr Anteil an den Gesamtstudenten stieg auf 27 Prozent im Jahr 1964. Der Hintergrund für diese Strategie dürfte einerseits das ökonomische Kalkül; andererseits der Qualifizierungsbedarf der neuen Eliten, die nach 1945 im jugendlichen Alter und ohne ausreichende Bildungsabschlüsse in leitende Funktionen gekommen waren, gewesen sein.

Quasi als Pendant hierzu ist die erwähnte veränderte hochschulpolitische Strategie der Honecker-Ära vor allem durch eine Reduzierung der Fernstudenten gekennzeichnet. Während die Zahl der Direktstudenten relativ konstant blieb, verminderte sich die Zahl der Fernstudenten von 39 000 (1972) auf 14 800 (1989), was einem Anteil von nur noch 11,3 Prozent entsprach.

Einige Einschnitte in der Hochschulpolitik werden durch die Analyse der jährlichen Zulassungszahlen zusätzlich untermauert (vgl. Tab. 61).

Die Verteilung der Studenten nach ihrem Geschlecht zeigt, daß es der DDR seit Beginn der 70er Jahre gelungen war, eine annähernde Parität herzustellen. Seit 1973 stellten die Frauen sogar die Mehrheit der Direkt-, jedoch nur ein Viertel der Fernstudenten. Auch wenn dieser Wert bis 1989 auf 35 Prozent stieg, blieb die dreifache Belastung von Familie und Haushalt, Berufstätigkeit und Wissenserwerb offenbar ein Hinderungsgrund für Frauen, ein Fernstudium zu beginnen. In differenzierten Fallstudien wäre zudem der Frage nachzugehen, in welchem Maße die mehrheitlich männlich dominierte Arbeitswelt der DDR auch geschlechterspezifische Auswirkungen

57 Untersuchungen zur Altersstruktur erfolgten 1966 und 1969 für die Fachschulen und 1966/1967, 1976, 1981 und 1986 für die Universitäten und Hochschulen.

58 Vgl. Verordnung über die Einrichtung des Fernstudiums für Werktätige vom 22. Juni 1950. In: GBl. der DDR, Nr. 66/1950, S. 495f.

59 Vgl. Anordnung über das Abendstudium an den Universitäten und Hochschulen vom 18. August 1961. In: GBl. der DDR, Teil II, Nr. 62/1961, S. 391.

60 Vgl. Anordnung über die Industrieinstitute an den Universitäten und Hochschulen vom 1. September 1963. Die Aufgabe dieser Institute wurde explizit mit der „Qualifizierung von leitenden Funktionären der SED auf den Gebieten der Ökonomie und Technik" beschrieben. In: GBl. der DDR, Teil II, Nr. 90/1963, S. 708–710.

auf die Delegierungen zum Fernstudium, die von den Arbeitsstätten ausgesprochen werden mußten, hatte.

Die DDR verstand sich als Staat der Arbeiter und Bauern, deren Kinder besonders gefördert werden sollten. Was 1945/46 mit der Brechung des bürgerlichen Bildungsprivilegs einer traditionellen Forderung der sozialistischen Arbeiterbewegung, aber auch linksliberaler Kräfte entsprach, entwickelte sich schnell zu einem Instrument des Elitenwechsels und der politischen Formierung der Studentenschaft. Voraussetzung hierfür war unter anderem ein ideologie- und wertbeladener Begriff von der Arbeiterklasse und ihren Angehörigen. Die dabei verwandten Klassifikationen entsprachen nie soziologischen Kriterien, sondern waren in hohem Maße politisch definiert.[61] Da die Einstufungsmerkmale zudem häufig wechselten, können die erhobenen Daten nur Tendenzen und Trends aufzeigen.

Zur Arbeiterklasse zugehörig galten 1947 entweder Kinder, deren Vater Arbeiter war, oder Jugendliche, die selbst Arbeiter waren, was mit einem Lohn- und Arbeitsstellennachweis belegt werden konnte.[62] Bei der Aufnahme an die Hochschulen wurden sie bevorzugt und mit den Absolventen der Vorstudienanstalten und den Diskriminierten während der nationalsozialistischen Diktatur gleichgestellt.

Die Aufnahmekriterien für die Arbeiter-und-Bauern-Fakultäten (ABF) anerkannten 1949 den Arbeiterstatus, wenn die Bewerber mindestens „2 Jahre als ungelernte, angelernte oder gelernte Arbeiter tätig“[63] waren. Eine Neudefinierung erfolgte 1955, wobei die konkrete Richtlinie den Oberschülern galt, die Klassifikationskriterien aber auch auf Studenten Anwendung fanden. Als Arbeiter galten nun „Personen, die seit mindestens fünf Jahren in Industrie und Landwirtschaft, im Handel, im Handwerk, im Verkehr und ähnlichen Einrichtungen tätig sind“ sowie „Personen, die Arbeiter waren und jetzt Funktionen der Partei der Arbeiterklasse und der demokratischen Massenorganisationen, der bewaffneten Kräfte, der staatlichen Verwaltung oder der volkseigenen und genossenschaftlichen Wirtschaft bekleiden“.[64] Die Stipendienbestimmung von 1962, welche sich wiederum der Definition des Arbeiterstatus widmete, übernahm im wesentlichen die Kriterien von 1955, wobei nun auch die Absolventen der ABF generell zur Arbeiterklasse gezählt wurden, und auch Handwerker, wenn sie Mitglieder einer Produktionsgenossenschaft waren, zu den Arbeitern zu rechnen waren.[65] 1963 deuteten sich Wandlungen an. Die Anordnung über das Aufnahmeverfahren zum Direkt-, Fern- und Abendstudium an den Universitäten, Hoch- und Fachschulen vom 20. Februar 1963[66] forderte zwar, den entsprechenden Anteil an Arbeitern und Bauern zu sichern, gab jedoch hierfür keine Definitionen mehr. Dafür wurde die politische Loyalität und die fachliche Leistung entscheidend. Das Gesetz über das einheitliche sozialistische Bildungssystem von 1965 schuf dann die vage Formulierung: „Für die höheren Bildungseinrichtungen werden die Besten und Befähigsten ausgewählt. Dabei ist die soziale Struktur der DDR zu berücksichtigen“[67], welche bis zum Ende der DDR Bestand hatte.

---

61 Vgl. auch Anweiler, Oskar: Schulpolitik ...: A. a. O., S. 29. „Es handelt sich nicht um ‚objektive‘ soziale Statuszuweisungen allein, sondern stets auch um Elemente einer Gesinnungs- und Verhaltensprüfung nach politischen Kriterien, die nur schwer aufgrund empirischer Daten meßbar und nachprüfbar sind.“

62 Vgl. Bestimmungen für die Aufnahme von Studenten in die Universitäten und Hochschulen der sowjetischen Besatzungszone für das Wintersemester 1947/48. In: Forum, H. 8/9/1947.

63 Ebenda, H. 7/1949.

64 Zit. nach Baske, Siegfried; Engelbert, Martha: Zwei Jahrzehnte Bildungspolitik in der Sowjetzone Deutschlands. Dokumente. Erster Teil 1945 bis 1958. Berlin 1966, S. 291.

65 Vgl. Stipendienverordnung vom 17. Dezember 1962. In: GBl. der DDR, Teil II, Nr. 98/1962, S. 834ff.

66 Vgl. ebenda, Nr. 21/1963, S. 143ff.

67 Vgl. ebenda, Teil I, Nr. 6/1965, S. 83ff.

Auch wenn man diese mehr politischen denn sozialen Kriterien berücksichtigt und noch in Rechnung stellt, daß die Erfassung der Daten oft ungenau und durch ungeschultes Personal erfolgte, lassen sich doch einige charakteristische Tendenzen bei der sozialen Zusammensetzung der Studentenschaft erkennen.

In der zweiten Hälfte der 50er Jahre überstieg der Anteil der „Arbeiterkinder" im Direktstudium an Hochschulen die 50-Prozent-Grenze. Verantwortlich hierfür waren einerseits die Zulassungsbestimmungen, andererseits der Zustrom von Absolventen aus den Arbeiter-und-Bauern-Fakultäten[68] an die Hochschulen, denn diese kamen zu 80 Prozent aus Arbeiterhaushalten. Im Verlauf der sechziger Jahre sank der „Arbeiteranteil" stetig bis auf 37,6 Prozent. Hiervon profitierte vor allem die Intelligenz, deren Anteil von 12 Prozent (1954) auf 20,6 Prozent (1968) stieg. Bei allen gegebenen Einschränkungen könnte dies als Auswirkung der Verfachlichungs- und Verwissenschaftlichungsstrategien der späten Ära Ulbricht interpretiert werden. Mit dem Machtantritt Honeckers stieg der Arbeiteranteil unter leichten Schwankungen wiederum stark an und erreichte 1988 54,5 Prozent. Einen noch deutlicheren Anstieg nahm der Intelligenzanteil, welcher 1988 32,9 Prozent erlangte. Verluste mußten die Bauern und Handwerker, die Angestellten und Sonstigen, unter welchen auch die selbständig Tätigen subsumiert wurden, hinnehmen. Eine mögliche Interpretation wäre: Honecker trat sein Amt auch mit einem Konzept stärkerer traditionell marxistisch-leninistischer Ideologisierung an. Das beinhaltete auch die erneute propagandistische Aufwertung der Arbeiterkinder. Das Absinken der Angestelltenrate von 21,6 (1971) auf 6,5 Prozent (1988) läßt vermuten, daß viele Angestellten- in Arbeiterhaushalte umgewidmet wurden. Hinzu kam, daß mit der letzten Enteignungswelle zu Beginn der 70er Jahre die Gruppe der Selbständigen weiter marginalisiert wurde. Gleichzeitig konkurrierten die Kinder der in den 50er und 60er Jahren geschaffenen „neuen Intelligenz" nun um die reglementierten Studienplätze. Offenbar mit Erfolg, denn die zunehmende Statusvererbung erscheint mit den vorliegenden Zahlen offensichtlich.[69]

Bewiesen wird diese These auch durch die vorliegenden Daten zum Forschungsstudium, einer 1970 eingeführten Form der schnellen wissenschaftlichen Qualifizierung.[70] Hier stieg der Anteil der „Intelligenzkinder" von 22,3 Prozent (1970) auf 40,3 Prozent (1986), während der Arbeiteranteil von 45,3 Prozent (1986) wiederum nur durch die Umdefinierung von Angestellten erreicht wurde.

Ein anderes Bild bieten die Daten zur sozialen Stellung im Fernstudium. Die Arbeiter bildeten hier nur eine Minorität, die zwischen 5,3 (1969) und 24,9 Prozent (1985) schwankte. Die weitaus größten Gruppen stellten die Angestellten und die Intelligenz (vgl. Tab. 60). Offensichtlich war der einmal erworbene und manifestierte Arbeiterstatus relativ undurchlässig und bot weniger Aufstiegs- und Bildungschancen als bei anderen sozialen Gruppen.

Die Daten zu den Fachschulen, in der Zahl der Institutionen und Studenten den Hochschulen überlegen, wiesen ähnliche Befunde auf. Die Zahl der Studenten verfünffachte sich zwischen 1951 und 1989, der prozentuale Anteil an der jugendlichen Wohnbevölkerung betrug rund 5 Pro-

68 Die Arbeiter-und-Bauern-Fakultäten (ABF) waren am 1. Oktober 1949 durch Umwandlung der seit 1947 bestehenden „Vorstudienanstalten" entstanden. An ihnen sollten besonders Arbeiter- und Bauernkinder auf den Besuch einer Hochschule vorbereitet werden. Bis zur Schließung der ABF 1963 erlangten auf diesem Weg 33 729 Personen die Hochschulreife, die mehrheitlich aus Arbeiter- und Bauernhaushalten kamen.

69 Vgl. auch Sozialstruktur der DDR. Berlin 1988, S. 146ff.

70 Vgl. Anordnung über das Forschungsstudium vom 1. Juni 1970. In: GBl. der DDR, Teil II, Nr. 70/1970, S. 410ff.

zent. Gleichwohl ergab sich im Gegensatz zu den Universitäten und Hochschulen ein deutlich höherer Anteil bei Fern- und Abendstudenten. Zwischen 1960 und 1988 studierten im Mittel 49 Prozent im Direkt-, 33 Prozent im Fern- und 17 Prozent im Abendstudium. Möglicherweise waren die Anforderungen an ein Fachschulstudium geringer und eher mit einer andauernden Berufstätigkeit zu vereinbaren.

Nicht überzubewerten ist der hohe Prozentsatz weiblicher Fachschulstudenten, der seit 1975 die Zweidrittelmarke überstieg. Er resultierte in der Ära Honecker in starkem Maße aus der Umwidmung traditionell weiblich dominierter Berufsausbildungsgänge in Fachschulstudien. Dies traf seit 1974 insbesondere auf die Ausbildung von Krankenschwestern und Unterstufenlehrerinnen zu.

2.2 Die Verteilung der Schüler nach Schularten

Die hier vorgestellten Schularten beziehen sich auf allgemeinbildende Schulen. Unter allgemeinbildenden Schulen wurden staatliche Schulen verstanden, die die Schüler zum Abschluß der Klassenstufe 8, Klassenstufe 10 bzw. zur Reifeprüfung (Klassenstufe 12) führten, sofern die Schüler diese Schulen nicht vorzeitig verließen. Unberücksichtigt blieb die berufliche Ausbildung.

Die Tabelle 47 gibt Auskunft über die Schülerzahlen insgesamt, das heißt, es wurden die Schüler erfaßt, die die unterschiedlichen allgemeinbildenden Schultypen besuchten. Der Anteil der Schüler an der Bevölkerungszahl betrug im Mittel 13 Prozent.

Die Quellenlage ließ es für die Jahre 1975 bis 1989 zu, die Spezialschüler zu erfassen. Grundlage waren die Kennziffern der Schuljahresstatistik und der Schuljahresendstatistik, die vom Ministerium für Volksbildung, Abteilung Planung und Haushalt, Sektor Planung, erarbeitet wurden und nicht öffentlich zugänglich waren.

Für die allgemeinbildenden polytechnischen Oberschulen (POS), Sonder- und Spezialschulen konnte nicht nach der Altersstruktur differenziert werden. Die Schüler der erweiterten allgemeinbildenden Oberschule (EOS) gehörten in jedem Falle in die hier vorgestellte Gruppe der Jugendlichen.

Gemittelt über den Zeitraum 1955 bis 1989, waren 94 Prozent der Schüler in polytechnischen Oberschulen, 3 Prozent in Sonderschulen und 3 Prozent in erweiterten Oberschulen.

Eine zusätzliche Differenzierung ließ sich für den Zeitraum 1975 bis 1989 vornehmen. Im Mittel lernten ebenfalls 94 Prozent in polytechnischen Oberschulen, 3 Prozent in Sonderschulen, 2 Prozent in erweiterten Oberschulen und 1 Prozent in Spezialschulen. Bei den weiblichen Schülern waren im Mittel 95 Prozent in polytechnischen Oberschulen, 2 Prozent in Sonderschulen, 2 Prozent in erweiterten Oberschulen und 1 Prozent in Spezialschulen (Zeitraum 1975 bis 1989).

Die Tabelle 50 gibt für den Zeitraum 1955 bis 1989 Auskunft über die Absolventen der POS und der EOS.

Erläuterungen zu den Tabellen 47 bis 50:
Zu den allgemeinbildenden Schulen zählten folgende Schularten:

Grund- und Mittelschulen, zehnklassige allgemeinbildende polytechnische Oberschulen, erweiterte allgemeinbildende polytechnische Oberschulen, Spezial- und Sonderschulen. Grundschulen waren die 1946 geschaffenen achtklassigen Einheitsschulen. Mittel- bzw. zehnklassige Oberschulen existierten in den 50er Jahren. Bei den zehnklassigen allgemeinbildenden polytechnischen Oberschulen handelte es sich seit 1959 um die grundlegende Schulform für alle weiterführenden Bildungswege und beruflichen Tätigkeiten.

Die erweiterten allgemeinbildenden polytechnischen Oberschulen waren hochschulvorbereitende Einrichtungen, die im Anschluß an die zehnklassigen polytechnischen Oberschulen Schüler in zwei Jahren zur Reifeprüfung führten. Die ausgewiesenen Angaben erfaßten bis 1966 die 9. bis 12. Klassen der EOS, für 1967 die 10. bis 12. Klassen und ab 1968 die 11. und 12. Klassen. Die von 1967 bis 1981 vorhandenen Vorbereitungsklassen (Klassen zur Vorbereitung auf die zweistufige EOS) sind bei den zehnklassigen POS enthalten.

Die Spezialschulen waren allgemeinbildende polytechnische Oberschulen mit verstärktem Unterricht in bestimmten Fächern und schlossen mit der Abschluß- bzw. Reifeprüfung ab. Dabei handelte es sich um Einrichtungen mit Spezialklassen oder selbständige Schulen, die mathematische bzw. physikalisch-technische Richtungen, verstärkten neu- bzw. altsprachlichen Unterricht und verstärkte Musikerziehung förderten, einschließlich der bekannten Kinder- und Jugendsportschulen (KJS).

Die Sonderschulen waren Einrichtungen, die Kinder mit physischen und psychischen Schädigungen bildeten und erzogen. Schulen dieser Art waren hauptsächlich Hilfsschulen, des weiteren Blinden-, Sehschwachen-, Schwerhörigen-, Gehörlosen-, Sprachheil-, Körperbehinderten- und Sonderschulen mit Ausgleichsklassen für verhaltensgestörte Kinder. Bei den Angaben für die Sonderschulen wurden die berufsbildenden Sonderschulen nicht miterfaßt.

Die hier vorgestellten Ergebnisse wurden den Statistischen Jahrbüchern entnommen. Die Angaben für die Spezialschüler waren unveröffentlichtes Material und wurden in den Kennziffern der Schuljahresstatistik bzw. Schuljahresendstatistik ausgewiesen.

2.3 Der Anteil der Lehrlinge an der jugendlichen Wohnbevölkerung

Die Lehrlinge, die im theoretischen Unterricht an den Berufsschulen ausgebildet wurden, lassen sich bis 1948 zurückverfolgen (vgl. Tab. 51). Der mittlere Anteil an der jugendlichen Wohnbevölkerung betrug 15,6 Prozent. 1951 befanden sich 29,0 Prozent der Jugendlichen in der Berufsausbildung. Nur 9,6 Prozent waren es 1961.

In der Tabelle 52 wurden die Schüler ausgewiesen, die eine berufliche Ausbildung begannen. Für den Zeitraum 1970 bis 1989 galt, daß im Mittel 83,0 Prozent der Schulabgänger den Abschluß der 10. Klasse hatten und 5,5 Prozent den Anteil der Abiturklassen ausmachten. Die restlichen 11,5 Prozent waren Schulabgänger aus der 8. Klasse bzw. aus Sonder- und Spezialschulen.

44,4 Prozent aller Schulabgänger, die eine Berufsausbildung aufnahmen, waren weiblich. 89,3 Prozent der Schulabgängerinnen hatten für den Zeitraum 1974 bis 1989 den Abschluß der 10. Klasse erreicht. 4,5 Prozent war der weibliche Anteil in Abiturklassen, und die restlichen 6,2 Prozent waren Schulabgängerinnen aus anderen Ausbildungsstätten.

Erläuterungen zu den Tabellen 51 bis 53:
Für 1948/49 wurde die Anzahl der Lehrlinge ohne Groß-Berlin ermittelt. Allgemein gehörten zu den Berufsschulen Betriebs- und kommunale Berufsschulen. Von 1962 bis 1973 erfolgte die Ausbildung für einen mittleren medizinischen Beruf im Rahmen der Berufsausbildung an medizinischen Schulen. 1974 wurden die medizinischen Schulen zu medizinischen Fachschulen umgebildet.

Des weiteren gab es Schulabgänger, die auf der Grundlage von Lehrverträgen eine dreijährige Ausbildung zum Facharbeiter, verbunden mit dem Erwerb des Abiturs, erhielten.

2.4 Die Verteilung der Studierenden nach Studienformen an Universitäten und Hochschulen

Der Anteil der Studierenden an der jugendlichen Wohnbevölkerung war seit den 60er Jahren kaum Schwankungen unterworfen und betrug 4 Prozent. Für die vorliegenden Datenreihen sind zwei Quellenarten vorhanden: erstens die veröffentlichten Statistischen Jahrbücher der DDR und zweitens die Statistischen Jahrbücher des Hochschulwesens der DDR.

In den Statistischen Jahrbüchern wurden nur ausgewählte Studienformen (Direkt-, Fern- und Abendstudium) veröffentlicht (vgl. Tab. 54). Von 1949 bis 1989 hatte sich die Zahl der Studierenden verfünffacht. Der höchste Wert lag 1972 bei 160 967. In den 60er Jahren nahm die Zahl der Direktstudenten ab und die Zahl der Fernstudenten zu. Anfang der 70er Jahre kehrte sich diese Tendenz um. Für den Zeitraum 1951 bis 1989 ließ sich berechnen, daß 77 Prozent im Direkt-, 18 Prozent im Fern-, 1 Prozent im Abendstudium und die restlichen 4 Prozent in Sonderstudienformen studierten.

Die Tabelle 54 gibt zudem Auskunft, wie sich der Anteil der weiblichen Studierenden entwikkelt hat. In den ersten Jahren war ein Fünftel weiblich, in den 80er Jahren dann die Hälfte. Der mittlere Anteil der weiblichen Studierenden betrug 42 Prozent im Direkt-, 19 Prozent im Fern-, 24 Prozent im Abendstudium und die verbleibenden 15 Prozent in Sonderstudienformen. Bezogen auf die weiblichen Studierenden galt, daß 86 Prozent aller Studentinnen ein Direkt-, 9 Prozent ein Fern- und 0,3 Prozent ein Abendstudium absolvierten.

Seit 1960 wurden die Statistischen Jahrbücher des Hochschulwesens herausgegeben und unterlagen zu DDR-Zeiten der Geheimhaltung. In diesen Jahrbüchern unterschied man nicht nur nach ausgewählten Studienformen, sondern differenzierter zwischen Direkt-, Fern- und Abendstudium, Studium an Industrieinstituten, Zusatzstudium mit Hochschulabschluß und Studium im damaligen sozialistischen Ausland (vgl. Tab. 56). Die Zuordnung in die üblichen Studienformen war anfänglich weitaus komplizierter, denn neben den genannten Formen traten Teil- und Sonderstudien, Komplementär- bzw. kombiniertes Studium auf. Hier wurden diese Sonderformen in der Gruppierung „Zusatzstudium" zusammengefaßt. Die Jahrbücher gaben darüber hinaus Auskunft über ausländische Studierende. Im Mittel waren 3 Prozent der Direktstudenten Ausländer.

Die mittleren Anteile für den gesamten Zeitraum (1965 bis 1988) setzten sich folgendermaßen zusammen: 75 Prozent studierten im Direkt-, 18 Prozent im Fern-, 1 Prozent im Abendstudium, 1 Prozent an Industrieinstituten, 3 Prozent im Zusatzstudium und 2 Prozent im Ausland.

Die Tabelle 60 gibt Auskunft über die Studierenden an Arbeiter-und-Bauern-Fakultäten für den Zeitraum 1951 bis 1963. Der mittlere Anteil der Studentinnen an den dort Studierenden betrug 22,4 Prozent. Der Anteil der Arbeiter- und Bauernkinder über den gesamten Zeitraum ließ sich mit 81 Prozent ermitteln. 19 Prozent fielen auf die restlichen Berufsgruppen. 39,9 Prozent war der mittlere Anteil der Neuzulassungen.

Erläuterungen zu den Tabellen 54 bis 60:
Alle Angaben beziehen sich auf DDR-Bürger, die an Universitäten und Hochschulen der DDR und des Auslands in Studienformen studierten, die zu einem vollen Hochschulabschluß führten.

Die Universitäten waren Einrichtungen mit einem breiten Spektrum mathematisch-naturwissenschaftlicher und gesellschaftswissenschaftlicher sowie medizinischer Disziplinen, in denen gelehrt und geforscht wurde. Die Ausbildung erfolgte außerdem im Studienfach Theologie.

Die Hochschulen dienten der Aus- und Weiterbildung wissenschaftlicher Fachkräfte für sämtliche Bereiche der Volkswirtschaft und der Forschung auf dem Gebiet der Mathematik/Naturwissenschaften, Technik, Medizin, Wirtschaft sowie Kultur und Kunst.

Das Direktstudium war eine Hauptform der Ausbildung an Universitäten und Hochschulen, bei der während der Studienzeit kein Beruf ausgeübt wurde.

Das Fernstudium wurde im wesentlichen als ein durch periodische Lehrveranstaltungen geleitetes und kontrolliertes Selbststudium durchgeführt, ohne die Berufstätigkeit zu unterbrechen.

Beim Abendstudium stützte sich der Bildungsprozeß in entscheidendem Maße auf die Vermittlung von Kenntnissen und Fertigkeiten im Rahmen der Lehrveranstaltungen. Das Abendstudium wurde ebenfalls ohne wesentliche Unterbrechung der Berufsarbeit abgewickelt.

Eine Besonderheit waren Arbeiter-und-Bauern-Fakultäten, an welchen seit 1949 vorzugsweise Arbeiter und Bauern bzw. deren Kinder auf ein Hochschulstudium vorbereitet wurden.

Industrieinstitute waren Bestandteil einzelner Universitäten bzw. Hochschulen mit dem Ziel, erfahrene Wirtschaftsfunktionäre zum Hochschulabschluß mit Diplom zu führen.

Das Zusatzstudium war ein durch spezielle Anordnungen und Anweisungen geregeltes Studium für Hochschulabsolventen und ermöglichte einen zusätzlichen Abschluß. Seit 1975 unterschied man zwischen Zusatzstudium mit Hochschulabschluß im Direkt-, Fern- bzw. Abendstudium. In den Tabellen 56 und 58 wurden die verschiedenen Formen der Einfachheit halber zusammengefaßt.

Das Forschungsstudium wurde 1970 als eine Form der Entwicklung des wissenschaftlichen Nachwuchses an Universitäten bzw. Hochschulen für Tätigkeiten in Lehre, Wissenschaft und Praxis eingerichtet. Im Forschungsstudium erwarben geeignete Studenten den akademischen Grad „Doktor eines Wissenschaftszweiges“ in unmittelbarem Anschluß an das reguläre Hochschulstudium. In den Statistischen Jahrbüchern der DDR fehlen die Angaben zum Forschungsstudium, ab 1975 sind sie in der Gruppierung Direktstudium enthalten (vgl. Tab. 54).

Die ausländischen Studierenden wurden bis 1968 in Direkt- und Fernstudenten, in Studierende an Industrieinstituten und in Teilnehmer an Vorbereitungskursen eingeteilt. Ab 1969 wurden nur noch ausländische Studierende und andere Teilnehmer, die Qualifizierungslehrgänge an Hochschulen belegten, unterschieden.

Bei den ausländischen Studierenden treten große Differenzen zum Statistischen Jahrbuch '90 der DDR auf, die darauf zurückzuführen sind, daß in den Tabellen 56 und 58 sowohl alle Studierenden als auch alle Teilnehmer an obengenannten Einrichtungen erfaßt wurden.

2.5 Die Verteilung der Neuzulassungen und Absolventen an Universitäten und Hochschulen

Seit 1951 existieren für Neuzulassungen und Absolventen Zahlenreihen. Der niedrigste Wert wurde 1951 mit 11 405 und der höchste Wert 1971 mit 44 047 Neuzulassungen ausgewiesen. Bei den Absolventen wurde der kleinste Wert 1953 mit 4 312 und der größte 1975 mit 36 521 ermittelt.

Für den Zeitraum 1959 bis 1989 betrug der mittlere Anteil bei den Neuzulassungen 76,1 Prozent im Direkt-, 16,1 Prozent im Fern- und 1,0 Prozent im Abendstudium. 6,8 Prozent entfielen auf die restlichen Studienformen. Als gemittelter Wert kamen, bezogen auf den Zeitraum 1961 bis 1989, bei den Absolventen 74,4 Prozent aus dem Direkt-, 17,5 Prozent aus dem Fern- und 0,8 Prozent aus dem Abendstudium. Die restlichen 7,3 Prozent entsprachen den sonstigen Studienformen.

Erläuterungen zu den Tabellen 61 und 62:
Zu den Neuzulassungen zählten erstmalig zum Hochschulstudium immatrikulierte Studierende. Zugänge von anderen Hochschulen oder Studierende, die nach längerer Unterbrechung das Studium fortsetzten, wurden nicht als Neuzulassungen geführt.

Unter Absolventen wurden Studierende verstanden, die das Studium mit Erfolg beendet hatten. Nicht einbezogen waren Absolventen des externen Studiums und solche, die das Staatsexamen bzw. die Abschlußprüfung nachholten.

Die Summe der einzelnen Studienformen entspricht nicht den ausgewiesenen Angaben für Neuzulassungen bzw. Absolventen insgesamt. Die Differenzen sind durch die fehlenden Studienformen entstanden.

2.6 Die soziale Zusammensetzung der Studierenden nach ausgewählten Studienformen an Universitäten und Hochschulen

Nach der sozialen Herkunft bzw. Stellung unterschied man Arbeiter, Angestellte, Bauern/Mitglieder von Produktionsgenossenschaften (LPG, GPG, PGH), Selbständige, Intelligenz und Sonstige. Diese Differenzierung erfolgte nicht nur für das Direktstudium, sondern auch für das Fern-, Abend- und Forschungsstudium. Die Zuordnungen in die einzelnen Gruppierungen geschah zu verschiedenen Zeiten nach unterschiedlichen Kriterien.

In den Abbildungen 9 bis 12 sind starke Schwankungen innerhalb der Gruppen erkennbar, die auf wechselnde Zuordnungen in die sozialen Kategorien zurückzuführen sind.

2.6.1 Die soziale Herkunft im Direktstudium

Seit 1954 liegen prozentuale Angaben zur sozialen Herkunft im Direktstudium vor (vgl. Tab. 63). Die soziale Herkunft für den Zeitraum 1954 bis 1988 setzte sich im Mittel aus 48,1 Prozent Studierende aus Arbeiterfamilien, 16,6 Prozent aus Angestelltenhaushalten, 6,7 Prozent aus Familien, deren Eltern in Produktionsgenossenschaften arbeiteten, 21,7 Prozent Studierende aus Intelligenzhaushalten und 6,9 Prozent aus sonstigen Berufsgruppen zusammen. In der Tabelle 63 sind die rückläufigen Entwicklungen in der Gruppe der Angestellten und Sonstigen deutlich sichtbar. Bei den Angestellten wurde 1954 der größte Wert mit 23,8 Prozent und der kleinste 1988 mit 6,5 Prozent angegeben. Die Gruppe der Intelligenz zeigte ein völlig anderes Ergebnis. Der kleinste Wert (12,0 Prozent) wurde 1954 und der größte (32,9 Prozent) 1987/88 ausgewiesen.

Absolute Zahlenangaben zur sozialen Herkunft im Direktstudium wurden in Tabelle 64 dargestellt, allerdings erst seit 1964. Im Gegensatz zur Tabelle 63 findet man in den folgenden Tabellen (vgl. Tab. 65 bis 70) getrennte Angaben zu Selbständigen und Sonstigen.

2.6.2 Die soziale Stellung im Fernstudium

Für das Fernstudium existierten von 1960 bis 1963 keine prozentualen Angaben hinsichtlich der Gruppe LPG/PGH-Mitglieder und Sonstige. Da in diesen Jahren der Anteil der Studierenden aus Angestelltenhaushalten so extrem hoch war, lag die Vermutung nahe, daß die fehlenden sozialen Gruppen dort enthalten sein könnten. Im wesentlichen wurde das Fernstudium von Angestellten und Angehörigen der Intelligenz bestritten.

Die soziale Stellung zeigte im einzelnen folgende mittlere Anteile:
12,7 Prozent der Studierenden waren Arbeiter, 39,5 Prozent Angestellte, 2,5 Prozent LPG/PGH-Mitglieder, 0,8 Prozent Selbständige, 43,6 Prozent Angehörige der Intelligenz und 0,9 Prozent aus sonstigen Berufen.

2.6.3 Die soziale Stellung im Abendstudium

Aus Tabelle 67 geht hervor, daß die Anzahl der Studierenden im Abendstudium Anfang der 70er Jahre stark rückläufig war, wobei die Studierenden aus der Gruppe der Intelligenz sukzessiv abnahmen zugunsten der Arbeiter und Angestellten.

Die soziale Zusammensetzung sah im Mittel wie folgt aus:
23,0 Prozent der Studierenden waren Arbeiter, 28,8 Prozent Angestellte, 2,2 Prozent LPG/PGH-Mitglieder, 2,2 Prozent Selbständige, 37,1 Prozent Angehörige der Intelligenz und 6,7 Prozent Sonstige.

2.6.4 Die soziale Herkunft im Forschungsstudium

1970 wurde diese besondere Qualifizierungsform an Universitäten bzw. Hochschulen eingerichtet. Für 1970 bis 1986 ergaben sich nachstehende mittlere Werte:
40,3 Prozent der Studierenden kamen aus Arbeiter-, 16,2 Prozent aus Angestelltenhaushalten, 8,7 Prozent hatten Eltern in Produktionsgenossenschaften, 4,3 Prozent waren Kinder von Selbständigen, 29,2 Prozent waren aus Akademikerhaushalten und 1,3 Prozent aus sonstigen Berufsgruppen.

Erläuterungen zu den Tabellen 63 bis 70:

Für die Jahre 1954 bis 1963 ließen sich nur prozentuale Angaben für das Direktstudium ermitteln. Für das Fern- und Abendstudium lagen für die Jahre 1960 bis 1963 ebenfalls nur prozentuale Anteile vor. In diesen Jahren wurden die LPG/PGH-Mitglieder in der Gruppe der Arbeiter erfaßt. Die Gruppe der Selbständigen bzw. der Sonstigen nannte sich Übrige.

Die Definitionen für Arbeiter und Angestellte veränderten sich oft. Im allgemeinen waren Arbeiter und Angestellte Beschäftigte, die in einem Arbeitsrechtsverhältnis standen, das durch einen unbefristeten oder befristeten Arbeitsvertrag begründet wurde. Heimarbeiter sowie Hausangestellte in privaten Haushalten zählten auch dazu.

Die Gruppe der LPG/PGH-Mitglieder umfaßte Mitglieder von Landwirtschaftlichen Produktionsgenossenschaften (LPG), Gärtnerischen Produktionsgenossenschaften (GPG), Produktionsgenossenschaften des Handwerks (PGH) oder Rechtsanwaltskollegien (RAK). Es handelte sich hierbei um Personen, die von der Mitgliederversammlung einer LPG/GPG, PGH oder eines RAK als Mitglieder aufgenommen wurden und in der Genossenschaft bzw. im Kollegium arbeiteten.

Unter Selbständigen wurden Komplementäre, Inhaber, Mitinhaber und Pächter von Betrieben verstanden sowie nicht im Arbeitsrechtsverhältnis stehende Personen, die ein Gewerbe oder eine freiberufliche Tätigkeit ausübten.

Sonstige waren alle übrigen, bei denen die genannten Merkmale nicht zutrafen.

2.7 Studierende nach Wissenschaftszweigen an Universitäten und Hochschulen

Seit 1975 erfolgte die Zuordnung zu den einzelnen Wissenschaftszweigen einheitlich, so daß prozentuale Anteile berechnet werden konnten. Angaben dazu findet man in den Statistischen Jahrbüchern der DDR bzw. in den Statistischen Jahrbüchern des Hochschulwesens der DDR.

Gemittelt über den Zeitraum 1975 bis 1989, ergaben sich folgende Anteile:
6,6 Prozent studierten Mathematik/Naturwissenschaften, 30,2 Prozent Technische Wissenschaften, 9,9 Prozent Medizin, 5,6 Prozent Agrarwissenschaften, 13,7 Prozent Wirtschaftswissenschaften, 6,4 Prozent Philosophisch-historische Wissenschaften bzw. Staats- und Rechtswissenschaften, 2,1 Prozent Kultur-, Kunst- und Sportwissenschaften, 1,4 Prozent Literatur- und Sprachwissenschaften, 2,3 Prozent Kunst, 21,5 Prozent Pädagogische Wissenschaften und 0,3 Prozent Theologie.

Bei den weiblichen Studierenden ließen sich folgende mittlere Anteile errechnen:
7,2 Prozent der Studentinnen absolvierten ihr Studium in Mathematik/Naturwissenschaften, 16,2 Prozent in Technischen Wissenschaften, 11,3 Prozent in Medizin, 5,4 Prozent in Agrarwissenschaften, 16,7 Prozent in Wirtschaftswissenschaften, 4,6 Prozent in Philosophisch-historischen Wissenschaften bzw. Staats- und Rechtswissenschaften, 1,6 Prozent in Kultur-, Kunst- und Sportwissenschaften, 2,1 Prozent in Literatur- und Sprachwissenschaften, 1,8 Prozent in Kunst, 32,8 Prozent in Pädagogischen Wissenschaften und 0,3 Prozent in Theologie.

Erläuterungen zu den Tabellen 71 bis 78:
In den Statistischen Jahrbüchern wurden nur Direkt- und Fernstudenten ausgewiesen. Es fehlen gänzlich die weiblichen Studierenden nach Wissenschaftszweigen. 1989 wurden in allen Wissenschaftszweigen keine Angaben zu den Studierenden im Ausland und in anderen Studienformen gemacht. Bei Mathematik/Naturwissenschaften fehlt zusätzlich das Fernstudium. Demzufolge treten Differenzen zur Gesamtstudienzahl in allen Wissenschaftszweigen auf.

Folgende Wissenschaftszweige wurden erfaßt:

1. Mathematik/Naturwissenschaften mit den Fachrichtungen Mathematik, Physik, Chemie, Biologie, Geowissenschaften, Psychologie und Pharmazie;
2. Technische Wissenschaften mit Maschinen- und Werkstoffwesen, Verfahrenstechnik, Elektrotechnik/Elektronik, Bauwesen, Städtebau und Architektur, Verkehrswesen, Geodäsie und Kartographie sowie Bergbau;
3. Medizin;
4. Agrarwissenschaften mit Pflanzen- und Tierproduktion, Forstwirtschaft sowie Lebensmitteltechnologie;
5. Wirtschaftswissenschaften;
6. Philosophisch-historische Wissenschaften, Staats- und Rechtswissenschaften mit Philosophie und Soziologie, Lehrer für Marxismus-Leninismus;
7. Kultur-, Kunst- und Sportwissenschaften;
8. Literatur- und Sprachwissenschaften mit Philologischen Fachrichtungen, Sprachmittler sowie Journalistik;
9. Kunst mit Musik, Darstellende Kunst, Bildende Kunst sowie Angewandte Kunst/Industrielle Formgestaltung;

10. Pädagogische Fachrichtungsgruppen aller Wissenschaftszweige mit Oberschullehrern, Lehrkräften für den berufstheoretischen Unterricht, Lehrern für Sonderschulen und Sonderschuleinrichtungen;
11. Theologie.

Bei den weiblichen Studierenden stimmen 1979 die Studierenden insgesamt nicht mit der Summe der einzelnen Wissenschaftszweige überein (Differenz: 13). Von 1970 bis 1974 wurden die weiblichen Studierenden im Ausland nicht angegeben, sondern die weiblichen Forschungsstudenten. Vergleicht man die vorliegenden Quellen, so treten für den genannten Zeitraum kleine Differenzen bei den weiblichen Studierenden insgesamt auf.

In der Fachrichtung Theologie haben 1973 zusätzlich drei Studentinnen und 1974 zwei Studentinnen ein Forschungsstudium absolviert. Somit werden in der Tabelle 78 die Differenzen bei den weiblichen Theologiestudenten ausgeglichen.

2.8 Die Verteilung der Studierenden nach Studienformen an Fachschulen

Bei den Studierenden an Fachschulen zeigten sich ähnliche Tendenzen wie an Universitäten und Hochschulen. Auch hier hatte sich die Zahl der Studierenden seit 1951 fast verfünffacht. Bezogen auf die jugendliche Wohnbevölkerung, betrug anfänglich der Anteil im Mittel 5 Prozent und stieg Anfang der 70er Jahre über 6 Prozent. Die Angaben zu den Studierenden nach Studienformen unterlagen der Einschränkung, daß die Studentinnen im Fern- und Abendstudium erst seit 1960 ausgewiesen wurden.

Der prozentuale Anteil der Direktstudenten schwankte in den 50er Jahren erheblich. Erst seit Mitte der 70er Jahre pegelte sich der Wert auf rund 60 Prozent ein. Auch im Fernstudium blieben die Daten seit Mitte der 70er Jahre ziemlich konstant. Das Abendstudium nahm extrem ab.

Für den Zeitraum 1951 bis 1989 gab es in den Statistischen Jahrbüchern der DDR Angaben zu ausgewählten Studienformen (vgl. Tab. 79). Seit den 60er Jahren wurden in den Statistischen Jahrbüchern des Fachschulwesens der DDR differenziertere Daten erfaßt, die aber der Öffentlichkeit nicht zugänglich waren (vgl. Tab. 81).

Es ergaben sich für den Zeitraum 1960 bis 1989 folgende mittlere Anteile:
50 Prozent studierten im Direkt-, 35 Prozent im Fern-, 13 Prozent im Abendstudium und die restlichen 2 Prozent im Zusatzstudium. Im Mittel waren 1 Prozent Ausländer.

Die Studentinnen machten in den 50er Jahren ein Viertel aller Studierenden aus. Bereits 1972 war die Hälfte weiblich, und 1976 war die Zahl auf zwei Drittel angewachsen. Die Verteilung der weiblichen Studierenden bezüglich der Studienformen für den Zeitraum 1960 bis 1989 wies im Mittel 59 Prozent Direkt-, 29 Prozent Fern- und 8 Prozent Abendstudentinnen aus. Die restlichen 4 Prozent der Studentinnen befanden sich im Zusatzstudium (vgl. Tab. 80).

Erläuterungen zu den Tabellen 79 bis 84:
Bei diesen Angaben handelte es sich um DDR-Bürger, die an Fachschulen der DDR und des Auslands in Studienformen studierten, die zu einem vollen Fachschulabschluß führten.

Von 1949 bis 1955 gab es zu den Fachschulen für Lehrer- und Erzieherausbildung des Ministeriums für Volksbildung keine Veröffentlichungen. In den Jahren 1949 bis 1959 wurden die medizinischen Fachschulen und die Meisterausbildung an Fachschulen miterfaßt. Seit 1974 erfolgte die Ausbildung für den überwiegenden Teil der mittleren medizinischen Berufe im Rahmen der Fachschulausbildung an medizinischen Fachschulen.

Die Definitionen der Studienformen entsprechen denen der Universitäten und Hochschulen (vgl. Abschnitt 2.4.).

In dem Jahrbuch des Fachschulwesens 1965 wurden für 1965 keine absoluten Zahlen angegeben, sondern nur prozentuale Anteile (die absoluten Werte wurden dem Statistischen Jahrbuch 1979 entnommen).

1971 waren die Studierenden im Zusatzstudium nicht bei den Studierenden insgesamt enthalten. Bei den weiblichen Studierenden traf das 1971 auch zu.

Seit 1975 wurden das Zusatzstudium mit Fachschulabschluß im Direktstudium und das Zusatzstudium mit Fachschulabschluß im Fern- und Abendstudium getrennt ausgewiesen. In den vorliegenden Tabellen wurden sie der Einfachheit halber zusammengefaßt.

2.9 Die Verteilung der Neuzulassungen und Absolventen an Fachschulen

Mit dem Jahre 1952 begann die Erfassung der Neuzulassungen und Absolventen an Fachschulen. 1952 betrug die Zahl der Neuzulassungen 29 472 (kleinster Wert), 1959 war sie auf 64 961 angewachsen (größter Wert). Die Schwankungen in den 50er und 60er Jahren waren beträchtlich. Erst seit Mitte der 70er Jahre war die Anzahl der Neuzulassungen weitgehend stabil. Der mittlere Anteil für den Zeitraum 1960 bis 1989 betrug im Direktstudium 56 Prozent, im Fernstudium 30 Prozent und im Abendstudium 11 Prozent. Die restlichen 3 Prozent entfielen auf andere Studienformen.

Der größte Wert bei den Absolventen wurde 1974 mit 50 975 ausgewiesen, der kleinste 1952 mit 15 759. In den 50er Jahren stieg die Zahl der Absolventen jährlich an, mit Ausnahme der Jahre 1960 und 1961. Auch für diese Zahlenreihe gilt, daß in den letzten Jahren die Anzahl relativ stabil blieb. Bei den Absolventen ließ sich für den gleichen Zeitraum ein mittlerer Anteil von 60 Prozent im Direkt-, 27 Prozent im Fern- und 11 Prozent im Abendstudium ermitteln. Die fehlenden 2 Prozent gehörten zu anderen Studienformen.

Erläuterungen zu den Tabellen 85 und 86:
Die Definitionen für Neuzulassungen und Absolventen an Fachschulen entsprachen denen der Universitäten und Hochschulen (vgl. dazu Abschnitt 2.5.).

Addiert man die Angaben zu den einzelnen Studienformen, so stimmt die Summe nicht mit den Neuzulassungen bzw. Absolventen insgesamt überein. Ursache hierfür sind die fehlenden restlichen Studienformen.

2.10 Die soziale Zusammensetzung der Studierenden nach Studienformen an Fachschulen

Die Einteilung in die sozialen Kategorien erfolgte nach denselben problematischen Kriterien wie an Universitäten und Hochschulen.

Die Abbildungen 15 bis 18 verdeutlichen ziemlich eindrucksvoll, welche Schwierigkeiten bei der Zuordnung zu den verschiedenen sozialen Kategorien entstanden. Fraglich erscheint in diesem Zusammenhang, daß rund drei Viertel der Studierenden nach der sozialen Herkunft bzw. Stellung Arbeiter und Angestellte waren (vgl. Tab. 87 bis 93).

2.10.1. Die soziale Herkunft im Direktstudium

Zur sozialen Herkunft im Direktstudium gibt es nur prozentuale Angaben seit 1954 (vgl. Tab. 87). In der Tabelle 87 sind in der Gruppe der Sonstigen die Selbständigen enthalten. Absolute Zahlen zur sozialen Herkunft im Direktstudium sind in Tabelle 88 zu finden. Hier wurde nun allerdings zwischen Selbständigen und Sonstigen unterschieden (vgl. Tab. 88 bis 93).

Für die Jahre 1954 bis 1988 ergab sich im Mittel folgende Verteilung:
53,0 Prozent waren Studierende aus Arbeiter- und 21,0 Prozent aus Angestelltenhaushalten. 9,4 Prozent der Studierenden hatten Eltern in Produktionsgenossenschaften, 11,3 Prozent kamen aus Intelligenzhaushalten und 5,3 Prozent aus Haushalten sonstiger Berufsgruppen.

In den ersten Jahren der Erfassung stieg der Anteil der Studierenden, deren soziale Herkunft Arbeiter war, und näherte sich Mitte der 60er Jahre dem obengenannten gemittelten Wert. Der Anteil der Studierenden aus der Gruppe der Intelligenz nahm auch bei Fachschülern kontinuierlich zu. 1958 betrug der kleinste Wert 3,8 Prozent und 1987 der größte 23,4 Prozent. Für 1971 fehlte einerseits die Angabe zur Intelligenz, während andererseits die Angestellten-Gruppe sprunghaft stieg. Es ist durchaus denkbar, daß aufgrund eines Erfassungsfehlers die Studierenden aus der Intelligenz-Gruppe in der Gruppe der Angestellten enthalten sind.

Die Studierenden aus Familien von LPG/PGH-Mitgliedern stiegen weitgehend bis 1968 (höchster Wert: 12,0 Prozent), hielten sich bis 1975 annähernd konstant und nahmen dann allmählich ab (kleinster Wert 1987 mit 5,9 Prozent).

2.10.2 Die soziale Stellung im Fernstudium

Die soziale Stellung im Fernstudium war sehr stark von der Gruppe der Angestellten geprägt. Der Anteil der Arbeiter nahm Mitte der 70er Jahre leicht zu, dagegen der Anteil der Angestellten ab.

Für das Fernstudium galten folgende mittlere Anteile:
33,4 Prozent der Studierenden waren Arbeiter, 57,8 Prozent Angestellte, 6,3 Prozent LPG/PGH-Mitglieder, 0,4 Prozent Selbständige, 1,5 Prozent Angehörige der Intelligenz und 0,6 Prozent Sonstige.

2.10.3 Die soziale Stellung im Abendstudium

Das Abendstudium wurde vor allem von Arbeitern und Angestellten in Anspruch genommen, was die nachfolgend gemittelten Werte widerspiegeln. 46,5 Prozent waren Arbeiter und 51,0 Prozent Angestellte. Die restlichen 2,5 Prozent entfielen auf die übrigen Gruppierungen.

2.10.4 Die soziale Stellung im Zusatzstudium

Die Angaben zur sozialen Stellung erwiesen sich als sehr lückenhaft, und vermutlich erfolgte auch die Zuordnung in die einzelnen Gruppen willkürlich, was in der Abbildung 18 zum Ausdruck kommt. In dieser Studienform traten vorwiegend die Gruppen der Angestellten und der Intelligenz auf.

Erläuterungen zu den Tabellen 87 bis 93:
Für 1954 bis 1960 lagen nur prozentuale Angaben für das Direktstudium vor (vgl. Tab. 87).

Die Tabelle 88 weist für 1970 den Wert aus, der sich durch die Bildung der Summe ergab; er entspricht somit nicht der Angabe aus dem Jahrbuch des Fachschulwesens (68 801). Es handelt sich hierbei meines Erachtens nach um einen Druckfehler. 1971 gab es keine Daten zu den Studierenden, die aus Akademikerfamilien stammten. Die Addition des Jahrgangs 1971 ergab 65 658, in der angegebenen Quelle stand 65 788. Das entspricht einer Differenz von 130.

In der Tabelle 89 findet man für 1971 ebenfalls keine Angaben zu den Studierenden, die zur Intelligenz gehören. Die Differenz zu den Studierenden insgesamt ergibt 90 (Zeilensumme: 69 026).

Auch in Tabelle 91 fehlt für 1971 die Angabe in der Gruppe der Intelligenz. In der Tabelle 93 stimmen für 1961 und 1970 die angegebenen Werte für die Studierenden insgesamt mit der Addition der entsprechenden Zeilen nicht überein. Die Differenz beträgt 4 bzw. 8. Für 1961 und 1962 wurde nicht vom Zusatzstudium, sondern vom kombinierten Studium gesprochen.

Die Definitionen für die sozialen Kategorien sind im Abschnitt 2.6. nachzulesen.

2.11 Quellen und Literatur

2.11.1 Quellen

Die Quellen zum Bildungssystem der DDR sind, insofern sie auch quantitative Aussagen enthalten, eher verstreut und schwer zugänglich. Einen Überblick liefern die seit 1955 veröffentlichten Statistischen Jahrbücher der DDR. Diese Darstellung der DDR-Statistik – bis 1989 praktisch die einzige offiziell zugängliche – bietet zuverlässige globale Daten zu allen Bereichen des Bildungssystems, jedoch oft unter Aussparung möglicher brisanter, die Propaganda und Ideologie desavouierender Fakten (Spezialschulen, soziale Zusammensetzung der Studentenschaft). Zudem veränderten sich sowohl Erfassungs- und Zuordnungskriterien als auch der Umfang der veröffentlichten Daten.

Unveröffentlichte Quellen bieten ein deutlich differenzierteres Bild, sind jedoch schwer zugänglich. Zu nennen sind hier die seit 1960 unter wechselnden Namen und nur für den Dienstgebrauch herausgegebenen Statistischen Jahrbücher des Hoch- und Fachschulwesens der DDR, welche unter anderem auch Angaben zur sozialen Zusammensetzung der Studentenschaft enthalten. Ähnliches trifft auf das interne Material „Die Jugend in der Deutschen Demokratischen Republik" zu, welches für die Zeit zwischen 1975 und 1989 Daten zum Schulsystem enthält. Unter anderem werden hier auch Angaben zu den Spezialschulen und den Abiturienten gemacht. Des weiteren liegen als unveröffentlichtes Material die Kennziffern der Schuljahresstatistik und Schuljahresendstatistik für die Zeit von 1973 bis 1989 vor. Weitere verstreute Quellen befinden sich im Archiv des Statistischen Bundesamtes, Zweigstelle Berlin, und im Bundesarchiv Potsdam (Ministerium für Volksbildung, Staatssekretariat für Berufsausbildung sowie Ministerium für Hoch- und Fachschulwesen).

2.11.2 Literatur

Das Bildungssystem der DDR gehört auf der zentralen Ebene zu den in Ost und West am besten dokumentierten und analysierten Bereichen der DDR: Dies trifft jedoch bis jetzt nicht auf die statistischen Dimensionen des Themas zu. Aufgrund des bis 1989 restriktiv gehandhabten Quellenzugangs mußten sich die Autoren in Ost und West mit der Auswertung der veröffentlichten Statistik begnügen. So besteht das Phänomen, daß zwar in vielen Publikationen ein statistischer Anhang existiert, dieser jedoch fast ausschließlich aus den Statistischen Jahrbüchern der DDR entnommen wurde. Die Selbstdarstellungen von DDR-Autoren beschrieben im wesentlichen eine kontinuierliche Erfolgsgeschichte, zu deren Illustration auch quantitative Angaben gehörten. Den jeweiligen Forschungsstand repräsentierten die Monumenta Paedagogica, Reihe C (1969, 1970, 1974/75 und 1986).

Aus westlicher Sicht lieferten die gründlichste und zugleich mit der Entwicklung in der Bundesrepublik vergleichende Darstellung von Grunddaten zum Bildungssystem Köhler/Schreier (1990), die sich aber auch fast ausschließlich auf die Statistischen Jahrbücher stützen mußten. Knappe statistische Übersichten brachten Anweiler (1988) und Anweiler/Fuchs/Dorner/Petermann (1992). Eine umfassende Dokumentation zum Bildungswesen der SBZ/DDR publizierten Baske/Engelbert (1966) und Baske (1979), die in Anhängen auch das verfügbare statistische Material veröffentlichten. Eine breit angelegte Übersicht zum Bildungswesen in der Bundesrepublik liefert der Bildungsbericht des Max-Planck-Instituts für Bildungsforschung (1994). Daten zu speziellen Problemen des Hochschulwesens, Zulassung, Fernstudium, Studentenzahlen, sind bei Rudolph/Husemann (1984), Stallmann (1980) sowie Dietze (1989) zu erfahren. Darüber hinaus operieren fast alle Publikationen zur Geschichte von Bildung und Erziehung in der DDR mit einzelnen statistischen Daten, die zumeist den Statistischen Jahrbüchern entstammen. Eine systematische und das gesamte Bildungssystem umfassende statistische Darstellung fehlt bis in die jüngste Zeit und ist auch noch nicht abzusehen.

Tabelle 47: Gesamtschülerzahlen nach Schularten (POS- und Sonderschüler) für den Zeitraum 1948 bis 1989

Jahr	Schüler gesamt	Schüler (ohne Spezial-schüler)	weibl. Schüler gesamt	POS-Schüler	weibl. POS-Schüler	Sonder-schüler	weibl. Sonder-schüler
1948	2 734 300	2 734 300	•	–	–	–	–
1949	2 748 800	2 748 800	•	–	–	–	–
1950	2 632 700	2 632 700	•	–	–	–	–
1951	2 514 000	2 514 000	•	–	–	–	–
1952	2 332 800	2 332 800	•	–	–	–	–
1953	2 153 400	2 153 400	•	–	–	–	–
1954	2 019 500	2 019 500	•	–	–	–	–
1955	1 883 400	1 883 400	•	1 723 500	•	52 500	•
1956	1 829 739	1 829 739	•	1 681 566	•	51 793	•
1957	1 829 470	1 829 470	•	1 686 662	•	51 497	•
1958	1 811 560	1 811 560	•	1 670 898	•	51 259	•
1959	•	•	•	1 806 418	•	•	•
1960	2 059 043	2 059 043	•	1 922 192	•	54 380	•
1961	2 158 891	2 158 891	•	2 025 991	•	52 226	•
1962	2 265 231	2 265 231	•	2 127 917	•	61 119	•
1963	2 345 728	2 345 728	•	2 202 496	•	66 688	•
1964	2 395 672	2 395 672	•	2 247 557	•	67 018	•
1965	2 425 582	2 425 582	•	2 273 597	•	66 706	•
1966	2 464 530	2 464 530	•	2 301 069	•	70 913	•
1967	2 511 482	2 511 482	•	2 367 499	•	71 540	•
1968	2 562 526	2 562 526	•	2 437 195	•	74 842	•
1969	2 615 199	2 615 199	•	2 485 367	•	77 909	•
1970	2 667 316	2 667 316	•	2 534 077	•	78 585	•
1971	2 707 005	2 707 005	•	2 570 504	•	79 223	•
1972	2 730 759	2 730 759	•	2 597 605	•	78 090	•
1973	2 736 206	2 736 206	1 319 835	2 608 074	1 262 180	76 523	29 182
1974	2 725 372	2 725 372	1 315 551	2 602 027	1 260 741	74 139	28 378
1975	2 710 058	2 697 740	1 305 637	2 578 782	1 249 117	71 104	27 076
1976	2 661 935	2 649 158	1 282 294	2 532 924	1 226 922	68 672	26 121
1977	2 607 669	2 594 418	1 252 249	2 480 952	1 198 197	66 630	25 190
1978	2 544 776	2 531 410	1 222 845	2 420 494	1 169 864	64 892	24 526
1979	2 436 915	2 423 563	1 170 118	2 314 201	1 117 833	62 908	23 457
1980	2 326 025	2 312 324	1 137 370	2 203 991	1 085 100	61 406	22 887
1981	2 229 122	2 212 715	1 088 446	2 106 463	1 036 100	60 201	22 287
1982	2 149 101	2 128 580	1 046 681	2 024 220	993 800	59 026	21 945
1983	2 097 581	2 076 909	1 020 253	1 973 902	967 700	58 022	21 410
1984	2 073 203	2 052 693	1 009 397	1 950 908	956 900	57 519	21 328
1985	2 063 582	2 042 863	1 004 410	1 943 087	952 600	57 207	21 301
1986	2 061 831	2 041 013	1 003 597	1 942 525	952 700	57 666	21 455
1987	2 068 184	2 047 275	1 005 668	1 947 915	954 600	58 902	21 792
1988	2 075 993	2 054 817	1 009 047	1 953 012	956 700	61 044	22 448
1989	2 110 856	2 089 554	1 026 798	1 986 314	973 247	63 614	23 567

Quelle: Statistische Jahrbücher der DDR, Kennziffern der Schuljahres- bzw. Schuljahresendstatistik der DDR, eigene Berechnungen

Tabelle 48: Gesamtschülerzahlen nach Schularten (EOS- und Spezialschüler) für den Zeitraum 1955 bzw. 1975 bis 1989

Jahr	EOS-Schüler	weibl. EOS-Schüler	Spezialschüler	weibl. Spezialschüler
1955	107 400	•	–	–
1956	96 380	•	–	–
1957	91 311	•	–	–
1958	89 403	•	–	–
1959	•	•	–	–
1960	82 471	•	–	–
1961	80 674	•	–	–
1962	76 195	•	–	–
1963	76 544	•	–	–
1964	81 097	•	–	–
1965	85 279	•	–	–
1966	92 548	•	–	–
1967	72 443	•	–	–
1968	50 489	•	–	–
1969	51 923	•	–	–
1970	54 654	•	–	–
1971	57 278	•	–	–
1972	55 064	•	–	–
1973	51 609	28 473	–	–
1974	49 206	26 432	–	–
1975	47 854	24 518	12 318	4 926
1976	47 562	24 075	12 777	5 176
1977	46 836	23 553	13 251	5 309
1978	46 024	23 153	13 366	5 302
1979	46 454	23 515	13 352	5 313
1980	46 927	23 840	13 701	5 543
1981	46 051	22 947	16 407	7 112
1982	45 334	21 162	20 521	9 774
1983	44 985	21 252	20 672	9 891
1984	44 266	21 333	20 510	9 836
1985	42 569	20 665	20 719	9 844
1986	40 822	19 667	20 818	9 775
1987	40 458	19 467	20 909	9 809
1988	40 761	19 939	21 176	9 960
1989	39 626	19 798	21 302	10 186

Quelle: Statistische Jahrbücher der DDR, Kennziffern der Schuljahres- bzw. Schuljahresendstatistik der DDR, eigene Berechnungen

Tabelle 49: Gesamtschülerzahlen nach Schularten für den Zeitraum 1955 bis 1989 in Prozent

Jahr	Anteil POS-Schüler	Ant. weibl. POS-Schüler	Anteil Sonder-schüler	Ant. weibl. Sonder-schüler	Anteil EOS-Schüler	Ant. weibl. EOS-Schüler	Anteil Spezial-schüler	Ant. weibl. Spezial-schüler
1955	91,5	•	2,8	•	5,7	•	–	–
1956	91,9	•	2,8	•	5,3	•	–	–
1957	92,2	•	2,8	•	5,0	•	–	–
1958	92,2	•	2,8	•	4,9	•	–	–
1959	•	•	•	•	•	•	–	–
1960	93,4	•	2,6	•	4,0	•	–	–
1961	93,8	•	2,4	•	3,7	•	–	–
1962	93,9	•	2,7	•	3,4	•	–	–
1963	93,9	•	2,8	•	3,3	•	–	–
1964	93,8	•	2,8	•	3,4	•	–	–
1965	93,7	•	2,8	•	3,5	•	–	–
1966	93,4	•	2,9	•	3,8	•	–	–
1967	94,3	•	2,8	•	2,9	•	–	–
1968	95,1	•	2,9	•	2,0	•	–	–
1969	95,0	•	3,0	•	2,0	•	–	–
1970	95,0	•	2,9	•	2,0	•	–	–
1971	95,0	•	2,9	•	2,1	•	–	–
1972	95,1	•	2,9	•	2,0	•	–	–
1973	95,3	95,6	2,8	2,2	1,9	2,2	–	–
1974	95,5	95,8	2,7	2,2	1,8	2,0	–	–
1975	95,2	95,7	2,6	2,1	1,8	1,9	0,5	0,4
1976	95,2	95,7	2,6	2,0	1,8	1,9	0,5	0,4
1977	95,1	95,7	2,6	2,0	1,8	1,9	0,5	0,4
1978	95,1	95,7	2,6	2,0	1,8	1,9	0,5	0,4
1979	95,0	95,5	2,6	2,0	1,9	2,0	0,5	0,5
1980	94,8	95,4	2,6	2,0	2,0	2,1	0,6	0,5
1981	94,5	95,2	2,7	2,0	2,1	2,1	0,7	0,7
1982	94,2	94,9	2,7	2,1	2,1	2,0	1,0	0,9
1983	94,1	94,8	2,8	2,1	2,1	2,1	1,0	1,0
1984	94,1	94,8	2,8	2,1	2,1	2,1	1,0	1,0
1985	94,2	94,8	2,8	2,1	2,1	2,1	1,0	1,0
1986	94,2	94,9	2,8	2,1	2,0	2,0	1,0	1,0
1987	94,2	94,9	2,8	2,2	2,0	1,9	1,0	1,0
1988	94,1	94,8	2,9	2,2	2,0	2,0	1,0	1,0
1989	94,1	94,8	3,0	2,3	1,9	1,9	1,0	1,0

Tabelle 50: Absolventen der polytechnischen Oberschulen und der erweiterten polytechnischen Oberschulen für den Zeitraum 1955 bis 1989

Jahr	Klassen-stufe 10	Klassen-stufe 12
1955	37 242	19 190
1956	34 978	21 665
1957	38 385	21 747
1958	52 368	19 339
1959	62 193	18 947
1960	72 893	18 048
1961	81 307	20 192
1962	74 238	19 326
1963	99 492	16 708
1964	104 889	15 413
1965	115 524	19 079
1966	140 953	16 896
1967	146 737	18 018
1968	156 624	21 285
1969	163 172	24 118
1970	171 419	25 683
1971	181 655	25 188
1972	189 645	27 791
1973	192 838	27 928
1974	195 284	25 475
1975	205 784	24 440
1976	224 289	23 044
1977	234 479	23 149
1978	238 506	22 890
1979	242 264	22 367
1980	244 563	22 156
1981	235 115	22 877
1982	230 298	22 645
1983	218 518	21 977
1984	209 051	22 045
1985	202 632	21 955
1986	199 167	21 350
1987	200 738	20 197
1988	195 783	19 672
1989	154 744	19 852

Quelle: Statistische Jahrbücher der DDR

April '96

Tabelle 51: Anteil der Lehrlinge an der jugendlichen Wohnbevölkerung für den Zeitraum 1950 bis 1989

Jahr	Lehrlinge	jug. Wohn-bevölkerung	Ant. Lehrlinge an jug. Bev. in [%]
1948	584 100	•	•
1949	750 100	•	•
1950	801 100	3 050 721	26,3
1951	915 500	3 155 899	29,0
1952	862 300	3 245 145	26,6
1953	761 300	3 318 733	22,9
1954	712 600	3 375 311	21,1
1955	653 500	3 369 812	19,4
1956	610 000	3 290 394	18,5
1957	545 600	3 231 740	16,9
1958	507 900	3 222 408	15,8
1959	424 500	3 150 228	13,5
1960	337 900	2 985 350	11,3
1961	274 100	2 840 612	9,6
1962	301 872	2 767 736	10,9
1963	345 704	2 731 967	12,7
1964	387 076	2 649 728	14,6
1965	418 865	2 628 235	15,9
1966	446 170	2 599 351	17,2
1967	468 684	2 578 918	18,2
1968	464 541	2 624 405	17,7
1969	456 631	2 660 937	17,2
1970	430 934	2 697 705	16,0
1971	428 586	2 799 420	15,3
1972	428 960	2 923 991	14,7
1973	431 963	3 019 673	14,3
1974	418 874	3 114 760	13,4
1975	412 785	3 188 739	12,9
1976	433 600	3 223 499	13,5
1977	452 817	3 253 419	13,9
1978	463 108	3 274 689	14,1
1979	462 236	3 281 405	14,1
1980	459 485	3 279 970	14,0
1981	448 386	3 269 437	13,7
1982	431 047	3 229 805	13,3
1983	411 166	3 207 613	12,8
1984	391 626	3 171 493	12,3
1985	377 567	3 123 393	12,1
1986	369 070	3 043 848	12,1
1987	366 279	2 943 593	12,4
1988	359 308	2 840 669	12,6
1989	314 234	2 659 730	11,8

Quelle: Statistische Jahrbücher der DDR

Tabelle 52: Aufnahme von Schulabgängern in die Berufsausbildung für den Zeitraum 1965 bzw. 1970 bis 1989

Jahr	Aufn. v. Schulabgängern in d. Berufsausb.	dar. weiblich	dar. mit Abschluß der 10. Klasse	dar. weiblich	dar. für Abiturklassen d. Berufsausb.	dar. weiblich
1965	183 603	83 760	98 477	.	6 501	.
1970	193 894	89 155	137 046	.	16 371	5 948
1971	194 921	90 230	147 119	.	15 468	5 893
1972	200 619	92 960	156 111	.	9 199	3 158
1973	203 236	93 954	160 210	.	8 941	2 934
1974	209 237	96 772	164 035	81 526	9 137	3 261
1975	206 837	90 585	162 264	75 506	9 629	3 727
1976	222 634	98 737	180 698	85 148	10 310	4 054
1977	232 551	103 547	191 361	90 422	10 306	4 074
1978	232 536	103 465	194 785	92 066	10 729	4 335
1979	231 590	103 243	195 838	92 228	11 079	4 439
1980	231 450	102 585	198 193	92 443	11 108	4 365
1981	219 258	97 149	189 325	88 190	11 237	4 571
1982	212 409	93 730	184 630	85 226	11 179	4 246
1983	200 918	88 051	174 347	80 001	11 087	3 931
1984	191 764	83 241	166 460	75 627	10 981	3 793
1985	186 777	81 237	162 051	73 724	10 784	3 750
1986	183 737	80 176	159 668	73 008	10 704	3 654
1987	181 651	79 436	160 428	73 095	10 814	3 607
1988	174 766	75 952	154 981	69 966	10 666	3 534
1989	135 640	55 895	116 080	49 967	9 833	3 164

Quelle: Statistische Jahrbücher der DDR

Tabelle 53: Aufnahme von Schulabgängern in die Berufsausbildung für den Zeitraum 1965 bzw. 1970 bis 1989 in Prozent

Jahr	Ant. der weibl. Schul-abgänger in d. Berufs-ausbildung	Ant. der Ab-gänger mit 10. Klasse	Ant. der weibl. Abgänger mit 10. Klasse	Ant. der Abiturkl. der Berufs-ausbildung	Ant. d. weibl. Schüler in Abitur-klassen
1965	45,6	53,6	•	3,5	•
1970	46,0	70,7	•	8,4	6,7
1971	46,3	75,5	•	7,9	6,5
1972	46,3	77,8	•	4,6	3,4
1973	46,2	78,8	•	4,4	3,1
1974	46,2	78,4	84,2	4,4	3,4
1975	43,8	78,5	83,4	4,7	4,1
1976	44,3	81,2	86,2	4,6	4,1
1977	44,5	82,3	87,3	4,4	3,9
1978	44,5	83,8	89,0	4,6	4,2
1979	44,6	84,6	89,3	4,8	4,3
1980	44,3	85,6	90,1	4,8	4,3
1981	44,3	86,3	90,8	5,1	4,7
1982	44,1	86,9	90,9	5,3	4,5
1983	43,8	86,8	90,9	5,5	4,5
1984	43,4	86,8	90,9	5,7	4,6
1985	43,5	86,8	90,8	5,8	4,6
1986	43,6	86,9	91,1	5,8	4,6
1987	43,7	88,3	92,0	6,0	4,5
1988	43,5	88,7	92,1	6,1	4,7
1989	41,2	85,6	89,4	7,2	5,7

Tabelle 54: Studierende nach ausgewählten Studienformen an Universitäten und Hochschulen für den Zeitraum 1945 bzw. 1951 bis 1989

Jahr	Studenten gesamt	weibl. Studenten gesamt	Direkt-studenten	weibl. Direkt-studenten	Fern-studenten	weibl. Fern-studenten	Abend-studenten	weibl. Abend-studenten
1945	8 171	3 394	8 171	3 394	–	–	–	–
1946	13 922	5 133	13 922	5 133	–	–	–	–
1947	21 040	7 291	21 040	7 291	–	–	–	–
1948	24 752	7 797	24 752	7 794	–	–	–	–
1949	28 500	5 301	28 500	5 301	–	–	–	–
1950	30 000	5 760	30 000	5 760	–	–	–	–
1951	31 512	6 700	27 822	6 510	3 690	•	–	–
1952	42 153	8 626	35 976	8 626	6 177	•	–	–
1953	55 201	12 177	45 080	11 291	10 121	886	–	–
1954	70 666	17 426	57 538	16 163	13 128	1 263	–	–
1955	75 084	19 141	60 148	17 650	14 594	1 491	–	–
1956	80 552	20 808	63 911	19 245	16 641	1 563	–	–
1957	85 729	22 079	66 618	20 551	19 111	1 528	–	–
1958	82 819	23 114	64 106	19 664	18 713	1 317	–	–
1959	89 099	23 985	66 027	21 495	19 031	1 619	277	2
1960	99 860	25 213	72 998	22 951	24 373	2 003	1 430	107
1961	111 404	28 611	77 776	24 768	29 419	3 378	2 533	266
1962	113 166	29 862	79 025	25 770	29 253	3 450	2 963	311
1963	113 952	29 724	78 360	24 882	30 628	4 128	3 411	390
1964	113 572	29 446	75 530	23 639	30 617	4 353	3 319	272
1965	111 591	29 099	74 553	23 122	29 548	4 651	3 372	262
1966	110 523	29 995	74 373	23 921	27 054	4 444	3 556	234
1967	110 614	31 928	74 309	26 105	27 387	4 410	3 549	174
1968	115 152	35 946	77 903	30 067	27 911	4 481	3 566	179
1969	127 585	42 733	87 510	36 160	31 046	5 088	3 147	172
1970	143 163	50 689	99 921	43 184	36 276	5 775	1 277	138
1971	158 014	58 685	110 694	50 407	39 344	6 078	1 194	325
1972	160 967	65 472	113 665	56 505	39 050	6 612	618	125
1973	153 558	68 327	109 537	59 288	35 177	6 295	492	168
1974	144 606	67 919	105 024	59 175	30 462	5 820	360	152
1975	136 854	65 976	103 081	57 689	25 168	5 377	257	81
1976	130 201	62 134	101 555	54 490	19 725	4 538	231	79
1977	129 615	61 600	104 037	54 255	16 052	4 062	165	51
1978	127 473	60 657	103 579	53 705	14 553	3 763	165	58
1979	129 055	62 163	104 327	54 781	14 760	3 668	161	50
1980	129 970	63 266	105 896	55 923	14 798	3 922	171	51
1981	130 633	63 807	107 022	56 228	13 548	3 487	154	43
1982	130 442	64 248	107 828	56 892	13 336	3 578	162	53
1983	130 097	65 032	108 120	57 281	12 356	3 515	174	65
1984	129 628	64 699	108 073	56 701	12 175	3 634	161	50
1985	129 885	65 079	108 897	56 801	11 753	3 710	152	51
1986	131 560	66 228	110 820	57 921	13 507	4 316	51	25
1987	132 602	66 560	111 768	58 042	13 771	4 460	63	21
1988	132 423	65 152	111 178	56 676	14 774	5 072	77	33
1989	131 188	63 728	109 387	54 739	14 796	5 177	81	35

Quelle: 1945 bis 1953 eigene Berechnungen, 1954 bis 1989 Statistische Jahrbücher der DDR

Tabelle 55: Studierende nach ausgewählten Studienformen an Universitäten und Hochschulen für den Zeitraum 1945 bzw. 1951 bis 1989 in Prozent

Jahr	Anteil Direktstudenten	Anteil Fernstudenten	Anteil Abendstudenten	Ant. weibl. Studenten	Ant. weibl. Direktstudenten	Ant. weibl. Fernstudenten	Ant. weibl. Abendstudenten
1945	100,0	–	–	41,5	•	–	–
1946	100,0	–	–	36,9	•	–	–
1947	100,0	–	–	34,7	•	–	–
1948	100,0	–	–	31,5	•	–	–
1949	100,0	–	–	18,6	•	–	–
1950	100,0	–	–	19,2	•	–	–
1951	88,3	11,7	–	21,3	97,2	–	–
1952	85,3	14,7	–	20,5	100,0	–	–
1953	81,7	18,3	–	22,1	92,7	7,3	–
1954	81,4	18,6	–	24,7	92,8	7,2	–
1955	80,1	19,4	–	25,5	92,2	7,8	–
1956	79,3	20,7	–	25,8	92,5	7,5	–
1957	77,7	22,3	–	25,8	93,1	6,9	–
1958	77,4	22,6	–	27,9	85,1	5,7	–
1959	74,1	21,4	0,3	26,9	89,6	6,8	0,01
1960	73,1	24,4	1,4	25,2	91,0	7,9	0,4
1961	69,8	26,4	2,3	25,7	86,6	11,8	0,9
1962	69,8	25,8	2,6	26,4	86,3	11,6	1,0
1963	68,8	26,9	3,0	26,1	83,7	13,9	1,3
1964	66,5	27,0	2,9	25,9	80,3	14,8	0,9
1965	66,8	26,5	3,0	26,1	79,5	16,0	0,9
1966	67,3	24,5	3,2	27,1	79,7	14,8	0,8
1967	67,2	24,8	3,2	28,9	81,8	13,8	0,5
1968	67,7	24,2	3,1	31,2	83,6	12,5	0,5
1969	68,6	24,3	2,5	33,5	84,6	11,9	0,4
1970	69,8	25,3	0,9	35,4	85,2	11,4	0,3
1971	70,1	24,9	0,8	37,1	85,9	10,4	0,6
1972	70,6	24,3	0,4	40,7	86,3	10,1	0,2
1973	71,3	22,9	0,3	44,5	86,8	9,2	0,3
1974	72,6	21,1	0,3	47,0	87,1	8,6	0,2
1975	75,3	18,4	0,2	48,2	87,4	8,1	0,1
1976	78,0	15,1	0,2	47,7	87,7	7,3	0,1
1977	80,3	12,4	0,1	47,5	88,1	6,6	0,1
1978	81,3	11,4	0,1	47,6	88,5	6,2	0,1
1979	80,8	11,4	0,1	48,2	88,1	5,9	0,1
1980	81,5	11,4	0,1	48,7	88,4	6,2	0,1
1981	81,9	10,4	0,1	48,8	88,1	5,5	0,1
1982	82,7	10,2	0,1	49,3	88,6	5,6	0,1
1983	83,1	9,5	0,1	50,0	88,1	5,4	0,1
1984	83,4	9,4	0,1	49,9	87,6	5,6	0,1
1985	83,8	9,0	0,1	50,1	87,3	5,7	0,1
1986	84,2	10,3	0,04	50,3	87,5	6,5	0,04
1987	84,3	10,4	0,1	50,2	87,2	6,7	0,03
1988	84,0	11,2	0,1	49,2	87,0	7,8	0,1
1989	83,4	11,3	0,1	48,6	85,9	8,1	0,1

Tabelle 56: Studierende nach Studienformen an Universitäten und Hochschulen für den Zeitraum 1965 bis 1988

Jahr	Studierende gesamt	Direktstudium	Fernstudium	Abendstudium	Industrieinstitute	Zusatzstudium	Forsch.-studium	Stud. im Ausland	Ausl. Stud. i. d. DDR Direktst.	Ausl. Stud. i. d. DDR gesamt
1965	111 591	74 896	29 548	3 372	975	880	–	1 920	2 432	•
1966	110 524	74 777	27 054	3 556	1 035	2 555	–	1 547	2 234	•
1967	110 614	74 705	27 387	3 549	893	2 554	–	1 526	2 391	•
1968	115 152	78 308	27 911	3 566	796	3 087	–	1 484	2 697	•
1969	127 585	87 809	31 046	3 147	788	2 974	–	1 821	2 807	3 350
1970	143 150	100 204	36 276	1 277	784	2 216	2 994	2 393	3 126	3 585
1971	158 014	110 991	39 344	1 194	786	2 657	3 797	3 042	3 239	3 631
1972	160 967	113 665	39 050	618	664	3 341	3 894	3 629	3 239	3 696
1973	153 558	109 537	35 177	492	512	3 923	3 107	3 917	3 235	3 730
1974	144 606	105 024	30 462	360	575	4 125	2 447	4 060	3 153	3 784
1975	136 854	103 081	25 168	257	664	3 549	•	4 135	3 179	3 834
1976	130 201	101 555	19 725	231	705	3 937	•	4 048	3 119	4 476
1977	129 615	104 037	16 052	165	781	4 521	•	4 059	3 420	5 046
1978	127 473	103 579	14 553	165	858	4 358	•	3 960	3 507	5 394
1979	129 055	104 327	14 760	161	1 287	4 494	•	4 026	3 559	6 025
1980	129 970	105 896	14 798	171	1 285	3 873	•	3 947	3 785	6 507
1981	130 633	107 022	13 548	154	1 302	4 900	•	3 707	3 969	6 653
1982	130 442	107 828	13 336	162	1 280	4 183	•	3 653	4 098	6 795
1983	130 097	108 120	12 356	174	1 270	4 474	•	3 703	4 409	6 320
1984	129 628	108 073	12 175	161	1 221	4 646	•	3 352	4 699	8 005
1985	129 885	108 897	11 753	152	1 237	5 013	•	2 833	4 755	7 817
1986	131 560	110 820	13 507	51	1 265	3 392	•	2 525	4 921	8 964
1987	132 602	111 768	13 771	63	1 272	3 584	•	2 144	4 855	9 362
1988	132 423	111 178	14 774	77	1 351	3 076	•	1 967	4 945	10 003

Quelle: Statistische Jahrbücher des Hochschulwesens der DDR

Tabelle 57: Studierende nach Studienformen an Universitäten und Hochschulen für den Zeitraum 1965 bis 1988 in Prozent

Jahr	Anteil Direkt-studium	Anteil Fern-studium	Anteil Abend-studium	Ant. Stud. an Ind.-instituten	Ant. Stud. im Zusatz-studium	Ant. Stud. im Ausland	Ant. ausl. Stud. in der DDR Direktstud.	Ant. ausl. Stud. in der DDR gesamt
1965	67,1	26,5	3,0	0,9	0,8	1,7	3,1	•
1966	67,7	24,5	3,2	0,9	2,3	1,4	2,9	•
1967	67,5	24,8	3,2	0,8	2,3	1,4	3,1	•
1968	68,0	24,2	3,1	0,7	2,7	1,3	3,3	•
1969	68,8	24,3	2,5	0,6	2,3	1,4	3,1	2,6
1970	70,0	25,3	0,9	0,5	1,5	1,7	3,0	2,4
1971	70,2	24,9	0,8	0,5	1,7	1,9	2,8	2,2
1972	70,6	24,3	0,4	0,4	2,1	2,3	2,8	2,2
1973	71,3	22,9	0,3	0,3	2,6	2,6	2,9	2,4
1974	72,6	21,1	0,2	0,4	2,9	2,8	2,9	2,6
1975	75,3	18,4	0,2	0,5	2,6	3,0	3,0	2,7
1976	78,0	15,1	0,2	0,5	3,0	3,1	3,0	3,3
1977	80,3	12,4	0,1	0,6	3,5	3,1	3,2	3,7
1978	81,3	11,4	0,1	0,7	3,4	3,1	3,3	4,1
1979	80,8	11,4	0,1	1,0	3,5	3,1	3,3	4,5
1980	81,5	11,4	0,1	1,0	3,0	3,0	3,5	4,8
1981	81,9	10,4	0,1	1,0	3,8	2,8	3,6	4,8
1982	82,7	10,2	0,1	1,0	3,2	2,8	3,7	5,0
1983	83,1	9,5	0,1	1,0	3,4	2,8	3,9	4,6
1984	83,4	9,4	0,1	0,9	3,6	2,6	4,2	5,8
1985	83,8	9,0	0,1	1,0	3,9	2,2	4,2	5,7
1986	84,2	10,3	0,04	1,0	2,6	1,9	4,3	6,4
1987	84,3	10,4	0,05	1,0	2,7	1,6	4,2	6,6
1988	84,0	11,2	0,1	1,0	2,3	1,5	4,3	7,0

Tabelle 58: Weibliche Studierende nach Studienformen an Universitäten und Hochschulen für den Zeitraum 1965 bis 1988

Jahr	weibl. Studie-rende	weibl. Direkt-studenten	weibl. Fern-studenten	weibl. Abend-studenten	weibl. Stud. an Ind.-inst.	weibl. Stud. im Zusatzstud.	weibl. Forsch.-studenten	weibl. Stud. im Ausland
1965	29 099	23 354	4 651	262	110	134	–	588
1966	29 995	24 186	4 444	234	160	519	–	452
1967	31 928	26 367	4 410	174	120	445	–	412
1968	35 946	30 336	4 481	179	83	500	–	367
1969	42 733	36 346	5 088	172	54	635	–	438
1970	50 686	43 393	5 775	138	48	699	606	633
1971	58 685	50 621	6 078	325	103	698	859	860
1972	65 472	56 505	6 612	125	162	926	1 040	1 142
1973	68 327	59 288	6 295	168	135	1 079	927	1 362
1974	67 919	59 175	5 820	152	104	1 163	776	1 505
1975	65 976	57 689	5 377	81	107	1 098	•	1 624
1976	62 134	54 490	4 538	79	117	1 187	•	1 723
1977	61 600	54 255	4 062	51	123	1 367	•	1 742
1978	60 657	53 705	3 763	58	128	1 289	•	1 714
1979	62 163	54 781	3 668	50	180	1 728	•	1 756
1980	63 266	55 923	3 922	51	169	1 474	•	1 727
1981	63 807	56 228	3 487	43	175	2 265	•	1 609
1982	64 248	56 892	3 578	53	181	1 949	•	1 595
1983	65 032	57 281	3 515	65	178	2 389	•	1 604
1984	64 699	56 701	3 634	50	165	2 568	•	1 581
1985	65 079	56 801	3 710	51	162	2 925	•	1 430
1986	66 228	57 921	4 316	25	172	2 547	•	1 247
1987	66 560	58 042	4 460	21	174	2 811	•	1 052
1988	65 152	56 676	5 072	33	184	2 309	•	878

Quelle: Statistische Jahrbücher des Hochschulwesens der DDR

Tabelle 59: Weibliche Studierende nach Studienformen an Universitäten und Hochschulen für den Zeitraum 1965 bis 1988 in Prozent

Jahr	Anteil weibl. Direkt-studenten	Anteil weibl. Fern-studenten	Anteil weibl. Abend-studenten	Anteil weibl. Stud. an Industrie-instituten	Anteil weibl. Stud. im Zusatz-studium	Anteil weibl. Stud. im Aus-land
1965	80,3	16,0	0,9	0,4	0,5	2,0
1966	80,6	14,8	0,8	0,5	1,7	1,5
1967	82,6	13,8	0,5	0,4	1,4	1,3
1968	84,4	12,5	0,5	0,2	1,4	1,0
1969	85,1	11,9	0,4	0,1	1,5	1,0
1970	85,6	11,4	0,3	0,1	1,4	1,2
1971	86,3	10,4	0,6	0,2	1,2	1,5
1972	86,3	10,1	0,2	0,2	1,4	1,7
1973	86,8	9,2	0,2	0,2	1,6	2,0
1974	87,1	8,6	0,2	0,2	1,7	2,2
1975	87,4	8,1	0,1	0,2	1,7	2,5
1976	87,7	7,3	0,1	0,2	1,9	2,8
1977	88,1	6,6	0,1	0,2	2,2	2,8
1978	88,5	6,2	0,1	0,2	2,1	2,8
1979	88,1	5,9	0,1	0,3	2,8	2,8
1980	88,4	6,2	0,1	0,3	2,3	2,7
1981	88,1	5,5	0,1	0,3	3,5	2,5
1982	88,6	5,6	0,1	0,3	3,0	2,5
1983	88,1	5,4	0,1	0,3	3,7	2,5
1984	87,6	5,6	0,1	0,3	4,0	2,4
1985	87,3	5,7	0,1	0,2	4,5	2,2
1986	87,5	6,5	0,04	0,3	3,8	1,9
1987	87,2	6,7	0,03	0,3	4,2	1,6
1988	87,0	7,8	0,1	0,3	3,5	1,3

Tabelle 60: Studierende an Arbeiter-und-Bauern-Fakultäten für den Zeitraum 1951 bis 1963

Jahr	Studierende gesamt	weibl. Studierende	Arbeiter- u. Bauernkinder	Neuzulassungen	Absolventen	Ant. weibl. Studierende in [%]	Ant. Arb.- u. Bauernkinder in [%]	Ant. Neuzulas. an ges. Stud. in [%]
1951	9 475	2 252	7 580	4 262	996	23,8	80,0	45,0
1952	10 727	2 920	8 740	4 765	1 662	27,2	81,5	44,4
1953	12 689	3 429	10 171	6 654	4 072	27,0	80,2	52,4
1954	12 427	3 005	10 773	4 546	3 266	24,2	86,7	36,6
1955	11 265	2 666	9 601	3 963	2 064	23,7	85,2	35,2
1956	8 894	2 074	7 709	2 950	3 960	23,3	86,7	33,2
1957	7 259	1 582	6 062	2 627	3 036	21,8	83,5	36,2
1958	6 287	1 303	5 104	2 433	2 359	20,7	81,2	38,7
1959	6 994	1 432	5 712	3 920	2 219	20,5	81,7	56,0
1960	7 138	1 413	5 498	3 511	2 740	19,8	77,0	49,2
1961	6 353	1 169	5 065	2 900	3 384	18,4	79,7	45,6
1962	3 340	701	2 540	667	2 221	21,0	76,0	20,0
1963	1 431	287	1 061	370	1 750	20,1	74,1	25,9

Quelle: Statistische Jahrbücher der DDR

Abbildung 7: Studierende nach ausgewählten Studienformen an Universitäten und Hochschulen für den Zeitraum 1951 bzw. 1959 bis 1989

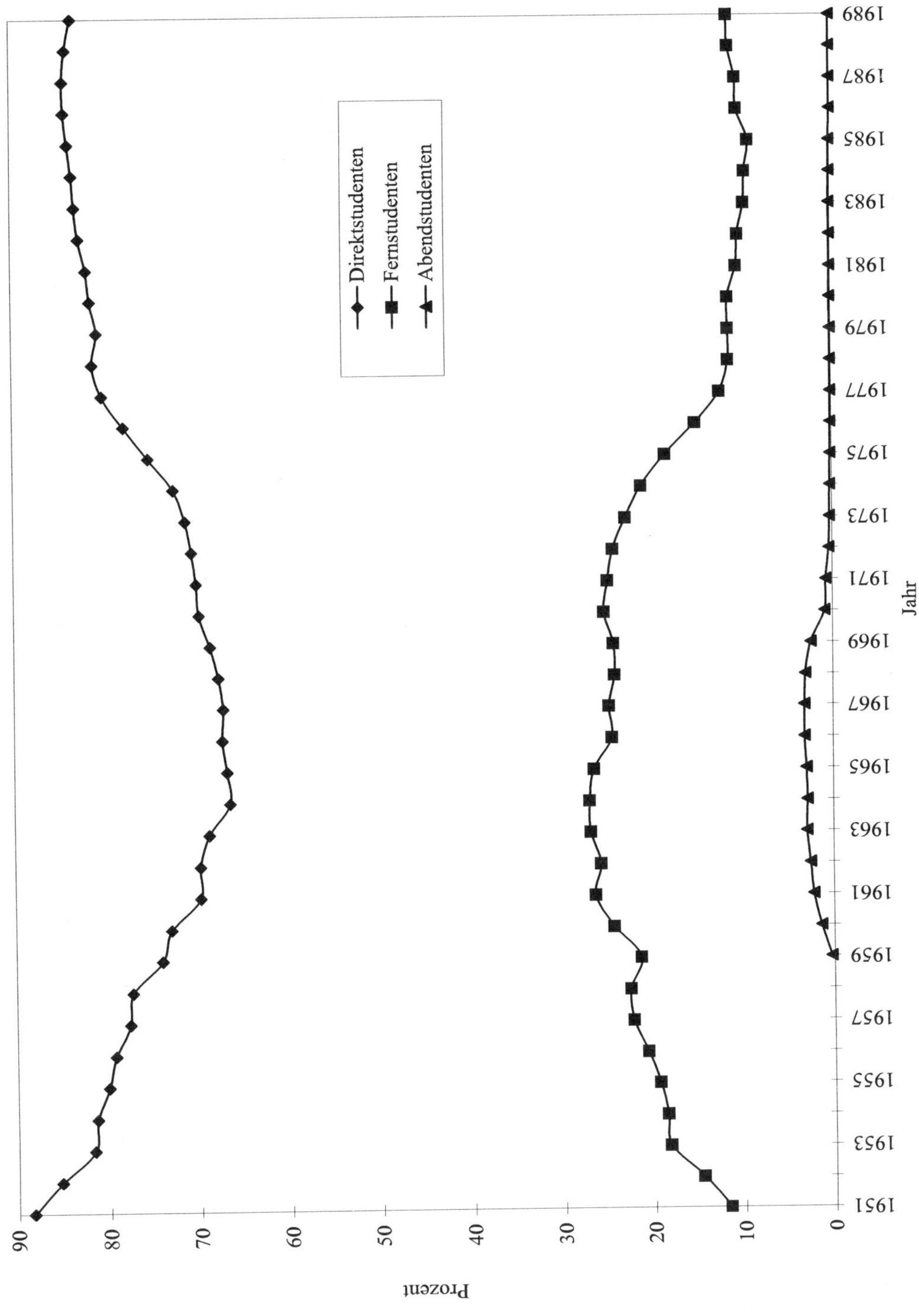

Abbildung 8: Weibliche Studierende nach ausgewählten Studienformen an Universitäten und Hochschulen für den Zeitraum 1953 bis 1989

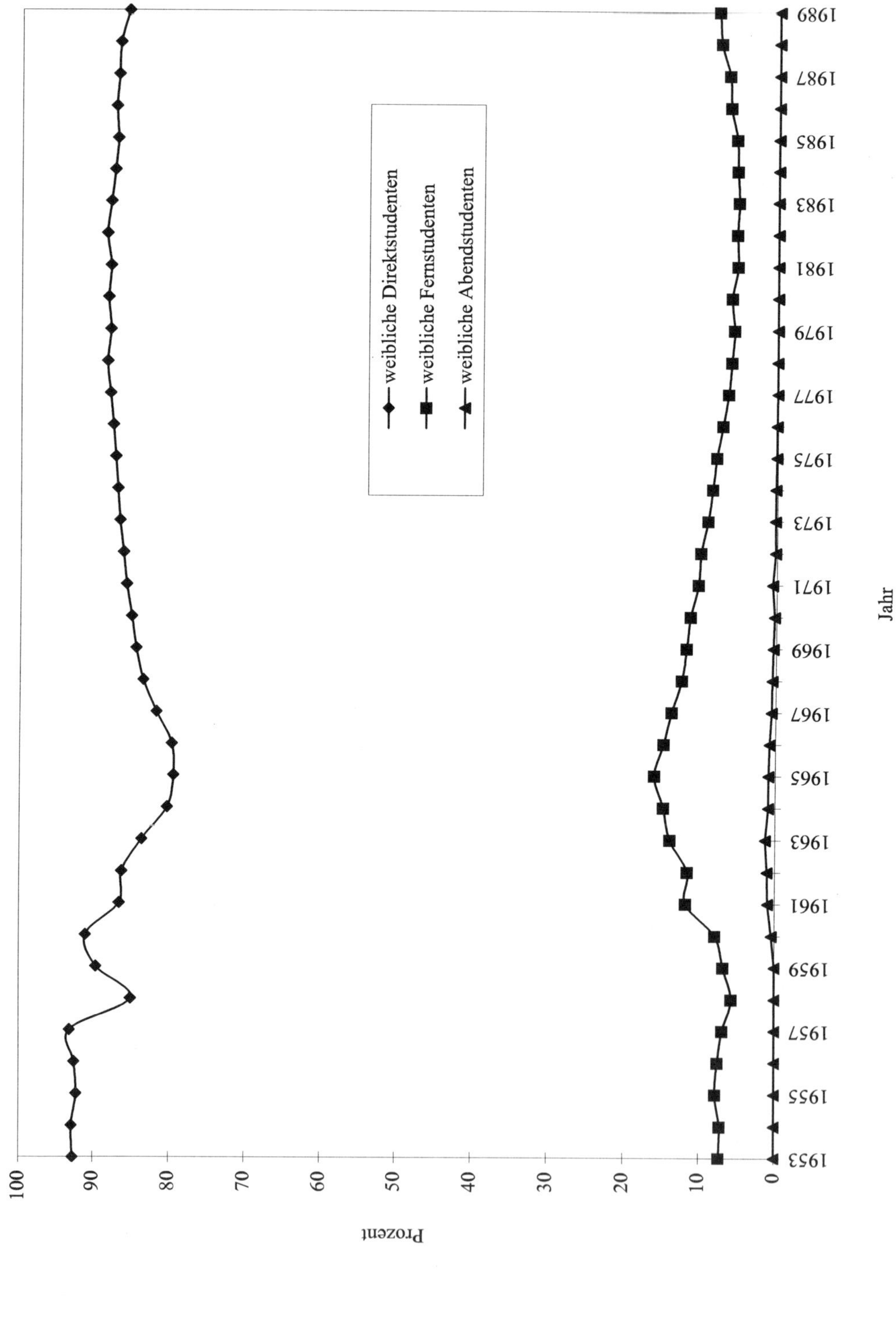

Tabelle 61: Neuzulassungen in ausgewählten Studienformen an Universitäten und Hochschulen für den Zeitraum 1951 bis 1989

Jahr	Neuzulassungen	dar. Direktstudium	dar. Fernstudium	dar. Abendstudium	Ant. Direktstudium in [%]	Ant. Fernstudium in [%]	Ant. Abendstudium in [%]
1951	11 405	9 555	1 850	–	83,8	16,2	–
1952	15 520	15 520	–	–	100,0	–	–
1953	22 017	16 798	5 219	–	76,3	23,7	–
1954	24 413	18 631	5 782	–	76,3	23,7	–
1955	19 373	14 709	4 404	–	75,9	22,7	–
1956	21 824	17 097	4 727	–	78,3	21,7	–
1957	18 332	14 151	4 181	–	77,2	22,8	–
1958	16 684	13 597	3 087	–	81,5	18,5	–
1959	26 768	19 443	5 154	124	72,6	19,3	0,5
1960	30 081	20 699	7 719	983	68,8	25,7	3,3
1961	29 648	18 332	6 683	1 164	61,8	22,5	3,9
1962	24 113	15 989	5 271	716	66,3	21,9	3,0
1963	24 082	15 939	5 695	642	66,2	23,6	2,7
1964	22 928	16 050	5 793	654	70,0	25,3	2,9
1965	23 994	16 360	6 319	764	68,2	26,3	3,2
1966	23 292	16 528	5 436	888	71,0	23,3	3,8
1967	23 860	16 413	6 299	763	68,8	26,4	3,2
1968	26 796	20 023	5 720	623	74,7	21,3	2,3
1969	36 136	27 033	8 522	104	74,8	23,6	0,3
1970	43 975	30 786	9 951	131	70,0	22,6	0,3
1971	44 047	31 326	9 711	228	71,1	22,0	0,5
1972	39 449	28 099	8 130	44	71,2	20,6	0,1
1973	33 222	25 642	5 303	72	77,2	16,0	0,2
1974	34 531	27 210	4 631	48	78,8	13,4	0,1
1975	34 390	27 783	4 287	31	80,8	12,5	0,09
1976	32 131	26 043	3 405	46	81,1	10,6	0,1
1977	32 194	26 050	3 369	35	80,9	10,5	0,1
1978	32 391	26 328	3 360	40	81,3	10,4	0,1
1979	32 309	26 559	2 867	30	82,2	8,9	0,09
1980	31 949	26 761	2 891	36	83,8	9,0	0,1
1981	31 318	25 813	2 364	42	82,4	7,5	0,1
1982	32 100	26 623	2 841	37	82,9	8,9	0,1
1983	31 583	26 786	2 149	45	84,8	6,8	0,1
1984	31 631	26 435	2 715	41	83,6	8,6	0,1
1985	31 583	26 474	2 289	34	83,8	7,2	0,1
1986	31 199	25 886	3 166	9	83,0	10,1	0,03
1987	30 864	25 351	2 894	10	82,1	9,4	0,03
1988	32 040	26 036	3 598	20	81,3	11,2	0,06
1989	31 531	26 094	3 134	23	82,8	9,9	0,07

Quelle: Statistische Jahrbücher der DDR

Tabelle 62: Absolventen in ausgewählten Studienformen an Universitäten und Hochschulen für den Zeitraum 1951 bis 1989

Jahr	Absol-venten	dar. Direkt-studium	dar. Fern-studium	dar. Abend-studium	Ant. Direkt-studium in [%]	Ant. Fern-studium in [%]	Ant. Abend-studium in [%]
1951	4 631	4 631	–	–	100,0	–	–
1952	4 412	4 412	–	–	100,0	–	–
1953	4 312	4 312	–	–	100,0	–	–
1954	5 297	4 780	517	–	90,2	9,8	–
1955	7 617	7 564	53	–	99,3	0,7	–
1956	10 302	9 318	984	–	90,4	9,6	–
1957	10 101	9 629	472	–	95,3	4,7	–
1958	11 781	10 507	1 274	–	89,2	10,8	–
1959	14 471	11 650	2 216	•	80,5	15,3	•
1960	15 005	11 876	2 685	•	79,1	17,9	•
1961	13 978	9 382	2 295	4	67,1	16,4	0,03
1962	17 459	11 866	3 285	15	68,0	18,8	0,09
1963	17 386	12 170	4 161	149	70,0	23,9	0,9
1964	19 470	13 567	5 233	294	69,7	26,9	1,5
1965	20 190	13 739	5 530	492	68,0	27,4	2,4
1966	20 054	13 797	5 266	512	68,8	26,3	2,6
1967	18 399	13 369	4 149	367	72,7	22,6	2,0
1968	18 385	13 448	4 042	383	73,1	22,0	2,1
1969	19 268	14 140	4 214	458	73,4	21,9	2,4
1970	22 312	14 571	4 838	415	65,3	21,7	1,9
1971	23 300	16 216	5 834	289	69,6	25,0	1,2
1972	27 821	19 172	6 140	369	68,9	22,1	1,3
1973	32 846	24 304	7 007	224	74,0	21,3	0,7
1974	36 256	26 582	7 302	157	73,3	20,1	0,4
1975	36 521	25 170	8 688	133	68,9	23,8	0,4
1976	32 629	22 815	7 694	72	69,9	23,6	0,2
1977	27 115	19 026	6 155	108	70,2	22,7	0,4
1978	28 927	22 139	4 085	46	76,5	14,1	0,2
1979	24 562	20 757	1 858	47	84,5	7,6	0,2
1980	24 200	19 542	2 075	48	80,8	8,6	0,2
1981	23 520	18 954	2 749	76	80,6	11,7	0,3
1982	24 983	19 815	2 240	28	79,3	9,0	0,1
1983	25 143	20 551	2 452	35	81,7	9,8	0,1
1984	25 638	20 889	2 263	56	81,5	8,8	0,2
1985	25 046	20 301	2 058	40	81,1	8,2	0,2
1986	22 573	18 537	1 883	6	82,1	8,3	0,03
1987	22 762	18 669	2 037	11	82,0	8,9	0,05
1988	25 249	20 848	1 862	13	82,6	7,4	0,05
1989	24 167	20 501	2 165	14	84,8	9,0	0,06

Quelle: Statistische Jahrbücher der DDR

Tabelle 63: Soziale Herkunft der Studierenden im Direktstudium an Universitäten und Hochschulen für den Zeitraum 1954 bis 1988 in Prozent

Jahr	Anteil Arbeiter	Anteil LPG/PGH-Mitglieder	Anteil Angestellte	Anteil Intelligenz	Anteil Sonstige
1954	47,5	5,7	23,8	12,0	11,0
1955	48,9	5,6	22,3	12,9	10,3
1956	50,4	5,6	21,0	13,6	9,4
1957	51,4	5,7	19,9	13,8	9,2
1958	52,7	5,5	19,2	13,8	8,8
1959	51,4	5,5	19,0	14,9	9,2
1960	50,3	4,2	19,2	15,6	10,7
1961	50,3	5,3	19,4	15,4	9,6
1962	48,7	5,5	20,5	15,9	9,4
1963	44,9	6,3	22,0	17,0	9,8
1964	42,2	6,3	23,1	18,5	9,9
1965	40,6	6,7	24,0	18,7	10,0
1966	39,1	7,2	23,5	19,7	10,5
1967	38,2	7,8	23,5	20,4	10,1
1968	37,6	8,6	23,5	20,6	9,6
1969	38,4	9,2	23,2	20,3	8,9
1970	39,6	9,4	22,7	19,8	8,5
1971	41,9	9,4	21,6	19,4	7,7
1972	45,6	9,3	19,6	18,5	7,0
1973	43,9	9,5	19,0	19,6	8,0
1974	45,6	9,7	17,2	20,4	7,1
1975	45,7	9,8	16,2	21,5	6,8
1976	44,8	11,1	14,8	22,5	6,8
1977	48,2	8,5	13,6	24,4	5,3
1978	50,1	7,8	12,1	25,6	4,4
1979	51,9	7,1	10,6	26,6	3,9
1980	53,5	6,4	9,3	27,8	2,9
1981	54,6	5,7	8,2	28,8	2,7
1982	55,3	5,0	7,6	29,5	2,5
1983	55,5	4,6	7,2	30,4	2,3
1984	55,5	4,2	6,9	31,1	2,3
1985	55,2	4,2	6,7	31,7	2,2
1986	54,8	4,1	6,6	32,2	2,2
1987	54,2	4,1	6,6	32,9	2,2
1988	54,5	4,0	6,5	32,9	2,0

Quelle: 1954 bis 1967 Statistische Jahrbücher der DDR, 1968 bis 1988 Jugend in der DDR – Statistische Übersichten

Tabelle 64: Soziale Herkunft der Studierenden im Direktstudium an Universitäten und Hochschulen für den Zeitraum 1964 bis 1986

Jahr	Studenten gesamt	Arbeiter	Angestellte	LPG/PGH-Mitglieder	Selbständige	Intelligenz	Sonstige
1964	75 878	31 879	17 574	4 781	4 839	14 162	2 643
1965	74 896	30 244	17 554	5 024	5 038	14 539	2 497
1966	74 774	29 270	17 542	5 408	5 120	14 765	2 669
1967	74 705	28 511	17 515	5 822	5 334	15 264	2 259
1968	78 308	29 477	18 425	6 763	5 724	16 138	1 781
1969	87 809	33 712	20 393	8 088	6 133	17 830	1 653
1970	100 204	39 727	22 790	9 403	6 503	19 807	1 974
1971	110 991	46 513	23 935	10 463	6 612	21 534	1 934
1972	113 555	51 735	22 257	10 539	6 306	21 048	1 670
1973	109 537	48 031	20 828	10 431	5 626	21 420	3 201
1974	105 024	47 836	18 107	10 226	5 082	21 379	2 394
1975	103 081	47 113	16 663	10 147	4 711	22 133	2 314
1976	101 555	45 465	15 039	11 287	4 240	22 861	2 663
1977	104 037	50 184	14 174	8 855	3 915	25 363	1 546
1978	103 579	51 914	12 497	8 063	3 343	26 523	1 239
1979	104 327	54 095	11 077	7 425	2 902	27 712	1 116
1980	105 896	56 690	9 885	6 828	2 573	29 387	533
1981	107 022	58 405	8 796	6 134	2 372	30 818	497
1982	107 828	59 679	8 246	5 377	2 166	31 838	522
1983	108 120	59 973	7 789	4 932	2 068	32 896	462
1984	108 073	59 962	7 443	4 578	1 978	33 625	487
1985	108 897	60 078	7 345	4 569	1 894	34 495	516
1986	110 820	60 756	7 314	4 522	1 909	35 728	591

Quelle: Statistische Jahrbücher des Hochschulwesens der DDR

Tabelle 65: Soziale Stellung der Studierenden im Fernstudium an Universitäten und Hochschulen für den Zeitraum 1964 bis 1986

Jahr	Studenten gesamt	Arbeiter	Angestellte	LPG/PGH-Mitglieder	Selbständige	Intelligenz	Sonstige
1964	30 617	4 412	7 606	1 469	495	16 223	412
1965	29 548	3 293	9 264	1 012	387	15 315	277
1966	27 055	2 923	8 111	454	348	15 103	116
1967	27 387	3 188	8 706	477	355	14 549	112
1968	27 911	2 362	9 132	592	267	15 431	127
1969	31 046	1 653	11 745	478	143	16 897	130
1970	36 276	3 067	12 293	668	338	19 749	161
1971	39 344	3 511	10 193	5 320	296	19 827	197
1972	39 050	2 826	12 793	477	245	22 527	182
1973	35 177	2 615	11 133	445	170	20 650	164
1974	30 462	2 123	9 155	402	105	18 598	79
1975	25 168	2 255	10 964	387	85	11 347	130
1976	19 725	1 908	7 394	796	67	9 410	150
1977	16 052	1 873	6 205	441	80	7 332	121
1978	14 553	1 853	6 045	425	86	6 021	123
1979	14 760	1 973	6 353	419	92	5 810	113
1980	14 798	2 239	6 475	385	80	5 477	142
1981	13 548	2 277	5 721	366	51	4 992	141
1982	13 336	2 688	5 582	413	29	4 514	110
1983	12 356	2 745	4 916	409	37	4 152	97
1984	12 175	2 963	4 909	314	53	3 847	89
1985	11 753	2 932	4 802	269	34	3 620	96
1986	13 507	2 751	5 737	258	27	3 634	1 100

Quelle: Statistische Jahrbücher des Hochschulwesens der DDR

Tabelle 66: Soziale Stellung der Studierenden im Fernstudium an Universitäten und Hochschulen für den Zeitraum 1960 bis 1986 in Prozent

Jahr	Anteil Arbeiter	Anteil Angestellte	Anteil LPG/PGH-Mitglieder	Anteil Selbständige	Anteil Intelligenz	Anteil Sonstige
1960	8,1	71,8	–	0,7	19,4	–
1961	11,5	47,8	–	0,7	40,0	–
1962	10,0	59,3	–	0,8	29,9	–
1963	11,9	52,0	–	3,4	32,7	–
1964	14,4	24,8	4,8	1,6	53,0	1,3
1965	11,1	31,4	3,4	1,3	51,8	0,9
1966	10,8	30,0	1,7	1,3	55,8	0,4
1967	11,6	31,8	1,7	1,3	53,1	0,4
1968	8,5	32,7	2,1	1,0	55,3	0,5
1969	5,3	37,8	1,5	0,5	54,4	0,4
1970	8,5	33,9	1,8	0,9	54,4	0,4
1971	8,9	25,9	13,5	0,8	50,4	0,5
1972	7,2	32,8	1,2	0,6	57,7	0,5
1973	7,4	31,6	1,3	0,5	58,7	0,5
1974	7,0	30,1	1,3	0,3	61,1	0,3
1975	9,0	43,6	1,5	0,3	45,1	0,5
1976	9,7	37,5	4,0	0,3	47,7	0,8
1977	11,7	38,7	2,7	0,5	45,7	0,8
1978	12,7	41,5	2,9	0,6	41,4	0,8
1979	13,4	43,0	2,8	0,6	39,4	0,8
1980	15,1	43,8	2,6	0,5	37,0	1,0
1981	16,8	42,2	2,7	0,4	36,8	1,0
1982	20,2	41,9	3,1	0,2	33,8	0,8
1983	22,2	39,8	3,3	0,3	33,6	0,8
1984	24,3	40,3	2,6	0,4	31,6	0,7
1985	24,9	40,9	2,3	0,3	30,8	0,8
1986	20,4	42,5	1,9	0,2	26,9	8,1

Tabelle 67: Soziale Stellung der Studierenden im Abendstudium an Universitäten und Hochschulen für den Zeitraum 1964 bis 1986

Jahr	Studenten gesamt	Arbeiter	Angestellte	LPG/PGH-Mitglieder	Selbständige	Intelligenz	Sonstige
1964	3 319	605	595	66	57	1 956	40
1965	3 372	425	796	70	38	2 027	16
1966	3 556	566	875	77	56	1 959	23
1967	3 549	537	831	68	67	2 025	21
1968	3 566	533	744	67	58	2 133	31
1969	3 147	497	588	50	59	1 918	35
1970	1 277	268	207	18	25	740	19
1971	1 194	236	199	6	26	698	29
1972	618	136	115	2	31	317	17
1973	492	102	99	35	8	211	37
1974	360	50	111	3	3	150	43
1975	257	61	81	2	11	91	11
1976	231	55	50	3	4	89	30
1977	165	47	42	3	1	39	33
1978	165	49	48	7	1	35	25
1979	161	59	46	11	–	30	15
1980	171	51	58	1	–	42	19
1981	154	54	44	2	3	18	33
1982	162	53	47	2	3	23	34
1983	174	64	50	3	16	38	3
1984	161	66	59	3	1	12	20
1985	152	53	46	25	9	10	9
1986	51	9	30	–	1	3	8

Quelle: Statistische Jahrbücher des Hochschulwesens der DDR

Tabelle 68: Soziale Stellung der Studierenden im Abendstudium an Universitäten und Hochschulen für den Zeitraum 1960 bis 1986 in Prozent

Jahr	Anteil Arbeiter	Anteil Angestellte	Anteil LPG/PGH-Mitglieder	Anteil Selbständige	Anteil Intelligenz	Anteil Sonstige
1960	18,1	52,4	–	4,2	25,3	–
1961	13,2	25,6	–	1,8	59,4	–
1962	13,7	40,7	–	2,3	43,3	–
1963	13,3	45,1	–	1,2	40,4	–
1964	18,2	17,9	2,0	1,7	58,9	1,2
1965	12,6	23,6	2,1	1,1	60,1	0,5
1966	15,9	24,6	2,2	1,6	55,1	0,6
1967	15,1	23,4	1,9	1,9	57,1	0,6
1968	14,9	20,9	1,9	1,6	59,8	0,9
1969	15,8	18,7	1,6	1,9	60,9	1,1
1970	21,0	16,2	1,4	2,0	57,9	1,5
1971	19,8	16,7	0,5	2,2	58,5	2,4
1972	22,0	18,6	0,3	5,0	51,3	2,8
1973	20,7	20,1	7,1	1,6	42,9	7,5
1974	13,9	30,8	0,8	0,8	41,7	11,9
1975	23,7	31,5	0,8	4,3	35,4	4,3
1976	23,8	21,6	1,3	1,7	38,5	13,0
1977	28,5	25,5	1,8	0,6	23,6	20,0
1978	29,7	29,1	4,2	0,6	21,2	15,2
1979	36,6	28,6	6,8	•	18,6	9,3
1980	29,8	33,9	0,6	•	24,6	11,1
1981	35,1	28,6	1,3	1,9	11,7	21,4
1982	32,7	29,0	1,2	1,9	14,2	21,0
1983	36,8	28,7	1,7	9,2	21,8	1,7
1984	41,0	36,6	1,9	0,6	7,5	12,4
1985	34,9	30,3	16,4	5,9	6,6	5,9
1986	17,6	58,8	•	2,0	5,9	15,7

Tabelle 69: Soziale Herkunft der Studierenden im Forschungsstudium an Universitäten und Hochschulen für den Zeitraum 1970 bis 1986

Jahr	Studenten gesamt	Arbeiter	Angestellte	LPG/PGH-Mitglieder	Selbständige	Intelligenz	Sonstige
1970	2 994	995	739	259	256	669	76
1971	3 797	1 335	908	335	294	833	92
1972	3 894	1 462	916	348	279	819	70
1973	3 107	1 194	706	355	185	607	60
1974	2 447	955	540	248	118	538	48
1975	1 802	713	343	196	71	441	38
1976	1 543	627	283	155	60	392	26
1977	1 459	592	253	140	62	400	12
1978	1 427	592	230	137	59	399	10
1979	1 655	687	239	168	76	470	15
1980	2 014	812	278	183	93	629	19
1981	2 400	964	307	195	84	827	23
1982	2 647	1 095	316	198	66	951	21
1983	2 684	1 141	292	193	48	1 000	10
1984	2 615	1 153	237	169	47	998	11
1985	2 537	1 133	192	150	47	1 002	13
1986	2 779	1 260	198	142	44	1 121	14

Quelle: Statistische Jahrbücher des Hochschulwesens der DDR

Tabelle 70: Soziale Herkunft der Studierenden im Forschungsstudium an Universitäten und Hochschulen für den Zeitraum 1970 bis 1986 in Prozent

Jahr	Anteil Arbeiter	Anteil Angestellte	Anteil LPG/PGH-Mitglieder	Anteil Selbständige	Anteil Intelligenz	Anteil Sonstige
1970	33,2	24,7	8,7	8,6	22,3	2,5
1971	35,2	23,9	8,8	7,7	21,9	2,4
1972	37,5	23,5	8,9	7,2	21,0	1,8
1973	38,4	22,7	11,4	6,0	19,5	1,9
1974	39,0	22,1	10,1	4,8	22,0	2,0
1975	39,6	19,0	10,9	3,9	24,5	2,1
1976	40,6	18,3	10,0	3,9	25,4	1,7
1977	40,6	17,3	9,6	4,2	27,4	0,8
1978	41,5	16,1	9,6	4,1	28,0	0,7
1979	41,5	14,4	10,2	4,6	28,4	0,9
1980	40,3	13,8	9,1	4,6	31,2	0,9
1981	40,2	12,8	8,1	3,5	34,5	1,0
1982	41,4	11,9	7,5	2,5	35,9	0,8
1983	42,5	10,9	7,2	1,8	37,3	0,4
1984	44,1	9,1	6,5	1,8	38,2	0,4
1985	44,7	7,6	5,9	1,9	39,5	0,5
1986	45,3	7,1	5,1	1,6	40,3	0,5

Abbildung 9: Soziale Herkunft der Studierenden im Direktstudium an Universitäten und Hochschulen für den Zeitraum 1954 bis 1988

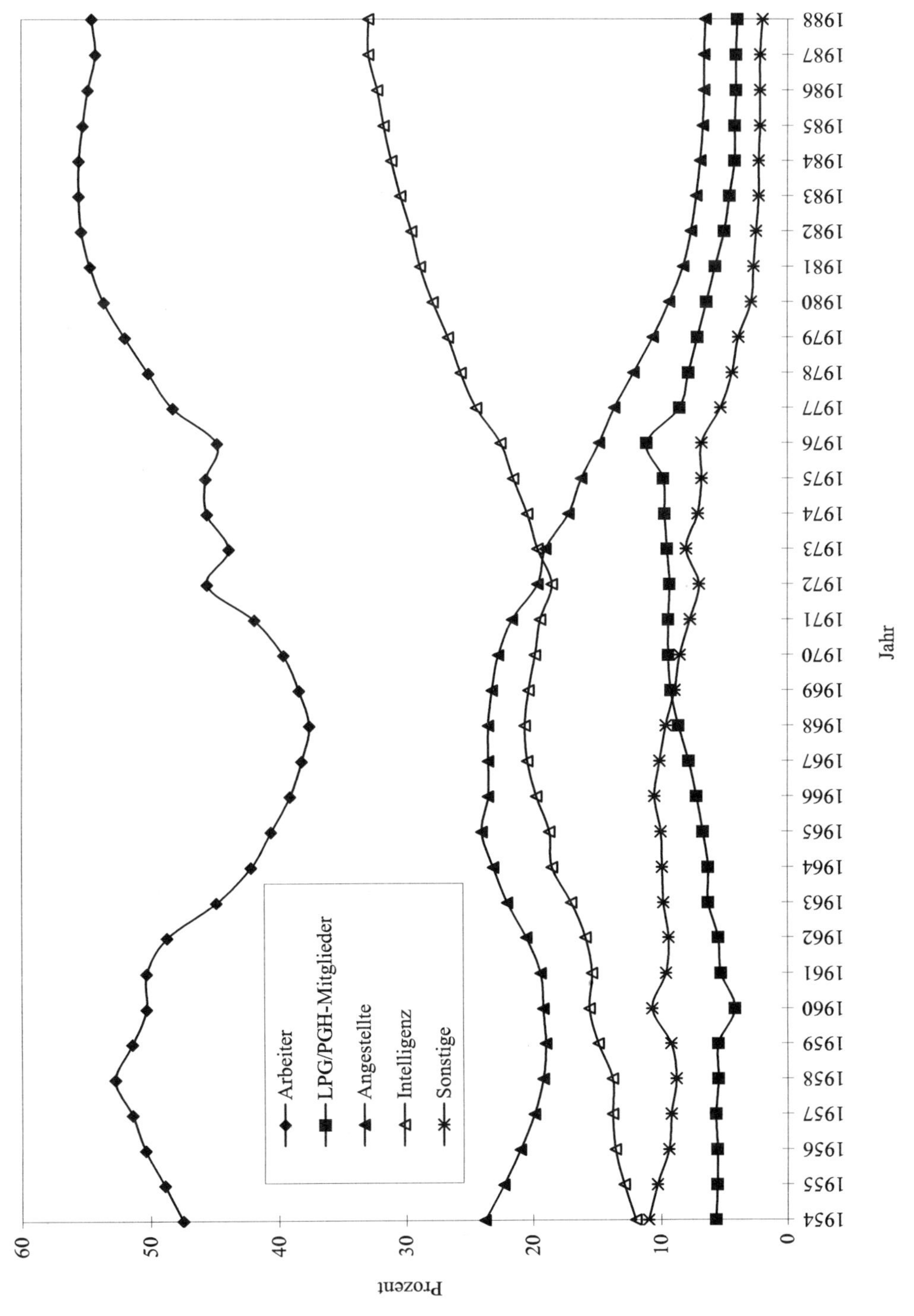

Abbildung 10: Soziale Stellung der Studierenden im Fernstudium an Universitäten und Hochschulen für den Zeitraum 1960 bis 1986

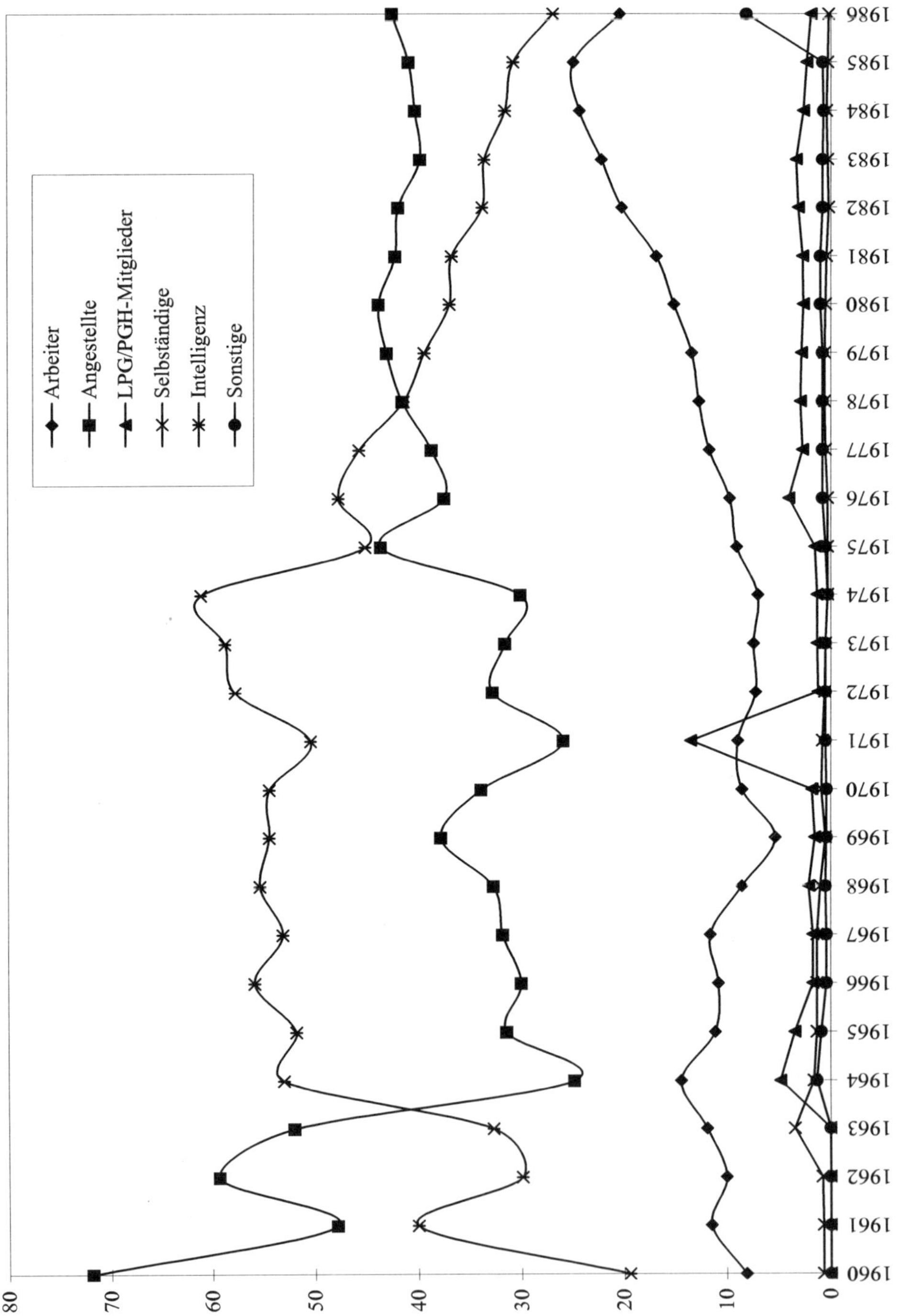

Abbildung 11: Soziale Stellung der Studierenden im Abendstudium an Universitäten und Hochschulen für den Zeitraum 1960 bis 1986

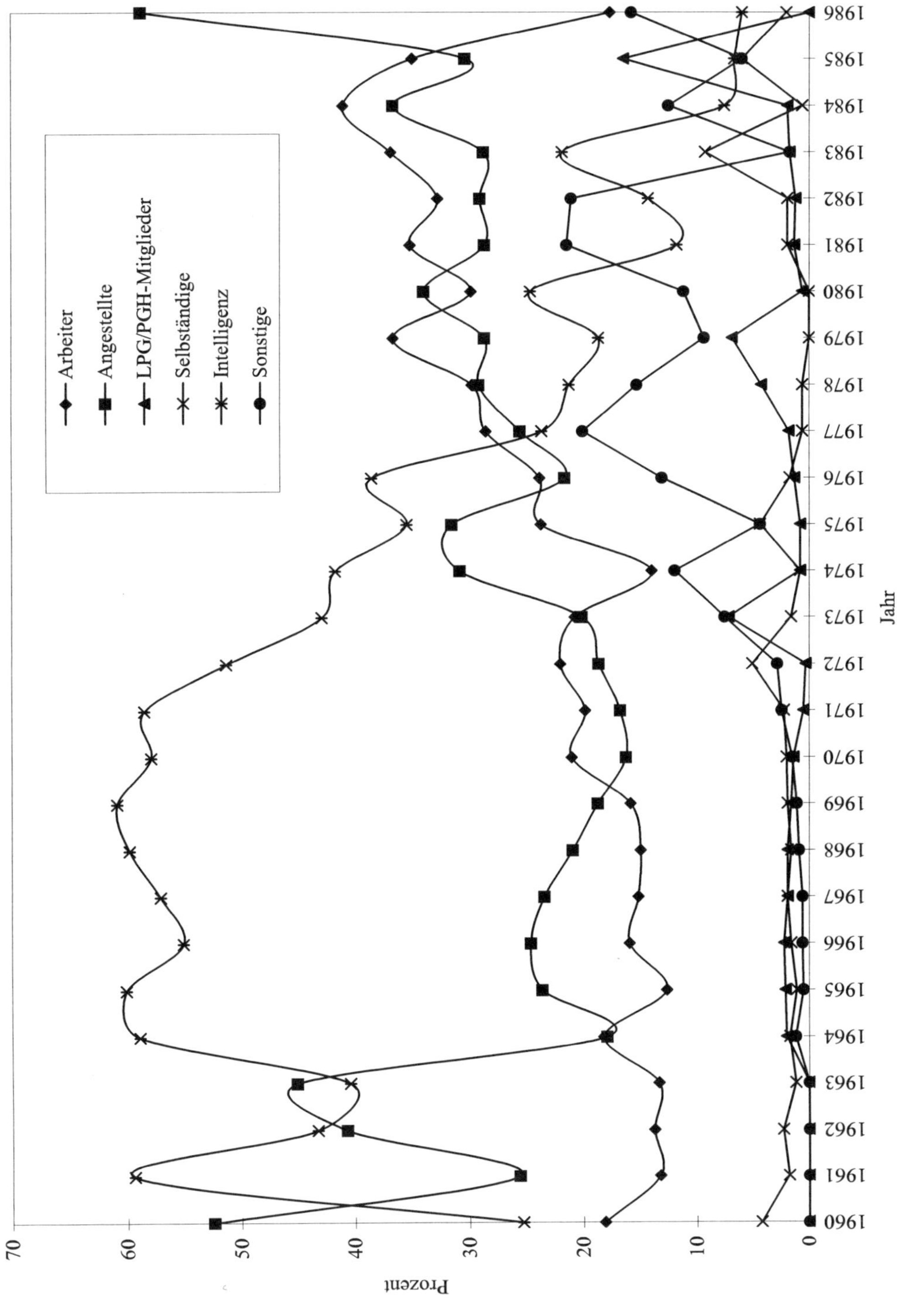

Abbildung 12: Soziale Herkunft der Studierenden im Forschungsstudium an Universitäten und Hochschulen für den Zeitraum 1970 bis 1986

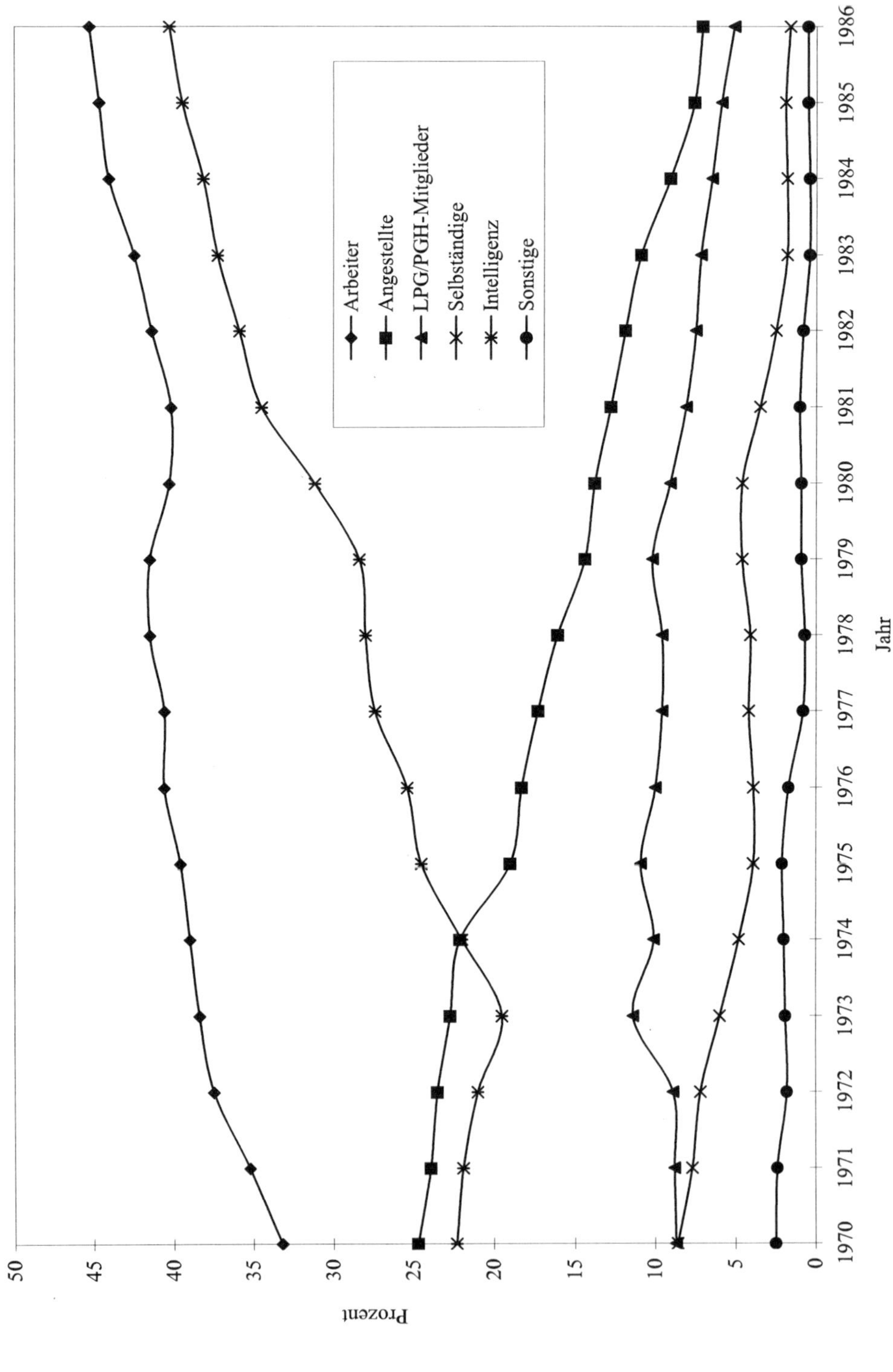

Tabelle 71: Studierende nach Wissenschaftszweigen (Mathematik/Naturwissenschaften, Technische Wissenschaften und Medizin) an Universitäten und Hochschulen für den Zeitraum 1975 bis 1989

Jahr	Studierende gesamt	Mathem./ Naturw. gesamt	Direkt-stud.	Fern-stud.	Stud. im Ausland	andere Stud.-formen	Techn. Wiss. gesamt	Direkt-stud.	Fern-stud.	Stud. im Ausland	andere Stud.-formen	Medizin gesamt	Direkt-stud.	Fern-stud.	Stud. im Ausland
1975	136 854	10 259	9 100	427	674	58	40 206	31 388	7 071	1 696	51	10 489	9 770	–	719
1976	130 201	9 578	8 608	432	507	31	37 698	31 096	4 970	1 585	47	10 815	10 011	–	804
1977	129 615	8 874	8 162	238	474	–	37 827	32 368	3 869	1 519	71	12 518	11 642	–	876
1978	127 473	8 576	7 936	174	453	13	37 028	31 829	3 681	1 463	55	12 875	12 017	–	858
1979	129 055	8 359	7 888	–	458	13	38 064	32 458	4 120	1 460	26	13 132	12 207	–	925
1980	129 970	8 258	7 761	–	465	32	38 552	33 075	4 072	1 393	12	13 335	12 419	–	916
1981	130 633	8 145	7 706	–	422	17	38 865	33 514	4 062	1 289	–	13 577	12 710	–	867
1982	130 442	8 391	7 946	–	411	34	39 513	34 194	3 989	1 330	–	13 564	12 726	30	808
1983	130 097	8 523	8 094	–	408	21	39 349	34 231	3 741	1 377	–	13 720	12 867	55	798
1984	129 628	8 589	8 194	–	375	20	39 514	34 544	3 734	1 236	–	13 597	12 815	94	688
1985	129 885	8 511	8 184	–	325	2	39 876	35 136	3 668	1 072	–	13 466	12 818	118	530
1986	131 560	8 471	8 155	–	316	•	40 644	35 849	3 820	975	–	13 266	12 698	129	439
1987	132 602	8 390	8 101	–	289	•	41 084	36 235	4 001	834	14	13 083	12 608	133	342
1988	132 423	8 401	8 133	–	268	•	41 701	36 780	4 090	816	15	12 954	12 563	129	262
1989	131 188	7 850	7 582	•	•	•	42 340	37 200	4 318	•	•	12 574	12 236	128	•

Quelle: Statistische Jahrbücher des Hochschulwesens der DDR, 1989 Statistisches Jahrbuch der DDR '90

Tabelle 72: Studierende nach Wissenschaftszweigen (Agrarwissenschaften, Wirtschaftswissenschaften, Philosophisch-historische Wissenschaften/ Staats- und Rechtswissenschaften) an Universitäten und Hochschulen für den Zeitraum 1975 bis 1989

Jahr	Agrar-wiss. gesamt	Direkt-stud.	Fern-stud.	Stud. im Ausland	Wirtsch.-wiss. gesamt	Direkt-stud.	Fern-stud.	Stud. im Ausland	andere Stud.-formen	Phil.-hist. W./ Staats- u. Rechtswiss. gesamt	Direkt-stud.	Fern-stud.	Stud. im Ausland	andere Stud.-formen
1975	6 880	5 547	1 198	135	21 223	12 167	7 830	517	709	9 090	4 053	2 695	246	2 096
1976	6 758	5 588	1 003	167	19 229	11 784	6 212	506	727	9 052	3 874	2 272	267	2 639
1977	6 728	5 681	872	175	18 165	11 814	5 093	477	781	9 168	3 819	2 155	291	2 903
1978	6 829	5 768	887	174	17 887	11 889	4 675	465	858	9 000	3 841	2 024	283	2 852
1979	7 219	6 040	996	183	18 873	11 962	5 195	429	1 287	8 730	3 733	2 033	286	2 678
1980	7 748	6 582	975	191	18 432	11 814	4 926	407	1 285	8 980	3 710	2 529	277	2 464
1981	8 117	6 983	935	199	17 707	11 371	4 633	401	1 302	8 561	3 659	2 161	256	2 485
1982	8 116	6 990	925	201	17 305	11 200	4 429	396	1 280	8 319	3 606	2 214	269	2 230
1983	7 849	6 860	793	196	17 118	11 318	4 116	414	1 270	7 940	3 651	2 026	283	1 980
1984	7 739	6 821	728	190	16 956	11 378	3 961	396	1 221	7 891	3 675	1 993	257	1 966
1985	7 573	6 693	710	170	17 643	12 123	3 946	337	1 237	7 706	3 703	1 793	225	1 985
1986	7 498	6 607	745	146	17 374	12 100	3 708	301	1 265	7 383	3 618	3 343	204	218
1987	7 377	6 460	783	134	17 082	11 652	3 804	258	1 368	7 109	3 566	3 136	186	221
1988	7 374	6 326	918	130	17 336	11 444	4 087	248	1 557	7 563	3 577	3 585	165	236
1989	6 887	5 823	960	•	16 962	10 968	4 143	•	•	7 840	4 175	3 262	•	•

Quelle: Statistische Jahrbücher des Hochschulwesens der DDR, 1989 Statistisches Jahrbuch der DDR '90

Tabelle 73: Studierende nach Wissenschaftszweigen (Kultur-, Kunst- und Sportwissenschaften, Literatur- und Sprachwissenschaften und Kunst) an Universitäten und Hochschulen für den Zeitraum 1975 bis 1989

Jahr	Kultur-/ Kunst-/Sport-wiss. gesamt	Direkt-stud.	Fern-stud.	Stud. im Ausland	Literatur-/ Sprach-wiss. gesamt	Direkt-stud.	Fern-stud.	Stud. im Ausland	andere Stud.-formen	Kunst gesamt	Direkt-stud.	Fern-stud.	Stud. im Ausland	andere Stud.-formen
1975	2 692	1 566	1 109	17	2 017	1 740	159	88	30	2 602	2 025	383	18	176
1976	2 725	1 641	1 070	14	1 983	1 669	137	145	32	2 566	2 037	350	20	159
1977	2 705	1 817	878	10	2 059	1 718	135	184	22	2 623	2 121	335	22	145
1978	2 867	2 009	851	7	1 956	1 597	143	200	16	2 731	2 188	377	20	146
1979	2 915	2 133	775	7	2 062	1 655	181	213	13	2 839	2 296	371	22	150
1980	2 925	2 156	758	11	2 202	1 778	191	220	13	2 971	2 430	354	23	164
1981	2 874	2 196	667	11	2 271	1 887	182	202	–	3 056	2 530	354	13	159
1982	2 824	2 123	684	17	2 228	1 888	179	161	–	3 067	2 577	317	6	167
1983	2 726	2 123	592	11	2 153	1 824	165	156	8	3 093	2 632	283	4	174
1984	2 620	2 021	592	7	1 963	1 644	168	143	8	3 166	2 675	325	4	162
1985	2 453	2 003	446	4	1 699	1 402	167	117	13	3 173	2 705	310	2	156
1986	2 443	1 924	517	2	1 506	1 190	177	94	45	3 239	2 703	463	3	70
1987	2 383	1 910	471	2	1 378	1 134	171	58	15	3 262	2 680	510	2	70
1988	2 369	1 869	499	1	1 288	1 028	193	31	36	3 372	2 729	550	2	91
1989	2 323	1 821	501	•	1 257	1 043	180	•	•	3 329	2 671	544	•	•

Quelle: Statistische Jahrbücher des Hochschulwesens der DDR, 1989 Statistisches Jahrbuch der DDR '90

Tabelle 74: Studierende nach Wissenschaftszweigen (Pädagogische Fachrichtungsgruppen aller Wissenschaftszweige und Theologie) an Universitäten und Hochschulen und deren Anteile für den Zeitraum 1975 bis 1989

Jahr	Päd. Wiss. gesamt	Direkt-stud.	Fern-stud.	Stud. im Ausland	andere Stud.-formen	Theologie gesamt	Direkt-stud.	Anteil Mathem./ Natur-wiss. in [%]	Anteil Techn. Wiss. in [%]	Anteil Medi-zin in [%]	Anteil Agrar-wiss. in [%]	Anteil Wirt-schafts-wiss. in [%]	Anteil Phil.-hist. W./Staats- u. Rechts-wiss. in [%]	Anteil Kultur-/ Kunst-/ Sport-wiss. in [%]	Anteil Literatur-/ Sprach-wiss. in [%]	Anteil Kunst gesamt in [%]	Anteil Päd. Wiss. in [%]	Anteil Theo-logie in [%]
1975	31 021	25 350	4 296	25	1 350	375	375	7,5	29,4	7,7	5,0	15,5	6,6	2,0	1,5	1,9	22,7	0,3
1976	29 426	24 876	3 279	33	1 238	371	371	7,4	29,0	8,3	5,2	14,8	7,0	2,1	1,5	2,0	22,5	0,3
1977	28 566	24 513	2 477	31	1 545	382	382	6,8	29,2	9,7	5,2	14,0	7,1	2,1	1,6	2,0	22,0	0,3
1978	27 318	24 099	1 741	37	1 441	406	406	6,7	29,0	10,1	5,4	14,0	7,1	2,2	1,5	2,1	21,4	0,3
1979	26 455	23 548	1 089	43	1 775	407	407	6,5	29,5	10,2	5,6	14,6	6,8	2,3	1,6	2,2	20,5	0,3
1980	26 131	23 735	993	44	1 359	436	436	6,4	29,7	10,3	6,0	14,2	6,9	2,3	1,7	2,3	20,1	0,3
1981	27 007	24 013	554	47	2 393	453	453	6,2	29,8	10,4	6,2	13,6	6,6	2,2	1,7	2,3	20,7	0,3
1982	26 652	24 115	569	54	1 914	463	463	6,4	30,3	10,4	6,2	13,3	6,4	2,2	1,7	2,4	20,4	0,4
1983	27 128	24 022	585	56	2 465	498	498	6,6	30,2	10,5	6,0	13,2	6,1	2,1	1,7	2,4	20,9	0,4
1984	27 055	23 768	580	56	2 651	538	538	6,6	30,5	10,5	6,0	13,1	6,1	2,0	1,5	2,4	20,9	0,4
1985	27 218	23 563	595	51	3 009	567	567	6,6	30,7	10,4	5,8	13,6	5,9	1,9	1,3	2,4	21,0	0,4
1986	29 146	25 386	605	45	3 110	590	590	6,4	30,9	10,1	5,7	13,2	5,6	1,9	1,1	2,5	22,2	0,4
1987	30 843	26 811	762	39	3 231	611	611	6,3	31,0	9,9	5,6	12,9	5,4	1,8	1,0	2,5	23,3	0,5
1988	29 440	26 104	723	44	2 569	625	625	6,3	31,5	9,8	5,6	13,1	5,7	1,8	1,0	2,5	22,2	0,5
1989	29 221	25 263	760	•	•	605	605	6,0	32,3	9,6	5,2	12,9	6,0	1,8	1,0	2,5	22,3	0,5

Quelle: Statistische Jahrbücher des Hochschulwesens der DDR, 1989 Statistisches Jahrbuch der DDR '90

Tabelle 75: Weibliche Studierende nach Wissenschaftszweigen (Mathematik/Naturwissenschaften, Technische Wissenschaften und Medizin) an Universitäten und Hochschulen für den Zeitraum 1970 bis 1988

Jahr	weibl. Studierende gesamt	Mathem./ Naturw. gesamt	Direkt-stud.	Fern-stud.	Stud. im Ausland/ Forsch.-st.	andere Stud.-formen	Techn. Wiss. gesamt	Direkt-stud.	Fern-stud.	Stud. im Ausland/ Forsch.-st.	andere Stud.-formen	Medizin gesamt	Direkt-stud.	Fern-stud.	Stud. im Ausland/ Forsch.-st.
1970	50 659	4 080	3 765	138	147	30	6 276	5 814	384	62	16	6 114	6 086	12	16
1971	58 684	5 628	5 260	138	198	32	8 284	7 641	403	89	151	6 418	6 379	12	27
1972	65 118	6 437	5 996	190	219	32	10 103	9 434	549	107	13	6 685	6 637	11	37
1973	67 892	6 310	5 924	160	201	25	11 041	10 511	434	96	–	6 590	6 569	–	21
1974	67 190	5 476	5 112	173	174	17	11 495	11 075	350	70	–	6 304	6 291	–	13
1975	65 976	4 409	4 090	106	203	10	11 591	10 892	302	397	–	6 971	6 509	–	462
1976	62 134	3 817	3 509	143	158	7	10 567	9 949	222	396	–	6 840	6 338	–	502
1977	61 600	3 464	3 205	98	161	–	10 199	9 642	187	370	–	7 652	7 149	–	503
1978	60 657	3 530	3 281	73	166	10	9 655	9 088	214	353	–	7 582	7 106	–	476
1979	62 163	3 796	3 607	–	179	10	10 269	9 676	234	359	–	7 496	6 990	–	506
1980	63 266	4 069	3 863	–	185	21	10 356	9 758	251	347	–	7 502	7 014	–	488
1981	63 807	4 295	4 109	–	176	10	10 058	9 494	264	300	–	7 500	7 044	–	456
1982	64 248	4 599	4 398	–	175	26	10 452	9 836	291	325	–	7 484	7 037	26	421
1983	65 032	4 718	4 522	–	176	20	10 574	9 963	283	328	–	7 604	7 143	47	414
1984	64 699	4 646	4 449	–	178	19	10 594	9 938	302	354	–	7 633	7 168	86	379
1985	65 079	4 538	4 365	–	171	2	10 910	10 246	313	351	–	7 542	7 126	107	309
1986	66 228	4 389	4 226	–	163	–	11 288	10 625	351	312	–	7 495	7 115	114	266
1987	66 560	4 263	4 117	–	146	–	11 301	10 632	394	271	4	7 408	7 077	122	209
1988	65 152	4 236	4 113	–	123	–	11 062	10 383	433	242	4	7 225	6 957	111	157

Quelle: Statistische Jahrbücher des Hochschulwesens der DDR

Tabelle 76: Weibliche Studierende nach Wissenschaftszweigen (Agrarwissenschaften, Wirtschaftswissenschaften, Philosophisch-historische Wissenschaften/Staats- und Rechtswissenschaften) an Universitäten und Hochschulen für den Zeitraum 1970 bis 1988

Jahr	Agrar-wiss. gesamt	Direkt-stud.	Fern-stud.	Stud. im Ausland/ Forsch.-st.	andere Stud.-formen	Wirtschafts-wiss. gesamt	Direkt-stud.	Fern-stud.	Stud. im Ausland/ Forsch.-st.	andere Stud.-formen	Phil.-hist. W./ Staats- u. Rechtswiss. gesamt	Direkt-stud.	Fern-stud.	Stud. im Ausland/ Forsch.-st.	andere Stud.-formen
1970	2 319	1 894	346	76	3	7 146	5 608	1 366	122	50	2 395	1 634	681	59	21
1971	2 546	2 119	308	117	2	9 104	6 889	1 902	142	171	2 989	2 023	706	97	163
1972	2 849	2 412	304	133	–	10 782	8 218	2 248	135	181	3 148	2 267	736	144	1
1973	3 125	2 779	240	106	–	11 142	8 673	2 124	125	220	3 525	2 280	826	107	312
1974	3 288	2 954	250	84	–	10 930	8 624	2 048	77	181	3 512	2 242	781	90	399
1975	3 386	3 071	232	83	–	10 282	8 166	1 717	270	129	3 267	2 174	620	93	380
1976	3 286	2 968	214	104	–	9 691	7 815	1 472	267	137	3 116	1 959	553	123	481
1977	3 205	2 923	180	102	–	9 757	7 964	1 416	254	123	3 093	1 848	515	142	588
1978	3 260	2 953	204	103	–	10 169	8 301	1 486	254	128	2 913	1 740	473	139	561
1979	3 454	3 101	241	112	–	10 857	8 677	1 770	230	180	2 897	1 658	506	135	598
1980	3 783	3 420	240	123	–	11 024	8 796	1 843	216	169	3 058	1 638	674	122	624
1981	4 061	3 710	224	127	–	10 693	8 422	1 875	221	175	2 913	1 610	587	103	613
1982	4 069	3 691	242	136	–	10 781	8 510	1 858	232	181	2 919	1 567	625	96	631
1983	3 958	3 600	226	132	–	11 077	8 794	1 862	243	178	2 767	1 518	565	101	583
1984	3 815	3 471	208	136	–	11 282	9 007	1 866	244	165	2 862	1 505	608	94	655
1985	3 690	3 352	206	132	–	12 039	9 665	1 992	220	162	2 739	1 459	547	82	651
1986	3 563	3 239	213	111	–	11 817	9 597	1 863	185	172	2 678	1 390	1 125	70	93
1987	3 479	3 146	230	103	–	11 567	9 202	1 989	160	216	2 529	1 338	1 012	66	113
1988	3 394	3 028	273	93	–	11 615	8 952	2 259	141	263	2 693	1 316	1 221	48	108

Quelle: Statistische Jahrbücher des Hochschulwesens der DDR

Tabelle 77: Weibliche Studierende nach Wissenschaftszweigen (Kultur-, Kunst- und Sportwissenschaften, Literatur- und Sprachwissenschaften und Kunst) an Universitäten und Hochschulen für den Zeitraum 1970 bis 1988

Jahr	Kultur-/ Kunst-/Sport-wiss. gesamt	Direkt-stud.	Fern-stud.	Stud. im Ausland/ Forsch.-st.	andere Stud.-formen	Literatur-/ Sprach-wiss. gesamt	Direkt-stud.	Fern-stud.	Stud. im Ausland/ Forsch.-st.	andere Stud.-formen	Kunst gesamt	Direkt-stud.	Fern-stud.	Stud. im Ausland/ Forsch.-st.	andere Stud.-formen
1970	1 412	567	272	28	545	786	654	84	25	23	856	690	99	3	64
1971	1 371	682	289	41	359	1 112	919	95	34	64	962	837	88	—	37
1972	1 406	743	291	70	302	1 247	1 048	101	53	45	1 032	901	90	—	41
1973	892	613	258	21	—	1 440	1 263	98	34	45	969	863	67	—	39
1974	920	611	281	28	—	1 493	1 344	77	28	44	971	858	71	—	42
1975	875	624	239	12	—	1 458	1 298	59	79	22	1 000	871	85	7	37
1976	862	610	241	11	—	1 426	1 217	57	127	25	948	843	64	9	32
1977	900	684	207	9	—	1 510	1 267	65	161	17	1 019	904	69	12	34
1978	989	770	212	7	—	1 426	1 169	72	171	14	1 029	899	74	12	44
1979	1 038	836	199	3	—	1 461	1 188	81	180	12	1 087	980	73	—	34
1980	1 036	815	217	4	—	1 577	1 285	93	187	12	1 219	1 084	81	14	40
1981	1 001	828	171	2	—	1 631	1 381	77	173	—	1 281	1 137	97	8	39
1982	964	776	180	8	—	1 579	1 363	65	151	—	1 334	1 187	93	4	50
1983	969	802	161	6	—	1 524	1 305	60	152	7	1 384	1 250	72	2	60
1984	948	769	174	5	—	1 352	1 144	62	139	7	1 380	1 254	79	1	46
1985	888	765	120	3	—	1 104	917	62	113	12	1 406	1 271	85	1	49
1986	919	758	159	2	—	964	767	64	91	42	1 464	1 310	128	2	24
1987	924	775	147	2	—	834	705	60	56	13	1 441	1 280	140	1	20
1988	912	757	154	1	—	788	656	71	61	—	1 511	1 313	157	1	40

Quelle: Statistische Jahrbücher des Hochschulwesens der DDR

Tabelle 78: Weibliche Studierende nach Wissenschaftszweigen (Pädagogische Fachrichtungsgruppen aller Wissenschaftszweige und Theologie) an Universitäten und Hochschulen und deren Anteile für den Zeitraum 1970 bis 1988

Jahr	Päd. Wiss. gesamt	Direkt-stud.	Fern-stud.	Stud. im Ausland/ Forsch.-st.	andere Stud.-formen	Theo-logie gesamt	Direkt-stud.	Anteil Mathem./ Natur-wiss. in [%]	Anteil Techn. Wiss. in [%]	Anteil Medi-zin in [%]	Anteil Agrar-wiss. in [%]	Anteil Wirt-schafts-wiss. in [%]	Anteil Phil.-hist. W./Staats- u. Rechts-wiss. in [%]	Anteil Kultur-/ Kunst-/ Sport-wiss. in [%]	Anteil Literat.-/ Sprach-wiss. in [%]	Anteil Kunst in [%]	Anteil Päd. Wiss. in [%]	Anteil Theo-logie in [%]
1970	19 275	16 681	2 393	68	133	•	•	8,1	12,4	12,1	4,6	14,1	4,7	2,8	1,6	1,7	38,0	•
1971	20 270	17 872	2 137	114	147	•	•	9,6	14,1	10,9	4,3	15,5	5,1	2,3	1,9	1,6	34,5	•
1972	21 429	18 832	2 092	142	363	•	•	9,9	15,5	10,3	4,4	16,6	4,8	2,2	1,9	1,6	32,9	•
1973	22 675	19 633	2 088	213	741	183	180	9,3	16,3	9,7	4,6	16,4	5,2	1,3	2,1	1,4	33,4	0,3
1974	22 612	19 877	1 789	210	736	189	187	8,2	17,1	9,4	4,9	16,3	5,2	1,4	2,2	1,4	33,7	0,3
1975	22 556	19 813	2 017	18	708	181	181	6,7	17,6	10,6	5,1	15,6	5,0	1,3	2,2	1,5	34,2	0,3
1976	21 401	19 102	1 572	26	701	180	180	6,1	17,0	11,0	5,3	15,6	5,0	1,4	2,3	1,5	34,4	0,3
1977	20 622	18 490	1 325	28	779	179	179	5,6	16,6	12,4	5,2	15,8	5,0	1,5	2,5	1,7	33,5	0,3
1978	19 919	18 213	955	33	718	185	185	5,8	15,9	12,5	5,4	16,8	4,8	1,6	2,4	1,7	32,8	0,3
1979	19 610	17 883	564	39	1 124	185	185	6,1	16,5	12,1	5,6	17,5	4,7	1,7	2,4	1,7	31,5	0,3
1980	19 449	18 057	523	41	828	193	193	6,4	16,4	11,9	6,0	17,4	4,8	1,6	2,5	1,9	30,7	0,3
1981	20 169	18 288	192	43	1 646	205	205	6,7	15,8	11,8	6,4	16,8	4,6	1,6	2,6	2,0	31,6	0,3
1982	19 856	18 316	198	47	1 295	211	211	7,2	16,3	11,6	6,3	16,8	4,5	1,5	2,5	2,1	30,9	0,3
1983	20 217	18 144	239	50	1 784	240	240	7,3	16,3	11,7	6,1	17,0	4,3	1,5	2,3	2,1	31,1	0,4
1984	19 911	17 720	249	51	1 891	276	276	7,2	16,4	11,8	5,9	17,4	4,4	1,5	2,1	2,1	30,8	0,4
1985	19 932	17 344	278	48	2 262	291	291	7,0	16,8	11,6	5,7	18,5	4,2	1,4	1,7	2,2	30,6	0,4
1986	21 342	18 585	299	45	2 413	309	309	6,6	17,0	11,3	5,4	17,8	4,0	1,4	1,5	2,2	32,2	0,5
1987	22 517	19 473	366	38	2 640	297	297	6,4	17,0	11,1	5,2	17,4	3,8	1,4	1,3	2,2	33,8	0,4
1988	21 427	18 912	393	43	2 079	289	289	6,5	17,0	11,1	5,2	17,8	4,1	1,4	1,2	2,3	32,9	0,4

Quelle: Statistische Jahrbücher des Hochschulwesens der DDR

Tabelle 79: Studierende nach ausgewählten Studienformen an Fachschulen für den Zeitraum 1949 bzw. 1952 bis 1989

Jahr	Studenten gesamt	weibl. Studenten gesamt	Direkt-studenten	weibl. Direkt-studenten	Fern-studenten	weibl. Fern-studenten	Abend-studenten	weibl. Abend-studenten
1949	16 000	3 520	•	•	–	–	–	–
1950	21 000	5 250	•	•	–	–	–	–
1951	34 737	10 490	34 737	10 490	–	–	–	–
1952	52 186	15 656	42 961	12 949	4 879	•	4 346	•
1953	72 173	17 832	50 748	14 983	10 062	•	11 363	•
1954	79 525	20 460	52 207	16 774	14 042	•	13 276	•
1955	85 285	23 840	49 132	18 154	15 341	•	20 812	•
1956	126 715	46 085	68 639	34 732	27 782	•	30 294	•
1957	115 753	37 325	65 789	31 995	21 021	•	28 943	•
1958	110 073	33 839	62 498	29 159	20 575	•	27 000	•
1959	127 714	39 827	66 180	32 349	25 589	•	33 340	•
1960	126 018	36 000	47 261	15 500	30 496	5 600	25 641	2 200
1961	141 475	42 300	43 600	12 800	38 200	8 900	29 100	3 100
1962	134 974	41 400	47 900	19 800	40 100	10 000	28 600	3 900
1963	120 209	33 600	52 000	19 900	42 800	9 700	25 500	4 000
1964	110 898	31 900	47 300	16 900	41 600	10 800	22 000	4 200
1965	113 624	34 614	50 784	19 886	37 625	9 176	23 413	5 405
1966	121 750	42 756	52 584	23 176	43 571	14 136	23 171	5 255
1967	126 045	45 626	55 111	25 696	44 181	13 891	24 772	5 878
1968	143 082	58 499	59 084	30 067	53 294	20 730	28 217	7 582
1969	154 559	68 095	60 397	33 786	59 374	25 412	31 211	8 599
1970	167 158	81 176	62 801	37 782	64 374	30 416	37 396	12 681
1971	178 883	89 634	66 123	41 173	69 497	33 732	42 328	14 647
1972	176 867	89 798	67 550	41 923	67 157	33 238	41 544	14 584
1973	162 925	87 036	64 769	41 215	64 739	34 295	32 849	11 471
1974	154 528	91 516	72 958	52 436	57 631	30 576	23 710	8 417
1975	156 384	102 210	84 177	65 408	55 944	30 825	16 045	5 900
1976	159 955	110 381	97 401	78 593	51 031	27 486	11 403	4 264
1977	162 460	113 627	99 275	80 361	52 242	29 066	10 753	4 083
1978	164 632	116 076	99 891	81 531	53 392	29 934	11 218	4 551
1979	169 608	120 865	100 891	83 383	56 826	32 435	11 709	4 938
1980	171 825	123 549	102 553	85 728	57 960	32 761	11 066	4 874
1981	173 411	126 116	104 351	87 681	58 300	33 609	10 457	4 592
1982	172 058	126 309	104 843	88 263	57 672	33 757	9 381	4 171
1983	167 864	123 179	103 184	86 450	55 682	32 716	8 875	3 926
1984	163 573	120 131	101 598	84 544	53 662	31 952	8 160	3 497
1985	162 221	117 695	99 516	81 903	54 343	32 195	8 152	3 410
1986	160 379	114 975	97 192	79 299	54 755	32 149	8 212	3 344
1987	158 777	112 034	94 960	76 738	55 433	31 881	8 212	3 243
1988	157 513	110 719	91 934	74 089	56 775	32 935	8 482	3 420
1989	152 700	107 397	86 772	69 821	57 400	34 008	8 199	3 257

Quelle: 1949 bis 1953 eigene Berechnungen, 1954 bis 1989 Statistische Jahrbücher der DDR

Tabelle 80: Studierende nach ausgewählten Studienformen an Fachschulen für den Zeitraum 1949 bzw. 1952 bis 1989 in Prozent

Jahr	Anteil Direkt-studenten	Anteil Fern-studenten	Anteil Abend-studenten	Ant. weibl. Studenten gesamt	Ant. weibl. Direkt-studenten	Ant. weibl. Fern-studenten	Ant. weibl. Abend-studenten
1949	•	–	–	22,0	•	–	–
1950	•	–	–	25,0	•	–	–
1951	•	–	–	30,2	•	–	–
1952	82,3	9,3	8,3	30,0	•	•	•
1953	70,3	13,9	15,7	24,7	84,0	•	•
1954	65,6	17,7	16,7	25,7	82,0	•	•
1955	57,6	18,0	24,4	28,0	76,1	•	•
1956	54,2	21,9	23,9	36,4	75,4	•	•
1957	56,8	18,2	25,0	32,2	85,7	•	•
1958	56,8	18,7	24,5	30,7	86,2	•	•
1959	51,8	20,0	26,1	31,2	81,2	•	•
1960	37,5	24,2	20,3	28,6	43,1	15,6	6,1
1961	30,8	27,0	20,6	29,9	30,3	21,0	7,3
1962	35,5	29,7	21,2	30,7	47,8	24,2	9,4
1963	43,3	35,6	21,2	28,0	59,2	28,9	11,9
1964	42,7	37,5	19,8	28,8	53,0	33,9	13,2
1965	44,7	33,1	20,6	30,5	57,5	26,5	15,6
1966	43,2	35,8	19,0	35,1	54,2	33,1	12,3
1967	43,7	35,1	19,7	36,2	56,3	30,4	12,9
1968	41,3	37,2	19,7	40,9	51,4	35,4	13,0
1969	39,1	38,4	20,2	44,1	49,6	37,3	12,6
1970	37,6	38,5	22,4	48,6	46,5	37,5	15,6
1971	37,0	38,9	23,7	50,1	45,9	37,6	16,3
1972	38,2	38,0	23,5	50,8	46,7	37,0	16,2
1973	39,8	39,7	20,2	53,4	47,4	39,4	13,2
1974	47,2	37,3	15,3	59,2	57,3	33,4	9,2
1975	53,8	35,8	10,3	65,4	64,0	30,2	5,8
1976	60,9	31,9	7,1	69,0	71,2	24,9	3,9
1977	61,1	32,2	6,6	69,9	70,7	25,6	3,6
1978	60,7	32,4	6,8	70,5	70,2	25,8	3,9
1979	59,5	33,5	6,9	71,3	69,0	26,8	4,1
1980	59,7	33,7	6,4	71,9	69,4	26,5	3,9
1981	60,2	33,6	6,0	72,7	69,5	26,6	3,6
1982	60,9	33,5	5,5	73,4	69,9	26,7	3,3
1983	61,5	33,2	5,3	73,4	70,2	26,6	3,2
1984	62,1	32,8	5,0	73,4	70,4	26,6	2,9
1985	61,3	33,5	5,0	72,6	69,6	27,4	2,9
1986	60,6	34,1	5,1	71,7	69,0	28,0	2,9
1987	59,8	34,9	5,2	70,6	68,5	28,5	2,9
1988	58,4	36,0	5,4	70,3	66,9	29,7	3,1
1989	56,8	37,6	5,4	70,3	65,0	31,7	3,0

Tabelle 81: Studierende nach Studienformen an Fachschulen für den Zeitraum 1965 bis 1988

Jahr	Studierende gesamt	Direkt-studium	Fern-studium	Abend-studium	Zusatz-studium	Ausl. Stud. i. d. DDR Direktst.	Ausl. Stud. i. d. DDR gesamt
1965	113 624	50 784	37 625	23 413	1 802	455	.
1966	121 750	52 584	43 571	23 171	2 424	374	.
1967	126 045	55 111	44 181	24 772	1 981	376	.
1968	143 082	59 084	53 294	28 217	2 487	499	.
1969	154 559	60 397	59 374	31 211	3 577	567	.
1970	167 158	62 801	64 374	37 396	2 587	557	.
1971	177 139	65 878	69 191	42 070	935	525	.
1972	176 867	67 550	67 157	41 544	616	760	.
1973	162 925	64 769	64 739	32 849	568	729	.
1974	154 528	72 958	57 631	23 710	229	872	.
1975	156 384	84 177	55 944	16 045	218	781	808
1976	159 955	97 401	51 031	11 403	120	758	941
1977	162 460	99 275	52 242	10 753	190	797	986
1978	164 632	99 891	53 392	11 218	131	759	818
1979	169 608	100 891	56 826	11 709	182	699	745
1980	171 825	102 553	57 960	11 066	246	649	708
1981	173 411	104 351	58 300	10 457	303	663	711
1082	172 058	104 843	57 672	9 381	162	910	960
1983	167 864	103 184	55 682	8 875	123	1 106	1 152
1984	163 573	101 598	53 662	8 160	153	1 024	1 065
1985	162 221	99 516	54 343	8 152	210	976	1 018
1986	160 379	97 192	54 755	8 212	220	833	869
1987	158 777	94 960	55 433	8 212	172	776	819
1988	157 513	91 934	56 775	8 482	322	713	751

Quelle: Statistische Jahrbücher des Fachschulwesens der DDR

Tabelle 82: Studierende nach Studienformen an Fachschulen für den Zeitraum 1965 bis 1988 in Prozent

Jahr	Anteil Direkt-studium	Anteil Fern-studium	Anteil Abend-studium	Anteil Zusatz-studium
1965	44,7	33,1	20,6	1,6
1966	43,2	35,8	19,0	2,0
1967	43,7	35,1	19,7	1,6
1968	41,3	37,2	19,7	1,7
1969	39,1	38,4	20,2	2,3
1970	37,6	38,5	22,4	1,5
1971	37,0	38,9	23,6	0,5
1972	38,2	38,0	23,5	0,3
1973	39,8	39,7	20,2	0,3
1974	47,2	37,3	15,3	0,1
1975	53,8	35,8	10,3	0,1
1976	60,9	31,9	7,1	0,1
1977	61,1	32,2	6,6	0,1
1978	60,7	32,4	6,8	0,1
1979	59,5	33,5	6,9	0,1
1980	59,7	33,7	6,4	0,1
1981	60,2	33,6	6,0	0,2
1982	60,9	33,5	5,5	0,1
1983	61,5	33,2	5,3	0,1
1984	62,1	32,8	5,0	0,1
1985	61,3	33,5	5,0	0,1
1986	60,6	34,1	5,1	0,1
1987	59,8	34,9	5,2	0,1
1988	58,4	36,0	5,4	0,2

Tabelle 83: Weibliche Studierende nach Studienformen an Fachschulen für den Zeitraum 1965 bis 1988

Jahr	weibliche Studierende gesamt	Direkt-studium	Fern-studium	Abend-studium	Zusatz-studium
1965	34 614	19 886	9 176	5 405	•
1966	42 756	23 176	14 136	5 255	189
1967	45 626	25 696	13 891	5 878	161
1968	58 499	30 067	20 730	7 582	120
1969	68 095	33 786	25 412	8 599	298
1970	81 176	37 782	30 416	12 681	297
1971	89 300	41 066	33 631	14 603	82
1972	89 798	41 923	33 238	14 584	53
1973	87 036	41 215	34 295	11 471	55
1974	91 516	52 436	30 576	8 417	87
1975	102 210	65 408	30 825	5 900	77
1976	110 381	78 593	27 486	4 264	38
1977	113 627	80 361	29 066	4 083	117
1978	116 076	81 531	29 934	4 551	60
1979	120 865	83 383	32 435	4 938	109
1980	123 549	85 728	32 761	4 874	186
1981	126 116	87 681	33 609	4 592	234
1982	126 309	88 263	33 757	4 171	118
1983	123 179	86 450	32 716	3 926	87
1984	120 131	84 544	31 952	3 497	138
1985	117 695	81 903	32 195	3 410	187
1986	114 975	79 299	32 149	3 344	183
1987	112 034	76 738	31 881	3 243	172
1988	110 719	74 089	32 935	3 420	275

Quelle: Statistische Jahrbücher des Fachschulwesens der DDR

Tabelle 84: Weibliche Studierende nach Studienformen an Fachschulen für den Zeitraum 1965 bis 1988 in Prozent

Jahr	Anteil Direkt-studium	Anteil Fern-studium	Anteil Abend-studium	Anteil Zusatz-studium
1965	57,5	26,5	15,6	•
1966	54,2	33,1	12,3	0,4
1967	56,3	30,4	12,9	0,4
1968	51,4	35,4	13,0	0,2
1969	49,6	37,3	12,6	0,4
1970	46,5	37,5	15,6	0,4
1971	46,0	37,6	16,3	0,1
1972	46,7	37,0	16,2	0,1
1973	47,4	39,4	13,2	0,1
1974	57,3	33,4	9,2	0,1
1975	64,0	30,2	5,8	0,1
1976	71,2	24,9	3,9	0,03
1977	70,7	25,6	3,6	0,1
1978	70,2	25,8	3,9	0,1
1979	69,0	26,8	4,1	0,1
1980	69,4	26,5	3,9	0,2
1981	69,5	26,6	3,6	0,2
1982	69,9	26,7	3,3	0,1
1983	70,2	26,6	3,2	0,1
1984	70,4	26,6	2,9	0,1
1985	69,6	27,4	2,9	0,2
1986	69,0	28,0	2,9	0,2
1987	68,5	28,5	2,9	0,2
1988	66,9	29,7	3,1	0,2

Abbildung 13: Studierende nach ausgewählten Studienformen an Fachschulen für den Zeitraum 1952 bis 1989

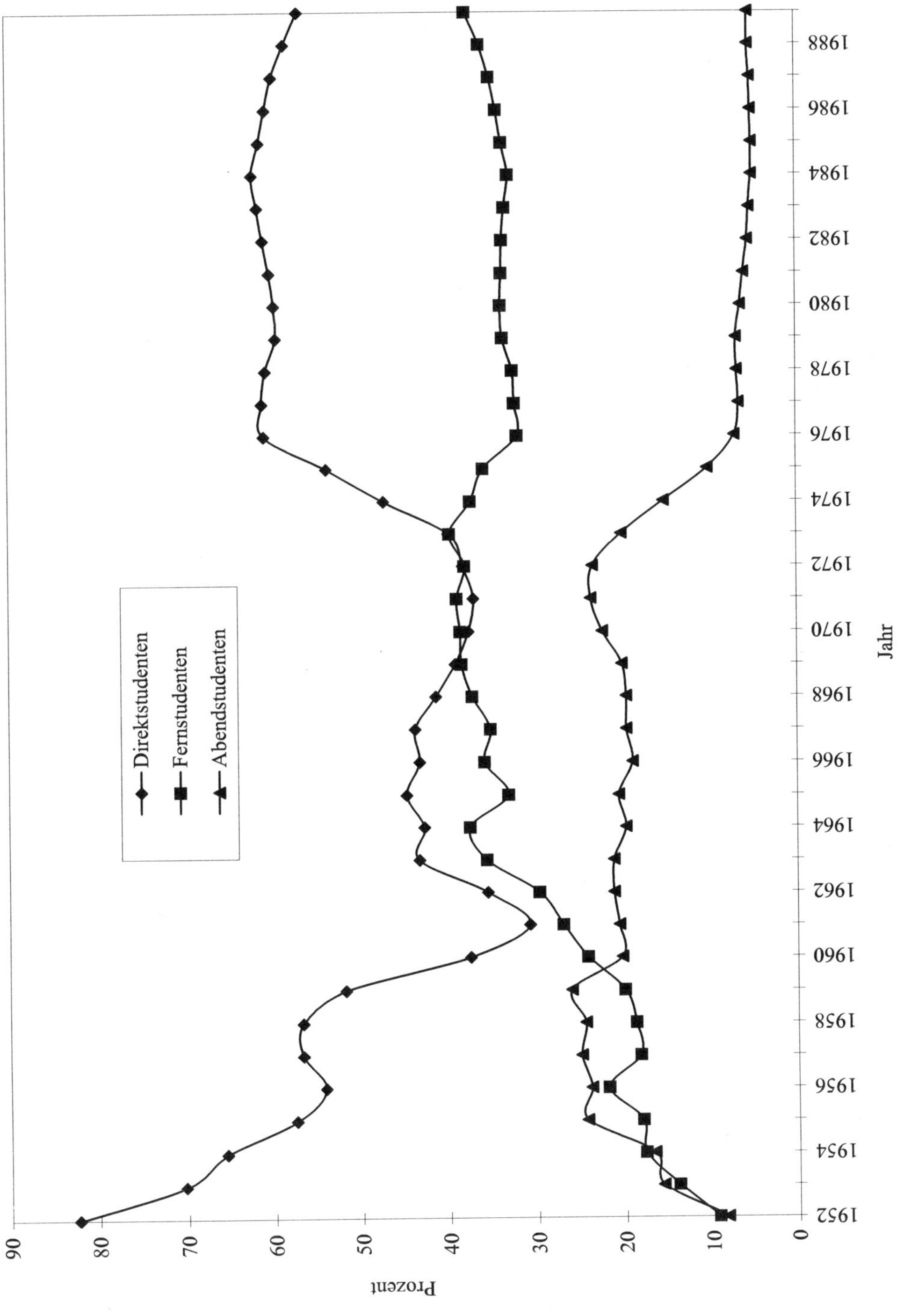

Abbildung 14: Weibliche Studierende nach ausgewählten Studienformen an Fachschulen für den Zeitraum 1953 bzw. 1960 bis 1989

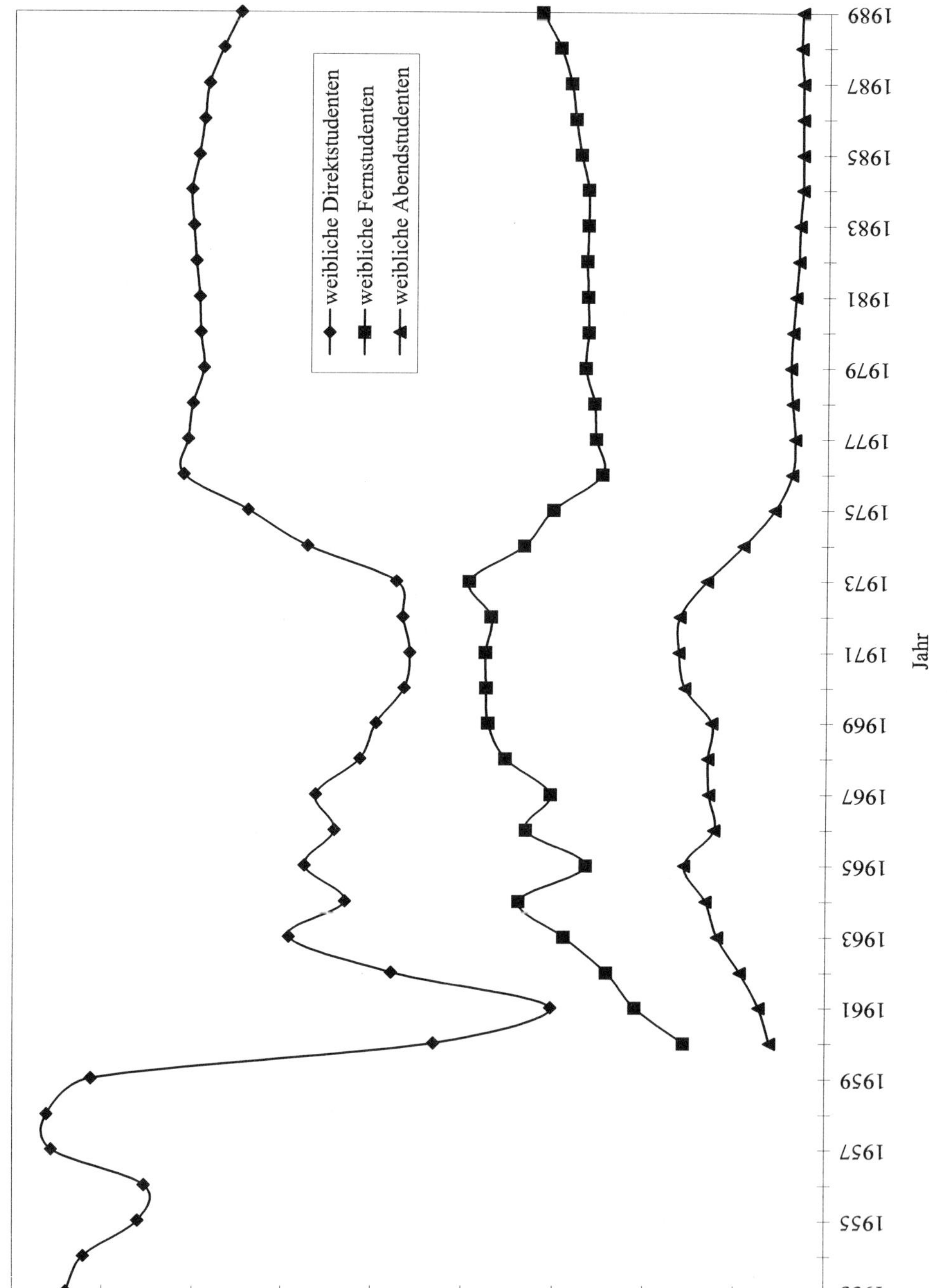

Tabelle 85: Neuzulassungen in ausgewählten Studienformen an Fachschulen für den Zeitraum 1952 bzw. 1960 bis 1989

Jahr	Neuzulassungen	dar. Direktstudium	dar. Fernstudium	dar. Abendstudium	Ant. Direktstudium in [%]	Ant. Fernstudium in [%]	Ant. Abendstudium in [%]
1952	29 472	•	•	•	•	•	•
1953	43 060	•	•	•	•	•	•
1954	42 945	•	•	•	•	•	•
1955	38 985	•	•	•	•	•	•
1956	57 316	•	•	•	•	•	•
1957	48 175	•	•	•	•	•	•
1958	41 374	•	•	•	•	•	•
1959	64 961	•	•	•	•	•	•
1960	57 833	19 477	12 399	13 429	33,7	21,4	23,2
1961	51 253	16 124	12 964	10 157	31,5	25,3	19,8
1962	41 137	16 407	11 038	8 483	39,9	26,8	20,6
1963	33 537	17 310	9 932	6 295	51,6	29,6	18,8
1964	37 724	17 941	11 464	5 849	47,6	30,4	15,5
1965	43 257	21 509	12 181	8 442	49,7	28,2	19,5
1966	45 414	20 548	15 633	7 908	45,2	34,4	17,4
1967	41 660	21 047	12 614	6 899	50,5	30,3	16,6
1968	53 783	23 798	19 332	8 897	44,2	35,9	16,5
1969	52 431	21 080	18 755	10 605	40,2	35,8	20,2
1970	56 529	22 991	19 351	12 797	40,7	34,2	22,6
1971	58 253	25 948	19 838	12 059	44,5	34,1	20,7
1972	48 023	23 504	16 897	7 348	48,9	35,2	15,3
1973	41 235	21 121	15 811	3 958	51,2	38,3	9,6
1974	49 743	33 205	13 433	2 941	66,8	27,0	5,9
1975	52 263	34 484	15 057	2 587	66,0	28,8	4,9
1976	50 148	34 025	13 363	2 744	67,8	26,6	5,5
1977	51 343	33 911	14 109	3 227	66,0	27,5	6,3
1978	51 289	34 265	14 372	2 606	66,8	28,0	5,1
1979	52 972	35 177	14 898	2 730	66,4	28,1	5,2
1980	52 129	35 547	14 179	2 181	68,2	27,2	4,2
1981	52 655	35 626	14 992	1 907	67,7	28,5	3,6
1982	52 444	35 471	14 791	2 079	67,6	28,2	4,0
1983	49 589	34 284	13 421	1 838	69,1	27,1	3,7
1984	49 921	33 810	14 029	1 952	67,7	28,1	3,9
1985	49 699	32 999	14 468	2 132	66,4	29,1	4,3
1986	49 346	32 286	14 800	2 134	65,4	30,0	4,3
1987	48 386	31 605	14 689	2 008	65,3	30,4	4,1
1988	48 169	30 163	15 517	2 237	62,6	32,2	4,6
1989	45 172	27 715	15 432	1 783	61,4	34,2	3,9

Quelle: Statistische Jahrbücher der DDR

Tabelle 86: Absolventen in ausgewählten Studienformen an Fachschulen für den Zeitraum 1952 bzw. 1960 bis 1989

Jahr	Absol-venten	dar. Direkt-studium	dar. Fern-studium	dar. Abend-studium	Ant. Direkt-studium in [%]	Ant. Fern-studium in [%]	Ant. Abend-studium in [%]
1952	15 759	.	.	.	.	.	.
1953	18 831	.	.	.	.	.	.
1954	22 844	.	.	.	.	.	.
1955	21 572	.	.	.	.	.	.
1956	28 965	.	.	.	.	.	.
1957	29 653	.	.	.	.	.	.
1958	32 357	.	.	.	.	.	.
1959	35 321	.	.	.	.	.	.
1960	24 544	16 428	3 582	2 705	66,9	14,6	11,0
1961	25 478	13 593	4 070	2 925	53,4	16,0	11,5
1962	34 306	15 488	7 036	4 378	45,1	20,5	12,8
1963	35 920	19 713	10 828	5 379	54,9	30,1	15,0
1964	36 892	19 612	10 591	6 137	53,2	28,7	16,6
1965	33 633	15 395	12 647	5 192	45,8	37,6	15,4
1966	29 064	15 571	7 736	5 295	53,6	26,6	18,2
1967	28 648	15 426	8 903	3 606	53,8	31,1	12,6
1968	29 456	17 580	7 141	3 979	59,7	24,2	13,5
1969	33 600	17 168	10 835	4 620	51,1	32,2	13,8
1970	36 265	18 337	10 863	5 578	50,6	30,0	15,4
1971	37 924	20 260	11 947	5 128	53,4	31,5	13,5
1972	41 847	19 187	15 648	6 441	45,9	37,4	15,4
1973	46 638	20 695	14 518	10 964	44,4	31,1	23,5
1974	50 975	22 170	17 588	11 029	43,5	34,5	21,6
1975	43 030	20 442	13 259	9 222	47,5	30,8	21,4
1976	38 982	17 409	14 884	6 649	44,7	38,2	17,1
1977	42 234	28 302	10 500	3 327	67,0	24,9	7,9
1978	41 179	29 888	9 782	1 474	72,6	23,8	3,6
1979	39 663	30 039	7 936	1 575	75,7	20,0	4,0
1980	42 038	29 721	9 943	2 186	70,7	23,7	5,2
1981	43 355	30 003	11 269	2 024	69,2	26,0	4,7
1982	45 426	30 811	11 820	2 589	67,8	26,0	5,7
1983	44 867	31 374	11 631	1 799	69,9	25,9	4,0
1984	44 890	31 168	11 559	2 077	69,4	25,7	4,6
1985	43 201	30 881	10 642	1 652	71,5	24,6	3,8
1986	43 189	30 515	11 015	1 539	70,7	25,5	3,6
1987	42 118	29 788	10 675	1 552	70,7	25,3	3,7
1988	40 685	29 224	10 008	1 357	71,8	24,6	3,3
1989	40 523	28 303	10 623	1 408	69,8	26,2	3,5

Quelle: Statistische Jahrbücher der DDR

Tabelle 87: Soziale Herkunft der Studierenden im Direktstudium an Fachschulen für den Zeitraum 1954 bis 1988 in Prozent

Jahr	Anteil Arbeiter	Anteil LPG/PGH-Mitglieder	Anteil Angestellte	Anteil Intelligenz	Anteil Sonstige
1954	52,8	9,9	23,6	4,3	9,4
1955	55,0	9,6	23,8	4,3	7,3
1956	56,6	9,5	22,2	4,9	6,8
1957	58,5	9,3	19,5	5,2	7,5
1958	61,9	9,2	18,2	3,8	6,9
1959	61,7	8,8	18,7	4,0	6,8
1960	58,4	9,3	18,6	5,9	7,8
1961	57,9	11,4	17,8	6,0	6,9
1962	60,4	9,0	18,1	6,2	6,3
1963	57,5	9,8	19,7	6,6	6,4
1964	54,5	9,5	21,5	7,8	6,7
1965	54,1	9,1	21,3	8,5	7,0
1966	52,6	10,3	21,2	8,8	7,1
1967	52,0	11,7	20,5	8,9	6,9
1968	50,2	12,0	21,8	9,2	6,7
1969	48,5	11,9	23,7	9,6	6,2
1970	47,8	11,8	25,1	9,6	5,7
1971	48,4	11,3	32,5	•	7,6
1972	51,1	11,8	23,3	9,0	4,8
1973	50,8	11,8	22,6	10,1	4,7
1974	50,5	11,3	22,3	11,1	4,8
1975	50,7	11,2	21,8	11,8	4,5
1976	51,1	10,8	21,5	12,5	4,1
1977	52,1	10,4	20,5	13,1	3,9
1978	52,3	9,5	20,4	14,3	3,5
1979	52,3	8,7	19,9	15,6	3,4
1980	51,9	8,2	20,0	16,6	3,2
1981	52,0	7,6	19,7	17,6	3,1
1982	51,6	7,2	19,6	18,6	3,0
1983	51,0	6,9	19,3	19,7	3,0
1984	50,1	6,4	18,7	21,6	3,3
1985	49,7	6,2	19,1	22,2	2,9
1986	49,2	6,2	19,0	22,9	2,7
1987	49,5	5,9	18,7	23,4	2,6
1988	49,0	6,0	18,9	23,2	2,9

Quelle: 1954 bis 1967 Statistische Jahrbücher der DDR, 1968 bis 1988 Jugend in der DDR – Statistische Übersichten

Tabelle 88: Soziale Herkunft der Studierenden im Direktstudium an Fachschulen für den Zeitraum 1965 bis 1986

Jahr	Studenten gesamt	Arbeiter	Angestellte	LPG/PGH-Mitglieder	Selbständige	Intelligenz	Sonstige
1965	50 784	27 467	10 844	4 618	2 482	4 314	1 059
1966	52 584	27 661	11 130	5 395	2 711	4 643	1 044
1967	55 111	28 526	11 384	6 457	2 695	4 939	1 110
1968	59 084	29 689	12 895	7 098	2 775	5 463	1 164
1969	60 397	29 273	14 337	7 185	2 683	5 814	1 105
1970	62 801	30 030	15 737	7 399	2 652	6 023	960
1971	65 788	31 859	21 395	7 405	2 575	•	2 424
1972	67 550	34 493	15 709	7 979	2 517	6 107	745
1973	64 769	32 884	14 622	7 649	2 337	6 537	740
1974	72 958	36 845	16 281	8 227	2 486	8 134	985
1975	84 177	42 709	18 335	9 402	2 602	9 956	1 173
1976	97 401	49 758	20 967	10 483	2 696	12 155	1 342
1977	99 275	51 708	20 364	10 305	2 698	12 977	1 223
1978	99 891	52 269	20 330	9 468	2 434	14 247	1 143
1979	100 891	52 799	20 053	8 826	2 321	15 732	1 160
1980	102 553	53 262	20 559	8 379	2 253	17 075	1 025
1981	104 351	54 266	20 568	7 919	2 216	18 350	1 032
1982	104 843	54 106	20 551	7 504	2 143	19 494	1 045
1983	103 184	52 594	19 965	7 152	2 083	20 313	1 077
1984	101 598	50 910	18 981	6 525	1 987	21 929	1 266
1985	99 516	49 422	18 970	6 121	2 004	22 092	907
1986	97 192	47 826	18 424	6 033	1 831	22 265	813

Quelle: Statistische Jahrbücher des Fachschulwesens der DDR

Tabelle 89: Soziale Stellung der Studierenden im Fernstudium an Fachschulen für den Zeitraum 1965 bis 1986

Jahr	Studenten gesamt	Arbeiter	Angestellte	LPG/PGH-Mitglieder	Selbständige	Intelligenz	Sonstige
1965	37 625	8 539	23 808	3 890	78	1 013	297
1966	43 571	10 482	28 619	3 115	113	912	330
1967	44 181	11 115	28 562	3 291	142	790	281
1968	53 294	12 634	34 570	4 715	165	826	384
1969	59 374	15 966	36 393	5 020	421	1 064	510
1970	64 374	17 199	39 970	5 310	360	926	609
1971	69 116	18 575	43 881	5 458	243	•	869
1972	67 157	22 093	37 929	5 421	461	711	542
1973	64 739	19 086	39 761	4 544	298	744	306
1974	57 631	16 200	36 692	3 827	136	512	264
1975	55 944	17 181	34 433	3 255	625	195	255
1976	51 031	18 241	29 107	2 750	162	488	283
1977	52 242	18 840	29 708	2 789	120	536	249
1978	53 392	20 319	29 185	3 016	133	552	187
1979	56 826	22 402	30 106	3 105	130	666	417
1980	57 960	23 300	30 283	3 285	147	701	244
1981	58 300	23 183	31 309	2 594	129	816	269
1982	57 672	23 654	30 081	2 588	154	897	298
1983	55 682	23 131	28 419	2 314	126	1 436	256
1984	53 662	22 605	27 386	2 192	103	1 088	288
1985	54 343	23 147	27 200	2 484	87	1 144	281
1986	54 755	22 842	28 000	2 399	80	1 184	250

Quelle: Statistische Jahrbücher des Fachschulwesens der DDR

Tabelle 90: Soziale Stellung der Studierenden im Fernstudium an Fachschulen für den Zeitraum 1965 bis 1986 in Prozent

Jahr	Anteil Arbeiter	Anteil Angestellte	Anteil LPG/PGH-Mitglieder	Anteil Selbständige	Anteil Intelligenz	Anteil Sonstige
1965	22,7	63,3	10,3	0,2	2,7	0,8
1966	24,1	65,7	7,1	0,3	2,1	0,8
1967	25,2	64,6	7,4	0,3	1,8	0,6
1968	23,7	64,9	8,8	0,3	1,5	0,7
1969	26,9	61,3	8,5	0,7	1,8	0,9
1970	26,7	62,1	8,2	0,6	1,4	0,9
1971	26,9	63,5	7,9	0,4	•	1,3
1972	32,9	56,5	8,1	0,7	1,1	0,8
1973	29,5	61,4	7,0	0,5	1,1	0,5
1974	28,1	63,7	6,6	0,2	0,9	0,5
1975	30,7	61,5	5,8	1,1	0,3	0,5
1976	35,7	57,0	5,4	0,3	1,0	0,6
1977	36,1	56,9	5,3	0,2	1,0	0,5
1978	38,1	54,7	5,6	0,2	1,0	0,4
1979	39,4	53,0	5,5	0,2	1,2	0,7
1980	40,2	52,2	5,7	0,3	1,2	0,4
1981	39,8	53,7	4,4	0,2	1,4	0,5
1982	41,0	52,2	4,5	0,3	1,6	0,5
1983	41,5	51,0	4,2	0,2	2,6	0,5
1984	42,1	51,0	4,1	0,2	2,0	0,5
1985	42,6	50,1	4,6	0,2	2,1	0,5
1986	41,7	51,1	4,4	0,1	2,2	0,5

Tabelle 91: Soziale Stellung der Studierenden im Abendstudium an Fachschulen für den Zeitraum 1965 bis 1986

Jahr	Studenten gesamt	Arbeiter	Angestellte	LPG/PGH-Mitglieder	Selbständige	Intelligenz	Sonstige
1965	23 413	8 508	14 081	416	8	336	64
1966	23 171	9 072	13 376	287	13	387	36
1967	24 772	10 256	13 662	247	32	489	86
1968	28 217	11 705	15 801	234	64	335	78
1969	31 211	13 116	16 847	372	129	611	136
1970	36 859	15 288	20 176	272	81	390	112
1971	42 070	18 986	22 482	303	106	-	193
1972	41 544	19 319	21 492	304	109	263	57
1973	32 849	15 287	16 989	270	87	173	43
1974	23 710	11 030	12 288	169	68	119	36
1975	16 045	7 108	8 589	151	52	101	44
1976	11 403	4 958	6 195	101	45	81	23
1977	10 753	5 436	5 022	96	51	95	53
1978	11 218	5 640	5 285	94	44	116	39
1979	11 709	5 874	5 603	85	15	105	27
1980	11 066	5 572	5 313	51	12	109	9
1981	10 457	4 938	5 330	71	14	83	21
1982	9 381	4 641	4 609	50	15	43	23
1983	8 875	4 619	4 103	46	12	71	24
1984	8 160	4 033	3 880	40	18	163	26
1985	8 152	4 442	3 501	39	11	129	30
1986	8 212	4 529	3 482	40	6	124	31

Quelle: Statistische Jahrbücher des Fachschulwesens der DDR

Tabelle 92: Soziale Stellung der Studierenden im Abendstudium an Fachschulen für den Zeitraum 1965 bis 1986 in Prozent

Jahr	Anteil Arbeiter	Anteil Angestellte	Anteil LPG/PGH-Mitglieder	Anteil Selbständige	Anteil Intelligenz	Anteil Sonstige
1965	36,3	60,1	1,8	0,03	1,4	0,3
1966	39,2	57,7	1,2	0,1	1,7	0,2
1967	41,4	55,2	1,0	0,1	2,0	0,3
1968	41,5	56,0	0,8	0,2	1,2	0,3
1969	42,0	54,0	1,2	0,4	2,0	0,4
1970	41,5	54,7	0,7	0,2	1,1	0,3
1971	45,1	53,4	0,7	0,3	-	0,5
1972	46,5	51,7	0,7	0,3	0,6	0,1
1973	46,5	51,7	0,8	0,3	0,5	0,1
1974	46,5	51,8	0,7	0,3	0,5	0,2
1975	44,3	53,5	0,9	0,3	0,6	0,3
1976	43,5	54,3	0,9	0,4	0,7	0,2
1977	50,6	46,7	0,9	0,5	0,9	0,5
1978	50,3	47,1	0,8	0,4	1,0	0,3
1979	50,2	47,9	0,7	0,1	0,9	0,2
1980	50,4	48,0	0,5	0,1	1,0	0,1
1981	47,2	51,0	0,7	0,1	0,8	0,2
1982	49,5	49,1	0,5	0,2	0,5	0,2
1983	52,0	46,2	0,5	0,1	0,8	0,3
1984	49,4	47,5	0,5	0,2	2,0	0,3
1985	54,5	42,9	0,5	0,1	1,6	0,4
1986	55,2	42,4	0,5	0,1	1,5	0,4

Tabelle 93: Soziale Stellung der Studierenden im Zusatzstudium an Fachschulen für den Zeitraum 1961, 1962 bzw. 1968 bis 1979

Jahr	Studenten gesamt	Arbeiter	Angestellte	LPG/PGH-Mitglieder	Selbständige	Intelligenz	Sonstige
1961	5 925	3 182	2 290	110	72	210	65
1962	5 274	2 912	1 938	126	88	164	46
1968	2 487	37	335	60	6	2 047	2
1969	3 577	116	323	94	15	3 015	14
1970	2 587	202	407	182	209	1 558	37
1971	935	33	843	41	–	–	18
1972	616	38	326	40	2	208	2
1973	568	22	74	33	–	439	–
1974	229	33	72	53	2	68	1
1975	218	2	79	53	–	84	–
1976	120	•	51	14	–	55	–
1977	190	•	142	29	–	19	–
1978	131	•	71	33	–	27	–
1979	182	•	114	52	–	16	–

Quelle: Statistische Jahrbücher des Fachschulwesens der DDR

Abbildung 15: Soziale Herkunft der Studierenden im Direktstudium an Fachschulen für den Zeitraum 1954 bis 1988

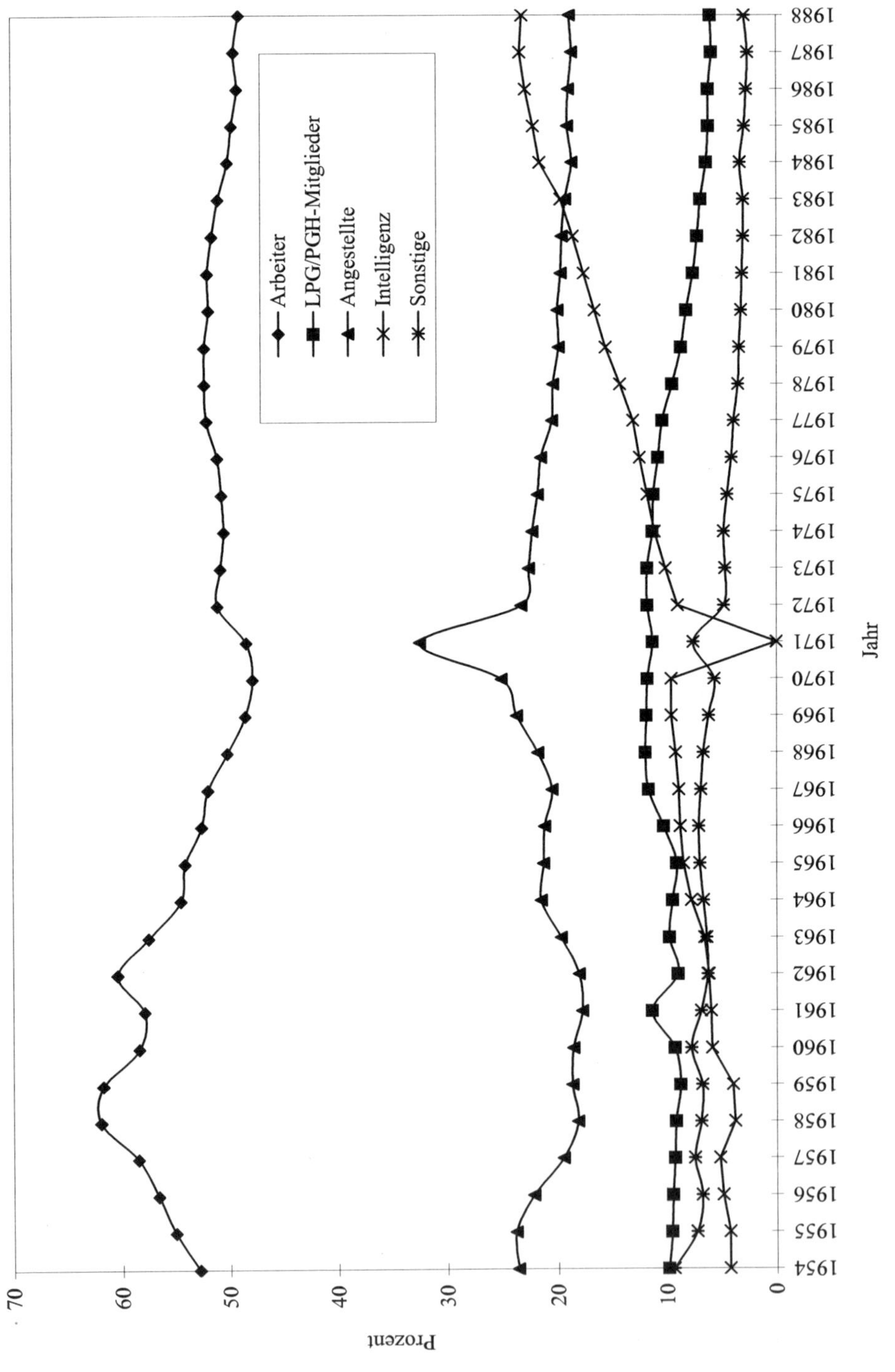

Abbildung 16: Soziale Stellung der Studierenden im Fernstudium an Fachschulen für den Zeitraum 1965 bis 1986

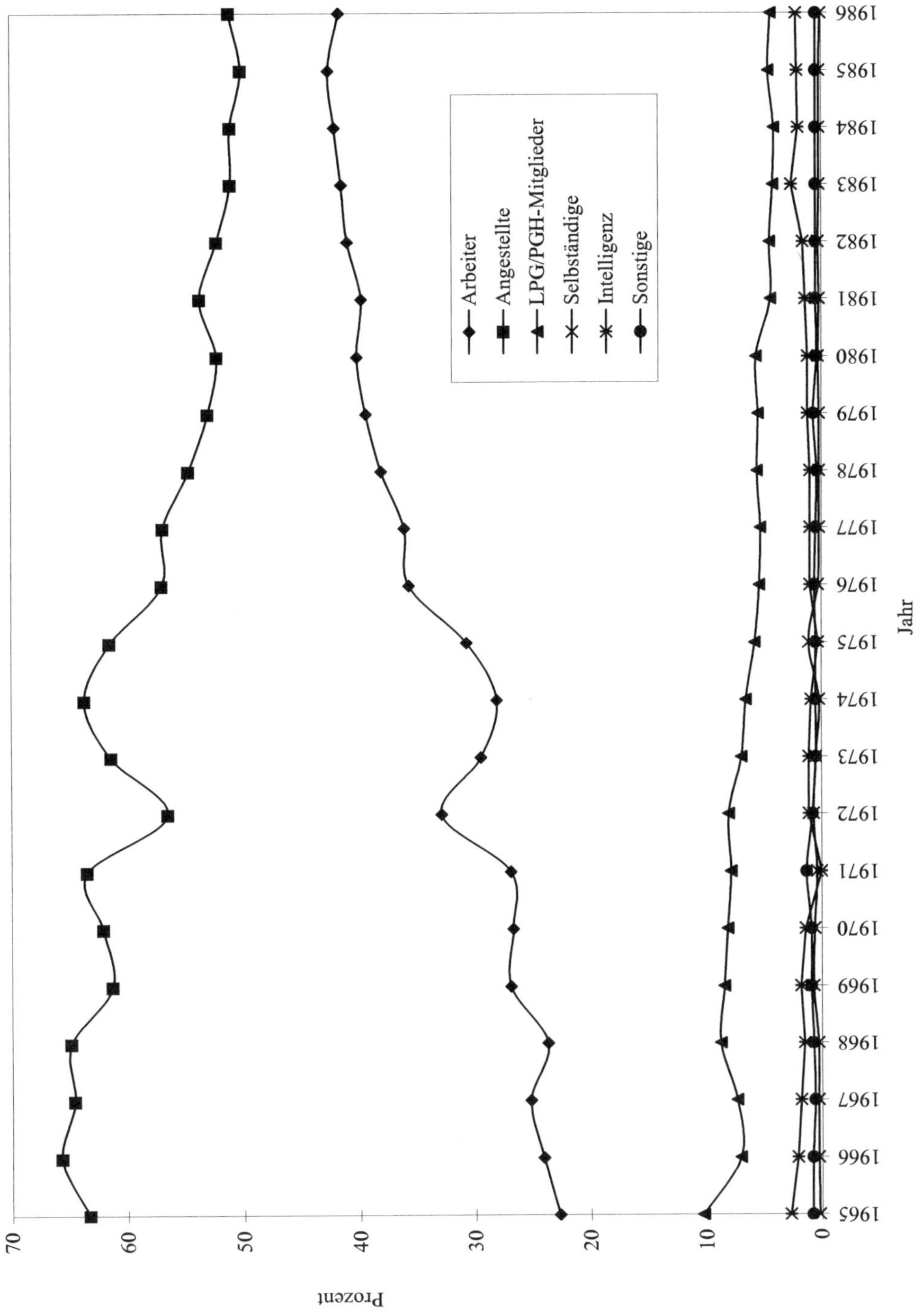

Abbildung 17: Soziale Stellung der Studierenden im Abendstudium an Fachschulen für den Zeitraum 1965 bis 1986

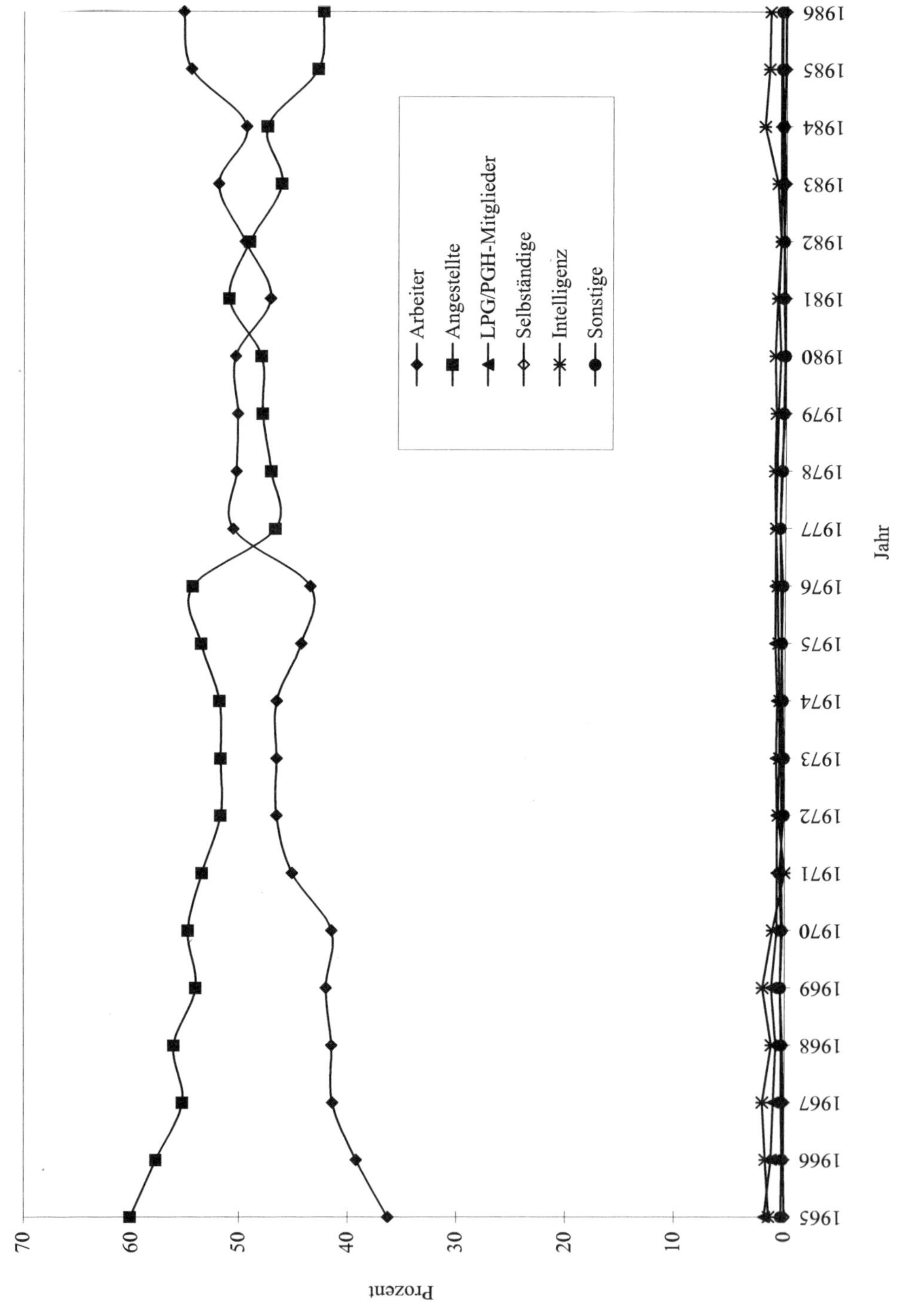

Abbildung 18: Soziale Stellung der Studierenden im Zusatzstudium an Fachschulen für den Zeitraum 1960 bis 1962 bzw. 1968 bis 1979

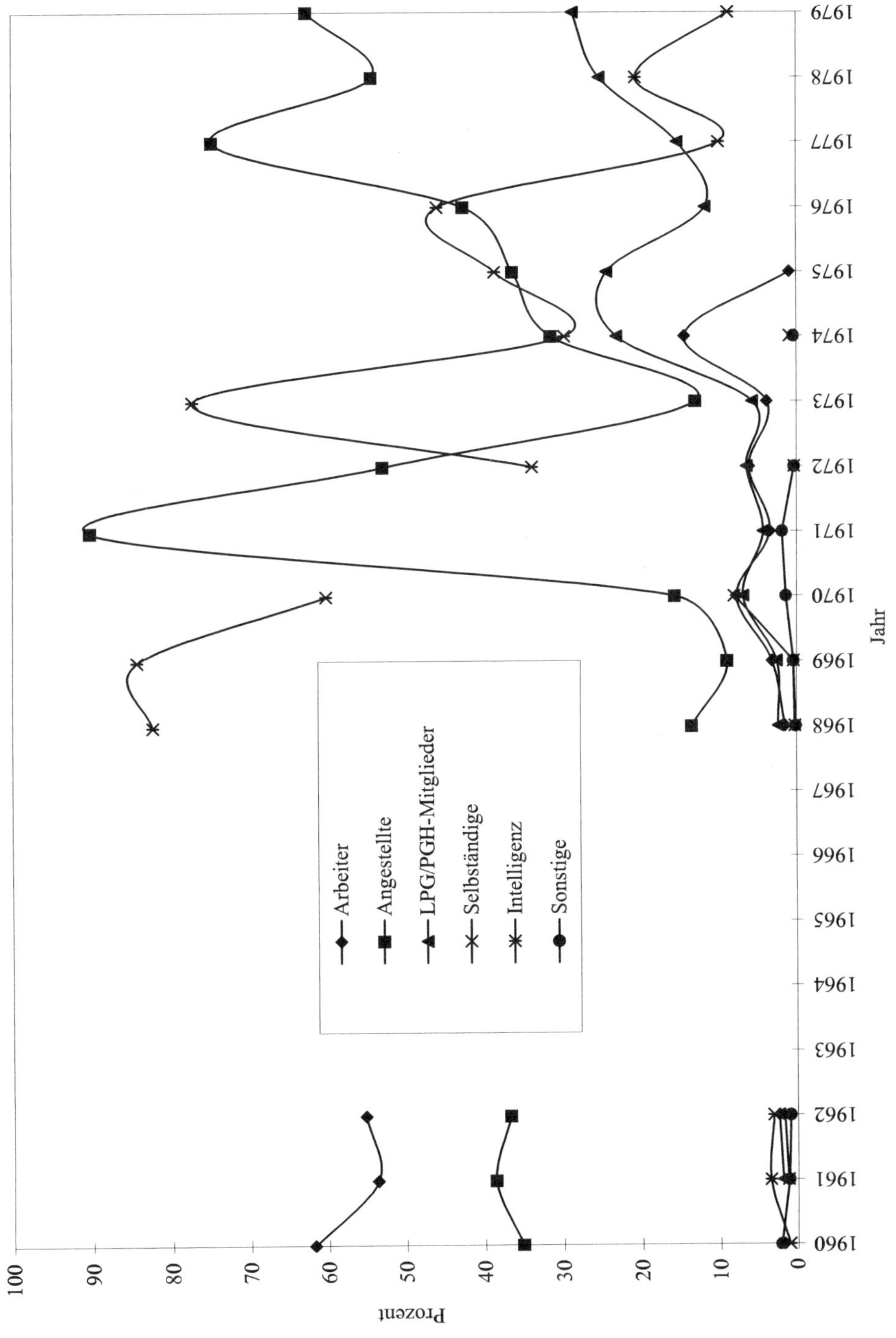

3 Aspekte der politischen Organisiertheit von DDR-Jugendlichen

3.1 Einleitung

Zwischen 1946 und 1989 existierte in der SBZ/DDR nur *eine* offiziell zugelassene Jugendorganisation – die Freie Deutsche Jugend.[71] In ihr war seit den 50er Jahren die Mehrheit der DDR-Jugendlichen zu irgendeinem Zeitpunkt ihres Lebens Mitglied. Jedoch war die FDJ nicht der einzige Verband, der Jugendliche politisch organisierte. Die Gesellschaft für Sport und Technik (GST), der Deutsche Turn- und Sportbund (DTSB) und die Gesellschaft für Deutsch-Sowjetische Freundschaft (DSF)[72] besaßen einen erheblichen jugendlichen Mitgliederbestand und auch ausgewiesene jugendpolitische Funktionen. Auch die SED als herrschende Partei verfügte über ein nennenswertes jugendliches Potential. Im folgenden soll sich jedoch auf eine Analyse der FDJ-Mitgliedschaft konzentriert werden, was unter Bezugnahme auf die allgemeine Organisationsentwicklung und die maßgeblichen politischen Weichenstellungen geschehen soll. Eine umfassende quantitative Analyse zur politischen Organisiertheit der DDR-Jugend scheitert noch an fehlenden Daten zur Mitgliedschaft von Jugendlichen in den Parteien und Organisationen der DDR und muß bis auf einige Seitenblicke späteren Arbeiten vorbehalten bleiben.

Auch eine solche, auf die FDJ eingeschränkte Analyse muß sich der Frage nach der Seriosität der Ausgangsdaten stellen. Die Mitglieder der FDJ wurden statistisch in den Kreisorganisationen erfaßt, diese meldeten ihre Ergebnisse an die Landes- bzw. Bezirksleitungen, welche die Daten zusammenfaßten und an die Abteilung Organisation/Instrukteure, seit 1952 Abteilung Verbands-

71 Einen Überblick über die Geschichte, den Organisationsaufbau und die Funktionen der kommunistischen Massenorganisation FDJ lieferten Freiburg, Arnold; Mahrad, Christa: Die Freie Deutsche Jugend. Der sozialistische Jugendverband der DDR. Opladen 1982 (Organisation und Funktionen); Mählert, Ulrich: „Die gesamte junge Generation für den Sozialismus begeistern". Zur Geschichte der Freien Deutschen Jugend. In: Weber, Jürgen (Hrsg.): Neues über eine vergangene Diktatur – Der SED-Staat. München 1994 (zeithistorische Darstellung); Gotschlich, Helga (Hrsg.): „Links und links und Schritt gehalten ...". Die FDJ: Konzepte – Abläufe – Grenzen. Berlin 1994 (zeithistorischer Sammelband).

72 Siehe zu diesen Organisationen Herbst, Andreas; Ranke, Winfried; Winkler, Jürgen: So funktionierte die DDR. Bd. 1 und 2. Lexikon der Organisationen und Institutionen. Reinbek bei Hamburg 1994, S. 344–352 (GST), S. 334–340 (DSF), S. 234–243 (DTSB).

organe, im Zentralrat der FDJ weitergaben. Diese Vorgehensweise besaß zwei potentielle Fehlerquellen – erstens die oft ungenaue Mitgliederregistrierung an der Basis[73], zweitens künstliche Überhöhungen der Mitgliederzahlen durch die zentrale Leitung. Nach bisherigem Erkenntnisstand gab es in der zentralen FDJ-Leitung keine bewußten Fälschungen der Mitgliederzahlen. Da die genauen Werte strenger Geheimhaltung unterlagen und nur einem kleinen Personenkreis zur Kenntnis gegeben wurden, bestanden dafür auch kaum Motive. Gleichwohl nahm die FDJ-Führung besonders zu Beginn der 50er Jahre völlig unrealistische Basismeldungen billigend in Kauf und verkündete Mitgliederzahlen von über 2 Millionen, die in Wirklichkeit erst in den 70er Jahren erreicht wurden. Daraus ergibt sich, daß die Mitgliederdaten nur Tendenzen und Trends aufzeigen, was natürlich in noch stärkerem Maße auf differenziertere Daten, wie etwa die Sozialstruktur der Mitgliedschaft, zutrifft. Als besonders problematisch erweist sich dabei die Bestimmung des Organisationsgrades von DDR-Jugendlichen in der FDJ, ein Wert, der auch Teilauskünfte über den jeweiligen Erfolg bzw. Mißerfolg der SED-Jugendpolitik geben kann. Zu bedenken ist dabei, daß die FDJ-eigenen Berechnungen auch 13- und über 25jährige als Jugendliche zählten und dadurch den Organisationsgrad verfälschten.[74] Ein weiteres verzerrendes Moment bildet die nicht mehr genau zu rekonstruierende Zahl und Altersstruktur von FDJ-Mitgliedern in den „bewaffneten Organen“ – eine Sammelbezeichnung für die Polizei, das Ministerium für Staatssicherheit, den Zoll und die Armee. Da dieser Wert nach groben Schätzungen schon in den 50er Jahren die Grenze von 100 000 überstieg, hat seine Ignorierung bzw. Einbeziehung erhebliche Auswirkungen auf den errechneten Organisationsgrad der DDR-Jugendlichen in der FDJ.

Im folgenden soll die Mitgliedschaft der FDJ, ihre Zahl sowie Alters- und Sozialstruktur, in historisch-chronologischer Weise dargestellt werden.

Am 7. März 1946 erfolgte die Gründung der FDJ als einzig zugelassene Jugendorganisation aus antifaschistischen Jugendausschüssen heraus, deren Führungspersonal und Infrastruktur übernommen wurde.[75] Die Gründung einer Einheitsjugendorganisation war nicht unumstritten. Neben der ablehnenden Haltung der westlichen Besatzungsmächte artikulierten auch Vertreter der Kirchen und von nichtkommunistischen Parteien Widerstand.[76] Die zeitweilige Mitwirkung von bürgerlichen Vertretern in den Führungsgremien der FDJ gab dieser einen überparteilichen Anstrich,

73 Vgl. dazu auch Zilch, Dorle: Millionen unter der blauen Fahne. Die FDJ. Zahlen – Fakten – Tendenzen. Rostock 1994, S. 6.

74 Die Statuten der FDJ kannten unterschiedliche Definitionen ihrer Klientel. Im allgemeinen richtete sich die Organisation an 14- bis 25jährige, jedoch kannte schon das erste Statut von 1946 die Ausnahmeregel, daß ältere „Aktivisten von den Jugendausschüssen“ in die FDJ übernommen werden konnten (I. Parlament der FDJ, Brandenburg vom 8. bis 10. Juni 1946, o. O., o. J., S. 149). Mit Blick auf die Universitäten und Hochschulen erhielten Studenten 1949 das Recht, auch nach Überschreiten der Altersgrenze einfaches Mitglied der FDJ zu bleiben (III. Parlament der FDJ, Leipzig vom 1. bis 5. Juni 1949, o. O., o. J., S. 220), was 1947 nur Funktionären explizit zugestanden worden war (II. Parlament der FDJ, Meißen vom 23. bis 26. Mai 1947, o. O., o. J., S. 186). Nachdem sich in den 50er Jahren zunehmend der geschlossene Übertritt von Schulklassen in die FDJ einbürgerte, ermöglichte eine Statutänderung des V. Parlaments 1955 auch 13jährigen Schülern der 8. Klasse die Mitgliedschaft (V. Parlament der FDJ, Erfurt vom 25. bis 27. Mai 1955, o. O., o. J., S. 265). Der Schlußpunkt wurde 1963 gesetzt, indem das neue Statut nun keine Bestimmungen zur Altersobergrenze mehr kannte (VII. Parlament der FDJ, Berlin vom 28. Mai bis 1. Juni 1963, o. O., o. J., S. 465) und eine solche bis zum Ende der DDR auch nicht mehr eingeführt wurde.

75 Vgl. SAPMO-BArch, NY 4036, 726, Bl. 388.

76 Vgl. SAPMO-BArch, DY 30/IV 2/16, 212, Bl. 12.

wobei Mehrheitsverhältnisse zugunsten der Kommunisten von Anfang an und auf allen Ebenen bestanden. In ihrem ersten Statut sah sich die FDJ als politischer, sozialer und kultureller Interessenvertreter der deutschen Jugend und entfaltete bis 1948 auch Aktivitäten in diese Richtung. Die daraus resultierende anfängliche Attraktivität der FDJ war neben ihrer Monopolstellung auch die Hauptursache für das schnelle Mitgliederwachstum bis Ende 1947.

Dabei dominierte die Altersgruppe der 14- bis 18jährigen, die deutlich mehr als die Hälfte aller Mitglieder stellte. Diese, in aller Regel in Ortsgruppen organisiert, waren mehrheitlich als Arbeiter, Landarbeiter und Lehrlinge tätig. Trotz der hohen Kriegsverluste besaßen Männer eine deutliche absolute Mehrheit in der FDJ. Sie dominierten ebenfalls die Leitungen, Angebote an junge Frauen blieben selten. Die Abteilung Mädchenarbeit wurde schon 1948 wieder aufgelöst. Interessanterweise waren Schüler und Studenten unterrepräsentiert, und die FDJ konnte zunächst kaum eine Verankerung in den Betrieben vorweisen. In diesen drei Bereichen existierten bis 1948/49 in Gestalt der Schüler-, Studenten- und Betriebsräte noch demokratisch legitimierte Interessenvertretungen, die der FDJ offensichtlich erfolgreich Konkurrenz machten. Daß pluralistische Strukturen das Wachstum der FDJ eindämmten, zeigte sich in Berlin. Aufgrund alliierter Vorbehalte wurde die FDJ hier erst im Oktober 1947 offiziell zugelassen, wobei im Gegenzug auch drei andere Jugendverbände[77] berlinweit wirken durften. Während die FDJ im November 1948 in den Ländern der SBZ durchschnittlich 17 Prozent aller Jugendlichen zwischen 14 und 25 Jahren vereinte, repräsentierten die 8 231 Berliner FDJ-Mitglieder nur 3 Prozent aller Berliner Jugendlichen.[78] Offensichtlich konnte sich die FDJ, in eine Konkurrenzsituation mit anderen Jugendverbänden gestellt, allenfalls als *ein* Verband unter vielen etablieren.

Probleme mit der Rekrutierung Jugendlicher besaß zunächst auch die SED. Unter den 1 298 415 Mitgliedern, die die SED zum Zeitpunkt ihrer Gründung besaß, waren trotz der auf das vollendete 16. Lebensjahr gesenkten Beitrittsmöglichkeit nur 6 Prozent 21jährig und jünger. Auch die unter 30jährigen besaßen nur einen Anteil von 17,1 Prozent an der Mitgliedschaft.[79] Die rasante Zunahme der SED-Mitglieder, Ende 1947 waren es 1 784 214, ließ auch den Anteil der Jugendlichen in dieser Partei steigen, ohne jedoch die Überalterung überwinden zu können. Den 527 888 über 50jährigen (29,6 Prozent) standen 384 859 (21,5 Prozent) unter 30jährige gegenüber, wobei die 118 557 16- bis 21jährigen nur 6,6 Prozent der Gesamtmitgliedschaft entsprachen.[80] Der mit der Stalinisierung der SED, den Parteisäuberungen und Austritten einhergehende Mitgliederrückgang[81] bei gleichzeitiger bevorzugter Neuaufnahme von Jugendlichen änderte an diesen Werten zunächst nur wenig. Im Dezember 1952 waren 54 357 (4,8 Prozent) Jugendliche im Alter von 16 bis 25 Jahren Mitglied der SED, hinzu kamen 24 119 Kandidaten.[82]

Anders stellte sich die Entwicklung bei der Liberal-Demokratischen Partei dar. Eine engagierte Jugendpolitik, oft in Opposition zur Besatzungsmacht und FDJ[83], bescherte ihr zunächst einen großen jugendlichen Mitgliederbestand. 1948 waren 24 Prozent der LDP-Mitglieder unter 26jäh-

77 Die Sozialistische Jugend Deutschlands – Die Falken, der Bund Demokratischer Jugend und der Demokratische Jugendverband.

78 Vgl. SAPMO-BArch, DY 24/A 11 952.

79 Vgl. SAPMO-BArch, DY 30/IV 2/5/1367, Bl. 45.

80 Vgl. ebenda, Bl. 171.

81 Ende 1952 besaß die SED weniger Mitglieder als zu ihrer Gründung. Vgl. ebenda, 1370, Bl. 176.

82 Vgl. ebenda.

83 Vgl. Mischnick, Wolfgang: Von Dresden nach Bonn. Erlebnisse – jetzt aufgeschrieben. Stuttgart 1991. Mählert, Ulrich: Liberale Jugendarbeit in der SBZ und DDR von 1945 bis 1952. In: Steinborn, Tom; Klatte, Ivo (Hrsg.): Liberale Jugend in Ostdeutschland. Dresden 1994, S. 7–29.

rig.[84] Die Transformation dieser Partei in eine SED-hörige Blockpartei ließ – gekoppelt mit einer restriktiven Aufnahmepolitik – den Mitgliederbestand stetig sinken und marginalisierte bis 1955 das jugendliche Potential. Waren im November 1952 noch 10 052 Jugendliche in der LDP, was immerhin einen Anteil von 9,3 Prozent an der Gesamtmitgliedschaft ausmachte, zählte die Partei im Dezember 1955 nur noch 3 658 Jugendliche (3,9 Prozent).[85]

1948 geriet die FDJ in eine programmatische und organisatorische Krise[86], die im wesentlichen aus dem Transformationsprozeß des Jugendverbandes in eine kommunistische Massenorganisation resultierte, der mit dem III. Parlament im Juni 1949 als abgeschlossen gelten kann.[87] Die einseitige Ausrichtung der FDJ an der SED und ihr Einschwenken auf stalinistische Positionen führten 1948 zu massiven Mitgliederverlusten. Das Mitgliederwachstum hatte schon im Dezember 1947 an Dynamik verloren, im Januar 1948 war erstmals ein Rückgang von 3 500 FDJlern zu verzeichnen. Der Austritt der Nichtkommunisten Rita Wrusch, Herbert Geisler und Bodo Jansen aus dem Sekretariat des Zentralrates im Januar 1948 bildete den Auftakt für eine reale Austrittsbewegung. Binnen eines halben Jahres reduzierte sich der Mitgliederbestand um 13 Prozent, wobei ein Teil dieser Verluste auch auf Karteibereinigungen beruhte. In Reaktion auf diese Krisenerscheinungen beendete die FDJ-Führung unter Erich Honecker zunächst die schwelende Diskussion, ob der Jugendverband eine Kader- oder eine Massenorganisation sein solle, zugunsten letzterer. Gleichzeitig wurde der Monopolanspruch der FDJ auf die Organisation des Freizeitsportes ausgeweitet, womit auch das Ziel einer Erhöhung der Mitgliederzahlen verbunden war. An der Jahreswende 1948/49 erfolgte zudem die Zerschlagung der Schülerräte und eine dauerhafte Etablierung der FDJ und der Kinderorganisation „Junge Pioniere“ an den Schulen. Der Zugang zu höherer Bildung wurde nun in zunehmendem Maße von der politischen Loyalität und damit auch der Mitgliedschaft in der FDJ abhängig gemacht. Die bis 1948 schwache Position in den Betrieben sollte durch die forcierte Bildung von FDJ-Betriebsgruppen und die Praktizierung von Mobilisierungskampagnen nach sowjetischem Vorbild gestärkt werden. Dieses Ursachenbündel führte – verstärkt durch die Block- und Lagerbildung im Kalten Krieg – zu einem rasanten Mitgliederzuwachs. Schon zwischen November 1948 und Oktober 1950 verdreifachte sich die Mitgliedschaft auf 1,4 Millionen, was einem Organisationsgrad von 44,3 Prozent entsprach. Die Zusammensetzung der Mitglieder war dabei Wandlungen unterworfen. Mehr als die Hälfte aller Mitglieder war nun älter als 18 Jahre. Zwar stieg der Anteil der über 25jährigen nur geringfügig über 5 Prozent, jedoch dominierte diese Altersgruppe die lokalen, regionalen und zentralen Leitungen des Verbandes. Die Parteimitgliedschaften wiesen eine völlige Marginalisierung der Blockparteien mit Werten unter einem Prozent aus. Der SED-Anteil belief sich auf rund 10 Prozent bei der einfachen Mitgliedschaft, jedoch über 90 Prozent bei den hauptamtlichen Funktionären.

---

84 Vgl. Krippendorf, Ekkehart: Die Liberal-Demokratische Partei Deutschlands in der Sowjetischen Besatzungszone 1945/48. Entstehung, Struktur, Politik. Düsseldorf 1961, S. 61. In der CDU waren 11,4 Prozent der Mitglieder unter dreißig Jahre alt.

85 Vgl. SAPMO-BArch, DY 30/IV 2/15/79 (unpag.).

86 Vgl. Noack, Gert: „Der Zeitpunkt der Gleichschaltung ist noch nicht gekommen ...“ Die Führung der Freien Deutschen Jugend im Jahr 1948. In: Jahresbericht 1993. Institut für zeitgeschichtliche Jugendforschung. Berlin 1993, S. 57ff.

87 In dem in Leipzig verabschiedeten Statut wurde der Passus von der Überparteilichkeit der Organisation gestrichen und durch die vage Formulierung von der Unabhängigkeit ersetzt. Gleichzeitig bekannte sich die FDJ ausdrücklich zum „Lager des Friedens und der Demokratie, an deren Spitze die Sowjetunion steht“.

Auch wenn der Erfolg der zwischen 1949 und 1953 im Zeichen des Stalinkultes praktizierten Mobilisierungskampagnen nicht unterschätzt werden darf, sind die in der Mitgliederstatistik der FDJ angegebenen Werte von teilweise über 2 Millionen wenig glaubhaft.[88] Ein Umtausch der Mitgliedsbücher im 1. Halbjahr 1953 reduzierte diese Zahl erheblich. Hinzu kamen Austritte im Vorfeld und Gefolge des 17. Juni 1953 sowie die stark ansteigende Flucht in die Bundesrepublik, so daß Ende 1953 nur noch 1,19 Millionen Mitglieder zu Buche schlugen, was einer Halbierung gleichkam und nur noch einem Organisationsgrad von 35,8 Prozent entsprach.[89] In den folgenden Jahren stieg die Mitgliederzahl wieder an. Die Tauwetterperiode im Jahr 1956 führte sowohl zu dem Eingeständnis der FDJ-Führung, „daß es noch viele gibt, die abseits stehen“[90], als auch zu dem Versuch, eine ideologisch weniger verkrustete Jugendpolitik zu betreiben. Die vorsichtige Öffnung der FDJ für andersdenkende Jugendliche sowohl 1956 als auch zwischen 1963 und 1965 führte jedoch zu krisenhaften Prozessen und im Hochschulbereich zur Infragestellung der Organisation selbst. In diesen Konfliktfällen siegte letztendlich immer die FDJ als Transmissionsriemen der SED.[91] In puncto Mitgliederzuwachs waren die Jahre zwischen 1953 und 1965 für die FDJ eher enttäuschend. Sieht man von offensichtlich überhöhten Zahlen zwischen 1956 und 1958 ab, verblieb der Organisationsgrad deutlich unter 50 Prozent, die absoluten Zahlen pendelten zwischen 1,2 und 1,4 Millionen.

Auch den Parteien gelang bis Mitte der 60er Jahre keine Verjüngungskur. Zwar stieg die Mitgliederzahl der SED seit dem Abschluß der „Säuberungen“ 1951 langsam, aber stetig an, ohne jedoch den Jugendanteil deutlich zu erhöhen.

Bis 1963 stieg dieser aufgrund der Aufnahmepraxis, insbesondere gezielten Kampagnen zur Übernahme von aktiven FDJ-Mitgliedern im Vorfeld von Parteitagen, auf 9,5 Prozent.[92] 1966 schlugen wieder nur 8,2 Prozent zu Buche[93], was etwa dem Wert von 1950 entsprach.

In den Blockparteien waren die Jahre zwischen 1955 bis 1965 durch den Verlust der jugendlichen Parteibasis gekennzeichnet, der sich von Fall zu Fall nur in seiner Radikalität unterschied. Die LDPD besaß 1960 noch 1 214 jugendliche Mitglieder, was einem Anteil von 1,7 Prozent an der Gesamtmitgliedschaft entsprach.[94] Als dieses von der SED zunächst gewollte Ausbluten der LDPD den Bestand der Partei generell gefährdete, führte die von der SED erteilte Erlaubnis zu Werbekampagnen und die Ausweitung des Jugendbegriffs auf 18- bis 30jährige zu rund 9 500 jugendlichen Mitgliedern 1970.[95]

In der CDU, welche 1952 immerhin noch 20 934 Jugendliche (12,7 Prozent der Gesamtmitgliedschaft) organisierte, halbierte sich dieser Bestand schon bis Ende 1954 auf 8 822.[96] Ende 1969 besaßen nur noch 4 194 Jugendliche das christdemokratische Parteibuch.[97]

88 Zu diesem Ergebnis kommt auch Zilch, Dorle: A. a. O., S. 14 und 26f.

89 Auch das Ministerium für Staatssicherheit (MfS) mußte in einer internen Analyse über die FDJ vom 17. Mai 1954 feststellen, daß „es noch nicht gelungen (ist), die Masse für sich zu gewinnen“. (BStU, MfS/Zentralarchiv, Allg. S 6/55, Bd. 2, Bl. 94.)

90 Junge Welt, 9. Februar 1956.

91 Vgl. Skyba, Peter: Die FDJ im Tauwetter – Tauwetter in der FDJ? In: Gotschlich, Helga: A. a. O., S. 206ff.

92 Vgl. SAPMO-BArch, DY 30/IV 2/5/1374 (unpag.).

93 Vgl. Spittmann, Ilse (Hrsg.): Die SED in Geschichte und Gegenwart. Köln 1987, S. 228.

94 Vgl. SAPMO-BArch, DY 30/IV A 2/15/201 (unpag.).

95 Vgl. ebenda.

96 Vgl. ebenda, IV 2/15/47 (unpag.). Beachtenswert ist die zeitliche Parallelität zwischen dem Mitgliederexodus und der Verfolgungskampagne gegen die Junge Gemeinde.

97 Vgl. ebenda, IV A 2/15/49 (unpag.).

Die von der SED gegründeten Blockparteien wiesen zunächst eine günstigere Mitgliederstruktur auf. Die NDPD hatte Ende 1952 19 615 Jugendliche erfaßt – rund 18,5 Prozent der Mitgliedschaft.[98] Eine nennenswerte Bindungs- und Werbekraft konnte jedoch auch diese Partei nicht entwickeln und war nach ihrer Etablierung wohl auch nicht beabsichtigt. Schon Ende 1957 waren nur noch 7 532 Jugendliche als Mitglieder registriert.[99] Zahlen zur Mitgliedschaft in der DBD sind nur für die 60er Jahre rekonstruierbar und zeigen das Bild einer für die Landjugend unattraktiven Partei. Ende 1969 besaßen 1 545 Jugendliche das entsprechende Parteibuch – 1,8 Prozent der Gesamtmitglieder.[100]

In der FDJ bildeten sich seit Mitte der 50er Jahre deutlich zu unterscheidende Gruppierungen in der Mitgliedschaft heraus. Zu erkennen ist erstens der hauptamtliche Apparat, zumeist älter als 25 Jahre und fast ausschließlich Mitglieder der SED, zweitens die Mitglieder an Schulen, Hochschulen und bei den bewaffneten Kräften mit einer stark formalisierten und straffen Organisationsstruktur sowie drittens die Mitglieder im industriellen und landwirtschaftlichen Bereich, wobei hier die Organisation einen eher brüchigen Eindruck hinterließ.[101] Der prozentuale Anteil der verschiedenen Gruppen an der Gesamtmitgliedschaft war Schwankungen unterworfen. Bis zum Bau der Berliner Mauer und noch kurze Zeit danach stellten Jugendliche, die sich als Arbeiter, Bauern oder Angestellte im Erwerbsleben befanden, die größte Gruppe der FDJ-Mitglieder. Spätestens seit 1965[102] wechselte die Majoritätsposition bis zum Ende der DDR auf die Schüler, Studenten und Lehrlinge, jene Gruppen also, die sich in den besonderen Abhängigkeiten von Ausbildungsverhältnissen befanden.

Ihrem erklärten Ziel – Organisierung aller Jugendlichen in der FDJ – kam die FDJ bei dieser Gruppe am nächsten. Jedoch bildete auch hier der 13. August 1961 den einschneidenden Wendepunkt. Vor dem Hintergrund der nicht mehr vorhandenen Fluchtmöglichkeit und der Notwendigkeit, sich auf Dauer in der DDR einzurichten, war eine starke Zunahme des Organisationsgrades zu verzeichnen. Exemplarisch kann dies an der Gruppe der Direktstudenten verdeutlicht werden. Wies die FDJ-Statistik 1955 66 600 Mitglieder als Studenten aus, so entsprach dies bei 109 000 Direktstudenten insgesamt einer Organisiertheit von 61 Prozent. 1957 war dieser Wert – offenbar als Folge der Tauwetterperiode an den Hochschulen 1956 – auf 37 Prozent gesunken, um bis 1961 wieder auf 63 Prozent anzusteigen. 1965 jedoch konnten die Statistiker des FDJ-Zentralrates schon 109 567 studentische FDJ-Mitglieder ausweisen, was einem Organisationsgrad von 87 Prozent entsprach. Dieser veränderte sich bis zum Ende der DDR nur noch geringfügig und betrug 1988 92 Prozent. Eine ähnliche Entwicklung ist auch bei den Schülern und Lehrlingen zu verzeichnen, was darauf hindeutet, daß die Abhängigkeiten infolge der Ausbildungssituation und die Koppelung von Aufstiegs- und Bildungschancen an politische Loyalität, die auch durch eine Mitgliedschaft in der FDJ nachgewiesen werden konnte, wichtige Faktoren beim Mitgliederwachstum der FDJ waren. Nicht quantifizierbar, jedoch trotzdem wirksam, waren wohl auch Bestrebungen, die Jugendorganisation in stärkerem Maße als Kultur- und Freizeitorganisator zu profilieren und damit an die Interessen der Mitglieder anzuknüpfen.

---

98 Vgl. ebenda, IV 2/15/103 (unpag.).

99 Vgl. ebenda, IV 2/15/107 (unpag.). Für die späteren Jahre fehlen detaillierte Mitgliederstatistiken. Einschneidende Wandlungen sind jedoch auszuschließen.

100 Vgl. ebenda, IV A 2/15/108 (unpag.).

101 Vgl. Hübner, Peter: Die FDJ als politische Organisation und sozialer Raum. In: Gotschlich, Helga: A. a. O., S. 58ff.

102 Aufgrund der wechselnden Ausweisung der Lehrlinge als Industriearbeiter bzw. eigenständige Gruppe ist eine genauere Datierung nicht möglich.

In unmittelbarem Zusammenhang mit der Selbstdarstellung der DDR als „Staat der Jugend" stand auch die quotierte Besetzung der Volksvertretungen mit jugendlichen Abgeordneten in allen Fraktionen. Erstmals wurden zudem in Deutschland parlamentarische Vertretungen Jugendlicher gebildet – die FDJ-Fraktionen. Die Zahl der jugendlichen Abgeordneten stieg seit den 60er Jahren relativ kontinuierlich an und erreichte in den 80er Jahren ein Niveau von 5 Prozent auf zentraler und zwischen 14 und 20 Prozent auf regionaler und lokaler Ebene. Die Wirksamkeit der Abgeordneten war zumeist zweigeteilt. Einerseits engagierten sie sich mit mehr oder weniger Erfolg auf kommunaler Ebene und hielten unmittelbaren Kontakt zur Bevölkerung, andererseits nahmen sie an den Sitzungen der Parlamente teil. In zunehmender Weise gestalteten sich solche Plenartagungen zu formalen Agitationsveranstaltungen, die oft nur legitimatorischen Zwecken dienten. Die wechselnde Zahl jugendlicher Abgeordneter hatte so kaum Auswirkungen auf die praktizierte Jugendpolitik und allenfalls propagandistischen Einfluß auf die Profilierung der FDJ als Interessenvertreter der DDR-Jugend.

Seit den sechziger Jahren wurden Schüler, Lehrlinge und Studenten immer häufiger nur formal Mitglied des Jugendverbandes, während sich junge Erwerbstätige stärker zurückzogen. Unter diesen Umständen verlor der Organisationsgrad der DDR-Jugend Indikatorfunktionen für deren Übereinstimmung mit dem politischen System.[103] Einschneidende politische Wandlungen und jugendmobilisierende Ereignisse – seien es die kurzzeitige Liberalisierung nach dem Machtantritt Honeckers, die X. Weltfestspiele 1973 in Berlin oder die beginnende Agonie der DDR seit 1987 – erfuhren nun keine Widerspiegelungen in den Mitgliederdaten mehr.[104] Gleichwohl wurde von Seiten der SED- und FDJ-Führung eine ständige Erhöhung der Mitgliederzahlen angestrebt, wozu man oftmals regional begrenzte Kampagnen in Bezirken mit einem unterdurchschnittlichen Organisationsgrad nutzte.

Mitte der 70er Jahre wurde, zum Teil auch als Folge der demographischen Entwicklung, die Grenze von zwei Millionen überschritten. Unter Einschluß der bewaffneten Organe entsprach dies einem Organisationsgrad von 62 Prozent, der sich bis 1989 noch einmal auf rund 70 Prozent erhöhte. Die FDJ war also keine Zwangsorganisation, die sämtliche DDR-Jugendliche erfaßte. Jedoch ist zu bedenken, daß aufgrund des hohen Organisationsgrades bei Schülern seit den 60er Jahren über 90 Prozent aller DDR-Jugendlichen für eine bestimmte Zeit Mitglied der FDJ gewesen sind. Gleichwohl repräsentierte die FDJ erst seit Mitte der 60er Jahre die Mehrheit der DDR-Jugend.

Der Umbruch im Herbst 1989 offenbarte, wie brüchig die Organisationsstrukturen und wie gering die Bindung der Mitglieder an die FDJ tatsächlich geworden waren.[105] Mit der Wende zur

---

103 Vgl. Mählert, Ulrich: „Die gesamte junge Generation für den Sozialismus begeistern". Zur Geschichte der Freien Deutschen Jugend. In: Aus Politik und Zeitgeschichte. Beilage zur Wochenzeitung Das Parlament, B 49–50/93 vom 3. Dezember 1993, S. 11.

104 Diese Aussage gilt im wesentlichen auch für die politischen Parteien. Der SED gelang durch planwirtschaftlich organisierte Aufnahmekampagnen seit den 70er Jahren eine Verjüngung der Partei. 1976 waren 12,2 Prozent der Mitglieder Jugendliche (Spittmann, Ilse: A. a. O., S. 228). 1985 repräsentierten die 295 945 18- bis 25jährigen Genossen 12,9 Prozent der Mitglieder (Dokumente der SED. Hrsg. vom ZK der SED. Band XXI. Berlin 1989, S. 8). Die LDPD besaß 1985 6 666 jugendliche Mitglieder (7 Prozent der Gesamtmitgliedschaft). Diese Zahl erhöhte sich bis 1989 auf 9 135 (Steinborn, Tom; Klatte, Ivo: A. a. O., S. 136). Für die anderen Blockparteien liegen zur Zeit noch keine Zahlen vor.

105 Aus geheim gehaltenen Studien des ZIJ war dies der SED- und FDJ-Führung freilich schon seit 1988 bekannt. Vgl. Stephan, Gerd-Rüdiger: Die Reflexion des Zustands der DDR-Gesellschaft durch Studien des Zentralinstituts für Jugendforschung Leipzig in der zweiten Hälfte der achtziger Jahre. In: Jahresbericht 1993. Institut für zeitgeschichtliche Jugendforschung. Berlin 1993, S. 233.

parlamentarischen Demokratie in der DDR hatte die Monopolorganisation ihre Funktionen als Erziehungsinstanz, Freizeitorganisator sowie politisch, ideologisch und ökonomisch mobilisierende Kraft verloren. Binnen weniger Monate schrumpfte der Zweimillionenverband zu einer politischen Splittergruppe mit wenigen hundert Mitgliedern, die auch jetzt noch existiert.

3.2 Die FDJ-Mitglieder der Länder Sachsen, Sachsen-Anhalt, Thüringen, Mecklenburg, Brandenburg und Berlin

Seit der Gründung der Freien Deutschen Jugend wurde die Mitgliederbewegung erfaßt. Es ist bekannt, daß sowohl der Anteil der weiblichen Wohnbevölkerung insgesamt als auch der der jugendlichen weiblichen Wohnbevölkerung in der Sowjetischen Besatzungszone größer war (vgl. Kapitel 1). Aus den Volkszählungsergebnissen vom Oktober 1946 ließen sich Angaben zur jugendlichen Wohnbevölkerung (14- bis unter 25jährig) entsprechend der Länderstruktur entnehmen. Setzt man nun die jugendliche Wohnbevölkerung zur Mitgliederzahl entsprechend der ermittelten Altersstruktur ins Verhältnis, so erhält man den Organisationsgrad.

Die Verteilung der Geschlechter unterschied sich in den einzelnen Ländern nicht wesentlich. Für den untersuchten Zeitraum lag der Anteil der männlichen Mitglieder deutlich höher. Für die Jahre 1946 bzw. 1947 bis 1952 betrug in den Ländern Brandenburg, Mecklenburg und Berlin das Geschlechterverhältnis 56 zu 44, im Land Sachsen 55 zu 45 und in den Ländern Sachsen-Anhalt und Thüringen sogar 57 zu 43 bzw. 58 zu 42. Für 1946 ist das Ergebnis in der Tabelle 94 angegeben, allerdings ohne Berlin, denn die FDJ wurde hier erst im Oktober 1947 zugelassen.

1950 fand eine Volks- und Berufszählung statt, demzufolge liegt die Wohnbevölkerung nach der Altersstruktur (14- bis unter 25jährig) vor. Es ergab sich für die Länder Mecklenburg und Brandenburg ein Organisationsgrad von 42 Prozent bzw. 35 Prozent. Das heißt, der Organisationsgrad hatte sich seit 1946 mehr als verdoppelt. Die Länder Sachsen, Sachsen-Anhalt und Thüringen wiesen einen Organisationsgrad von 52 Prozent sowie jeweils 50 Prozent aus, was gegenüber 1946 einer Steigerung von mehr als dem Dreifachen entsprach.

Aus den Akten war die Zusammensetzung nach dem Alter zu entnehmen, allerdings ohne eindeutige Altersbegrenzungen. Hier wurden die Altersgruppierungen 14 bis 18 Jahre, 18 bis 21 Jahre, 21 bis 25 Jahre und über 25 Jahre untersucht. Dabei zeichneten sich kaum Unterschiede zwischen den Ländern ab (ohne Berlin). Die 14- bis 18jährigen machten im Mittel 54 Prozent, die 18- bis 21jährigen 31 Prozent, die 21- bis 25jährigen 11 Prozent und die über 25jährigen 4 Prozent aus. Für Berlin (Ost) galt gemittelt für den Zeitraum 1947 bis 1950:
44 Prozent der 14- bis 18jährigen, 37 Prozent der 18- bis 21jährigen, 14 Prozent der 21- bis 25jährigen und 5 Prozent der über 25jährigen waren FDJ-Mitglieder.

Ähnliche Tendenzen zeigten sich in der sozialen Zusammensetzung für den Zeitraum 1946 bis 1950. Die mittlere Zusammensetzung – bestehend aus Arbeitern, Angestellten, Landarbeitern, Bauern, Schülern, Studenten, freien Berufen und Erwerbslosen – wies in Sachsen 49 Prozent und in Mecklenburg dagegen nur 27 Prozent Arbeiter aus. Bei den Landarbeitern betrug der Anteil in Mecklenburg 23 Prozent, in Brandenburg 21 Prozent und in Sachsen nur 10 Prozent. Kaum Unterschiede gab es bei den Angestellten (15 % in Thüringen, 17 % in Sachsen und Sachsen-Anhalt), den freien Berufen (4 % in Brandenburg und 3 % in den übrigen Ländern) und den Erwerbslosen in allen Ländern (rund 4 %). Die FDJ-Mitglieder, deren soziale Stellung Bauern waren, bewegten sich zwischen 1 Prozent im industriellen Sachsen und 6 Prozent in den agrarintensiven Regionen

Mecklenburg sowie Brandenburg. Der Anteil der Schüler bzw. Studenten betrug in Brandenburg 11 Prozent und in Thüringen und Mecklenburg 14 Prozent, Sachsen-Anhalt und Sachsen lagen mit 12 bzw. 13 Prozent dazwischen. Für Berlin (Ost) ließen sich die FDJler gemittelt für 1947 bis 1950 in 43 Prozent Arbeiter, 23 Prozent Angestellte, 17 Prozent Schüler, 6 Prozent Studenten und 2 Prozent Erwerbslose aufschlüsseln. Der Rest umfaßte die Handwerker und freien Berufe.

Zur parteipolitischen Zusammensetzung gibt es nur für 1949 und 1950 prozentuale Angaben. Hier zeigte sich die besondere Rolle von Berlin, denn 1950 waren 19 Prozent aller FDJ-Mitglieder in der Sozialistischen Einheitspartei Deutschlands (SED) und 73 Prozent im Freien Deutschen Gewerkschaftsbund (FDGB). 1950 hatte die FDJ in Brandenburg und Mecklenburg 9 Prozent SED-Mitglieder und 44 bzw. 42 Prozent Gewerkschaftsmitglieder. In Sachsen-Anhalt waren 14 Prozent SED-Mitglieder und 52 Prozent im FDGB, in Sachsen sogar 62 Prozent. Die prozentualen Anteile für die bürgerlichen Parteien sind den Tabellen 96, 98, 100, 102, 104 und 106 zu entnehmen und machten höchstens 3 Prozent aus.

Erläuterungen zu den Tabellen 94 bis 106:
1946 wurden die Länder Sachsen-Anhalt und Brandenburg noch mit Provinz Sachsen bzw. Provinz Brandenburg bezeichnet. Für die Länder Sachsen-Anhalt, Mecklenburg und Sachsen ließen sich keine Angaben zur Geschlechterverteilung finden; diese mußten demzufolge für 1948 bis 1950 aus den prozentualen Werten berechnet werden. In den Ländern Thüringen, Brandenburg und Berlin wurden eigene Berechnungen für 1948 und 1949 durchgeführt. 1947 und 1948 bezogen sich die Angaben zum Berliner Mitgliedsstand auf Groß-Berlin, 1949 und 1950 auf Berlin (Ost). 1951 handelte es sich wiederum um den Landesverband Berlin[106]. Die Westbezirke wurden mit 2 670 Mitgliedern angegeben. Für 1952 fehlt in den Akten der Hinweis, ob die Westbezirke mitenthalten sind.

Bei der sozialen Zusammensetzung änderten sich teilweise die Bezeichnungen. Die Gruppierung „Handwerker" wurde 1949 in „Selbständige Gewerbetreibende", 1950 in „Selbständige Handwerker und Gewerbetreibende" umbenannt. Seit 1947 gab es keine Erfassung „ohne Beruf" und seit 1950 keine Erfassung „Erwerbslose". Ein Ausdruck für die unkorrekte Arbeitsweise der zuständigen FDJ-Abteilungen spiegelt sich beispielsweise in den Tabellen 96 und 98 wider. 1947 ergibt die Addition über die einzelnen sozialen Gruppierungen 102 Prozent für das Land Sachsen (vgl. Tab. 96), dagegen 1950 nur 99,5 Prozent für das Land Sachsen-Anhalt (vgl. Tab. 98). Soweit sich Fehler eindeutig nachweisen ließen, wurden sie im Interesse der exakten Darstellungsweise entweder gekennzeichnet oder korrigiert.

Bei den hier vorgestellten Parteien handelte es sich um die SED und deren Kandidaten[107], die Christlich-Demokratische Union Deutschlands (CDU), die Liberal-Demokratische Partei (LDP), ab 1951 Liberal-Demokratische Partei Deutschlands (LDPD), die National-Demokratische Partei Deutschlands (NDPD) und die Demokratische Bauernpartei Deutschlands (DBD). Als Massenorganisation wurde der Freie Deutsche Gewerkschaftsbund (FDGB) erfaßt.

---

106 Zum Landesverband Berlin zählten die Stadtbezirke Mitte, Tiergarten, Wedding, Prenzlauer Berg, Friedrichshain, Kreuzberg, Charlottenburg, Spandau, Wilmersdorf, Zehlendorf, Schöneberg, Steglitz, Tempelhof, Neukölln, Treptow, Köpenick, Lichtenberg, Weißensee, Pankow, Reinickendorf und die Berliner Verkehrsgesellschaft (BVG).

107 Im Januar 1949 wurde die Kandidatenzeit eingeführt in Angleichung an die sowjetische Parteilinie.

3.3 Die Mitgliederzahlen in der FDJ und deren Organisationsgrad in der SBZ/DDR

Die Berichterstattung erfolgte anfänglich in Monats-, Quartals-, Halbjahres- und Jahresberichten. Diese detaillierte Form der Erfassung erforderte einen hohen Arbeits- und Organisationsaufwand und fiel in die Zuständigkeit der einzelnen FDJ-Kreis- bzw. -Bezirksleitungen. Des öfteren lieferten die zuständigen Statistik-Abteilungen nicht termingerecht. Demzufolge wurde auf Angaben des Vormonats zurückgegriffen. Große Probleme bereitete die Aktualisierung der Mitgliederkartei; dieses wurde offensichtlich unterschiedlich ernst genommen. Man findet dementsprechend verschiedene Zahlenangaben in den sehr umfangreichen und unübersichtlichen Akten. Teilweise ergaben sich große Schwankungen schon von Monat zu Monat. Für die ersten 20 Jahre war es nicht möglich, über Querrechnungen – das heißt durch Gegenüberstellen von FDJ-Mitgliedern gesamt mit FDJlern über die altersmäßige Erfassung – identische Ergebnisse zu erhalten (vgl. Tab. 107 mit Tab. 114).

In den offiziellen Vordrucken für die statistische Auswertung wurden bis zur Verwaltungsreform im Juli 1952[108] nur die Länder mit bzw. ohne Berlin ausgewiesen. Besondere Schwierigkeiten entstanden bei der Erfassung der FDJ-Mitglieder in den bewaffneten Organen. Von 1955 bis 1962 hieß diese Rubrik „Sonstige“. Seit 1963 wurde dann von den „bewaffneten Kräften“ bzw. „bewaffneten Organen“ gesprochen. In den Akten existieren dazu meistens nur geschätzte Angaben (vgl. Tab. 166). In den unveröffentlichten Statistischen Handbüchern der FDJ fehlen sie grundsätzlich. Für Vergleichszwecke wurden hier sowohl die FDJ-Mitglieder ohne bewaffnete Organe (vgl. Tab. 107) als auch mit bewaffneten Organen (vgl. Tab. 110) vorgestellt.

In regelmäßigen Abständen analysierte der Zentralrat die Jahresberichte. Man gab die Zu- bzw. Abnahme der Mitgliederzahlen für die einzelnen Bezirke der DDR an, kritisierte einzelne Bezirksleitungen und forderte gleichzeitig zur verschärften Mitgliedergewinnung auf.

Die hier vorgestellten Zahlenreihen wurden zusätzlich mit den Mitgliederzahlen für die einzelnen Länder bzw. Bezirke verglichen. Differenzen, die sich durch die Addition der Länder bzw. Bezirke ergaben, ließen sich durch die Berücksichtigung der Zentralrats- und der Wismut-Mitarbeiter (vgl. Abschnitt 3.7.), die gesondert erfaßt wurden, ausgleichen. Seit 1969 traten keine Differenzen mehr auf, das heißt, die Zentralratsmitarbeiter und die bewaffneten Organe wurden gesondert behandelt (vgl. Tab. 107).[109]

Die Tabelle 110 gibt den Mitgliederstand einschließlich der Sonstigen bzw. bewaffneten Organe an. Die Verteilung der männlichen und weiblichen Mitglieder sieht hier völlig anders aus, verglichen mit den FDJ-Mitgliedern ohne bewaffnete Organe (vgl. Tab. 107). Das lag an dem hohen männlichen Anteil bei den bewaffneten Organen (vgl. Tab. 166). Eine Einschränkung bezieht sich auf die Altersstruktur, denn es ist unbekannt, wie hoch der Anteil der 26jährigen und Älteren in den bewaffneten Organen war.

---

108 Die DDR setzte sich aus den Bezirken Dresden, Leipzig, Chemnitz (1953 wurde Chemnitz in Karl-Marx-Stadt umbenannt), Suhl, Erfurt, Gera, Magdeburg, Halle, Cottbus, Frankfurt/Oder, Potsdam, Neubrandenburg, Schwerin, Rostock und Berlin zusammen.

109 Im Jahresbericht 1993 treten demzufolge vereinzelt unterschiedliche Werte auf. Vgl. Schulze, Edeltraud: Jugend in der DDR – Zahlen und Fakten. In: Jahresbericht 1993. IzJ. Berlin 1993, S. 222. Vgl. auch: Schulze, Edeltraud: DDR-Jugend im Spiegel der Statistik. In: „Links und links und Schritt gehalten ...“. Die FDJ: Konzepte – Abläufe – Grenzen. Hrsg. H. Gotschlich. Berlin 1994, S. 272.

Über den gesamten Zeitraum galt für FDJ-Mitglieder einschließlich der bewaffneten Organe, daß 53,1 Prozent männlich und 46,9 Prozent weiblich waren. Betrachtet man den Zeitraum 1953 bis 1964, dann betrug das Geschlechterverhältnis 54,9 zu 45,1. Für den Zeitabschnitt von 1974 bis 1988 wurde ein Geschlechterverhältnis von 49,8 zu 50,2 errechnet. In der Tabelle 112 ist der berechnete Organisationsgrad dargestellt. Für den Zeitraum 1953 bis 1985 ergab sich ein mittlerer Organisationsgrad von 56,3 Prozent.

Zum Vergleich dient die Tabelle 107, in der die FDJ-Mitglieder ohne bewaffnete Organe ausgewiesen werden. Hier zeigt sich, daß es im Mittel 49,5 Prozent männliche und 50,5 Prozent weibliche Mitglieder gab. Seit den 60er Jahren stieg der Anteil der weiblichen Mitglieder. Den kleinsten Organisationsgrad findet man – wie zu erwarten – 1946 mit 13,2 Prozent und den größten 1983 mit 61,0 Prozent (vgl. Tab. 109). Über die gesamte Zeitreihe, d. h. von 1953 bis 1985, wurde ein Organisationsgrad von 51,8 Prozent ermittelt, für 1967 bis 1985 von 56,5 Prozent.

Zur besseren Handhabung der Zeitreihen wurden zu allen vorliegenden Abschnitten ergänzende und weiterführende Berechnungen angestellt. Die jeweiligen Organisationsgrade wurden nicht den Akten entnommen, sondern von der Autorin selbst ermittelt, um die gewollt bzw. ungewollt falschen Ergebnisse zu korrigieren. Im Statistischen Handbuch der FDJ für das Jahr 1979[110] wurde der Organisationsgrad als „... das Verhältnis der Mitgliederzahl der FDJ ohne bewaffnete Organe zur Wohnbevölkerung der DDR im Alter von 14 bis 25 Jahren“ definiert. Weiter hieß es dazu: „Der Organisationsgrad der Jugend in der FDJ liegt bei 65,1 %.“ An diesem Beispiel soll dem Leser die Berechnung demonstriert werden: Die Mitgliederzahl für 1979 betrug 2 135 618 insgesamt (vgl. Tab. 107), die jugendliche Wohnbevölkerung 3 281 405 (vgl. Tab. 109). Das ergibt 65,1 Prozent. (Die jugendliche Wohnbevölkerung weicht verglichen mit den FDJ-Akten um 1 300 ab, weil in der Tabelle 109 die neuesten Zahlen übernommen wurden.) 1979 gab es laut Aktenlage 131 580 13jährige und 55 295 26jährige und ältere FDJ-Mitglieder. Nach Abzug der Summe von der Mitgliederzahl erhält man dann einen Organisationsgrad von 59,4 Prozent.

Erläuterungen zu den Tabellen 107 bis 112:
Vergleicht man die vorgestellten Mitgliederzahlen mit den Ergebnissen aus zurückliegenden Studien, so zeigen sich für die ersten Jahre der Erfassung vereinzelt Unterschiede. Für 1946 bis 1950 entsprechen die Differenzen den Berliner FDJlern. In der Tabelle 107 wurden für 1947 und 1948 die Berliner FDJler nicht erfaßt. 1949 und 1950 sind die Ostberliner FDJler enthalten. Für 1950 wurden zusätzlich die FDJler der Wismut AG (vgl. Abschnitt 3.7.) berücksichtigt. Die Angaben für 1951 entsprachen der Addition über die einzelnen Länder (vgl. Tab. 95, 97, 99, 101, 103 und 105) plus Berliner und Wismut-FDJler. Der Wert für November 1952 (2 131 307) setzte sich erstmals aus den einzelnen neugebildeten Bezirken der DDR zusammen und erscheint sehr unwahrscheinlich.[111] Für Juli 1952 war er dagegen nachvollziehbar und ergab sich aus der Addition der Länder, der Wismut-FDJ-Mitglieder und der Berliner FDJler.

Für 1959 bis 1968 ergab die Addition über die Bezirke plus Zentralratsmitarbeiter die angegebene Mitgliederzahl (vgl. Tab. 168). Ab 1969 wurden in den offiziellen Statistiken die FDJ-Mitglieder in den bewaffneten Organen und die Zentralratsmitarbeiter nicht mehr ausgewiesen. Von 1965 bis 1973 gab es bei den bewaffneten Organen keine Unterteilung nach dem Geschlecht (vgl. Tab. 110).

110 Vgl. SAPMO-BArch, FDJ: A 10 043/1.
111 Vgl. SAPMO-BArch, FDJ: A 7 966.

Die Ermittlung über die soziale bzw. politische Zusammensetzung ergibt bis 1968 ein anderes Ergebnis. Das verdeutlichen die Probleme bei der Erfassung des Mitgliederbestandes, die Schönung der Mitgliederzahlen bzw. die nachlässige Arbeitsweise.

3.4 Die altersmäßige Zusammensetzung der FDJ-Mitglieder

Die altersmäßige Zusammensetzung der FDJ-Mitglieder konnte seit 1953 den Akten entnommen werden. Ab 1965 erfolgte die Erfassung der FDJler ohne die bewaffneten Organe und wurde in Monats-, Halbjahres- bzw. Jahresberichten ohne klare Systematik ausgewiesen. Besondere Probleme ergaben sich bei der Einteilung in Altersgruppen, die häufig unterschiedlich strukturiert waren. Vergleicht man die Mitgliedschaft in der FDJ (vgl. Tab. 107) mit der altersmäßigen Zusammensetzung (vgl. Tab. 114), so traten bis 1967 große Differenzen auf (zum Beispiel: 1967: 12 344), die m. E. auf Unzulänglichkeiten bei der Bearbeitung zurückzuführen waren. 1968 betrug die Differenz 373, was der Anzahl der Zentralratsmitarbeiter (vgl. Tab. 168) entsprach, 1969 stimmten die Ergebnisse überein.

In den ersten Jahren wurden keine 13jährigen FDJ-Mitglieder erfaßt. Ursprünglich konnte der FDJ beitreten, wer das 14. Lebensjahr erreicht hatte. Die Bestimmungen über die Altersobergrenze unterlagen mehrfach Veränderungen.

Seit 1967 zeigte sich für die vorliegende Zeitreihe, daß im Mittel 91 Prozent 14- bis unter 26jährig, 5 Prozent 13- und 4 Prozent 26jährig und älter waren. 1965 wurde bei der Berechnung nicht berücksichtigt. Der extrem niedrige Wert von 78,1 Prozent kam zustande, weil die Altersgruppen willkürlich umstrukturiert wurden. Eine detaillierte Analyse der 14- bis unter 26jährigen ließ den Schluß zu, daß die Mitgliedergewinnung bei der Gruppe der 14- bis 18jährigen offensichtlich am erfolgreichsten war. Als gemitteltes Ergebnis entfielen 41 Prozent auf diese Gruppe, 27 Prozent auf die 19- bis 21jährigen und 23 Prozent auf die 22- bis 25jährigen.

Für den Zeitraum 1975 bis 1985 war in der Gruppe der 14- bis unter 26jährigen ein Rückgang von 3 Prozent zu verzeichnen. Diese rückläufige Entwicklung setzte sich bei den 13jährigen fort und betrug 37 Prozent, was vermutlich auf unkorrekte Erfassung in dieser Altersgruppe zurückzuführen war. Bei den 26jährigen und Älteren nahm der Anteil um mehr als das Dreifache zu.

Erläuterungen zu den Tabellen 113 bis 117:
In unregelmäßigen Abständen wurden die Altersgrenzen verändert. Die Angaben für 1964 fehlen, weil man hier nur 13jährige, 14- bis 21jährige sowie 22jährige und Ältere unterschied. 1965 sind in der Tabelle 114 in der Spalte „22 bis 25 Jahre" nur die 21- und 22jährigen enthalten, in der Spalte „ab 26 Jahre" die 23jährigen und Älteren. Im Jahre 1983 wurden keine 13jährigen ausgewiesen. Sie sind in der Spalte „14 bis 16 Jahre" enthalten.

3.5 Die soziale Zusammensetzung der FDJ-Mitglieder

Nach der FDJ-Systematik wurde zwischen Arbeitern in der Industrie, Arbeitern in der Landwirtschaft, Angestellten, Jung- bzw. Genossenschaftsbauern, Handwerkern bzw. PGH-Mitgliedern, Schülern, Studenten, Angehörigen der Intelligenz, Hausfrauen, Verkäufern (allerdings nur für die Jahre 1961/62), Lehrlingen und Sonstigen unterschieden. Für die Jahre 1946 bis 1948 bzw. 1950 gab es Angaben zu freien Berufen, ohne Beruf und Erwerbslosen (vgl. Tab. 96, 98, 100, 102, 104 und 106).

Vergleicht man die Summe der FDJ-Mitglieder über die soziale Zusammensetzung, dann stimmen die Mitgliederzahlen in den 50er bis Mitte der 60er Jahre nicht überein. 1968 entspricht die Abweichung den Zentralratsmitarbeitern, 1969 bis 1976 liegen übereinstimmende Zahlen vor (vgl. Tab. 107). Im Jahre 1977 tritt eine Differenz von 18 000 auf, aber ab 1978 decken sich die Ergebnisse wieder.

Für den Zeitraum 1953 bis 1965 setzten sich im Mittel die FDJler aus 42 Prozent Arbeitern in der Industrie, 16 Prozent Angestellten, 6 Prozent Arbeitern in der Landwirtschaft, 2 Prozent Bauern bzw. Genossenschaftsbauern, 1 Prozent Handwerkern bzw. PGH-Mitgliedern, 23 Prozent Schülern, 6 Prozent Studenten, 3 Prozent Angehörigen der Intelligenz und 1 Prozent Hausfrauen zusammen. Von 1967 bis 1985 waren 24 Prozent der FDJ-Mitglieder Arbeiter, 7 Prozent Angestellte, 1 Prozent Genossenschaftsbauern, 47 Prozent Schüler und Studenten, 3 Prozent Angehörige der Intelligenz und 18 Prozent Lehrlinge. Anhand der gemittelten Werte wird sichtbar, worauf die Schwerpunkte der Mitgliedergewinnung lagen. Rekrutierten sich bis Mitte der 60er Jahre fast 50 Prozent der FDJler aus der Arbeiterschaft, so waren es in den 70er bis Mitte der 80er Jahre nur noch ein Viertel. Aber eine deutliche Steigerung von 29 auf 47 Prozent zeigte sich bei Schülern und Studenten, zuzüglich 18 Prozent Lehrlinge. Somit kamen zwei Drittel aller Verbandsmitglieder aus dem Bildungsbereich.

Erläuterungen zu den Tabellen 118 bis 128:
Aufgrund der wechselnden Klassifizierungen innerhalb der sozialen Gruppierungen war es außerordentlich schwierig, die gemachten Angaben zu systematisieren. 1953 wurden die Jung- und Genossenschaftsbauern getrennt ausgewiesen, 1959 dagegen gemeinsam. In der Rubrik „Hausfrauen“ erfaßte man ursprünglich „Hausfrauen und ohne Beruf“ bzw. „Hausfrauen und Freunde ohne Tätigkeit“. Bis 1960 führte man „Verkäufer“ unter „Angestellte“, und von 1962 bis 1966 wurde die „Intelligenz“ unterteilt in „technische, landwirtschaftliche, künstlerische, pädagogische und sonstige Intelligenz“. Ab 1967 erfolgte die Untergliederung in Arbeiter, Genossenschaftsmitglieder, Angestellte, Intelligenz, Schüler/Studenten, Lehrlinge und Sonstige. Mit der gesonderten Nennung der Lehrlinge, die zuvor vermutlich in der Gruppe der Arbeiter subsumiert waren, verringerte sich die Anzahl der FDJ-Mitglieder aus der Rubrik Arbeiter in der Industrie um mehr als die Hälfte. Die Rubrik „Sonstige“ hieß ab 1977 „nicht in Spalte 7 bis 20 ausgewiesen“.

1987 wurden nur Berufstätige (Arbeiter, Genossenschaftsbauern, Angestellte, Intelligenz und Sonstige), Lehrlinge, Schüler und Studenten in Prozent, 1988 dagegen in absoluten Zahlen angegeben. Die Differenzierung innerhalb der Berufstätigen[112] wurde selbst berechnet.

3.6 Die politische Zusammensetzung der FDJ-Mitglieder

Unter politischer Zusammensetzung soll hier die Zugehörigkeit zu Parteien und gesellschaftlichen Organisationen verstanden werden. Quantitative Aussagen zur politischen Zusammensetzung wurden für die Mitglieder der SED und deren Kandidaten (vgl. Abschnitt 3.2.) weitgehend kontinuierlich gemacht. Bis 1965 wurden die FDJ-Mitglieder sowohl nach ihrer Parteizugehörigkeit in anderen Parteien als auch nach dem Geschlecht ausgewiesen. Für den untersuchten Zeitraum zeigte sich, daß 94 Prozent aller Mitglieder von Parteien in der SED waren. Die restlichen 6 Prozent

112 Vgl. SAPMO-BArch, FDJ: A 11 538.

entfielen auf die anderen Parteien (vgl. Tab. 131). 1953 waren – bezogen auf alle fünf Parteien – „nur" 82 Prozent in der SED. Demzufolge war es in einem Jahrzehnt gelungen, den Anteil der Blockparteien auf ein Minimum zu senken.

Der Anteil der SED-Mitglieder an den FDJlern unterlag starken Schwankungen, besonders 1949 und 1950 erscheint das Ergebnis viel zu hoch. Aus den Akten war die Bemessungsgrundlage nicht nachvollziehbar. Aber auch die von der Autorin selbst berechneten Anteile ergeben unglaubwürdige Schwankungen. Seit den 70er Jahren konnte man davon ausgehen, daß durchschnittlich 12 Prozent aller FDJler SED-Mitglieder bzw. Kandidaten der SED waren.[113] Die anderen Parteien spielten zu diesem Zeitpunkt keine wesentliche Rolle (vgl. Tab. 132/133).

Die Aktenlage ließ es zu, Daten zum Freien Deutschen Gewerkschaftsbund (FDGB), zur Gesellschaft für Deutsch-Sowjetische Freundschaft (DSF), zum Deutschen Turn- und Sportbund der DDR (DTSB), zur Gesellschaft für Sport und Technik (GST) und zum Demokratischen Frauenbund Deutschlands (DFD) bis 1965 zu entnehmen. Die Zahlenreihen sind starken Schwankungen unterworfen, so daß die Richtigkeit der Angaben oftmals bezweifelt werden muß.

Aus den gemittelten Werten ergibt sich, daß mehr als die Hälfte der FDJler gewerkschaftlich organisiert war. Dem DFD gehörten 1953 bereits 13,4 Prozent der FDJlerinnen an, 1965 nur noch 2,1 Prozent (vgl. Tab. 135). Im DTSB waren 23 Prozent der männlichen und 14 Prozent der weiblichen FDJ-Mitglieder organisiert. Ähnliche Tendenzen zeigten sich in der GST, wo nur ein Drittel weiblich war.

Erläuterungen zu den Tabellen 129 bis 135:
Für die Jahre 1949 und 1950 waren nur prozentuale Angaben zu finden. In den FDJ-Akten wurden ab 1953 die SED-Mitglieder und deren Kandidaten getrennt angegeben. Hier wurden sie im Interesse der Übersichtlichkeit zusammengefaßt. In den ersten Jahren der Erfassung sind die Angehörigen der bewaffneten Organe mitenthalten.

Neben der SED wurden Mitgliederzahlen für die Christlich-Demokratische Union Deutschlands (CDU), für die Liberal-Demokratische Partei (LDP), ab 1951 Liberal-Demokratische Partei Deutschlands (LDPD), für die National-Demokratische Partei Deutschlands (NDPD) und für die Demokratische Bauernpartei Deutschlands (DBD) erfaßt.

Die Tabelle 135 weist für 1949 und 1950 prozentuale Werte nur zum FDGB aus. Als Nachfolger des Deutschen Sportausschusses (DS) wurde 1957 der DTSB gegründet.

Die dieser Publikation zugrundegelegten Datenreihen zu FDJ-Mitgliedern stimmen weitgehend mit den FDJlern überein, die über die altersmäßige (vgl. Abschnitt 3.4.) bzw. über die soziale Zusammensetzung (vgl. Abschnitt 3.5.) errechnet wurden. Berechnungsgrundlage waren Angaben zu FDJ-Mitgliedern ohne bewaffnete Organe, mit Ausnahme Anfang der 50er Jahre.

3.7 Die Verteilung der FDJ-Mitglieder nach Bezirken der DDR

Die Aktenlage erlaubte es, die FDJ-Mitglieder nach Bezirken und nach dem Geschlecht zu erfassen. Einschränkend muß von Seiten der Autorin hingewiesen werden, daß auch diese Akten sehr umfangreich, unübersichtlich und mit vielen mathematischen Fehlern behaftet sind, die hier – soweit

113 Vgl. 40 Jahre DDR. Berlin: Verlag für Agitations- und Anschauungsmittel. Mai 1989, S. 84: „Gegenwärtig (1989) ist jeder 8. Bürger der DDR im Alter von 18 bis 25 Jahren Mitglied der Partei (SED)."

eindeutig erkennbar – korrigiert wurden, um einerseits die Fehlerquote weitgehend klein zu halten und um andererseits einheitlich vorzugehen.

Erstmalig wurde im November 1952 der Mitgliederstand nach Bezirken erhoben, ohne geschlechtliche Differenzierung. Für einige Jahre war es möglich, die 13-, 26jährigen und Älteren herauszurechnen, was erlaubte, den Organisationsgrad zu ermitteln. Die eigenen Berechnungen hatten den Vorteil, entgegen der üblichen FDJ-Praxis, daß nur die tatsächlich 14- bis unter 26jährigen Berücksichtigung fanden.

Beim Vergleich der FDJ-Mitglieder (DDR-gesamt) und der Mitgliederzahlen der einzelnen Bezirke traten nur in den ersten Jahren Differenzen auf. Im Dezember 1953 „fehlten" 13 330 Mitglieder, abzüglich der bewaffneten Organe. Dagegen stimmten im November 1954 die Mitgliederzahlen (1 524 496) überein. Die Mitglieder in den bewaffneten Organen wurden – entgegen der dann folgenden Berechnungsweise – nicht in Betracht gezogen. Bis 1958 entsprach die auftretende Differenz diesen Mitgliedern, 1959 den FDJlern in den bewaffneten Organen (141 018) plus Zentralratsmitarbeitern (207). Es blieb eine Differenz von 50. Von 1960 bis 1964 ergaben sich die Differenzen ebenfalls aus den bewaffneten Organen plus Zentralratsmitarbeitern. Ab 1965 wurden die FDJler der bewaffneten Organe nicht mehr in den offiziellen statistischen Erfassungsbögen aufgenommen. Im Juni 1965 betrug die Differenz 343, die Zentralratsmitarbeiter bezifferte man auf 376 (vgl. Tab. 168). 1966 bis 1968 lautete die Abweichung 373, was genau den Mitarbeitern des Zentralrats entsprach. Ab 1969 gab es keine Unterschiede mehr zwischen den FDJlern (DDR-gesamt) und den FDJlern der einzelnen Bezirke. Die Zentralratsmitarbeiter und die bewaffneten Organe wurden gesondert erfaßt.

In den Bezirken Dresden, Rostock und Suhl waren – gemittelt über den gesamten Zeitraum – 50 Prozent männliche und 50 Prozent weibliche Mitglieder organisiert. In Berlin (Ost) und im Bezirk Halle betrug das Verhältnis 49 zu 51, in den Bezirken Cottbus, Erfurt, Gera, Karl-Marx-Stadt und Magdeburg 48 zu 52. Die Bezirke Frankfurt/Oder und Leipzig hatten 47 Prozent männliche und 53 Prozent weibliche, die Bezirke Potsdam und Schwerin dagegen 46 Prozent männliche und 54 Prozent weibliche FDJler. 45 zu 55 war das Verhältnis im Bezirk Neubrandenburg.

Betrachtet man die berechneten Organisationsgrade, dann hatte Berlin (Ost) mit 26 Prozent 1959 den niedrigsten, aber 1983 mit 72 Prozent den höchsten Organisationsgrad.

Beim Vergleich der Organisationsgrade von 1959 bzw. 1960, 1962, 1975 und 1983 kommt man – ohne Berlin (Ost) – zu folgendem Ergebnis:

In den Bezirken Dresden, Erfurt, Frankfurt/Oder, Gera, Halle, Karl-Marx-Stadt, Leipzig, Mag deburg, Rostock und Suhl hatte sich der Organisationsgrad von 1960 zu 1962 rückläufig entwikkelt. Er stieg zwischen 1962 und 1975 in allen Bezirken, ebenso zwischen 1975 und 1983, allerdings mit verlangsamtem Tempo. Der Organisationsgrad nahm in den Bezirken Gera, Magdeburg und Rostock nur um einen Prozentpunkt, im Bezirk Dresden um zwei und in den Bezirken Erfurt und Halle um drei Prozentpunkte zu. Im Bezirk Neubrandenburg stieg er von 50 auf 59 Prozent an und wies somit die höchste Steigerungsrate auf.

Den höchsten Organisationsgrad gab es 1962 im Bezirk Suhl, gefolgt von den Bezirken Gera, Leipzig und Karl-Marx-Stadt. 1975 war der Bezirk Rostock an der Spitze, es folgten die Bezirke Halle, Suhl, Dresden und Erfurt. Die Bezirke Karl-Marx-Stadt, Leipzig, Rostock und Suhl übernahmen 1983 die Führung. Der niedrigste Organisationsgrad konnte 1962 für den Bezirk Potsdam, 1975 für den Bezirk Neubrandenburg und 1983 ebenfalls für Neubrandenburg, gefolgt von Potsdam und Schwerin, ermittelt werden. Demzufolge läßt sich tendenziell ein Süd-Nord-Gefälle konstatieren. Etwaige Verschiebungen in der Rangfolge der Bezirke weisen wiederum auf die unterschiedliche Intensität hinsichtlich der Mitgliedergewinnung hin. Grundlage für die immer wiederkehrenden Kampagnen zur Erhöhung der Mitgliederzahlen waren m. E. nach die statistischen Halbjahres- bzw. Jahresberichte.[114]

Zusätzlich zu den 15 Bezirken wurden die FDJ-Mitglieder in den bewaffneten Organen und in der Gebietsorganisation Wismut dargestellt, ebenso die Zentralratsmitarbeiter (vgl. Tab. 166, 167 und 168).

Bei den bewaffneten Organen erscheinen die starken Schwankungen auffällig, besonders bei der Geschlechterverteilung (vgl. Tab. 166). Von 1953 bis 1958 blieb der Anteil der männlichen zu den weiblichen Mitgliedern mit 85 zu 15 Prozent konstant, was auf nachträgliche Schätzungen hindeutet. Der Anteil der FDJlerinnen nahm in den 60er Jahren drastisch ab. Mitte der 70er Jahre wurde dann offenbar wieder auf Schätzungen zurückgegriffen.

Die Wismut AG, die 1947 als Sowjetische Aktiengesellschaft gegründet wurde und Uran für die Sowjetunion abbaute, unterlag besonderen Bedingungen. Gemittelt über den gesamten Zeitraum ergab sich, daß 76 Prozent der FDJler männlich und 24 Prozent weiblich waren (vgl. Tab. 167).

Die Mitarbeiter des Zentralrates konnten bis Mitte der 70er Jahre quantitativ nachgewiesen werden. Nicht erkennbar war das Verhältnis von politischen zu technischen Mitarbeitern. Der mittlere Anteil an männlichen Mitarbeitern betrug 59 Prozent. Anfang der 60er Jahre waren 70 Prozent mindestens 26jährig oder älter.

Erläuterungen zu den Tabellen 136 bis 168:

1952 bis Mai 1953 nannte sich der Bezirk Karl-Marx-Stadt noch Chemnitz.

Aus den Akten geht für Juni 1959 hervor, daß die Mitgliederkartei auf den neuesten Stand gebracht wurde. Den Mitgliederstand korrigierte man nach unten mit dem Hinweis, daß es sich um eine Bereinigung des Mitgliederstandes handele entsprechend der ausgezählten Mitgliedsbücher.[115]

Vom Dezember 1982 bis Dezember 1985 liegen nur die Mitgliederzahlen ohne geschlechtliche Differenzierung vor. Für Berlin (Ost) und den Bezirk Cottbus konnte der Organisationsgrad bereits für Juni 1959, ansonsten erst für Juni 1960 berechnet werden.

Die Angaben zur Altersstruktur – d. h. der 26jährigen und Älteren – beziehen sich auf Juni 1961 bzw. 1962, die Mitgliederzahlen dagegen auf Dezember der genannten Jahre.

Es gibt keine Hinweise zur Altersstruktur bei den bewaffneten Organen. Mitte der 60er bis Mitte der 70er Jahre stehen keine Geschlechterangaben zur Verfügung. 1955 und 1956 findet man in der Akte E 15 527 den Zahlenwert von 108 000 unter „Sonstige". Als „Sonstige " wurde diese Rubrik bis 1962 bezeichnet. Ab 1963 gelten die Bezeichnungen „bewaffnete Organe" bzw. „bewaffnete Kräfte".

Für 1950 wurden die männlichen und weiblichen FDJ-Mitglieder der Wismut AG selbst berechnet. Auch hier beziehen sich die Angaben für die 26jährigen und Älteren auf Juni 1961 bzw. 1962. Für 1984/85 fehlt jegliche geschlechtliche Aufschlüsselung.

Die Tabelle 168 erteilt bis 1960 Auskunft über die Zentralratsmitarbeiter und über die Funktionäre der Jungen Pioniere. Ab 1969 wurden die Zentralratsmitarbeiter nicht gesondert in den statistischen Berichten ausgewiesen. Alle in Tabelle 168 aufgeführten Angaben wurden vorläufigen Aktenbeständen entnommen.[116]

---

114 Vgl. u. a. SAPMO-BArch, FDJ: A 8 337, A 7 966, A 9 053, A 9 120, A 9 052, A 10 863, A 11 488, A 11 538 und AA 297.

115 Vgl. SAPMO-BArch, FDJ: A 8 342.

116 Vgl. SAPMO-BArch, FDJ: E 15 520/I, E 15 515, E 15 559/I und E 15 548/I.

3.8 Die jugendlichen Abgeordneten in der Volkskammer, den Bezirkstagen und den örtlichen Volksvertretungen

Im Abschnitt 3.6. wurde die parteipolitische Zusammensetzung der FDJ-Mitglieder vorgestellt. Eine weitere politische Aktivität der Jugendlichen spiegelt sich in der Abgeordneten-Tätigkeit wider. Die Statistischen Jahrbücher geben seit 1957 bzw. 1958 Auskunft über die jugendlichen Abgeordneten in den verschiedenen Gremien:

– 1957 fiel der Anteil der jugendlichen Abgeordneten in der Volkskammer mit 1,5 Prozent besonders niedrig aus. In der 8. Wahlperiode (ab 1981) stieg er dann auf 9,2 Prozent.

– Die jugendlichen Bezirkstagsabgeordneten unterlagen beträchtlichen Schwankungen. Besonders auffällig erschienen die Jahre 1958 mit 190, 1962 mit 7 (kleinster Wert) und ab 1986 mit 652 (größter Wert) jugendlichen Abgeordneten.

– In den Kreistagen und Stadtverordnetenversammlungen der Stadtkreise waren 1960 die jugendlichen Abgeordneten mit einem Anteil von 1,5 Prozent unterrepräsentiert, konnten sich aber 1984 auf 22,2 Prozent steigern.

– Der Anteil der Jugendlichen in den Stadtverordnetenversammlungen der Städte bzw. Gemeinden schwankte bis Ende der 60er Jahre erheblich und wuchs 1984 auf 14,8 Prozent.

– Bei den Stadtbezirksversammlungen handelte es sich um ausgewählte Bezirksstädte (Berlin, Magdeburg, Halle, Erfurt, Dresden, Leipzig und Karl-Marx-Stadt), die nochmals in Stadtbezirke mit eigenen Vertretungskörperschaften eingeteilt waren. Die Stadtbezirksversammlungen wiesen 1960 nur 0,7 Prozent und 1984 dann 22,8 Prozent jugendliche Abgeordnete aus.

Zusammenfassend kann man seit 1974 davon ausgehen, daß mindestens 15 Prozent aller Abgeordneten Jugendliche waren.

Erläuterungen zu den Tabellen 169 und 170:
Die Dauer der einzelnen Wahlperioden war in den ersten Jahren unterschiedlich. Alle Angaben zu den jugendlichen Abgeordneten bezogen sich auf unter 25jährige. Von 1964 bis 1969 handelte es sich um die Altersgruppe der 21- bis unter 25jährigen, seit 1970 um 18- bis unter 25jährige.

1957 bis 1970 unterschied man in der Volkskammer zwischen Mitgliedern und Berliner Vertretern. Die Berliner Vertreter hatten beratende Stimme.

Die Bezirkstage entsprachen den 15 Verwaltungsbezirken der DDR. Schwierig war die Zuordnung von Berlin. Ursprünglich wurde Berlin nicht als eigenständiger Bezirk in der Rubrik „Zusammensetzung der Bezirkstage“ erfaßt. Seit 1979 fehlen in der Rubrik „Zusammensetzung der Stadtbezirksversammlungen“ Angaben für Berlin. In der Rubrik „Zusammensetzung der Kreistage (Landkreise) und Stadtverordnetenversammlungen (Stadtkreise)“ erschien ab 1979 Berlin gesondert.

3.9 Quellen und Literatur

3.9.1 Quellen

Die Quellen zur politischen Organisiertheit der DDR-Jugend befinden sich in den überlieferten Beständen der einzelnen Organisationen. Die Mitgliederstatistiken wurden nicht einheitlich geführt, sind oft unvollständig und genügen kaum statistischen Ansprüchen. Das Archivmaterial der FDJ befindet sich heute in der Stiftung Archiv der Parteien und Massenorganisationen der DDR im Bundesarchiv (SAPMO-BArch, FDJ). Für die Mitgliederstatistik war die Abteilung Verbandsorgane beim Zentralrat der FDJ zuständig, die 1952 aus der Abteilung Organisation/Instrukteure hervorging. In den Beständen obengenannter Abteilung lagern die Monats-, Quartals-, Halbjahres- und Jahresberichte zur Mitgliederbewegung. Diese Akten sind nur teilweise aufgearbeitet, allerdings sind auch die nur vorläufig erschlossenen Bestände zugänglich. Sie enthalten Angaben zur Mitgliederzahl und deren territoriale Verteilung, zur altersmäßigen, sozialen sowie politischen Zusammensetzung, zu Funktionärsträgern und zu Neuaufnahmen.

Darüber hinaus war die Mitgliederbewegung regelmäßiger Tagesordnungspunkt auf den Sitzungen des Sekretariats des Zentralrates. In diesen Beständen finden sich sporadisch zusammenfassende und auswertende Berichte, die auf den von der Abteilung Verbandsorgane erhobenen Daten beruhen.

Ähnliche Auswertungen gibt es in den Handakten des 1. Sekretärs der FDJ, die zumeist der SED-Führung übermittelt wurden.

Die ausführlichen Mitgliederzahlen unterlagen der Geheimhaltung. Für den hauptamtlichen Funktionärsapparat wurden für die Jahrgänge 1961 bis 1963, 1967, 1969, 1970, 1972 bis 1975 und 1980 Statistische Handbücher erarbeitet, die zur Mitgliederbewegung, zum Funktionärsapparat, zu Neuererbewegungen und zum FDJ-Studienjahr detaillierte Aussagen machten und heute zugänglich sind. Zusätzlich liegen Materialien für Statistische Handbücher des Zentralrates der FDJ zu den Jahrgängen 1965 und 1975 vor.

Die Angaben zu den jugendlichen Abgeordneten konnten den Statistischen Jahrbüchern der DDR und den Handbüchern der Volkskammer entnommen werden.

Die Mitgliederbewegung der SED und der Blockparteien sind zu weiten Teilen ebenfalls über die Bestände der SAPMO zu erschließen. Die Mitgliedschaft der SED wurde durch die Abteilung Leitende Organe der Partei und Massenorganisationen, Sektor Statistik, erfaßt. Die archivalische Überlieferung dieses Sektors ist für die Zeit zwischen 1946 und 1962 aufgearbeitet und bietet umfangreiches statistisches Material der zentralen und regionalen Parteistrukturen. Die statistischen Berichte der Blockparteien sind momentan für den Zeitraum von 1952 bis 1970 in den Akten der Abteilung Befreundete Organisationen verfügbar, finden sich aber selbstverständlich auch in den Überlieferungen der einzelnen Parteien, die – möglicherweise nur vorläufig – von der Konrad-Adenauer-Stiftung (CDU, DBD) und der Friedrich-Naumann-Stiftung (LDPD) sowie der SAPMO (NDPD) übernommen wurden.

3.9.2 Literatur

Der restriktiv gehandhabte Zugang zu den Quellen verhinderte bis 1989 ausführliche Analysen zur FDJ-Mitgliedschaft. Publikationen zu dieser Thematik blieben bis dato rar. Das Standardwerk der DDR-Historiographie „Geschichte der Freien Deutschen Jugend“ (1982) verzichtete fast gänzlich auf Mitgliederstatistiken. Von Freiburg/Mahrad erschien 1982 aus politikwissenschaftlicher Sicht das Werk „FDJ. Der sozialistische Jugendverband der DDR“, das den Versuch beinhaltete, die Mitgliederbewegung zu beschreiben. Diese Publikation mußte aufgrund des nicht vorhandenen Quellenzugangs unvollständig bleiben.

Die Öffnung der Archive motivierte zu detaillierten Fallstudien, welche die Mitgliederzahlen der FDJ über einen Zeitraum von 43 Jahren ins Blickfeld nahmen. In der Shell-Studie Jugend ’92 äußerte sich Zilch zu den Mitgliederzahlen und Strukturen der FDJ. Darauf aufbauend, erschien 1994 die Broschüre „Millionen unter der blauen Fahne“, in welcher u. a. Mitgliederbewegung, Funktionärsapparat und Organisierungsgrad in den Grenzkreisen/West dargestellt wurden. 1994 äußerte sich Schulze im Sammelband „ ‚Links und links und Schritt gehalten ...‘. Die FDJ: Konzepte – Abläufe – Grenzen“ zum Organisationsgrad der Jugendlichen in der FDJ.

Tabelle 94: FDJ-Mitglieder nach dem Geschlecht und Organisationsgrad der Länder Sachsen, Sachsen-Anhalt, Thüringen, Mecklenburg und Brandenburg für 1946 in Prozent

Land	FDJ-Mitglieder	dav. männlich	dav. weiblich	Organisationsgrad
Sachsen	14,6	18,9	11,7	14,3
Sachsen-Anhalt	15,7	20,5	12,3	15,1
Thüringen	13,1	17,8	9,8	12,8
Mecklenburg	18,3	24,9	13,7	16,8
Brandenburg	17,4	21,7	14,5	16,7

Quelle: SAPMO-BArch, FDJ: Bestand Abt. Verbandsorgane, eigene Berechnungen

Tabelle 95: FDJ-Mitglieder des Landes Sachsen nach der Geschlechts- und Altersstruktur für den Zeitraum 1946 bis 1950 bzw. 1952 in Prozent

Monat/ Jahr	FDJ-Mitglieder	dav. männlich	dav. weiblich	Ant. männl. Mitglieder in [%]	Ant. weibl. Mitglieder in [%]	14 bis 16 Jahre in [%]	16 bis 18 Jahre in [%]	18 bis 21 Jahre in [%]	21 bis 25 Jahre in [%]	über 25 Jahre in [%]
11/ 46	113 715	59 649	54 066	52,5	47,5	33,0	31,0	23,0	10,0	2,0
11/ 47	140 446	75 579	64 867	53,8	46,2	28,0	33,0	26,0	10,0	3,0
11/ 48	148 147	82 962	65 185	56,0	44,0	21,0	31,0	35,0	10,0	3,0
11/ 49	335 923	196 515	139 408	58,5	41,5	29,8	25,0	30,4	9,4	5,4
10/ 50	457 569	249 375	208 194	54,5	45,5	32,8	24,3	27,9	10,9	4,1
11/ 51	592 222	319 130	273 092	53,9	46,1	•	•	•	•	•
07/ 52	602 557	323 972	278 585	53,8	46,2	•	•	•	•	•

Quelle: SAPMO-BArch, FDJ: Bestand Abt. Verbandsorgane, eigene Berechnungen

Tabelle 96: Soziale und politische Zusammensetzung der FDJ-Mitglieder des Landes Sachsen für den Zeitraum 1946 bis 1950 in Prozent

Monat/ Jahr	Arbeiter	Angestellte	Landarbeiter	Jungbauern	Handwerker	Schüler	Studenten	freie Berufe	ohne Beruf	Erwerbslose	SED/ Kand.	CDU-Mitgl.	LDP-Mitgl.	NDPD-Mitgl.	DBD-Mitgl.	FDGB-Mitgl.
11/ 46	47,0	18,0	12,0	2,0	-	12,0	1,0	3,0	1,0	4,0	•	•	•	•	•	•
11/ 47	34,0	19,0	12,0	2,0	14,0	12,0	1,0	3,0	-	5,0	•	•	•	•	•	•
11/ 48	53,0	19,0	11,0	1,0	-	9,0	1,0	4,0	-	2,0	•	•	•	•	•	•
11/ 49	54,0	15,1	6,7	0,8	1,5	13,2	1,2	2,8	-	4,7	11,5	0,7	0,8	0,1	0,04	62,2
10/ 50	57,8	15,6	7,2	0,9	1,3	13,2	1,9	2,1	-	-	11,7	1,0	0,9	0,2	0,10	62,2

Quelle: SAPMO-BArch, FDJ: Bestand Abt. Verbandsorgane, eigene Berechnungen

Tabelle 97: FDJ-Mitglieder des Landes Sachsen-Anhalt nach der Geschlechts- und Altersstruktur für den Zeitraum 1946 bis 1950 bzw. 1952 in Prozent

Monat/ Jahr	FDJ-Mitglieder	dav. männlich	dav. weiblich	Ant. männl. Mitglieder in [%]	Ant. weibl. Mitglieder in [%]	14 bis 16 Jahre in [%]	16 bis 18 Jahre in [%]	18 bis 21 Jahre in [%]	21 bis 25 Jahre in [%]	über 25 Jahre in [%]
11/ 46	100 092	53 767	46 325	53,7	46,3	27,0	32,0	26,0	11,0	4,0
11/ 47	120 933	69 187	51 746	57,2	42,8	26,0	32,0	25,0	12,0	5,0
11/ 48	114 522	67 568	46 954	59,0	41,0	17,0	28,0	38,0	12,0	5,0
11/ 49	231 626	141 292	90 334	61,0	39,0	28,0	26,5	29,4	10,1	6,0
10/ 50	338 321	199 271	139 050	58,9	41,1	26,9	25,3	31,1	12,9	4,0
11/ 51	439 402	251 608	187 794	57,3	42,7	•	•	•	•	•
07/ 52	448 815	237 904	210 911	53,0	47,0	•	•	•	•	•

Quelle: SAPMO-BArch, FDJ: Bestand Abt. Verbandsorgane, eigene Berechnungen

Tabelle 98: Soziale und politische Zusammensetzung der FDJ-Mitglieder des Landes Sachsen-Anhalt für den Zeitraum 1946 bis 1950 in Prozent

Monat/ Jahr	Arbeiter	Angestellte	Landarbeiter	Jungbauern	Handwerker	Schüler	Studenten	freie Berufe	ohne Beruf	Erwerbslose	SED/ Kand.	CDU-Mitgl.	LDP-Mitgl.	NDPD-Mitgl.	DBD-Mitgl.	FDGB-Mitgl.
11/ 46	34,0	20,0	16,0	6,0	-	14,0	2,0	3,0	2,0	3,0	•	•	•	•	•	•
11/ 47	20,0	18,0	17,0	4,0	17,0	10,0	2,0	3,0	8,0	1,0	•	•	•	•	•	•
11/ 48	41,0	17,0	20,0	5,0	-	9,0	1,0	3,0	-	4,0	•	•	•	•	•	•
11/ 49	45,5	14,6	11,4	3,0	4,9	12,5	1,2	2,5	-	4,4	10,7	0,4	0,7	0,1	0,07	46,0
10/ 50	60,5	13,7	10,4	2,1	1,3	8,6	1,0	1,9	-	-	13,6	0,6	1,8	0,3	0,30	51,9

Quelle: SAPMO-BArch, FDJ: Bestand Abt. Verbandsorgane, eigene Berechnungen

Tabelle 99: FDJ-Mitglieder des Landes Thüringen nach der Geschlechts- und Altersstruktur für den Zeitraum 1946 bis 1950 bzw. 1952 in Prozent

Monat/ Jahr	FDJ-Mitglieder	dav. männlich	dav. weiblich	Ant. männl. Mitglieder in [%]	Ant. weibl. Mitglieder in [%]	14 bis 16 Jahre in [%]	16 bis 18 Jahre in [%]	18 bis 21 Jahre in [%]	21 bis 25 Jahre in [%]	über 25 Jahre in [%]
11/46	59 263	33 494	25 769	56,5	43,5	28,0	34,0	27,0	9,0	2,0
11/47	74 025	42 522	31 503	57,4	42,6	22,0	35,0	30,0	10,0	3,0
11/48	64 834	38 900	25 934	60,0	40,0	14,0	29,0	45,0	9,0	3,0
11/49	159 928	96 756	63 172	60,5	39,5	27,4	27,0	32,4	8,2	5,0
10/50	233 602	137 592	96 010	58,9	41,1	25,1	22,9	34,2	12,5	5,3
11/51	317 418	179 045	138 373	56,4	43,6	•	•	•	•	•
07/52	323 646	182 008	141 638	56,2	43,8	•	•	•	•	•

Quelle: SAPMO-BArch, FDJ: Bestand Abt. Verbandsorgane, eigene Berechnungen

Tabelle 100: Soziale und politische Zusammensetzung der FDJ-Mitglieder des Landes Thüringen für den Zeitraum 1946 bis 1950 in Prozent

Monat/ Jahr	Arbeiter	Angestellte	Landarbeiter	Jungbauern	Handwerker	Schüler	Studenten	freie Berufe	ohne Beruf	Erwerbslose	SED/ Kand.	CDU-Mitgl.	LDP-Mitgl.	NDPD-Mitgl.	DBD-Mitgl.	FDGB-Mitgl.
11/46	39,0	17,0	18,0	4,0	-	12,0	1,0	5,0	1,0	3,0	•	•	•	•	•	•
11/47	27,0	17,0	15,0	2,0	16,0	12,0	1,0	3,0	6,0	1,0	•	•	•	•	•	•
11/48	48,0	15,0	15,0	3,0	-	10,0	1,0	4,0	-	4,0	•	•	•	•	•	•
11/49	48,2	14,1	8,6	1,8	4,2	14,2	1,4	2,3	-	5,2	10,5	0,5	0,4	0,1	0,05	60,8
10/50	56,8	13,4	7,8	1,9	2,9	13,6	1,4	2,2	-	-	12,6	0,6	0,5	0,2	0,2	58,5

Quelle: SAPMO-BArch, FDJ: Bestand Abt. Verbandsorgane, eigene Berechnungen

Tabelle 101: FDJ-Mitglieder des Landes Mecklenburg nach der Geschlechts- und Altersstruktur für den Zeitraum 1946 bis 1950 bzw. 1952 in Prozent

Monat/ Jahr	FDJ-Mit- glieder	dav. männlich	dav. weiblich	Ant. männl. Mitglieder in [%]	Ant. weibl. Mitglieder in [%]	14 bis 16 Jahre in [%]	16 bis 18 Jahre in [%]	18 bis 21 Jahre in [%]	21 bis 25 Jahre in [%]	über 25 Jahre in [%]
11/ 46	61 150	33 927	27 223	55,5	44,5	32,0	27,0	22,0	11,0	8,0
11/ 47	73 594	41 202	32 392	56,0	44,0	26,0	29,0	24,0	12,0	9,0
11/ 48	54 145	30 863	23 282	57,0	43,0	16,0	30,0	40,0	10,0	4,0
11/ 49	100 206	58 119	42 087	58,0	42,0	22,4	29,4	35,0	9,5	3,7
10/ 50	153 871	87 860	66 011	57,1	42,9	21,0	27,0	36,7	12,9	2,4
11/ 51	198 960	110 847	88 113	55,7	44,3	•	•	•	•	•
07/ 52	205 736	113 153	92 583	55,0	45,0	•	•	•	•	•

Quelle: SAPMO-BArch, FDJ: Bestand Abt. Verbandsorgane, eigene Berechnungen

Tabelle 102: Soziale und politische Zusammensetzung der FDJ-Mitglieder des Landes Mecklenburg für den Zeitraum 1946 bis 1950 in Prozent

Monat/ Jahr	Ar- beiter	Ange- stellte	Land- arbeiter	Jung- bauern	Hand- werker	Schü- ler	Stu- denten	freie Berufe	ohne Beruf	Erwerbs- lose	SED/ Kand.	CDU- Mitgl.	LDP- Mitgl.	NDPD- Mitgl.	DBD- Mitgl.	FDGB- Mitgl.
11/ 46	23,0	19,0	25,0	6,0	-	11,0	1,0	3,0	6,0	6,0	•	•	•	•	•	•
11/ 47	9,0	19,0	25,0	6,0	11,0	12,0	1,0	3,0	12,0	2,0	•	•	•	•	•	•
11/ 48	30,0	15,0	25,0	6,0	-	11,0	1,0	4,0	-	8,0	•	•	•	•	•	•
11/ 49	31,8	13,5	17,9	5,5	4,8	15,4	2,4	3,6	-	5,1	8,3	0,4	0,2	0,1	0,09	34,2
10/ 50	41,4	12,1	21,1	5,1	2,3	14,0	1,5	2,5	-	-	8,9	0,4	0,2	0,5	0,6	41,5

Quelle: SAPMO-BArch, FDJ: Bestand Abt. Verbandsorgane, eigene Berechnungen

Tabelle 103: FDJ-Mitglieder des Landes Brandenburg nach der Geschlechts- und Altersstruktur für den Zeitraum 1946 bis 1950 bzw. 1952 in Prozent

Monat/ Jahr	FDJ-Mit-glieder	dav. männlich	dav. weiblich	Ant. männl. Mitglieder in [%]	Ant. weibl. Mitglieder in [%]	14 bis 16 Jahre in [%]	16 bis 18 Jahre in [%]	18 bis 21 Jahre in [%]	21 bis 25 Jahre in [%]	über 25 Jahre in [%]
11/46	61 280	30 831	30 449	50,3	49,7	33,0	30,0	22,0	11,0	4,0
11/47	75 101	39 279	35 822	52,3	47,7	27,0	30,0	26,0	13,0	4,0
11/48	55 483	30 516	24 967	55,0	45,0	16,0	27,0	41,0	12,0	4,0
11/49	102 306	63 430	38 876	62,0	38,0	22,2	27,1	34,5	12,0	4,2
10/50	148 586	85 437	63 149	57,5	42,5	21,8	23,7	35,3	16,1	2,9
11/51	211 821	117 904	93 917	55,7	44,3	•	•	•	•	•
07/52	222 370	123 668	98 702	55,6	44,4	•	•	•	•	•

Quelle: SAPMO-BArch, FDJ: Bestand Abt. Verbandsorgane, eigene Berechnungen

Tabelle 104: Soziale und politische Zusammensetzung der FDJ-Mitglieder des Landes Brandenburg für den Zeitraum 1946 bis 1950 in Prozent

Monat/ Jahr	Ar-beiter	Ange-stellte	Land-arbeiter	Jung-bauern	Hand-werker	Schü-ler	Stu-denten	freie Berufe	ohne Beruf	Erwerbs-lose	SED/ Kand.	CDU-Mitgl.	LDP-Mitgl.	NDPD-Mitgl.	DBD-Mitgl.	FDGB-Mitgl.
11/46	32,0	17,0	19,0	7,0	-	13,0	1,0	5,0	-	6,0	•	•	•	•	•	•
11/47	14,0	16,0	30,0	7,0	13,0	9,0	1,0	3,0	5,0	2,0	•	•	•	•	•	•
11/48	34,0	17,0	27,0	7,0	-	8,0	1,0	3,0	-	3,0	•	•	•	•	•	•
11/49	41,0	15,9	13,8	4,6	5,3	11,5	0,8	3,2	-	3,9	8,3	0,5	0,2	0,2	0,08	46,0
10/50	46,7	14,5	14,4	5,1	3,7	10,7	1,4	3,5	-	-	8,5	0,5	0,4	0,3	0,7	44,2

Quelle: SAPMO-BArch, FDJ: Bestand Abt. Verbandsorgane, eigene Berechnungen

Tabelle 105: Berliner FDJ-Mitglieder nach der Geschlechts- und Altersstruktur für den Zeitraum 1947 bis 1950 bzw. 1952 in Prozent

Monat/ Jahr	FDJ-Mitglieder	dav. männlich	dav. weiblich	Ant. männl. Mitglieder in [%]	Ant. weibl. Mitglieder in [%]	14 bis 16 Jahre in [%]	16 bis 18 Jahre in [%]	18 bis 21 Jahre in [%]	21 bis 25 Jahre in [%]	über 25 Jahre in [%]
11/ 47	7 331	4 034	3 297	55,0	45,0	20,0	30,0	33,0	13,0	4,0
11/ 48	8 231	4 445	3 786	54,0	46,0	13,0	28,0	44,0	11,0	4,0
11/ 49	19 938	11 265	8 673	56,5	43,5	21,2	25,1	36,1	12,5	5,1
10/ 50	36 860	20 568	16 292	55,8	44,2	16,7	23,0	35,8	19,4	5,1
11/ 51	57 433	32 031	25 402	55,8	44,2	•	•	•	•	•
07/ 52	60 435	33 641	26 794	55,7	44,3	•	•	•	•	•

Quelle: SAPMO-BArch, FDJ: Bestand Abt. Verbandsorgane, eigene Berechnungen

Tabelle 106: Soziale und politische Zusammensetzung der Berliner FDJ-Mitglieder für den Zeitraum 1947 bis 1950 in Prozent

Monat/ Jahr	Arbeiter	Angestellte	Landarbeiter	Jungbauern	Handwerker	Schüler	Studenten	freie Berufe	ohne Beruf	Erwerbslose	SED/ Kand.	CDU-Mitgl.	LDP-Mitgl.	NDPD-Mitgl.	DBD-Mitgl.	FDGB-Mitgl.
11/ 47	27,0	21,0	-	-	23,0	16,0	3,0	4,0	4,0	2,0	•	•	•	•	•	•
11/ 48	49,0	22,0	-	-	-	18,0	4,0	3,0	-	4,0	•	•	•	•	•	•
11/ 49	45,0	27,6	-	-	0,3	16,8	6,0	1,8	-	2,5	15,1	0,02	0,01	0,02	•	48,5
10/ 50	51,0	21,2	0,4	0,3	0,2	16,1	9,5	1,3	-	-	18,7	0,2	0,1	0,2	0,02	73,0

Quelle: SAPMO-BArch: FDJ: Bestand Abt. Verbandsorgane, eigene Berechnungen

Tabelle 107: FDJ-Mitglieder (ohne bewaffnete Organe) nach dem Geschlecht für den Zeitraum 1946 bis 1989

Monat/ Jahr	FDJ-Mitglieder	dav. männlich	dav. weiblich	Ant. männl. Mitglieder in [%]	Ant. weibl. Mitglieder in [%]
11/46	395 500	211 668	183 832	53,5	46,5
11/47	484 099	267 769	216 330	55,3	44,7
11/48	437 131	251 350	185 781	57,5	42,5
11/49	949 927	569 956	379 971	60,0	40,0
10/50	1 395 094	797 994	597 100	57,2	42,8
11/51	1 844 663	1 034 557	810 106	56,1	43,9
07/52	1 888 267	1 035 851	852 416	54,9	45,1
12/53	1 186 012	649 420	536 592	54,8	45,2
11/54	1 524 496	824 208	700 288	54,1	45,9
12/55	1 647 885	870 370	777 515	52,8	47,2
12/56	1 598 488	829 646	768 842	51,9	48,1
12/57	1 562 352	801 961	760 391	51,3	48,7
12/58	1 586 211	801 759	784 452	50,5	49,5
12/59	1 271 112	642 966	628 146	50,6	49,4
12/60	1 382 438	696 969	685 469	50,4	49,6
12/61	1 373 260	673 962	699 298	49,1	50,9
12/62	1 178 440	577 859	600 851	49,0	51,0
12/63	1 215 714	590 378	625 336	48,6	51,4
12/64	1 193 690	569 375	624 315	47,7	52,3
06/65	1 208 772	571 135	637 636	47,2	52,8
12/66	1 309 951	604 935	705 016	46,2	53,8
12/67	1 309 203	607 825	701 378	46,4	53,6
12/68	1 421 834	665 467	756 367	46,8	53,2
12/69	1 565 501	737 485	828 016	47,1	52,9
12/70	1 641 078	767 227	873 851	46,8	53,2
12/71	1 696 951	790 393	906 558	46,6	53,4
12/72	1 792 485	827 795	964 690	46,2	53,8
12/73	1 892 777	870 733	1 022 044	46,0	54,0
12/74	1 823 548	829 683	993 865	45,5	54,5
12/75	1 980 583	912 884	1 067 699	46,1	53,9
12/76	2 027 900	926 317	1 101 583	45,7	54,3
12/77	2 099 157	953 823	1 145 334	45,4	54,6
12/78	2 141 872	975 356	1 166 516	45,5	54,5
12/79	2 135 618	967 061	1 168 557	45,3	54,7
12/80	2 064 684	935 370	1 129 314	45,3	54,7
12/81	2 102 770	955 474	1 147 296	45,4	54,6
12/82	2 105 150	986 453	1 118 697	46,9	53,1
12/83	2 113 986	998 981	1 115 005	47,3	52,7
12/84	2 126 279	•	•	•	•
12/85	2 135 226	1 018 506	1 116 720	47,7	52,3
12/87	2 025 479	983 434	1 042 045	48,6	51,4
12/88	1 946 051	948 655	997 396	48,7	51,3
09/89	1 883 203	•	•	•	•

Quelle: SAPMO-BArch, FDJ: Bestand Abt. Verbandsorgane, eigene Berechnungen, 1989 Zilch: Millionen unter der blauen Fahne. Die FDJ. Zahlen – Fakten – Tendenzen. 1994

Tabelle 108: FDJ-Mitglieder (ohne bewaffnete Organe) nach dem Alter für den Zeitraum 1946 bis 1985

Monat/ Jahr	13 Jahre	ab 26 Jahre	dav. männlich	dav. weiblich	14 bis unter 26 Jahre	dav. männlich	dav. weiblich
11/46	-	11 315	•	•	384 185	•	•
11/47	-	17 232	•	•	466 867	•	•
11/48	-	10 458	•	•	426 673	•	•
11/49	-	33 258	•	•	916 669	•	•
10/50	-	44 177	•	•	1 350 917	•	•
11/ 51	-	•	•	•	•	•	•
12/53	-	81 064	59 261	21 803	1 104 948	590 159	514 789
07/55	-	113 022	80 429	32 593	1 534 863	789 941	744 922
07/57	516	104 962	74 313	30 649	1 456 874	871 065	754 809
06/59	•	69 689	53 257	16 432	1 201 423	589 709	611 714
06/60	•	84 892	•	•	1 297 546	•	•
06/61	•	106 442	72 317	34 125	1 266 818	601 645	665 173
06/62	184	74 254	51 920	22 334	1 104 002	683 073	579 392
06/63		100 716	66 676	34 040	1 114 998	523 702	591 296
06/65	•	87 883	•	•	1 120 889	•	•
12/67	65 374	48 527	•	•	1 195 302	•	•
12/68	82 309	58 875	•	•	1 280 650	•	•
12/69	83 486	69 454	•	•	1 412 561	•	•
12/70	85 643	73 547	•	•	1 481 888	•	•
12/71	90 817	55 604	•	•	1 550 530	•	•
12/72	93 707	57 240	•	•	1 641 538	•	•
12/73	89 936	58 436	•	•	1 744 405	•	•
12/74	109 047	42 004	•	•	1 672 497	•	•
12/75	112 808	45 468	•	•	1 822 307	•	•
12/76	129 652	50 829	•	•	1 847 419	•	•
12/77	123 935	55 413	•	•	1 919 809	•	•
12/78	124 650	58 524	•	•	1 958 698	•	•
12/79	131 580	55 295	•	•	1 948 743	•	•
12/80	103 229	91 947	•	•	1 869 508	•	•
12/81	98 931	106 883	•	•	1 896 956	•	•
12/82	83 642	131 490	•	•	1 890 018	•	•
12/83	•	155 982	•	•	1 958 004	•	•
12/84	85 789	149 683	•	•	1 890 807	•	•
12/85	76 291	159 195	•	•	1 899 740	•	•

Quelle: SAPMO-BArch, FDJ: Bestand Abt. Verbandsorgane, eigene Berechnungen

Tabelle 109: Organisationsgrad der FDJ-Mitglieder (ohne bewaffnete Organe) für den Zeitraum 1946 bis 1985

Monat/ Jahr	jug. Wohn- bevölk.	dav. männlich	dav. weiblich	Org.-grad gesamt in [%]	Org.-grad männl. in [%]	Org.-grad weibl. in [%]
11/46	2 902 307	1 160 985	1 741 322	13,2	•	•
10/50	3 050 721	1 439 492	1 611 229	44,3	•	•
11/ 51	2 938 761	1 427 191	1 511 570	•	•	•
12/53	3 088 276	1 532 055	1 556 221	35,8	38,5	33,1
07/55	3 369 812	1 687 212	1 682 600	45,5	46,8	44,3
07/57	3 231 740	1 634 171	1 597 569	45,1	53,3	47,2
06/59	3 150 228	1 596 328	1 553 900	38,1	36,9	39,4
06/60	2 985 350	1 512 432	1 472 918	43,5	•	•
06/61	2 840 612	1 435 686	1 404 926	44,6	41,9	47,3
06/62	2 767 736	1 398 202	1 369 534	39,9	48,9	42,3
06/63	2 731 967	1 379 969	1 351 998	40,8	38,0	43,7
06/65	2 628 235	1 331 647	1 296 588	42,6	•	•
12/67	2 578 918	1 311 720	1 267 198	46,3	•	•
12/68	2 624 405	1 338 818	1 285 587	48,8	•	•
12/69	2 660 937	1 360 453	1 300 484	53,1	•	•
12/70	2 697 705	1 381 521	1 316 184	54,9	•	•
12/71	2 799 420	1 435 105	1 364 315	55,4	•	•
12/72	2 923 991	1 497 270	1 426 721	56,1	•	•
12/73	3 019 673	1 547 794	1 471 879	57,8	•	•
12/74	3 114 760	1 596 786	1 517 974	53,7	•	•
12/75	3 188 739	1 636 484	1 552 255	57,1	•	•
12/76	3 223 499	1 654 151	1 569 348	57,3	•	•
12/77	3 253 419	1 668 673	1 584 746	59,0	•	•
12/78	3 274 689	1 679 759	1 594 930	59,8	•	•
12/79	3 281 405	1 683 297	1 598 108	59,4	•	•
12/80	3 279 970	1 683 610	1 596 360	57,0	•	•
12/81	3 269 437	1 677 914	1 591 523	58,0	•	•
12/82	3 229 805	1 656 238	1 573 567	58,5	•	•
12/83	3 207 613	1 645 062	1 562 551	61,0	•	•
12/84	3 171 493	1 624 415	1 547 078	59,6	•	•
12/85	3 123 393	1 600 143	1 523 250	60,8	•	•

Quelle: SAPMO-BArch, FDJ: Bestand Abt. Verbandsorgane, eigene Berechnungen

Tabelle 110: FDJ-Mitglieder (einschließlich bewaffnete Organe) nach dem Geschlecht für den Zeitraum 1953 bis 1988

Monat/ Jahr	FDJ-Mitglieder	dav. männlich	dav. weiblich	Ant. männl. Mitglieder in [%]	Ant. weibl. Mitglieder in [%]
12/53	1 294 012	741 220	552 792	57,3	42,7
11/54	1 632 496	916 008	716 488	56,1	43,9
12/55	1 755 885	962 170	793 715	54,8	45,2
12/56	1 706 488	921 446	785 042	54,0	46,0
12/57	1 731 352	945 611	785 741	54,6	45,4
12/58	1 755 211	945 409	809 802	53,9	46,1
12/59	1 412 130	779 460	632 670	55,2	44,8
12/60	1 532 482	842 411	690 071	55,0	45,0
12/61	1 524 980	824 653	700 327	54,1	45,9
12/62	1 336 903	735 065	601 838	55,0	45,0
12/63	1 379 166	752 449	626 717	54,6	45,4
12/64	1 357 142	731 446	625 696	53,9	46,1
06/65	1 300 117	.	.	.	.
12/66	1 401 296	.	.	.	.
12/67	1 420 253	.	.	.	.
12/68	1 532 884	.	.	.	.
12/69	1 676 551	.	.	.	.
12/70	1 752 128	.	.	.	.
12/71	1 808 001	.	.	.	.
12/72	1 903 535	.	.	.	.
12/73	2 003 827	.	.	.	.
12/74	1 823 548	829 683	993 865	45,5	54,5
12/75	2 145 583	1 072 884	1 072 699	50,0	50,0
12/76	2 192 900	1 086 317	1 106 583	49,5	50,5
12/77	2 264 157	1 113 823	1 150 334	49,2	50,8
12/78	2 306 872	1 135 356	1 171 516	49,2	50,8
12/79	2 300 618	1 127 061	1 173 557	49,0	51,0
12/80	2 229 684	1 095 370	1 134 314	49,1	50,9
12/81	2 267 770	1 115 474	1 152 296	49,2	50,8
12/82	2 270 150	1 146 453	1 123 697	50,5	49,5
12/83	2 278 986	1 158 981	1 120 005	50,9	49,1
12/84	2 291 279	.	.	.	.
12/85	2 300 226	1 178 503	1 121 723	51,2	48,8
12/87	2 190 479	1 143 434	1 047 045	52,2	47,8
12/88	2 111 051	1 108 655	1 002 396	52,5	47,5

Quelle: SAPMO-BArch, FDJ: Bestand Abt. Verbandsorgane, eigene Berechnungen

Tabelle 111: FDJ-Mitglieder (einschließlich bewaffnete Organe) nach dem Alter für den Zeitraum 1953 bis 1985

Monat/ Jahr	13 Jahre	ab 26 Jahre	dav. männlich	dav. weiblich	14 bis unter 26 Jahre	dav. männlich	dav. weiblich
12/53	-	81 064	59 261	21 803	1 212 948	681 959	530 989
07/55	-	113 022	80 429	32 593	1 642 863	881 741	761 122
07/57	516	104 962	74 313	30 649	1 625 874	871 065	754 809
06/59	•	69 689	53 257	16 432	1 342 441	726 203	616 238
06/60	•	84 892	•	•	1 447 590	•	•
06/61	•	106 442	72 317	34 125	1 418 538	752 336	666 202
06/62	184	74 254	51 920	22 334	1 262 465	683 073	579 392
06/63	•	100 716	66 676	34 040	1 278 450	685 773	592 677
06/65	•	87 883	•	•	1 212 234	•	•
12/67	65 374	48 527	•	•	1 306 352	•	•
12/68	82 309	58 875	•	•	1 391 700	•	•
12/69	83 486	69 454	•	•	1 523 611	•	•
12/70	85 643	73 547	•	•	1 592 938	•	•
12/71	90 817	55 604	•	•	1 661 580	•	•
12/72	93 707	57 240	•	•	1 752 588	•	•
12/73	89 936	58 436	•	•	1 855 455	•	•
12/74	109 047	42 004	•	•	1 672 497	•	•
12/75	112 808	45 468	•	•	1 987 307	•	•
12/76	129 652	50 829	•	•	2 012 419	•	•
12/77	123 935	55 413	•	•	2 084 809	•	•
12/78	124 650	58 524	•	•	2 123 698	•	•
12/79	131 580	55 295	•	•	2 113 743	•	•
12/80	103 229	91 947	•	•	2 034 508	•	•
12/81	98 931	106 883	•	•	2 061 956	•	•
12/82	83 642	131 490	•	•	2 055 018	•	•
12/83	•	155 982	•	•	2 123 004	•	•
12/84	85 789	149 683	•	•	2 055 807	•	•
12/85	76 291	159 195	•	•	2 064 740	•	•

Quelle: SAPMO-BArch, FDJ: Bestand Abt. Verbandsorgane, eigene Berechnungen

Tabelle 112: Organisationsgrad der FDJ-Mitglieder (einschließlich bewaffnete Organe) für den Zeitraum 1953 bis 1985

Monat/ Jahr	jug. Wohn- bevölk.	dav. männlich	dav. weiblich	Org.-grad gesamt in [%]	Org.-grad männl. in [%]	Org.-grad weibl. in [%]
12/53	3 088 276	1 532 055	1 556 221	39,3	44,5	34,1
07/55	3 369 812	1 687 212	1 682 600	48,8	52,3	45,2
07/57	3 231 740	1 634 171	1 597 569	50,3	53,3	47,2
06/59	3 150 228	1 596 328	1 553 900	42,6	45,5	39,7
06/60	2 985 350	1 512 432	1 472 918	48,5	•	•
06/61	2 840 612	1 435 686	1 404 926	49,9	52,4	47,4
06/62	2 767 736	1 398 202	1 369 534	45,6	48,9	42,3
06/63	2 731 967	1 379 969	1 351 998	46,8	49,7	43,8
06/65	2 628 235	1 331 647	1 296 588	46,1	•	•
12/67	2 578 918	1 311 720	1 267 198	50,7	•	•
12/68	2 624 405	1 338 818	1 285 587	53,0	•	•
12/69	2 660 937	1 360 453	1 300 484	57,3	•	•
12/70	2 697 705	1 381 521	1 316 184	59,0	•	•
12/71	2 799 420	1 435 105	1 364 315	59,4	•	•
12/72	2 923 991	1 497 270	1 426 721	59,9	•	•
12/73	3 019 673	1 547 794	1 471 879	61,4	•	•
12/74	3 114 760	1 596 786	1 517 974	53,7	•	•
12/75	3 188 739	1 636 484	1 552 255	62,3	•	•
12/76	3 223 499	1 654 151	1 569 348	62,4	•	•
12/77	3 253 419	1 668 673	1 584 746	64,1	•	•
12/78	3 274 689	1 679 759	1 594 930	64,9	•	•
12/79	3 281 405	1 683 297	1 598 108	64,4	•	•
12/80	3 279 970	1 683 610	1 596 360	62,0	•	•
12/81	3 269 437	1 677 914	1 591 523	63,1	•	•
12/82	3 229 805	1 656 238	1 573 567	63,6	•	•
12/83	3 207 613	1 645 062	1 562 551	66,2	•	•
12/84	3 171 493	1 624 415	1 547 078	64,8	•	•
12/85	3 123 393	1 600 143	1 523 250	66,1	•	•

Quelle: SAPMO-BArch, FDJ: Bestand Abt. Verbandsorgane, eigene Berechnungen

Tabelle 113: Altersmäßige Zusammensetzung (13- bis 21jährig) der FDJ-Mitglieder für den Zeitraum 1953 bis 1985

Monat/ Jahr	13 Jahre	dav. männlich	dav. weiblich	14 bis 16 Jahre	dav. männlich	dav. weiblich	17 bis 18 Jahre	dav. männlich	dav. weiblich	19 bis 21 Jahre	dav. männlich	dav. weiblich
12/53	–	–	–	93 971	49 558	44 413	316 088	166 475	149 613	611 336	351 484	259 852
07/55	–	–	–	209 663	105 511	104 152	399 901	205 300	194 601	744 770	414 783	329 987
07/57	516	233	283	239 009	119 695	119 314	342 007	174 158	167 849	462 566	255 092	207 474
06/59	•	•	•	218 204	107 080	111 124	290 847	147 156	143 691	401 874	228 517	173 357
06/60	•	•	•	97 229	•	•	314 113	•	•	439 734	•	•
06/61	•	•	•	96 160	44 356	51 804	279 187	137 640	141 547	442 508	210 276	232 232
06/62	184	72	112	96 381	43 574	52 807	210 290	102 570	107 720	358 828	161 205	197 623
06/63	•	•	•	102 495	46 536	55 959	221 359	107 009	114 350	369 785	175 377	194 408
06/65	•	•	•	166 558	72 258	94 300	270 696	123 942	146 754	300 530	143 178	157 352
12/67	65 374	•	•	378 342	•	•	340 498	•	•	265 732	•	•
12/68	82 309	•	•	390 516	•	•	360 149	•	•	320 978	•	•
12/69	83 486	•	•	407 308	•	•	387 667	•	•	374 465	•	•
12/70	85 643	•	•	409 722	•	•	395 652	•	•	399 122	•	•
12/71	90 817	•	•	415 626	•	•	403 157	•	•	418 354	•	•
12/72	93 707	•	•	419 102	•	•	412 883	•	•	442 617	•	•
12/73	89 936	•	•	444 560	•	•	429 052	•	•	456 450	•	•
12/74	109 047	•	•	437 778	•	•	419 322	•	•	423 495	•	•
12/75	112 808	•	•	462 612	•	•	445 005	•	•	470 774	•	•
12/76	129 652	•	•	470 996	•	•	441 729	•	•	471 139	•	•
12/77	123 935	•	•	479 102	•	•	464 825	•	•	488 856	•	•
12/78	124 650	•	•	484 895	•	•	460 443	•	•	516 020	•	•
12/79	131 580	•	•	467 814	•	•	449 783	•	•	522 887	•	•
12/80	103 229	•	•	434 176	•	•	449 905	•	•	514 947	•	•
12/81	98 931	•	•	417 990	•	•	445 897	•	•	534 772	•	•
12/82	83 642	•	•	397 080	•	•	427 328	•	•	523 747	•	•
12/83	•	•	•	400 466	•	•	418 568	•	•	538 889	•	•
12/85	76 291	•	•	364 087	•	•	382 033	•	•	533 909	•	•

Quelle: SAPMO-BArch, FDJ: Bestand Abt. Verbandsorgane, eigene Berechnungen

Tabelle 114: Altersmäßige Zusammensetzung (ab 22jährig) der FDJ-Mitglieder für den Zeitraum 1953 bis 1985

Monat/ Jahr	22 bis 25 Jahre	dav. männlich	dav. weiblich	ab 26 Jahre	dav. männlich	dav. weiblich	FDJ-Mitgl. gesamt	FDJ-Mitgl. männlich	FDJ-Mitgl. weiblich
12/53	190 447	113 776	76 671	81 064	59 261	21 803	1 292 906	740 554	552 352
07/55	248 160	142 099	106 061	113 022	80 429	32 593	1 715 516	948 122	767 394
07/57	313 039	186 569	126 470	104 962	74 313	30 649	1 462 099	810 060	652 039
06/59	250 844	158 226	92 618	69 689	53 257	16 432	1 231 458	694 236	537 222
06/60	408 885	•	•	84 892	•	•	1 344 853	•	•
06/61	464 560	233 181	231 379	106 442	72 317	34 125	1 388 857	697 770	691 087
06/62	402 545	202 369	200 176	74 254	51 920	22 334	1 142 482	561 710	580 772
06/63	434 315	206 296	228 019	100 716	66 676	34 040	1 228 670	601 894	626 776
06/65	201 301	94 793	106 508	263 823	138 798	125 025	1 202 908	572 969	629 939
12/67	198 386	•	•	48 527	•	•	1 296 859	•	•
12/68	208 634	•	•	58 875	•	•	1 421 461	•	•
12/69	243 121	•	•	69 454	•	•	1 565 501	•	•
12/70	277 392	•	•	73 547	•	•	1 641 078	•	•
12/71	313 393	•	•	55 604	•	•	1 696 951	•	•
12/72	366 936	•	•	57 240	•	•	1 792 485	•	•
12/73	414 343	•	•	58 436	•	•	1 892 777	•	•
12/74	391 902	•	•	42 004	•	•	1 823 548	•	•
12/75	443 916	•	•	45 468	•	•	1 980 583	•	•
12/76	463 555	•	•	50 829	•	•	2 027 900	•	•
12/77	487 026	•	•	55 413	•	•	2 099 157	•	•
12/78	497 340	•	•	58 524	•	•	2 141 872	•	•
12/79	508 259	•	•	55 295	•	•	2 135 618	•	•
12/80	470 480	•	•	91 947	•	•	2 064 684	•	•
12/81	498 297	•	•	106 883	•	•	2 102 770	•	•
12/82	541 863	•	•	131 490	•	•	2 105 150	•	•
12/83	600 081	•	•	155 982	•	•	2 113 986	•	•
12/85	619 711	•	•	159 195	•	•	2 135 226	•	•

Quelle: SAPMO-BArch, FDJ: Bestand Abt. Verbandsorgane, eigene Berechnungen

Tabelle 115: Altersmäßige Zusammensetzung (14- bis unter 26jährig, 13- und über 26jährig) der FDJ-Mitglieder für den Zeitraum 1953 bis 1985

Monat/ Jahr	14- bis unter 26jährig gesamt	14- bis unter 26jährig männlich	14- bis unter 26jährig weiblich	13jährig u. über 26jährig gesamt	13jährig u. über 26jährig männlich	13jährig u. über 26jährig weiblich
12/53	1 211 842	681 293	530 549	81 064	59 261	21 803
07/55	1 602 494	867 693	734 801	113 022	80 429	32 593
07/57	1 356 621	735 514	621 107	105 478	74 546	30 932
06/59	1 161 769	640 979	520 790	69 689	53 257	16 432
06/60	1 259 961	•	•	84 892	•	•
06/61	1 282 415	625 453	656 962	106 442	72 317	34 125
06/62	1 068 044	509 718	558 326	74 438	51 992	22 446
06/63	1 127 954	535 218	592 736	100 716	66 676	34 040
06/65	939 085	434 171	504 914	263 823	138 798	125 025
12/67	1 182 958	•	•	113 901	•	•
12/68	1 280 277	•	•	141 184	•	•
12/69	1 412 561	•	•	152 940	•	•
12/70	1 481 888	•	•	159 190	•	•
12/71	1 550 530	•	•	146 421	•	•
12/72	1 641 538	•	•	150 947	•	•
12/73	1 744 405	•	•	148 372	•	•
12/74	1 672 497	•	•	151 051	•	•
12/75	1 822 307	•	•	158 276	•	•
12/76	1 847 419	•	•	180 481	•	•
12/77	1 919 809	•	•	179 348	•	•
12/78	1 958 698	•	•	183 174	•	•
12/79	1 948 743	•	•	186 875	•	•
12/80	1 869 508	•	•	195 176	•	•
12/81	1 896 956	•	•	205 814	•	•
12/82	1 890 018	•	•	215 132	•	•
12/83	1 958 004	•	•	155 982	•	•
12/85	1 899 740	•	•	235 486	•	•

Quelle: SAPMO-BArch, FDJ: Bestand Abt. Verbandsorgane, eigene Berechnungen

Tabelle 116: Altersmäßige Zusammensetzung (14- bis unter 26jährig, 13- und über 26jährig) der FDJ-Mitglieder für den Zeitraum 1953 bis 1985 in Prozent

Monat/ Jahr	Ant. 14- bis unter 26jährig gesamt	Ant. 14- bis unter 26jährig männlich	Ant. 14- bis unter 26jährig weiblich	Anteil 13jährig gesamt	Anteil 13jährig männlich	Anteil 13jährig weiblich	Anteil über 26jährig gesamt	Anteil über 26jährig männlich	Anteil über 26jährig weiblich
12/53	93,7	92,0	96,1	–	–	–	6,3	8,0	3,9
07/55	93,4	91,5	95,8	–	–	–	6,6	8,5	4,2
07/57	92,8	90,8	95,3	0,04	0,03	0,04	7,2	9,2	4,7
06/59	94,3	92,3	96,9	–	–	–	5,7	7,7	3,1
06/60	93,7	•	•	–	–	–	6,3	•	•
06/61	92,3	89,6	95,1	–	–	–	7,7	10,4	4,9
06/62	93,5	90,7	96,1	0,02	0,01	0,02	6,5	9,2	3,8
06/63	91,8	88,9	94,6	–	–	–	8,2	11,1	5,4
06/65	78,1	75,8	80,2	–	–	–	21,9	24,2	19,8
12/67	91,2	•	•	5,0	•	•	3,7	•	•
12/68	90,1	•	•	5,8	•	•	4,1	•	•
12/69	90,2	•	•	5,3	•	•	4,4	•	•
12/70	90,3	•	•	5,2	•	•	4,5	•	•
12/71	91,4	•	•	5,4	•	•	3,3	•	•
12/72	91,6	•	•	5,2	•	•	3,2	•	•
12/73	92,2	•	•	4,8	•	•	3,1	•	•
12/74	91,7	•	•	6,0	•	•	2,3	•	•
12/75	92,0	•	•	5,7	•	•	2,3	•	•
12/76	91,1	•	•	6,4	•	•	2,5	•	•
12/77	91,5	•	•	5,9	•	•	2,6	•	•
12/78	91,4	•	•	5,8	•	•	2,7	•	•
12/79	91,2	•	•	6,2	•	•	2,6	•	•
12/80	90,5	•	•	5,0	•	•	4,5	•	•
12/81	90,2	•	•	4,7	•	•	5,1	•	•
12/82	89,8	•	•	4,0	•	•	6,2	•	•
12/83	92,6	•	•	–	–	–	7,4	•	•
12/85	89,0	•	•	3,6	•	•	7,5	•	•

Tabelle 117: Altersmäßige Zusammensetzung (14- bis 16-, 17- bis 18-, 19- bis 21- und 22- bis 25jährig) der FDJ-Mitglieder für den Zeitraum 1953 bis 1985 in Prozent

Monat/ Jahr	Ant. 14 bis 16 Jahre gesamt	Ant. 14 bis 16 Jahre männlich	Ant. 14 bis 16 Jahre weiblich	Ant. 17 bis 18 Jahre gesamt	Ant. 17 bis 18 Jahre männlich	Ant. 17 bis 18 Jahre weiblich	Ant. 19 bis 21 Jahre gesamt	Ant. 19 bis 21 Jahre männlich	Ant. 19 bis 21 Jahre weiblich	Ant. 22 bis 25 Jahre gesamt	Ant. 22 bis 25 Jahre männlich	Ant. 22 bis 25 Jahre weiblich
12/53	7,3	6,7	8,0	24,4	22,5	27,1	47,3	47,5	47,0	14,7	15,4	13,9
07/55	12,2	11,1	13,6	23,3	21,7	25,4	43,4	43,7	43,0	14,5	15,0	13,8
07/57	16,3	14,8	18,3	23,4	21,5	25,7	31,6	31,5	31,8	21,4	23,0	19,4
06/59	17,7	15,4	20,7	23,6	21,2	26,7	32,6	32,9	32,3	20,4	22,8	17,2
06/60	7,2	•	•	23,4	•	•	32,7	•	•	30,4	•	•
06/61	6,9	6,4	7,5	20,1	19,7	20,5	31,9	30,1	33,6	33,4	33,4	33,5
06/62	8,4	7,8	9,1	18,4	18,3	18,5	31,4	28,7	34,0	35,2	36,0	34,5
06/63	8,3	7,7	8,9	18,0	17,8	18,2	30,1	29,1	31,0	35,3	34,3	36,4
06/65	13,8	12,6	15,0	22,5	21,6	23,3	25,0	25,0	25,0	16,7	16,5	16,9
12/67	29,2	•	•	26,3	•	•	20,5	•	•	15,3	•	•
12/68	27,5	•	•	25,3	•	•	22,6	•	•	14,7	•	•
12/69	26,0	•	•	24,8	•	•	23,9	•	•	15,5	•	•
12/70	25,0	•	•	24,1	•	•	24,3	•	•	16,9	•	•
12/71	24,5	•	•	23,8	•	•	24,7	•	•	18,5	•	•
12/72	23,4	•	•	23,0	•	•	24,7	•	•	20,5	•	•
12/73	23,5	•	•	22,7	•	•	24,1	•	•	21,9	•	•
12/74	24,0	•	•	23,0	•	•	23,2	•	•	21,5	•	•
12/75	23,4	•	•	22,5	•	•	23,8	•	•	22,4	•	•
12/76	23,2	•	•	21,8	•	•	23,2	•	•	22,9	•	•
12/77	22,8	•	•	22,1	•	•	23,3	•	•	23,2	•	•
12/78	22,6	•	•	21,5	•	•	24,1	•	•	23,2	•	•
12/79	21,9	•	•	21,1	•	•	24,5	•	•	23,8	•	•
12/80	21,0	•	•	21,8	•	•	24,9	•	•	22,8	•	•
12/81	19,9	•	•	21,2	•	•	25,4	•	•	23,7	•	•
12/82	18,9	•	•	20,3	•	•	24,9	•	•	25,7	•	•
12/83	18,9	•	•	19,8	•	•	25,5	•	•	28,4	•	•
12/85	17,1	•	•	17,9	•	•	25,0	•	•	29,0	•	•

Tabelle 118: Soziale Zusammensetzung (Arbeiter in der Industrie und Angestellte) der FDJ-Mitglieder nach dem Geschlecht für den Zeitraum 1953 bis 1988

Monat/ Jahr	Arbeiter in der Industrie	dav. männlich	dav. weiblich	Ange- stellte	dav. männlich	dav. weiblich
12/ 53	636 567	416 975	219 592	224 241	66 254	157 987
07/ 55	777 826	502 273	275 553	263 047	73 674	189 373
07/ 57	667 320	444 865	222 455	256 085	74 366	181 719
02/ 58	–	–	–	–	–	–
06/ 59	570 135	399 974	170 161	236 880	57 074	179 806
06/ 60	548 690	•	•	262 791	•	•
06/ 61	529 371	344 307	185 064	224 064	48 330	175 734
06/ 62	422 646	263 778	158 868	169 494	32 728	136 766
06/ 63	477 710	278 504	199 206	164 566	30 233	134 333
06/ 65	422 121	236 525	185 596	139 455	28 299	111 156
12/ 67	197 692	112 297	85 395	87 477	19 336	68 141
12/ 68	246 010	134 233	111 777	92 423	20 215	72 208
12/ 69	310 402	164 818	145 584	103 883	24 569	79 314
12/ 70	343 123	178 083	165 040	108 501	26 664	81 837
12/ 71	355 828	•	•	108 842	•	•
12/ 72	402 014	•	•	117 243	•	•
12/ 73	445 472	•	•	127 276	•	•
12/ 74	385 335	194 748	190 587	129 905	29 999	99 906
12/ 75	440 121	•	•	143 550	•	•
12/ 76	461 337	•	•	147 981	•	•
12/ 77	471 278	235 809	235 469	149 089	35 801	113 288
12/ 78	526 118	274 622	251 496	150 972	35 949	115 023
12/ 79	545 726	278 213	267 513	145 233	34 796	110 437
12/ 80	512 198	•	•	138 164	•	•
12/ 81	556 651	•	•	140 503	•	•
12/ 82	590 809	•	•	139 925	•	•
12/ 83	618 100	•	•	139 724	•	•
12/ 84	640 372	•	•	142 868	•	•
12/ 85	653 836	•	•	147 924	•	•
12/ 87	–	–	–	–	–	–
12/ 88	616 122	•	•	153 050	•	•

Quelle: SAPMO-BArch, FDJ: Bestand Abt. Verbandsorgane, eigene Berechnungen

Tabelle 119: Soziale Zusammensetzung (Arbeiter in der Landwirtschaft und Bauern/Genossenschaftsbauern) der FDJ-Mitglieder nach dem Geschlecht für den Zeitraum 1953 bis 1988

Monat/ Jahr	Arbeiter in der Landwirtschaft	dav. männlich	dav. weiblich	Bauern/ Gen.-bauern	dav. männlich	dav. weiblich
12/ 53	112 831	72 585	40 246	17 445	10 050	7 395
07/ 55	152 055	93 269	58 786	27 479	15 533	11 946
07/ 57	143 012	89 424	53 588	26 307	15 197	11 110
02/ 58	–	–	–	–	–	–
06/ 59	73 366	50 155	23 211	21 941	13 351	8 590
06/ 60	49 612	•	•	39 915	•	•
06/ 61	50 832	28 755	22 077	40 075	22 809	17 266
06/ 62	44 038	26 755	17 283	24 616	13 695	10 921
06/ 63	47 191	28 498	18 693	25 891	14 234	11 657
06/ 65	48 500	26 936	21 564	22 265	11 832	10 433
12/ 67	–	–	–	11 138	6 137	5 001
12/ 68	–	–	–	14 116	7 639	6 477
12/ 69	–	–	–	18 925	10 947	7 978
12/ 70	–	–	–	19 527	11 016	8 511
12/ 71	–	–	–	20 567	•	•
12/ 72	–	–	–	19 190	•	•
12/ 73	–	–	–	21 331	•	•
12/ 74	–	–	–	18 211	9 846	8 365
12/ 75	–	–	–	16 730	•	•
12/ 76	–	–	–	16 716	•	•
12/ 77	–	–	–	17 800	10 477	7 323
12/ 78	–	–	–	20 618	12 059	8 559
12/ 79	–	–	–	22 085	12 892	9 193
12/ 80	–	–	–	24 024	•	•
12/ 81	–	–	–	28 371	•	•
12/ 82	–	–	–	32 541	•	•
12/ 83	–	–	–	39 174	•	•
12/ 84	–	–	–	49 966	•	•
12/ 85	–	–	–	54 008	•	•
12/ 87	–	–	–	–	–	–
12/ 88	–	–	–	66 714	•	•

Quelle: SAPMO-BArch, FDJ: Bestand Abt. Verbandsorgane, eigene Berechnungen

Tabelle 120: Soziale Zusammensetzung (Handwerker/PGH-Mitglieder und Schüler) der FDJ-Mitglieder nach dem Geschlecht für den Zeitraum 1953 bis 1988

Monat/ Jahr	Handwerker/ PGH-Mitglieder	dav. männlich	dav. weiblich	Schüler	dav. männlich	dav. weiblich
12/ 53	6 008	3 469	2 639	177 775	100 681	77 094
07/ 55	5 578	3 397	2 181	364 956	185 191	179 765
07/ 57	3 520	2 275	1 245	283 061	137 340	145 721
02/ 58	–	–	–	–	–	–
06/ 59	4 654	3 277	1 377	224 546	108 624	115 922
06/ 60	5 796	•	•	324 801	•	•
06/ 61	7 436	4 999	2 437	367 468	173 388	194 080
06/ 62	6 997	4 316	2 681	277 711	128 189	149 522
06/ 63	7 982	4 983	2 999	327 399	150 087	177 312
06/ 65	10 313	6 718	3 595	397 680	175 977	221 703
12/ 67	–	–	–	–	–	–
12/ 68	–	–	–	–	–	–
12/ 69	–	–	–	–	–	–
12/ 70	–	–	–	–	–	–
12/ 71	–	–	–	–	–	–
12/ 72	–	–	–	–	–	–
12/ 73	–	–	–	–	–	–
12/ 74	–	–	–	–	–	–
12/ 75	–	–	–	–	–	–
12/ 76	–	–	–	–	–	–
12/ 77	–	–	–	822 917	371 846	451 071
12/ 78	–	–	–	811 425	363 189	448 236
12/ 79	–	–	–	797 379	359 660	437 719
12/ 80	–	–	–	767 338	•	•
12/ 81	–	–	–	739 650	•	•
12/ 82	–	–	–	707 823	•	•
12/ 83	–	–	–	686 712	•	•
12/ 84	–	–	–	675 249	•	•
12/ 85	–	–	–	658 497	•	•
12/ 87	–	–	–	–	–	–
12/ 88	–	–	–	522 147	•	•

Quelle: SAPMO-BArch, FDJ: Bestand Abt. Verbandsorgane, eigene Berechnungen

Tabelle 121: Soziale Zusammensetzung (Studenten und Schüler/Studenten) der FDJ-Mitglieder nach dem Geschlecht für den Zeitraum 1953 bis 1988

Monat/ Jahr	Studenten	dav. männlich	dav. weiblich	Schüler/ Studenten	dav. männlich	dav. weiblich
12/ 53	56 516	38 602	17 914	–	–	–
07/ 55	66 659	46 302	20 357	–	–	–
07/ 57	49 986	32 396	17 590	–	–	–
02/ 58	–	–	–	–	–	–
06/ 59	67 628	44 335	23 293	–	–	–
06/ 60	75 724	•	•	–	–	–
06/ 61	77 600	50 719	26 881	–	–	–
06/ 62	109 083	67 803	41 280	–	–	–
06/ 63	117 126	70 875	46 251	–	–	–
06/ 65	109 567	64 559	45 008	–	–	–
12/ 67	–	–	–	679 718	320 159	359 559
12/ 68	–	–	–	746 603	345 651	400 952
12/ 69	–	–	–	813 315	377 973	435 342
12/ 70	–	–	–	834 222	386 061	448 161
12/ 71	–	–	–	847 899	•	•
12/ 72	–	–	–	872 869	•	•
12/ 73	–	–	–	888 985	•	•
12/ 74	–	–	–	904 419	404 315	500 104
12/ 75	–	–	–	963 502	•	•
12/ 76	–	–	–	981 035	•	•
12/ 77	182 208	63 159	119 049	–	–	–
12/ 78	178 782	62 782	116 000	–	–	–
12/ 79	175 749	57 894	117 855	–	–	–
12/ 80	184 295	•	•	–	–	–
12/ 81	187 474	•	•	–	–	–
12/ 82	186 490	•	•	–	–	–
12/ 83	188 133	•	•	–	–	–
12/ 84	188 148	•	•	–	–	–
12/ 85	182 461	•	•	–	–	–
12/ 87	–	–	–	–	–	–
12/ 88	187 806	•	•	–	–	–

Quelle: SAPMO-BArch, FDJ: Bestand Abt. Verbandsorgane, eigene Berechnungen

Tabelle 122: Soziale Zusammensetzung (Intelligenz und Hausfrau/-mann) der FDJ-Mitglieder nach dem Geschlecht für den Zeitraum 1953 bis 1988

Monat/ Jahr	Intelligenz	dav. männlich	dav. weiblich	Hausfrau/ Hausmann	dav. männlich	dav. weiblich
12/ 53	23 883	15 870	8 013	38 749	16 734	22 015
07/ 55	26 876	17 352	9 524	24 384	7 831	16 553
07/ 57	17 681	11 802	5 879	15 127	2 395	12 732
02/ 58	–	–	–	–	–	–
06/ 59	24 224	15 644	8 580	8 084	1 802	6 282
06/ 60	27 976	•	•	9 330	•	•
06/ 61	35 829	20 958	14 871	10 182	246	9 936
06/ 62	47 801	22 732	25 069	6 261	17	6 244
06/ 63	51 592	24 480	27 112	9 213	•	9 213
06/ 65	46 246	22 095	24 151	6 761	28	6 733
12/ 67	29 697	14 432	15 265	–	–	–
12/ 68	29 538	15 224	14 314	–	–	–
12/ 69	30 442	15 510	14 932	–	–	–
12/ 70	33 794	16 774	17 020	–	–	–
12/ 71	33 435	•	•	–	–	–
12/ 72	35 051	•	•	–	–	–
12/ 73	41 465	•	•	–	–	–
12/ 74	43 665	20 627	23 038	–	–	–
12/ 75	54 638	•	•	–	–	–
12/ 76	56 607	•	•	–	–	–
12/ 77	57 465	24 358	33 107	–	–	–
12/ 78	55 744	23 425	32 319	–	–	–
12/ 79	54 947	22 776	32 171	–	–	–
12/ 80	54 346	•	•	–	–	–
12/ 81	61 717	•	•	–	–	–
12/ 82	63 139	•	•	–	–	–
12/ 83	67 420	•	•	–	–	–
12/ 84	69 964	•	•	–	–	–
12/ 85	75 070	•	•	–	–	–
12/ 87	–	–	–	–	–	–
12/ 88	72 600	•	•	–	–	–

Quelle: SAPMO-BArch, FDJ: Bestand Abt. Verbandsorgane, eigene Berechnungen

Tabelle 123: Soziale Zusammensetzung (Verkäufer und Lehrlinge) der FDJ-Mitglieder nach dem Geschlecht für den Zeitraum 1961 bis 1988

Monat/ Jahr	Verkäufer/ nicht untergl.	dav. männlich	dav. weiblich	Lehrlinge	dav. männlich	dav. weiblich
12/ 53	–	–	–	–	–	–
07/ 55	–	–	–	–	–	–
07/ 57	–	–	–	–	–	–
02/ 58	–	–	–	–	–	–
06/ 59	–	–	–	–	–	–
06/ 60	–	–	–	–	–	–
06/ 61	46 000	3 259	42 741	•	•	•
06/ 62	33 835	1 697	32 138	•	•	•
06/ 63	–	–	–	–	–	–
06/ 65	–	–	–	–	–	–
12/ 67	–	–	–	293 601	142 946	150 655
12/ 68	–	–	–	289 049	141 447	147 602
12/ 69	–	–	–	284 119	142 429	141 690
12/ 70	–	–	–	295 245	147 527	147 718
12/ 71	–	–	–	321 761	•	•
12/ 72	–	–	–	338 372	•	•
12/ 73	–	–	–	360 098	•	•
12/ 74	–	–	–	339 003	169 505	169 498
12/ 75	–	–	–	358 825	•	•
12/ 76	–	–	–	359 356	•	•
12/ 77	–	–	–	374 917	192 372	182 545
12/ 78	–	–	–	394 529	202 051	192 478
12/ 79	–	–	–	391 663	199 961	191 702
12/ 80	–	–	–	382 632	•	•
12/ 81	–	–	–	386 932	•	•
12/ 82	–	–	–	381 207	•	•
12/ 83	–	–	–	372 352	•	•
12/ 84	–	–	–	356 975	•	•
12/ 85	–	–	–	360 084	•	•
12/ 87	–	–	–	–	–	–
12/ 88	–	–	–	327 612	•	•

Quelle: SAPMO-BArch, FDJ: Bestand Abt. Verbandsorgane, eigene Berechnungen

Tabelle 124: Soziale Zusammensetzung (Sonstige und FDJ-Mitglieder gesamt) der FDJ-Mitglieder nach dem Geschlecht für den Zeitraum 1953 bis 1988

Monat/ Jahr	Sonstige	dav. männlich	dav. weiblich	FDJ-Mitglieder gesamt	dav. männlich	dav. weiblich
12/ 53	–	–	–	1 294 015	741 220	552 895
07/ 55	17 322	8 970	8352	1 726 182	953 792	772 390
07/ 57	–	–	–	1 462 099	810 060	652 039
02/ 58	–	–	–	•	•	•
06/ 59	–	–	–	1 231 458	694 236	537 222
06/ 60	–	–	–	1 344 635	•	•
06/ 61	–	–	–	1 388 857	697 770	691 087
06/ 62	–	–	–	1 142 482	561 710	580 772
06/ 63	–	–	–	1 228 670	601 894	626 776
06/ 65	–	–	–	1 202 908	572 969	629 939
12/ 67	3 289	974	2 315	1 302 612	616 281	686 331
12/ 68	3 722	838	2 884	1 421 461	665 247	756 214
12/ 69	4 415	1 239	3 176	1 565 501	737 485	828 016
12/ 70	6 666	1 102	5 564	1 641 078	767 227	873 851
12/ 71	8 619	•	•	1 696 951	•	•
12/ 72	7 746	•	•	1 792 485	•	•
12/ 73	8 150	•	•	1 892 777	•	•
12/ 74	3 010	643	2 367	1 823 548	829 683	993 865
12/ 75	3 217	•	•	1 980 583	•	•
12/ 76	4 868	•	•	2 027 900	•	•
12/ 77	5 483	2 001	3 482	2 081 157	935 823	1 145 334
12/ 78	3 684	1 279	2 405	2 141 872	975 356	1 166 516
12/ 79	2 836	869	1 967	2 135 618	967 061	1 168 557
12/ 80	1 687	•	•	2 064 684	•	•
12/ 81	1 472	•	•	2 102 770	•	•
12/ 82	3 216	•	•	2 105 150	•	•
12/ 83	2 371	•	•	2 113 986	•	•
12/ 84	2 737	•	•	2 126 279	•	•
12/ 85	3 346	•	•	2 135 226	•	•
12/ 87	–	–	–	–	–	–
12/ 88	–	–	–	1 946 051	•	•

Quelle: SAPMO-BArch, FDJ: Bestand Abt. Verbandsorgane, eigene Berechnungen

Tabelle 125: Soziale Zusammensetzung (Arbeiter in der Industrie, Angestellte und Arbeiter in der Landwirtschaft) der FDJ-Mitglieder für den Zeitraum 1953 bis 1988 in Prozent

Monat/ Jahr	Ant. Ind.-arbeiter gesamt	dav. männl.	dav. weibl.	Anteil Angestellte gesamt	dav. männl.	dav. weibl.	Ant. Land-arbeiter gesamt	dav. männl.	dav. weibl.
12/ 53	49,2	56,3	39,7	17,3	8,9	28,6	8,7	9,8	7,3
07/ 55	45,1	52,7	35,7	15,2	7,7	24,5	8,8	9,8	7,6
07/ 57	45,6	54,9	34,1	17,5	9,2	27,9	9,8	11,0	8,2
02/ 58	46,8	•	•	16,6	•	•	7,6	•	•
06/ 59	46,3	57,6	31,7	19,2	8,2	33,5	6,0	7,2	4,3
06/ 60	40,8	•	•	19,5	•	•	3,7	•	•
06/ 61	38,1	49,3	26,8	16,1	6,9	25,4	3,7	4,1	3,2
06/ 62	37,0	47,0	27,4	14,8	5,8	23,5	3,9	4,8	3,0
06/ 63	38,9	46,3	31,8	13,4	5,0	21,4	3,8	4,7	3,0
06/ 65	35,1	41,3	29,5	11,6	4,9	17,6	4,0	4,7	3,4
12/ 67	15,2	18,2	12,4	6,7	3,1	9,9	–	–	–
12/ 68	17,3	20,2	14,8	6,5	3,0	9,5	–	–	–
12/ 69	19,8	22,3	17,6	6,6	3,3	9,6	–	–	–
12/ 70	20,9	23,2	18,9	6,6	3,5	9,4	–	–	–
12/ 71	21,0	•	•	6,4	•	•	–	–	–
12/ 72	22,4	•	•	6,5	•	•	–	–	–
12/ 73	23,5	•	•	6,7	•	•	–	–	–
12/ 74	21,1	23,5	19,2	7,1	3,6	10,1	–	–	–
12/ 75	22,2	•	•	7,2	•	•	–	–	–
12/ 76	22,7	•	•	7,3	•	•	–	–	–
12/ 77	22,6	25,2	20,6	7,2	3,8	9,9	–	–	–
12/ 78	24,6	28,2	21,6	7,0	3,7	9,9	–	–	–
12/ 79	25,6	28,8	22,9	6,8	3,6	9,5	–	–	–
12/ 80	24,8	•	•	6,7	•	•	–	–	–
12/ 81	26,5	•	•	6,7	•	•	–	–	–
12/ 82	28,1	•	•	6,6	•	•	–	–	–
12/ 83	29,2	•	•	6,6	•	•	–	–	–
12/ 84	30,1	•	•	6,7	•	•	–	–	–
12/ 85	30,6	•	•	6,9	•	•	–	–	–
12/ 87	46,0	•	•	–	–	–	–	–	–
12/ 88	31,7	•	•	7,9	•	•	–	–	–

Tabelle 126: Soziale Zusammensetzung (Bauern/Genossenschaftsbauern, Handwerker/PGH-Mitglieder und Schüler) der FDJ-Mitglieder für den Zeitraum 1953 bis 1988 in Prozent

Monat/ Jahr	Ant. Bauern/ Gen.-bauern gesamt	dav. männl.	dav. weibl.	Ant. Handw./ PGH-Mitgl. gesamt	dav. männl.	dav. weibl.	Anteil Schüler gesamt	dav. männl.	dav. weibl.
12/ 53	1,3	1,4	1,3	0,5	0,5	0,5	13,7	13,6	13,9
07/ 55	1,6	1,6	1,5	0,3	0,4	0,3	21,1	19,4	23,3
07/ 57	1,8	1,9	1,7	0,2	0,3	0,2	19,4	17,0	22,3
02/ 58	1,7	•	•	0,3	•	•	20,2	•	•
06/ 59	1,8	1,9	1,6	0,4	0,5	0,3	18,2	15,6	21,6
06/ 60	3,0	•	•	0,4	•	•	24,2	•	•
06/ 61	2,9	3,3	2,5	0,5	0,7	0,4	26,5	24,8	28,1
06/ 62	2,2	2,4	1,9	0,6	0,8	0,5	24,3	22,8	25,7
06/ 63	2,1	2,4	1,9	0,6	0,8	0,5	26,6	24,9	28,3
06/ 65	1,9	2,1	1,7	0,9	1,2	0,6	33,1	30,7	35,2
12/ 67	0,9	1,0	0,7	–	–	–	–	–	–
12/ 68	1,0	1,1	0,9	–	–	–	–	–	–
12/ 69	1,2	1,5	1,0	–	–	–	–	–	–
12/ 70	1,2	1,4	1,0	–	–	–	–	–	–
12/ 71	1,2	•	•	–	–	–	–	–	–
12/ 72	1,1	•	•	–	–	–	–	–	–
12/ 73	1,1	•	•	–	–	–	–	–	–
12/ 74	1,0	1,2	0,8	–	–	–	–	–	–
12/ 75	0,8	•	•	–	–	–	–	–	–
12/ 76	0,8	•	•	–	–	–	–	–	–
12/ 77	0,9	1,1	0,6	–	–	–	39,5	39,7	39,4
12/ 78	1,0	1,2	0,7	–	–	–	37,9	37,2	38,4
12/ 79	1,0	1,3	0,8	–	–	–	37,3	37,2	37,5
12/ 80	1,2	•	•	–	–	–	37,2	•	•
12/ 81	1,3	•	•	–	–	–	35,2	•	•
12/ 82	1,5	•	•	–	–	–	33,6	•	•
12/ 83	1,9	•	•	–	–	–	32,5	•	•
12/ 84	2,3	•	•	–	–	–	31,8	•	•
12/ 85	2,5	•	•	–	–	–	30,8	•	•
12/ 87	–	–	–	–	–	–	27,9	•	•
12/ 88	3,4	•	•	•	•	•	26,8	•	•

Tabelle 127: Soziale Zusammensetzung (Studenten, Schüler/Studenten und Intelligenz) der FDJ-Mitglieder für den Zeitraum 1953 bis 1988 in Prozent

Monat/ Jahr	Anteil Studenten gesamt	dav. männl.	dav. weibl.	Ant. Schüler/ Studenten gesamt	dav. männl.	dav. weibl.	Anteil Intelligenz gesamt	dav. männl.	dav. weibl.
12/ 53	4,4	5,2	3,2	–	–	–	1,8	2,1	1,4
07/ 55	3,9	4,9	2,6	–	–	–	1,6	1,8	1,2
07/ 57	3,4	4,0	2,7	–	–	–	1,2	1,5	0,9
02/ 58	4,2	•	•	–	–	–	1,5	•	•
06/ 59	5,5	6,4	4,3	–	–	–	2,0	2,3	1,6
06/ 60	5,6	•	•	–	–	–	2,1	•	•
06/ 61	5,6	7,3	3,9	–	–	–	2,6	3,0	2,2
06/ 62	9,5	12,1	7,1	–	–	–	4,2	4,0	4,3
06/ 63	9,5	11,8	7,4	–	–	–	4,2	4,1	4,3
06/ 65	9,1	11,3	7,1	–	–	–	3,8	3,9	3,8
12/ 67	–	–	–	52,2	52,0	52,4	2,3	2,3	2,2
12/ 68	–	–	–	52,5	52,0	53,0	2,1	2,3	1,9
12/ 69	–	–	–	52,0	51,3	52,6	1,9	2,1	1,8
12/ 70	–	–	–	50,8	50,3	51,3	2,1	2,2	1,9
12/ 71	–	–	–	50,0	•	•	2,0	•	•
12/ 72	–	–	–	48,7	•	•	2,0	•	•
12/ 73	–	–	–	47,0	•	•	2,2	•	•
12/ 74	–	–	–	49,6	48,7	50,3	2,4	2,5	2,3
12/ 75	–	–	–	48,6	•	•	2,8	•	•
12/ 76	–	–	–	48,4	•	•	2,8	•	•
12/ 77	8,8	6,7	10,4	–	–	–	2,8	2,6	2,9
12/ 78	8,3	6,4	9,9	–	–	–	2,6	2,4	2,8
12/ 79	8,2	6,0	10,1	–	–	–	2,6	2,4	2,8
12/ 80	8,9	•	•	–	–	–	2,6	•	•
12/ 81	8,9	•	•	–	–	–	2,9	•	•
12/ 82	8,9	•	•	–	–	–	3,0	•	•
12/ 83	8,9	•	•	–	–	–	3,2	•	•
12/ 84	8,8	•	•	–	–	–	3,3	•	•
12/ 85	8,5	•	•	–	–	–	3,5	•	•
12/ 87	9,4	•	•	–	–	–	–	–	–
12/ 88	9,7	•	•	–	–	–	3,7	•	•

Tabelle 128: Soziale Zusammensetzung (Hausfrau/-mann, Verkäufer, Lehrlinge und Sonstige) der FDJ-Mitglieder für den Zeitraum 1953 bis 1988 in Prozent

Monat/ Jahr	Ant. Haus- frau/-mann gesamt	dav. männl.	dav. weibl.	Ant. Verk./ n. untergl. gesamt	dav. männl.	dav. weibl.	Anteil Lehrlinge gesamt	dav. männl.	dav. weibl.	Anteil Sonst. gesamt	dav. männl.	dav. weibl.
12/ 53	3,0	2,3	4,0	–	–	–	–	–	–	–	–	–
07/ 55	1,4	0,8	2,1	–	–	–	–	–	–	1,0	0,9	1,1
07/ 57	1,0	0,3	2,0	–	–	–	–	–	–	–	–	–
02/ 58	1,0	•	•	–	–	–	–	–	–	–	–	–
06/ 59	0,7	0,3	1,2	–	–	–	–	–	–	–	–	–
06/ 60	0,7	•	•	–	–	–	–	–	–	–	–	–
06/ 61	0,7	0,03	1,4	3,3	0,5	6,2	–	–	–	–	–	–
06/ 62	0,5	0	1,1	3,0	0,3	5,5	–	–	–	–	–	–
06/ 63	0,7	•	1,5	–	–	–	–	–	–	–	–	–
06/ 65	0,6	0	1,1	–	–	–	–	–	–	–	–	–
12/ 67	–	–	–	–	–	–	22,5	23,2	22,0	0,3	0,2	0,3
12/ 68	–	–	–	–	–	–	20,3	21,3	19,5	0,3	0,1	0,4
12/ 69	–	–	–	–	–	–	18,1	19,3	17,1	0,3	0,2	0,4
12/ 70	–	–	–	–	–	–	18,0	19,2	16,9	0,4	0,1	0,6
12/ 71	–	–	–	–	–	–	19,0	•	•	0,5	•	•
12/ 72	–	–	–	–	–	–	18,9	•	•	0,4	•	•
12/ 73	–	–	–	–	–	–	19,0	•	•	0,4	•	•
12/ 74	–	–	–	–	–	–	18,6	20,4	17,1	0,2	0,1	0,2
12/ 75	–	–	–	–	–	–	18,1	•	•	0,2	•	•
12/ 76	–	–	–	–	–	–	17,7	•	•	0,2	•	•
12/ 77	–	–	–	–	–	–	18,0	20,6	15,9	0,3	0,2	0,3
12/ 78	–	–	–	–	–	–	18,4	20,7	16,5	0,2	0,1	0,2
12/ 79	–	–	–	–	–	–	18,3	20,7	16,4	0,1	0,1	0,2
12/ 80	–	–	–	–	–	–	18,5	•	•	0,1	•	•
12/ 81	–	–	–	–	–	–	18,4	•	•	0,1	•	•
12/ 82	–	–	–	–	–	–	18,1	•	•	0,2	•	•
12/ 83	–	–	–	–	–	–	17,6	•	•	0,1	•	•
12/ 84	–	–	–	–	–	–	16,8	•	•	0,1	•	•
12/ 85	–	–	–	–	–	–	16,9	•	•	0,2	•	•
12/ 87	–	–	–	–	–	–	16,7	•	•	–	–	–
12/ 88	–	–	–	–	–	–	16,8	•	•	–	–	–

Tabelle 129: Politische Zusammensetzung (SED-, CDU- und LDPD-Mitglieder) der FDJ-Mitglieder für den Zeitraum 1953 bis 1988 bzw. bis 1965

Monat/ Jahr	SED-Mitgl. u. Kand.	dav. männl.	dav. weibl.	CDU-Mitgl.	dav. männl.	dav. weibl.	LDP/ LDPD-Mitgl.	dav. männl.	dav. weibl.
12/ 53	67 891	48 538	19 353	2 361	1 634	727	2 343	1 749	594
07/ 55	86 886	59 344	27 542	2 466	1 692	774	2 376	1 777	599
07/ 57	66 675	45 056	21 619	1 042	682	360	855	643	212
02/ 58	77 294	•	•	1 033	•	•	214	•	•
06/ 59	121 317	97 041	24 276	544	375	169	287	212	75
06/ 60	165 970	•	•	732	•	•	328	•	•
06/ 61	99 391	67 515	31 876	575	391	184	265	215	50
06/ 62	88 720	59 532	29 188	469	305	164	222	148	74
06/ 63	95 416	62 882	32 534	439	287	152	292	171	121
06/ 65	68 622	45 646	22 976	431	280	151	295	209	86
12/ 67	66 344	•	•	•	•	•	•	•	•
12/ 68	93 761	•	•	•	•	•	•	•	•
12/ 71	134 381	•	•	•	•	•	•	•	•
12/ 72	147 525	•	•	•	•	•	•	•	•
12/ 73	159 553	•	•	•	•	•	•	•	•
12/ 74	145 176	•	•	•	•	•	•	•	•
12/ 75	183 283	•	•	•	•	•	•	•	•
12/ 76	215 648	•	•	•	•	•	•	•	•
12/ 77	236 226	•	•	•	•	•	•	•	•
12/ 78	252 559	•	•	•	•	•	•	•	•
12/ 79	261 669	•	•	•	•	•	•	•	•
12/ 80	288 763	•	•	•	•	•	•	•	•
12/ 81	264 840	•	•	•	•	•	•	•	•
12/ 82	289 683	•	•	•	•	•	•	•	•
12/ 83	293 156	•	•	•	•	•	•	•	•
12/ 84	307 764	•	•	•	•	•	•	•	•
12/ 85	342 773	•	•	•	•	•	•	•	•
12/ 87	334 634	•	•	•	•	•	•	•	•
12/ 88	328 459	•	•	•	•	•	•	•	•

Quelle: SAPMO-BArch, FDJ: Bestand Abt. Verbandsorgane, eigene Berechnungen

Tabelle 130: Politische Zusammensetzung (NDPD-, DBD- und Partei-Mitglieder gesamt) der FDJ-Mitglieder für den Zeitraum 1953 bis 1965

Monat/ Jahr	NDPD-Mitgl.	dav. männl.	dav. weibl.	DBD-Mitgl.	dav. männl.	dav. weibl.	Partei-mitgl. gesamt	dav. männl.	dav. weibl.
12/ 53	4 076	2 847	1 229	5 738	4 211	1 527	82 409	58 979	23 430
07/ 55	3 925	2 788	1 137	4 860	3 650	1 210	100 513	69 251	31 262
07/ 57	1 986	1 355	631	3 350	2 507	843	73 908	50 243	23 665
02/ 58	1 727	•	•	3 252	•	•	83 520	•	•
06/ 59	800	590	210	1 794	1 394	400	124 742	99 612	25 130
06/ 60	779	•	•	1 083	•	•	168 892	•	•
06/ 61	678	492	186	1 555	1 207	348	102 464	69 820	32 644
06/ 62	467	329	138	1 213	893	320	91 091	61 207	29 884
06/ 63	785	389	396	1 364	900	464	98 296	64 629	33 667
06/ 65	336	235	101	614	460	154	70 298	46 830	23 468

Quelle: SAPMO-BArch, FDJ: Bestand Abt. Verbandsorgane, eigene Berechnungen

Tabelle 131: Politische Zusammensetzung der FDJ-Mitglieder für den Zeitraum 1953 bis 1965 in Prozent

Monat/ Jahr	Ant. SED-Mitgl. gesamt	dav. männl.	dav. weibl.	Ant. CDU-Mitgl. gesamt	dav. männl.	dav. weibl.	Ant. LDPD-Mitgl. gesamt	dav. männl.	dav. weibl.	Ant. NDPD-Mitgl. gesamt	dav. männl.	dav. weibl.	Ant. DBD-Mitgl. gesamt	dav. männl.	dav. weibl.
12/ 53	82,4	82,3	82,6	2,9	2,8	3,1	2,8	3,0	2,5	4,9	4,8	5,2	7,0	7,1	6,5
07/ 55	86,4	85,7	88,1	2,5	2,4	2,5	2,4	2,6	1,9	3,9	4,0	3,6	4,8	5,3	3,9
07/ 57	90,2	89,7	91,4	1,4	1,4	1,5	1,2	1,3	0,9	2,7	2,7	2,7	4,5	5,0	3,6
02/ 58	92,5	•	•	1,2	•	•	0,3	•	•	2,1	•	•	3,9	•	•
06/ 59	97,3	97,4	96,6	0,4	0,4	0,7	0,2	0,2	0,3	0,6	0,6	0,8	1,4	1,4	1,6
06/ 60	98,3	•	•	0,4	•	•	0,2	•	•	0,5	•	•	0,6	•	•
06/ 61	97,0	96,7	97,6	0,6	0,6	0,6	0,3	0,3	0,2	0,7	0,7	0,6	1,5	1,7	1,1
06/ 62	97,4	97,3	97,7	0,5	0,5	0,5	0,2	0,2	0,2	0,5	0,5	0,5	1,3	1,5	1,1
06/ 63	97,1	97,3	96,6	0,4	0,4	0,5	0,3	0,3	0,4	0,8	0,6	1,2	1,4	1,4	1,4
06/ 65	97,6	97,5	97,9	0,6	0,6	0,6	0,4	0,4	0,4	0,5	0,5	0,4	0,9	1,0	0,7

Tabelle 132: Anteil der SED- und CDU-Mitglieder an den FDJ-Mitgliedern für den Zeitraum 1949 bis 1988 bzw. bis 1965

Monat/ Jahr	Ant. SED-Mitgl. an FDJ gesamt	dav. männlich	dav. weiblich	Ant. CDU-Mitgl. an FDJ gesamt	dav. männlich	dav. weiblich
11/ 49	10,5	•	•	0,5	•	•
10/ 50	11,7	•	•	0,7	•	•
12/ 53	5,2	6,5	3,5	0,2	0,2	0,1
07/ 55	5,0	6,2	3,6	0,1	0,2	0,1
07/ 57	4,6	5,6	3,3	0,07	0,08	0,06
02/ 58	•	•	•	•	•	•
06/ 59	9,9	14,0	4,5	0,04	0,05	0,03
06/ 60	12,3	•	•	0,05	•	•
06/ 61	7,2	9,7	4,6	0,04	0,06	0,03
07/ 62	7,8	10,6	5,0	0,04	0,05	0,03
06/ 63	7,8	10,4	5,2	0,04	0,05	0,02
06/ 65	5,7	8,0	3,6	0,04	0,05	0,02
12/ 67	5,1	•	•	•	•	•
12/ 68	6,6	•	•	•	•	•
12/ 71	7,9	•	•	•	•	•
12/ 72	8,2	•	•	•	•	•
12/ 73	8,4	•	•	•	•	•
12/ 74	8,0	•	•	•	•	•
12/ 75	9,3	•	•	•	•	•
12/ 76	10,6	•	•	•	•	•
12/ 77	11,3	•	•	•	•	•
12/ 78	11,8	•	•	•	•	•
12/ 79	12,3	•	•	•	•	•
12/ 80	14,0	•	•	•	•	•
12/ 81	12,6	•	•	•	•	•
12/ 82	13,8	•	•	•	•	•
12/ 83	13,9	•	•	•	•	•
12/ 84	14,5	•	•	•	•	•
12/ 85	16,1	•	•	•	•	•
12/ 87	16,5	•	•	•	•	•
12/ 88	16,9	•	•	•	•	•

Tabelle 133: Anteil der LDPD-, NDPD- und DBD-Mitglieder an den FDJ-Mitgliedern für den Zeitraum 1949 bis 1965

Monat/ Jahr	Ant. LDPD-Mitgl. an FDJ gesamt	dav. männl.	dav. weibl.	Ant. NDPD-Mitgl. an FDJ gesamt	dav. männl.	dav. weibl.	Ant. DBD-Mitgl. an FDJ gesamt	dav. männl.	dav. weibl.
11/ 49	0,6	•	•	0,1	•	•	0,01	•	•
10/ 50	0,8	•	•	0,3	•	•	0,3	•	•
12/ 53	0,2	0,2	0,1	0,3	0,4	0,2	0,4	0,6	0,3
07/ 55	0,1	0,2	0,08	0,2	0,3	0,2	0,3	0,4	0,2
07/ 57	0,06	0,08	0,03	0,1	0,2	0,1	0,2	0,3	0,1
02/ 58	•	•	•	•	•	•	•	•	•
06/ 59	0,02	0,03	0,01	0,06	0,08	0,04	0,2	0,2	0,07
06/ 60	0,02	•	•	0,06	•	•	0,08	•	•
06/ 61	0,02	0,03	0,01	0,05	0,07	0,03	0,1	0,2	0,05
07/ 62	0,02	0,03	0,01	0,04	0,06	0,02	0,1	0,2	0,06
06/ 63	0,02	0,03	0,02	0,06	0,06	0,06	0,1	0,2	0,07
06/ 65	0,02	0,04	0,01	0,03	0,04	0,02	0,05	0,08	0,02

Tabelle 134: FDJ-Mitglieder in gesellschaftlichen Organisationen für den Zeitraum 1953 bis 1965

Monat/ Jahr	FDGB-Mitgl. gesamt	dav. männl.	dav. weibl.	DSF-Mitgl. gesamt	dav. männl.	dav. weibl.	DTSB-Mitgl. gesamt	dav. männl.	dav. weibl.	DFD-Mitgl.	GST-Mitgl. gesamt	dav. männl.	dav. weibl.	FDJ-Mitgl. gesamt	dav. männl.	dav. weibl.
11/ 49	•	•	•	•	•	•	•	•	•	•	–	–	–	•	•	•
10/ 50	•	•	•	•	•	•	•	•	•	•	–	–	–	•	•	•
12/ 53	771 502	428 223	343 279	449 144	263 232	185 912	388 461	240 482	147 979	74 057	•	•	•	1 294 012	741 220	552 792
07/ 55	903 888	499 644	404 244	485 289	280 385	204 904	424 853	263 594	161 259	88 650	238 294	174 060	64 234	1 726 182	953 792	772 390
07/ 57	745 396	396 233	349 163	394 163	218 784	175 379	289 099	179 092	110 007	43 147	220 517	162 913	57 604	1 462 099	810 060	652 039
06/ 59	787 841	456 136	331 705	345 368	180 244	165 124	262 641	203 063	59 578	19 888	239 578	190 488	49 090	1 231 458	694 236	537 222
06/ 61	750 942	390 880	360 062	340 849	174 786	166 063	173 606	114 774	58 832	20 256	202 561	154 180	48 381	1 388 857	697 770	691 087
07/ 62	618 648	313 386	305 262	273 547	133 416	140 131	148 124	98 268	49 856	13 981	165 704	126 314	39 390	1 142 482	561 710	580 772
06/ 63	628 942	328 738	300 204	270 205	131 304	138 901	160 752	102 337	58 415	14 441	165 021	125 384	39 637	1 228 670	601 894	626 776
06/ 65	573 250	290 160	283 090	230 150	116 452	113 698	164 172	100 191	63 981	13 069	151 285	112 439	38 846	1 202 908	572 969	629 939

Quelle: SAPMO-BArch, FDJ: Bestand Abt. Verbandsorgane, eigene Berechnungen

Tabelle 135: FDJ-Mitglieder in gesellschaftlichen Organisationen für den Zeitraum 1949 bis 1965 in Prozent

Monat/ Jahr	Ant. FDGB-Mitglieder gesamt	dav. männl.	dav. weibl.	Ant. DSF-Mitglieder gesamt	dav. männl.	dav. weibl.	Ant. DTSB-Mitglieder gesamt	dav. männl.	dav. weibl.	Ant. DFD-Mitglieder	Ant. GST-Mitglieder gesamt	dav. männl.	dav. weibl.
11/ 49	54,0	•	•	•	•	•	•	•	•	•	–	–	–
10/ 50	55,8	•	•	•	•	•	•	•	•	•	–	–	–
12/ 53	59,6	57,8	62,1	34,7	35,5	33,6	30,0	32,4	26,8	13,4	•	•	•
07/ 55	52,4	52,4	52,3	28,1	29,4	26,5	24,6	27,6	20,9	11,5	13,8	18,2	8,3
07/ 57	51,0	48,9	53,5	27,0	27,0	26,9	19,8	22,1	16,9	6,6	15,1	20,1	8,8
06/ 59	64,0	65,7	61,7	28,0	26,0	30,7	21,3	29,2	11,1	3,7	19,5	27,4	9,1
06/ 61	54,1	56,0	52,1	24,5	25,0	24,0	12,5	16,4	8,5	2,9	14,6	22,1	7,0
07/ 62	54,1	55,8	52,6	23,9	23,8	24,1	13,0	17,5	8,6	2,4	14,5	22,5	6,8
06/ 63	51,2	54,6	47,9	22,0	21,8	22,2	13,1	17,0	9,3	2,3	13,4	20,8	6,3
06/ 65	47,7	50,6	44,9	19,1	20,3	18,0	13,6	17,5	10,2	2,1	12,6	19,6	6,2

Tabelle 136: Berliner FDJ-Mitglieder nach der Geschlechts- und Altersstruktur für den Zeitraum 1952 bis 1985 bzw. 1959 bis 1983

Monat/ Jahr	FDJ-Mitglieder	dav. männl.	dav. weibl.	dav. 13 Jahre	dav. 26 Jahre u. älter	dav. 14 bis unter 26 Jahre
11/ 52	65 047	•	•	•	•	•
12/ 53	42 054	23 890	18 164	•	•	•
11/ 54	59 584	32 553	27 031	•	•	•
06/ 55	65 079	35 812	29 267	•	•	•
12/ 55	67 429	36 358	31 071	•	•	•
12/ 56	70 747	37 320	33 427	•	•	•
12/ 57	70 136	36 828	33 308	•	•	•
12/ 58	66 153	33 632	32 521	•	•	•
06/ 59	48 951	23 597	25 354	•	3 799	45 152
12/ 59	55 139	27 114	28 025	•	•	•
06/ 60	56 998	28 064	28 934	•	4 894	52 104
12/ 60	62 311	30 780	31 531	•	•	•
12/ 61	63 484	31 763	31 721	•	7 581	55 903
12/ 62	55 588	27 817	27 771	•	5 066	50 522
12/ 63	58 639	29 178	29 461	•	•	•
12/ 64	54 474	26 082	28 392	•	•	•
06/ 65	54 210	25 680	28 530	•	•	•
12/ 66	55 981	26 446	29 535	•	•	•
12/ 67	59 511	28 056	31 455	3 196	4 887	51 428
12/ 68	65 341	30 569	34 772	•	•	•
12/ 69	73 005	34 347	38 658	•	•	•
12/ 70	80 476	38 432	42 044	•	•	•
12/ 71	87 220	41 251	45 969	•	•	•
12/ 72	95 249	46 149	49 100	•	•	•
12/ 73	100 472	49 430	51 042	•	•	•
12/ 74	111 413	55 696	55 717	•	•	•
12/ 75	120 585	60 655	59 930	6 861	5 442	108 282
12/ 76	132 093	66 361	65 732	8 281	4 764	119 048
12/ 77	143 362	68 574	74 788	•	•	•
12/ 78	145 477	69 691	75 786	6 641	4 781	134 055
12/ 79	149 569	70 650	78 919	•	•	•
12/ 80	150 011	70 942	79 069	6 744	11 717	131 550
12/ 81	153 140	71 848	81 292	4 547	8 298	140 295
08/ 82	146 785	68 820	77 965	•	•	•
12/ 82	157 489	•	•	5 965	10 319	141 205
12/ 83	162 102	•	•	•	13 341	148 761
12/ 84	163 241	•	•	•	•	•
12/ 85	167 477	•	•	•	•	•

Quelle: SAPMO-BArch, FDJ: Bestand Abt. Verbandsorgane, eigene Berechnungen

Tabelle 137: Berliner FDJ-Mitglieder nach dem Geschlecht in Prozent und deren Organisationsgrad für den Zeitraum 1953 bis 1982 bzw. 1959 bis 1983

Monat/ Jahr	Ant. männl. Mitglieder in [%]	Ant. weibl. Mitglieder in [%]	jug. Wohn- bevölk.	Org.-grad in [%]
12/ 53	56,8	43,2	•	•
11/ 54	54,6	45,4	•	•
06/ 55	55,0	45,0	177 506	•
12/ 55	53,9	46,1	177 506	•
12/ 56	52,8	47,2	178 457	•
12/ 57	52,5	47,5	180 473	•
12/ 58	50,8	49,2	178 987	•
06/ 59	48,2	51,8	172 044	26,2
12/ 59	49,2	50,8	172 044	•
06/ 60	49,2	50,8	161 806	32,2
12/ 60	49,4	50,6	161 806	•
12/ 61	50,0	50,0	153 134	36,5
12/ 62	50,0	50,0	149 426	33,8
12/ 63	49,8	50,2	146 455	•
12/ 64	47,9	52,1	144 224	•
06/ 65	47,4	52,6	139 954	•
12/ 66	47,2	52,8	133 145	•
12/ 67	47,1	52,9	129 572	39,7
12/ 68	46,8	53,2	126 262	•
12/ 69	47,0	53,0	124 770	•
12/ 70	47,8	52,2	129 172	•
12/ 71	47,3	52,7	136 981	•
12/ 72	48,5	51,5	142 577	•
12/ 73	49,2	50,8	148 820	•
12/ 74	50,0	50,0	156 298	•
12/ 75	50,3	49,7	163 549	66,2
12/ 76	50,2	49,8	171 397	69,5
12/ 77	47,8	52,2	180 473	•
12/ 78	47,9	52,1	186 506	71,9
12/ 79	47,2	52,8	191 980	•
12/ 80	47,3	52,7	197 092	66,7
12/ 81	46,9	53,1	202 161	69,4
08/ 82	46,9	53,1	205 236	•
12/ 82	•	•	205 236	68,8
12/ 83	•	•	207 665	71,6
12/ 84	•	•	208 170	•
12/ 85	•	•	208 355	•

Tabelle 138: FDJ-Mitglieder des Bezirkes Cottbus nach der Geschlechts- und Altersstruktur für den Zeitraum 1952 bis 1985 bzw. 1959 bis 1983

Monat/ Jahr	FDJ-Mitglieder	dav. männl.	dav. weibl.	dav. 13 Jahre	dav. 26 Jahre u. älter	dav. 14 bis unter 26 Jahre
11/ 52	68 200	.	.	.	.	.
12/ 53	54 397	30 449	23 948	.	.	.
11/ 54	72 374	40 366	32 008	.	.	.
06/ 55	75 134	41 186	33 948	.	.	.
12/ 55	76 358	41 659	34 699	.	.	.
12/ 56	66 259	35 361	30 898	.	.	.
12/ 57	64 374	33 035	31 339	.	.	.
12/ 58	66 783	33 955	32 828	.	.	.
06/ 59	51 921	27 358	24 563	.	2 474	49 447
12/ 59	57 677	30 176	27 501	.	.	.
06/ 60	61 655	32 143	29 512	.	3 214	58 441
12/ 60	62 201	32 067	30 134	.	.	.
12/ 61	60 828	30 062	30 766	.	3 739	57 089
12/ 62	47 774	25 086	22 688	.	2 638	45 136
12/ 63	48 875	25 126	23 749	.	.	.
12/ 64	49 960	25 220	24 740	.	.	.
06/ 65	50 934	25 198	25 736	.	.	.
12/ 66	61 270	30 273	30 997	.	.	.
12/ 67	64 748	30 864	33 884	.	.	.
12/ 68	70 110	33 161	36 949	.	.	.
12/ 69	75 732	34 921	40 811	.	.	.
12/ 70	76 171	33 978	42 193	.	.	.
12/ 71	79 952	35 294	44 658	.	.	.
12/ 72	87 664	37 950	49 714	.	.	.
12/ 73	94 647	40 747	53 900	.	.	.
12/ 74	97 081	41 182	55 899	.	.	.
12/ 75	102 254	43 249	59 005	5 201	1 959	95 094
12/ 76	105 700	43 299	62 401	4 631	2 571	98 498
12/ 77	113 476	47 284	66 192	.	.	.
12/ 78	119 513	50 286	69 227	7 438	2 737	109 338
12/ 79	115 914	48 030	67 884	.	.	.
12/ 80	116 627	48 984	67 643	5 679	5 751	105 197
12/ 81	116 613	48 693	67 920	6 258	15 893	94 462
03/ 82	115 080	48 110	66 970	.	.	.
12/ 82	115 751	.	.	6 236	6 694	102 821
12/ 83	115 063	.	.	.	8 629	106 434
12/ 84	116 690	.	.	.	.	.
12/ 85	118 187	.	.	.	.	.

Quelle: SAPMO-BArch, FDJ: Bestand Abt. Verbandsorgane, eigene Berechnungen

Tabelle 139: FDJ-Mitglieder des Bezirkes Cottbus nach dem Geschlecht in Prozent und deren Organisationsgrad für den Zeitraum 1953 bis 1982 bzw. 1959 bis 1983

Monat/ Jahr	Ant. männl. Mitglieder in [%]	Ant. weibl. Mitglieder in [%]	jug. Wohn-bevölk.	Org.-grad in [%]
12/ 53	56,0	44,0	•	•
11/ 54	55,8	44,2	•	•
06/ 55	54,8	45,2	145 422	•
12/ 55	54,6	45,4	145 422	•
12/ 56	53,4	46,6	146 914	•
12/ 57	51,3	48,7	145 519	•
12/ 58	50,8	49,2	146 312	•
06/ 59	52,7	47,3	140 304	35,2
12/ 59	52,3	47,7	140 304	•
06/ 60	52,1	47,9	129 883	45,0
12/ 60	51,6	48,4	129 883	•
12/ 61	49,4	50,6	121 062	47,2
12/ 62	52,5	47,5	117 293	38,5
12/ 63	51,4	48,6	115 478	•
12/ 64	50,5	49,5	113 410	•
06/ 65	49,5	50,5	111 844	•
12/ 66	49,4	50,6	109 235	•
12/ 67	47,7	52,3	112 895	•
12/ 68	47,3	52,7	116 126	•
12/ 69	46,1	53,9	119 762	•
12/ 70	44,6	55,4	127 276	•
12/ 71	44,1	55,9	135 897	•
12/ 72	43,3	56,7	143 124	•
12/ 73	43,1	56,9	150 438	•
12/ 74	42,4	57,6	156 724	•
12/ 75	42,3	57,7	160 609	59,2
12/ 76	41,0	59,0	163 244	60,3
12/ 77	41,7	58,3	165 776	•
12/ 78	42,1	57,9	167 238	65,4
12/ 79	41,4	58,6	167 711	•
12/ 80	42,0	58,0	168 098	62,6
12/ 81	41,8	58,2	167 571	56,4
03/ 82	41,8	58,2	166 477	•
12/ 82	•	•	166 477	61,8
12/ 83	•	•	164 645	64,6
12/ 84	•	•	161 249	•
12/ 85	•	•	158 093	•

Tabelle 140: FDJ-Mitglieder des Bezirkes Dresden nach der Geschlechts- und Altersstruktur für den Zeitraum 1952 bis 1985 bzw. 1960 bis 1983

Monat/ Jahr	FDJ-Mitglieder	dav. männl.	dav. weibl.	dav. 13 Jahre	dav. 26 Jahre u. älter	dav. 14 bis unter 26 Jahre
11/ 52	207 535	.	.	.	.	.
12/ 53	140 881	76 692	64 189	.	.	.
11/ 54	177 815	95 380	82 435	.	.	.
06/ 55	191 438	102 345	89 093	.	.	.
12/ 55	198 535	106 094	92 441	.	.	.
12/ 56	199 423	105 048	94 375	.	.	.
12/ 57	184 642	97 814	86 828	.	.	.
12/ 58	197 442	102 338	95 104	.	.	.
06/ 59	127 498	66 730	60 768	.	.	.
12/ 59	150 319	76 671	73 648	.	.	.
06/ 60	159 277	82 599	76 678	.	9 057	150 220
12/ 60	163 897	85 163	78 734	.	.	.
12/ 61	163 375	83 377	79 998	.	10 956	152 419
12/ 62	135 615	68 463	67 152	.	6 921	128 694
12/ 63	139 341	69 808	69 533	.	.	.
12/ 64	130 758	64 264	66 494	.	.	.
06/ 65	132 451	64 000	68 451	.	.	.
12/ 66	146 546	69 976	76 570	.	.	.
12/ 67	143 585	71 197	72 388	.	.	.
12/ 68	155 839	77 089	78 750	.	.	.
12/ 69	170 618	84 551	86 067	.	.	.
12/ 70	180 655	89 960	90 695	.	.	.
12/ 71	183 159	90 226	92 933	.	.	.
12/ 72	192 853	93 710	99 143	.	.	.
12/ 73	199 268	95 966	103 302	.	.	.
12/ 74	189 713	88 962	100 751	.	.	.
12/ 75	205 955	98 827	107 128	10 979	3 522	191 454
12/ 76	201 086	95 591	105 495	12 075	3 688	185 323
12/ 77	209 694	99 663	110 031	.	.	.
12/ 78	209 079	98 949	110 130	10 945	4 650	193 484
12/ 79	205 081	96 666	108 415	.	.	.
12/ 80	205 742	96 776	108 966	9 780	6 433	189 529
12/ 81	210 006	100 339	109 667	10 002	7 770	192 234
08/ 82	205 903	98 188	107 715	.	.	.
12/ 82	209 375	.	.	11 138	10 587	187 650
12/ 83	212 066	.	.	.	12 463	199 603
12/ 84	213 341	.	.	.	.	.
12/ 85	213 914	.	.	.	.	.

Quelle: SAPMO-BArch, FDJ: Bestand Abt. Verbandsorgane, eigene Berechnungen

Tabelle 141: FDJ-Mitglieder des Bezirkes Dresden nach dem Geschlecht in Prozent und deren Organisationsgrad für den Zeitraum 1953 bis 1982 bzw. 1960 bis 1983

Monat/ Jahr	Ant. männl. Mitglieder in [%]	Ant. weibl. Mitglieder in [%]	jug. Wohn- bevölk.	Org.-grad in [%]
12/ 53	54,4	45,6	–	•
11/ 54	53,6	46,4	–	•
06/ 55	53,5	46,5	316 589	•
12/ 55	53,4	46,6	316 589	•
12/ 56	52,7	47,3	312 217	•
12/ 57	53,0	47,0	311 656	•
12/ 58	51,8	48,2	317 474	•
06/ 59	52,3	47,7	309 353	•
12/ 59	51,0	49,0	309 353	•
06/ 60	51,9	48,1	293 470	51,2
12/ 60	52,0	48,0	293 470	•
12/ 61	51,0	49,0	280 832	54,3
12/ 62	50,5	49,5	273 609	47,0
12/ 63	50,1	49,9	267 705	•
12/ 64	49,1	50,9	261 593	•
06/ 65	48,3	51,7	258 887	•
12/ 66	47,8	52,2	254 879	•
12/ 67	49,6	50,4	254 374	•
12/ 68	49,5	50,5	256 031	•
12/ 69	49,6	50,4	256 979	•
12/ 70	49,8	50,2	264 699	•
12/ 71	49,3	50,7	275 241	•
12/ 72	48,6	51,4	282 515	•
12/ 73	48,2	51,8	290 964	•
12/ 74	46,9	53,1	294 812	•
12/ 75	48,0	52,0	297 266	64,4
12/ 76	47,5	52,5	297 372	62,3
12/ 77	47,5	52,5	299 888	•
12/ 78	47,3	52,7	302 111	64,0
12/ 79	47,1	52,9	303 274	•
12/ 80	47,0	53,0	303 134	62,5
12/ 81	47,8	52,2	304 875	63,1
08/ 82	47,7	52,3	303 241	•
12/ 82	•	•	303 241	61,9
12/ 83	•	•	301 604	66,2
12/ 84	•	•	296 033	•
12/ 85	•	•	291 683	•

Tabelle 142: FDJ-Mitglieder des Bezirkes Erfurt nach der Geschlechts- und Altersstruktur für den Zeitraum 1952 bis 1985 bzw. 1960 bis 1983

Monat/ Jahr	FDJ-Mitglieder	dav. männl.	dav. weibl.	dav. 13 Jahre	dav. 26 Jahre u. älter	dav. 14 bis unter 26 Jahre
11/ 52	148 869	.	.	.	.	.
12/ 53	84 923	45 736	39 187	.	.	.
11/ 54	109 989	58 984	51 005	.	.	.
06/ 55	117 149	62 375	54 774	.	.	.
12/ 55	116 982	61 730	55 252	.	.	.
12/ 56	119 519	62 234	57 285	.	.	.
12/ 57	120 034	61 855	58 179	.	.	.
12/ 58	123 018	62 682	60 336	.	.	.
06/ 59	81 860	42 427	39 433	.	.	.
12/ 59	98 207	50 168	48 039	.	.	.
06/ 60	104 007	53 246	50 761	.	5 328	98 679
12/ 60	106 192	53 721	52 471	.	.	.
12/ 61	105 428	51 468	53 960	.	7 506	97 922
12/ 62	84 105	40 817	43 288	.	4 148	79 957
12/ 63	87 971	42 231	45 740	.	.	.
12/ 64	85 534	40 465	45 069	.	.	.
06/ 65	87 779	41 386	46 393	.	.	.
12/ 66	98 996	46 534	52 462	.	.	.
12/ 67	101 057	46 259	54 798	.	.	.
12/ 68	111 530	51 381	60 149	.	.	.
12/ 69	119 846	55 559	64 287	.	.	.
12/ 70	125 022	57 856	67 166	.	.	.
12/ 71	127 222	58 766	68 456	.	.	.
12/ 72	133 258	60 751	72 507	.	.	.
12/ 73	138 725	62 973	75 752	.	.	.
12/ 74	143 518	65 009	78 509	.	.	.
12/ 75	154 744	72 386	82 358	7 345	2 702	144 697
12/ 76	154 768	71 842	82 926	13 647	2 888	138 233
12/ 77	158 768	73 372	85 396	.	.	.
12/ 78	158 221	72 766	85 455	8 920	2 660	146 641
12/ 79	158 826	72 360	86 466	.	.	.
12/ 80	152 893	67 882	85 011	7 699	4 953	140 241
12/ 81	155 858	69 268	86 590	7 427	5 726	142 705
08/ 82	149 579	66 047	83 532	.	.	.
12/ 82	155 590	.	.	6 140	5 206	144 244
12/ 83	158 720	.	.	.	9 798	148 922
12/ 84	159 397	.	.	.	.	.
12/ 85	162 428	.	.	.	.	.

Quelle: SAPMO-BArch, FDJ: Bestand Abt. Verbandsorgane, eigene Berechnungen

Tabelle 143: FDJ-Mitglieder des Bezirkes Erfurt nach dem Geschlecht in Prozent und deren Organisationsgrad für den Zeitraum 1953 bis 1982 bzw. 1960 bis 1983

Monat/ Jahr	Ant. männl. Mitglieder in [%]	Ant. weibl. Mitglieder in [%]	jug. Wohn-bevölk.	Org.-grad in [%]
12/ 53	53,9	46,1	.	.
11/ 54	53,6	46,4	.	.
06/ 55	53,2	46,8	231 801	.
12/ 55	52,8	47,2	231 801	.
12/ 56	52,1	47,9	226 089	.
12/ 57	51,5	48,5	220 986	.
12/ 58	51,0	49,0	220 443	.
06/ 59	51,8	48,2	212 504	.
12/ 59	51,1	48,9	212 504	.
06/ 60	51,2	48,8	201 858	48,9
12/ 60	50,6	49,4	201 858	.
12/ 61	48,8	51,2	193 207	50,7
12/ 62	48,5	51,5	190 402	42,0
12/ 63	48,0	52,0	187 869	.
12/ 64	47,3	52,7	182 108	.
06/ 65	47,1	52,9	179 664	.
12/ 66	47,0	53,0	180 116	.
12/ 67	45,8	54,2	183 693	.
12/ 68	46,1	53,9	187 412	.
12/ 69	46,4	53,6	191 452	.
12/ 70	46,3	53,7	200 202	.
12/ 71	46,2	53,8	207 407	.
12/ 72	45,6	54,4	212 597	.
12/ 73	45,4	54,6	217 733	.
12/ 74	45,3	54,7	221 728	.
12/ 75	46,8	53,2	224 877	64,3
12/ 76	46,4	53,6	225 831	61,2
12/ 77	46,2	53,8	227 405	.
12/ 78	46,0	54,0	228 347	64,2
12/ 79	45,6	54,4	227 820	.
12/ 80	44,4	55,6	227 602	61,6
12/ 81	44,4	55,6	224 754	63,5
08/ 82	44,2	55,8	223 794	.
12/ 82	.	.	223 794	64,5
12/ 83	.	.	222 169	67,0
12/ 84	.	.	218 921	.
12/ 85	.	.	215 352	.

Tabelle 144: FDJ-Mitglieder des Bezirkes Frankfurt/Oder nach der Geschlechts- und Altersstruktur für den Zeitraum 1952 bis 1985 bzw. 1960 bis 1983

Monat/ Jahr	FDJ-Mitglieder	dav. männl.	dav. weibl.	dav. 13 Jahre	dav. 26 Jahre u. älter	dav. 14 bis unter 26 Jahre
11/ 52	30 590	•	•	•	•	•
12/ 53	34 032	19 534	14 498	•	•	•
11/ 54	47 025	25 961	21 064	•	•	•
06/ 55	50 606	27 282	23 324	•	•	•
12/ 55	53 783	28 667	25 116	•	•	•
12/ 56	40 695	20 371	20 324	•	•	•
12/ 57	43 527	21 807	21 720	•	•	•
12/ 58	46 723	23 192	23 531	•	•	•
06/ 59	34 132	17 003	17 129	•	•	•
12/ 59	40 594	20 192	20 402	•	•	•
06/ 60	43 715	21 645	22 070	•	2 801	40 914
12/ 60	46 592	22 961	23 631	•	•	•
12/ 61	45 966	21 902	24 064	•	3 493	42 473
12/ 62	36 727	17 796	18 931	•	2 561	34 166
12/ 63	40 088	19 066	21 022	•	•	•
12/ 64	42 217	19 722	22 495	•	•	•
06/ 65	42 083	19 458	22 625	•	•	•
12/ 66	47 190	20 793	26 397	•	•	•
12/ 67	45 833	19 733	26 100	•	•	•
12/ 68	46 882	19 564	27 318	•	•	•
12/ 69	54 156	23 768	30 388	•	•	•
12/ 70	59 521	26 466	33 055	•	•	•
12/ 71	62 537	27 782	34 755	•	•	•
12/ 72	66 742	29 332	37 410	•	•	•
12/ 73	74 300	32 267	42 033	•	•	•
12/ 74	68 251	29 091	39 160	•	•	•
12/ 75	80 270	35 379	44 891	6 808	1 053	72 409
12/ 76	86 924	38 818	48 106	5 394	2 906	78 624
12/ 77	90 072	40 372	49 700	•	•	•
12/ 78	94 317	42 716	51 601	7 290	1 977	85 050
12/ 79	92 103	42 100	50 003	•	•	•
12/ 80	84 822	39 148	45 674	5 777	3 266	75 779
12/ 81	85 866	39 464	46 402	5 377	3 120	77 369
08/ 82	81 261	37 192	44 069	•	•	•
12/ 82	87 358	•	•	4 183	2 565	80 610
12/ 83	88 452	•	•	•	3 779	84 673
12/ 84	88 613	•	•	•	•	•
12/ 85	86 658	•	•	•	•	•

Quelle: SAPMO-BArch, FDJ: Bestand Abt. Verbandsorgane, eigene Berechnungen

Tabelle 145: FDJ-Mitglieder des Bezirkes Frankfurt/Oder nach dem Geschlecht in Prozent und deren Organisationsgrad für den Zeitraum 1953 bis 1982 bzw. 1960 bis 1983

Monat/ Jahr	Ant. männl. Mitglieder in [%]	Ant. weibl. Mitglieder in [%]	jug. Wohn- bevölk.	Org.-grad in [%]
12/ 53	57,4	42,6	•	•
11/ 54	55,2	44,8	•	•
06/ 55	53,9	46,1	129 174	•
12/ 55	53,3	46,7	129 174	•
12/ 56	50,1	49,9	126 585	•
12/ 57	50,1	49,9	124 438	•
12/ 58	49,6	50,4	120 620	•
06/ 59	49,8	50,2	113 120	•
12/ 59	49,7	50,3	113 120	•
06/ 60	49,5	50,5	103 617	39,5
12/ 60	49,3	50,7	103 617	•
12/ 61	47,6	52,4	96 643	43,9
12/ 62	48,5	51,5	92 663	36,9
12/ 63	47,6	52,4	90 267	•
12/ 64	46,7	53,3	85 686	•
06/ 65	46,2	53,8	85 524	•
12/ 66	44,1	55,9	84 860	•
12/ 67	43,1	56,9	87 532	•
12/ 68	41,7	58,3	90 905	•
12/ 69	43,9	56,1	95 554	•
12/ 70	44,5	55,5	102 761	•
12/ 71	44,4	55,6	110 905	•
12/ 72	43,9	56,1	116 419	•
12/ 73	43,4	56,6	122 097	•
12/ 74	42,6	57,4	126 877	•
12/ 75	44,1	55,9	130 646	55,4
12/ 76	44,7	55,3	133 458	58,9
12/ 77	44,8	55,2	136 355	•
12/ 78	45,3	54,7	138 316	61,5
12/ 79	45,7	54,3	139 152	•
12/ 80	46,2	53,8	139 165	54,5
12/ 81	46,0	54,0	137 349	56,3
08/ 82	45,8	54,2	136 113	•
12/ 82	•	•	136 113	59,2
12/ 83	•	•	134 322	63,0
12/ 84	•	•	130 551	•
12/ 85	•	•	127 014	•

Tabelle 146: FDJ-Mitglieder des Bezirkes Gera nach der Geschlechts- und Altersstruktur für den Zeitraum 1952 bis 1985 bzw. 1960 bis 1983

Monat/ Jahr	FDJ-Mitglieder	dav. männl.	dav. weibl.	dav. 13 Jahre	dav. 26 Jahre u. älter	dav. 14 bis unter 26 Jahre
11/ 52	68 022	•	•	•	•	•
12/ 53	57 635	31 813	25 822	•	•	•
11/ 54	74 072	40 456	33 616	•	•	•
06/ 55	76 647	41 424	35 223	•	•	•
12/ 55	76 854	41 243	35 611	•	•	•
12/ 56	68 914	36 204	32 710	•	•	•
12/ 57	70 811	36 324	34 487	•	•	•
12/ 58	76 319	38 490	37 829	•	•	•
06/ 59	52 079	26 826	25 253	•	•	•
12/ 59	61 756	31 660	30 096	•	•	•
06/ 60	65 595	33 509	32 086	•	3 802	61 793
12/ 60	68 324	34 810	33 514	•	•	•
12/ 61	66 850	33 244	33 606	•	4 296	62 554
12/ 62	56 499	27 002	29 497	•	2 879	53 620
12/ 63	54 789	25 345	29 444	•	•	•
12/ 64	53 288	24 508	28 780	•	•	•
06/ 65	53 473	24 381	29 092	•	•	•
12/ 66	57 182	25 838	31 344	•	•	•
12/ 67	62 380	28 236	34 144	•	•	•
12/ 68	66 277	29 992	36 285	•	•	•
12/ 69	71 228	31 978	39 250	•	•	•
12/ 70	75 193	33 533	41 660	•	•	•
12/ 71	79 466	35 761	43 705	•	•	•
12/ 72	83 068	38 073	44 995	•	•	•
12/ 73	87 686	40 969	46 717	•	•	•
12/ 74	82 453	38 403	44 050	•	•	•
12/ 75	87 187	40 974	46 213	5 011	2 053	80 123
12/ 76	90 158	41 787	48 371	4 277	2 347	83 534
12/ 77	90 973	41 690	49 283	•	•	•
12/ 78	93 194	43 098	50 096	6 340	1 263	85 591
12/ 79	91 954	42 564	49 390	•	•	•
12/ 80	84 871	38 636	46 235	5 833	2 106	76 932
12/ 81	88 540	40 818	47 722	3 851	5 247	79 442
08/ 82	87 810	40 295	47 515	•	•	•
12/ 82	88 179	•	•	4 469	3 744	79 966
12/ 83	87 690	•	•	•	5 460	82 230
12/ 84	89 595	•	•	•	•	•
12/ 85	90 542	•	•	•	•	•

Quelle: SAPMO-BArch, FDJ: Bestand Abt. Verbandsorgane, eigene Berechnungen

Tabelle 147: FDJ-Mitglieder des Bezirkes Gera nach dem Geschlecht in Prozent und deren Organisationsgrad für den Zeitraum 1953 bis 1982 bzw. 1960 bis 1983

Monat/ Jahr	Ant. männl. Mitglieder in [%]	Ant. weibl. Mitglieder in [%]	jug. Wohn- bevölk.	Org.-grad in [%]
12/ 53	55,2	44,8	•	•
11/ 54	54,6	45,4	•	•
06/ 55	54,0	46,0	129 968	•
12/ 55	53,7	46,3	129 968	•
12/ 56	52,5	47,5	127 640	•
12/ 57	51,3	48,7	125 594	•
12/ 58	50,4	49,6	127 013	•
06/ 59	51,5	48,5	122 816	•
12/ 59	51,3	48,7	122 816	•
06/ 60	51,1	48,9	116 833	52,9
12/ 60	50,9	49,1	116 833	•
12/ 61	49,7	50,3	112 049	55,8
12/ 62	47,8	52,2	109 204	49,1
12/ 63	46,3	53,7	106 873	•
12/ 64	46,0	54,0	104 471	•
06/ 65	45,6	54,4	101 749	•
12/ 66	45,2	54,8	100 069	•
12/ 67	45,3	54,7	103 038	•
12/ 68	45,3	54,7	105 003	•
12/ 69	44,9	55,1	106 743	•
12/ 70	44,6	55,4	111 069	•
12/ 71	45,0	55,0	115 535	•
12/ 72	45,8	54,2	119 131	•
12/ 73	46,7	53,3	123 316	•
12/ 74	46,6	53,4	125 984	•
12/ 75	47,0	53,0	128 096	62,5
12/ 76	46,3	53,7	129 467	64,5
12/ 77	45,8	54,2	130 218	•
12/ 78	46,2	53,8	131 154	65,3
12/ 79	46,3	53,7	131 841	•
12/ 80	45,5	54,5	132 043	58,3
12/ 81	46,1	53,9	130 376	60,9
08/ 82	45,9	54,1	129 728	•
12/ 82	•	•	129 728	61,6
12/ 83	•	•	129 273	63,6
12/ 84	•	•	127 165	•
12/ 85	•	•	125 113	•

Tabelle 148: FDJ-Mitglieder des Bezirkes Halle nach der Geschlechts- und Altersstruktur für den Zeitraum 1952 bis 1985 bzw. 1960 bis 1983

Monat/ Jahr	FDJ-Mit-glieder	dav. männl.	dav. weibl.	dav. 13 Jahre	dav. 26 Jahre u. älter	dav. 14 bis unter 26 Jahre
11/ 52	224 102	•	•	•	•	•
12/ 53	140 592	77 311	63 281	•	•	•
11/ 54	183 908	99 609	84 299	•	•	•
06/ 55	196 042	104 010	92 032	•	•	•
12/ 55	196 885	103 609	93 276	•	•	•
12/ 56	186 054	97 286	88 768	•	•	•
12/ 57	184 030	95 251	88 779	•	•	•
12/ 58	188 811	96 290	92 521	•	•	•
06/ 59	130 582	66 506	64 076	•	•	•
12/ 59	156 880	79 567	77 313	•	•	•
06/ 60	168 127	84 932	83 195	•	10 511	157 616
12/ 60	172 641	87 312	85 329	•	•	•
12/ 61	172 384	85 033	87 351	•	11 554	160 830
12/ 62	153 562	75 468	78 094	•	10 403	143 159
12/ 63	159 824	78 078	81 746	•	•	•
12/ 64	157 522	75 135	82 387	•	•	•
06/ 65	158 436	75 234	83 202	•	•	•
12/ 66	171 725	78 080	93 645	•	•	•
12/ 67	165 943	78 945	86 998	•	•	•
12/ 68	178 086	83 859	94 227	•	•	•
12/ 69	196 837	93 724	103 113	•	•	•
12/ 70	204 242	96 387	107 855	•	•	•
12/ 71	210 864	98 134	112 730	•	•	•
12/ 72	215 969	98 797	117 172	•	•	•
12/ 73	229 067	104 023	125 044	•	•	•
12/ 74	214 205	98 639	115 566	•	•	•
12/ 75	231 645	108 112	123 533	12 321	7 086	212 238
12/ 76	238 485	111 019	127 466	13 063	7 477	217 945
12/ 77	244 517	114 048	130 469	•	•	•
12/ 78	247 186	116 100	131 086	11 625	9 418	226 143
12/ 79	253 354	118 570	134 784	•	•	•
12/ 80	233 657	108 995	124 662	11 554	12 021	210 082
12/ 81	240 797	111 550	129 247	11 710	15 597	213 490
08/ 82	231 256	106 697	124 559	•	•	•
12/ 82	240 355	•	•	9 419	22 809	208 127
12/ 83	236 036	•	•	•	20 436	215 600
12/ 84	238 357	•	•	•	•	•
12/ 85	240 268	•	•	•	•	•

Quelle: SAPMO-BArch, FDJ: Bestand Abt. Verbandsorgane, eigene Berechnungen

Tabelle 149: FDJ-Mitglieder des Bezirkes Halle nach dem Geschlecht in Prozent und deren Organisationsgrad für den Zeitraum 1953 bis 1982 bzw. 1960 bis 1983

Monat/ Jahr	Ant. männl. Mitglieder in [%]	Ant. weibl. Mitglieder in [%]	jug. Wohn-bevölk.	Org.-grad in [%]
12/ 53	55,0	45,0	•	•
11/ 54	54,2	45,8	•	•
06/ 55	53,1	46,9	365 359	•
12/ 55	52,6	47,4	365 359	•
12/ 56	52,3	47,7	357 378	•
12/ 57	51,8	48,2	350 174	•
12/ 58	51,0	49,0	350 257	•
06/ 59	50,9	49,1	338 585	•
12/ 59	50,7	49,3	338 585	•
06/ 60	50,5	49,5	323 355	48,7
12/ 60	50,6	49,4	323 355	•
12/ 61	49,3	50,7	309 508	52,0
12/ 62	49,1	50,9	302 707	47,3
12/ 63	48,9	51,1	298 792	•
12/ 64	47,7	52,3	285 309	•
06/ 65	47,5	52,5	281 570	•
12/ 66	45,5	54,5	278 238	•
12/ 67	47,6	52,4	281 137	•
12/ 68	47,1	52,9	284 683	•
12/ 69	47,6	52,4	289 004	•
12/ 70	47,2	52,8	298 529	•
12/ 71	46,5	53,5	308 362	•
12/ 72	45,7	54,3	314 147	•
12/ 73	45,4	54,6	321 765	•
12/ 74	46,0	54,0	325 269	•
12/ 75	46,7	53,3	326 836	64,9
12/ 76	46,6	53,4	327 781	66,5
12/ 77	46,6	53,4	327 945	•
12/ 78	47,0	53,0	328 260	68,9
12/ 79	46,8	53,2	327 514	•
12/ 80	46,6	53,4	325 211	64,6
12/ 81	46,3	53,7	321 067	66,5
08/ 82	46,1	53,9	319 368	•
12/ 82	•	•	319 368	65,2
12/ 83	•	•	316 146	68,2
12/ 84	•	•	310 519	•
12/ 85	•	•	304 834	•

Tabelle 150: FDJ-Mitglieder des Bezirkes Karl-Marx-Stadt nach der Geschlechts- und Altersstruktur für den Zeitraum 1952 bis 1985 bzw. 1960 bis 1983

Monat/ Jahr	FDJ-Mitglieder	dav. männl.	dav. weibl.	dav. 13 Jahre	dav. 26 Jahre u. älter	dav. 14 bis unter 26 Jahre
11/ 52	182 295	•	•	•	•	•
12/ 53	146 564	79 094	67 470	•	•	•
11/ 54	185 384	98 516	86 868	•	•	•
06/ 55	193 187	101 821	91 366	•	•	•
12/ 55	197 212	102 982	94 230	•	•	•
12/ 56	169 438	85 491	83 947	•	•	•
12/ 57	181 655	91 301	90 354	•	•	•
12/ 58	190 139	93 754	96 385	•	•	•
06/ 59	126 562	63 309	63 253	•	•	•
12/ 59	151 799	73 944	77 855	•	•	•
06/ 60	163 113	80 814	82 299	•	8 831	154 282
12/ 60	164 957	80 955	84 002	•	•	•
12/ 61	168 346	80 561	87 785	•	12 768	155 578
12/ 62	147 682	72 094	75 588	•	9 538	138 144
12/ 63	155 003	75 458	79 545	•	•	•
12/ 64	155 431	74 373	81 058	•	•	•
06/ 65	159 542	75 862	83 680	•	•	•
12/ 66	165 010	76 669	88 341	•	•	•
12/ 67	160 931	75 164	85 767	•	•	•
12/ 68	175 125	81 970	93 155	•	•	•
12/ 69	191 194	89 609	101 585	•	•	•
12/ 70	200 220	92 392	107 828	•	•	•
12/ 71	200 225	93 750	106 475	•	•	•
12/ 72	212 338	98 311	114 027	•	•	•
12/ 73	219 696	101 188	118 508	•	•	•
12/ 74	195 943	88 548	107 395	•	•	•
12/ 75	210 175	95 577	114 598	10 409	4 067	195 699
12/ 76	213 967	98 082	115 885	13 102	4 474	196 391
12/ 77	215 194	96 768	118 426	•	•	•
12/ 78	219 034	99 365	119 669	12 193	9 512	197 329
12/ 79	217 763	99 142	118 621	•	•	•
12/ 80	212 532	99 679	112 853	9 830	9 876	192 826
12/ 81	215 177	101 160	114 017	10 733	12 023	192 421
08/ 82	190 310	89 277	101 033	•	•	•
12/ 82	214 224	•	•	9 491	11 582	193 151
12/ 83	216 071	•	•	•	12 767	203 304
12/ 84	215 014	•	•	•	•	•
12/ 85	214 608	•	•	•	•	•

Quelle: SAPMO-BArch, FDJ: Bestand Abt. Verbandsorgane, eigene Berechnungen

Tabelle 151: FDJ-Mitglieder des Bezirkes Karl-Marx-Stadt nach dem Geschlecht in Prozent und deren Organisationsgrad für den Zeitraum 1953 bis 1982 bzw. 1960 bis 1983

Monat/ Jahr	Ant. männl. Mitglieder in [%]	Ant. weibl. Mitglieder in [%]	jug. Wohn-bevölk.	Org.-grad in [%]
12/ 53	54,0	46,0	•	•
11/ 54	53,1	46,9	•	•
06/ 55	52,7	47,3	347 629	•
12/ 55	52,2	47,8	347 629	•
12/ 56	50,5	49,5	337 668	•
12/ 57	50,3	49,7	330 109	•
12/ 58	49,3	50,7	333 915	•
06/ 59	50,0	50,0	323 500	•
12/ 59	48,7	51,3	323 500	•
06/ 60	49,5	50,5	306 526	50,3
12/ 60	49,1	50,9	306 526	•
12/ 61	47,9	52,1	294 934	52,8
12/ 62	48,8	51,2	287 692	48,0
12/ 63	48,7	51,3	285 352	•
12/ 64	47,8	52,2	283 843	•
06/ 65	47,5	52,5	284 053	•
12/ 66	46,5	53,5	285 700	•
12/ 67	46,7	53,3	291 354	•
12/ 68	46,8	53,2	294 529	•
12/ 69	46,9	53,1	295 426	•
12/ 70	46,1	53,9	303 785	•
12/ 71	46,8	53,2	312 469	•
12/ 72	46,3	53,7	316 036	•
12/ 73	46,1	53,9	321 964	•
12/ 74	45,2	54,8	321 026	•
12/ 75	45,5	54,5	316 309	61,9
12/ 76	45,8	54,2	310 693	63,2
12/ 77	45,0	55,0	307 816	•
12/ 78	45,4	54,6	307 016	64,3
12/ 79	45,5	54,5	304 927	•
12/ 80	46,9	53,1	302 562	63,7
12/ 81	47,0	53,0	299 198	64,3
08/ 82	46,9	53,1	297 417	•
12/ 82	•	•	297 417	64,9
12/ 83	•	•	295 250	68,9
12/ 84	•	•	290 446	•
12/ 85	•	•	286 454	•

Tabelle 152: FDJ-Mitglieder des Bezirkes Leipzig nach der Geschlechts- und Altersstruktur für den Zeitraum 1952 bis 1985 bzw. 1960 bis 1983

Monat/ Jahr	FDJ-Mitglieder	dav. männl.	dav. weibl.	dav. 13 Jahre	dav. 26 Jahre u. älter	dav. 14 bis unter 26 Jahre
11/ 52	155 971	.	.	.	.	.
12/ 53	115 775	61 645	54 130	.	.	.
11/ 54	146 803	77 856	68 947	.	.	.
06/ 55	157 146	81 907	75 239	.	.	.
12/ 55	160 745	83 388	77 357	.	.	.
12/ 56	176 133	90 769	85 364	.	.	.
12/ 57	161 505	81 018	80 487	.	.	.
12/ 58	161 356	80 123	81 233	.	.	.
06/ 59	103 623	51 976	51 647	.	.	.
12/ 59	127 258	62 999	64 259	.	.	.
06/ 60	131 886	64 069	67 817	.	7 397	124 489
12/ 60	134 812	65 021	69 791	.	.	.
12/ 61	133 825	63 095	70 730	.	10 117	123 708
12/ 62	114 454	55 144	59 310	.	7 169	107 285
12/ 63	115 721	54 914	60 807	.	.	.
12/ 64	117 298	55 113	62 185	.	.	.
06/ 65	117 323	54 776	62 547	.	.	.
12/ 66	115 045	52 572	62 473	.	.	.
12/ 67	112 592	48 878	63 714	.	.	.
12/ 68	121 159	54 662	66 497	.	.	.
12/ 69	130 542	59 902	70 640	.	.	.
12/ 70	133 055	61 154	71 901	.	.	.
12/ 71	139 979	64 039	75 940	.	.	.
12/ 72	147 186	66 453	80 733	.	.	.
12/ 73	157 395	70 760	86 635	.	.	.
12/ 74	151 895	66 526	85 369	.	.	.
12/ 75	161 635	71 113	90 522	9 484	2 817	149 334
12/ 76	164 992	72 476	92 516	7 157	3 430	154 405
12/ 77	169 746	74 231	95 515	.	.	.
12/ 78	172 166	76 715	95 451	5 931	3 758	162 477
12/ 79	172 416	77 370	95 046	.	.	.
12/ 80	170 468	76 091	94 377	5 423	6 317	158 728
12/ 81	173 277	77 561	95 716	5 640	6 721	160 916
08/ 82	172 909	77 355	95 554	.	.	.
12/ 82	174 189	.	.	2 136	8 645	163 408
12/ 83	175 729	.	.	.	11 755	163 974
12/ 84	176 436	.	.	.	.	.
12/ 85	175 001	.	.	.	.	.

Quelle: SAPMO-BArch, FDJ: Bestand Abt. Verbandsorgane, eigene Berechnungen

Tabelle 153: FDJ-Mitglieder des Bezirkes Leipzig nach dem Geschlecht in Prozent und deren Organisationsgrad für den Zeitraum 1953 bis 1982 bzw. 1960 bis 1983

Monat/ Jahr	Ant. männl. Mitglieder in [%]	Ant. weibl. Mitglieder in [%]	jug. Wohn- bevölk.	Org.-grad in [%]
12/ 53	53,2	46,8	•	•
11/ 54	53,0	47,0	•	•
06/ 55	52,1	47,9	264 421	•
12/ 55	51,9	48,1	264 421	•
12/ 56	51,5	48,5	262 436	•
12/ 57	50,2	49,8	258 480	•
12/ 58	49,7	50,3	259 601	•
06/ 59	50,2	49,8	251 651	•
12/ 59	49,5	50,5	251 651	•
06/ 60	48,6	51,4	238 807	52,1
12/ 60	48,2	51,8	238 807	•
12/ 61	47,1	52,9	228 698	54,1
12/ 62	48,2	51,8	224 307	47,8
12/ 63	47,5	52,5	219 221	•
12/ 64	47,0	53,0	214 628	•
06/ 65	46,7	53,3	210 732	•
12/ 66	45,7	54,3	207 737	•
12/ 67	43,4	56,6	207 931	•
12/ 68	45,1	54,9	207 022	•
12/ 69	45,9	54,1	207 708	•
12/ 70	46,0	54,0	213 716	•
12/ 71	45,7	54,3	220 948	•
12/ 72	45,1	54,9	226 053	•
12/ 73	45,0	55,0	233 020	•
12/ 74	43,8	56,2	236 382	•
12/ 75	44,0	56,0	238 224	62,7
12/ 76	43,9	56,1	238 982	64,6
12/ 77	43,7	56,3	239 838	•
12/ 78	44,6	55,4	240 727	67,5
12/ 79	44,9	55,1	241 296	•
12/ 80	44,6	55,4	241 050	65,8
12/ 81	44,8	55,2	239 607	67,2
08/ 82	44,7	55,3	237 850	•
12/ 82	•	•	237 850	68,7
12/ 83	•	•	236 741	69,3
12/ 84	•	•	232 771	•
12/ 85	•	•	229 258	•

Tabelle 154: FDJ-Mitglieder des Bezirkes Magdeburg nach der Geschlechts- und Altersstruktur für den Zeitraum 1953 bis 1985 bzw. 1960 bis 1983

Monat/ Jahr	FDJ-Mitglieder	dav. männl.	dav. weibl.	dav. 13 Jahre	dav. 26 Jahre u. älter	dav. 14 bis unter 26 Jahre
12/ 53	85 000	46 311	38 689	.	.	.
11/ 54	113 464	61 053	52 411	.	.	.
06/ 55	123 385	65 266	58 119	.	.	.
12/ 55	122 957	63 816	59 141	.	.	.
12/ 56	122 456	62 068	60 388	.	.	.
12/ 57	114 240	57 701	56 539	.	.	.
12/ 58	118 317	59 323	58 994	.	.	.
06/ 59	86 062	44 213	41 849	.	.	.
12/ 59	93 418	47 286	46 132	.	.	.
06/ 60	96 944	48 984	47 960	.	6 055	90 889
12/ 60	99 216	49 641	49 575	.	.	.
12/ 61	96 771	46 443	50 328	.	6 949	89 822
12/ 62	86 666	41 825	44 841	.	5 107	81 559
12/ 63	85 540	40 793	44 747	.	.	.
12/ 64	83 443	39 298	44 145	.	.	.
06/ 65	87 781	40 969	46 812	.	.	.
12/ 66	98 922	44 300	54 622	.	.	.
12/ 67	97 039	43 486	53 553	.	.	.
12/ 68	105 646	48 392	57 254	.	.	.
12/ 69	124 344	57 922	66 422	.	.	.
12/ 70	125 572	57 759	67 813	.	.	.
12/ 71	122 187	56 472	65 715	.	.	.
12/ 72	130 481	59 694	70 787	.	.	.
12/ 73	139 902	64 083	75 819	.	.	.
12/ 74	133 095	60 869	72 226	.	.	.
12/ 75	154 154	70 395	83 759	11 209	3 539	139 406
12/ 76	157 375	70 919	86 456	14 165	4 403	138 807
12/ 77	163 065	73 939	89 126	.	.	.
12/ 78	172 362	77 588	94 774	11 710	4 620	156 032
12/ 79	168 072	74 399	93 673	.	.	.
12/ 80	155 919	67 783	88 136	7 328	7 479	141 112
12/ 81	155 861	69 362	86 499	8 592	8 105	139 164
08/ 82	151 437	66 356	85 081	.	.	.
12/ 82	156 933	.	.	6 461	13 084	137 388
12/ 83	160 294	.	.	.	18 798	141 496
12/ 84	162 113	.	.	.	.	.
12/ 85	163 260	.	.	.	.	.

Quelle: SAPMO-BArch, FDJ: Bestand Abt. Verbandsorgane, eigene Berechnungen

Tabelle 155: FDJ-Mitglieder des Bezirkes Magdeburg nach dem Geschlecht in Prozent und deren Organisationsgrad für den Zeitraum 1953 bis 1982 bzw. 1960 bis 1983

Monat/ Jahr	Ant. männl. Mitglieder in [%]	Ant. weibl. Mitglieder in [%]	jug. Wohn- bevölk.	Org.-grad in [%]
12/ 53	54,5	45,5	.	.
11/ 54	53,8	46,2	.	.
06/ 55	52,9	47,1	253 333	.
12/ 55	51,9	48,1	253 333	.
12/ 56	50,7	49,3	246 102	.
12/ 57	50,5	49,5	240 702	.
12/ 58	50,1	49,9	239 421	.
06/ 59	51,4	48,6	228 276	.
12/ 59	50,6	49,4	228 276	.
06/ 60	50,5	49,5	216 081	42,1
12/ 60	50,0	50,0	216 081	.
12/ 61	48,0	52,0	206 714	43,5
12/ 62	48,3	51,7	202 392	40,3
12/ 63	47,7	52,3	197 740	.
12/ 64	47,1	52,9	183 687	.
06/ 65	46,7	53,3	180 279	.
12/ 66	44,8	55,2	181 206	.
12/ 67	44,8	55,2	184 575	.
12/ 68	45,8	54,2	188 402	.
12/ 69	46,6	53,4	192 389	.
12/ 70	46,0	54,0	200 854	.
12/ 71	46,2	53,8	208 700	.
12/ 72	45,7	54,3	215 669	.
12/ 73	45,8	54,2	222 133	.
12/ 74	45,7	54,3	226 720	.
12/ 75	45,7	54,3	230 067	60,6
12/ 76	45,1	54,9	232 607	59,7
12/ 77	45,3	54,7	234 690	.
12/ 78	45,0	55,0	235 351	66,3
12/ 79	44,3	55,7	235 344	.
12/ 80	43,5	56,5	234 809	60,1
12/ 81	44,5	55,5	232 263	59,9
08/ 82	43,8	56,2	231 257	.
12/ 82	.	.	231 257	59,4
12/ 83	.	.	229 687	61,6
12/ 84	.	.	225 707	.
12/ 85	.	.	221 657	.

Tabelle 156: FDJ-Mitglieder des Bezirkes Neubrandenburg nach der Geschlechts- und Altersstruktur für den Zeitraum 1952 bis 1985 bzw. 1960 bis 1983

Monat/ Jahr	FDJ-Mitglieder	dav. männl.	dav. weibl.	dav. 13 Jahre	dav. 26 Jahre u. älter	dav. 14 bis unter 26 Jahre
11/ 52	65 621	.	.	.	.	.
12/ 53	44 932	23 326	21 606	.	.	.
11/ 54	63 526	32 925	30 601	.	.	.
06/ 55	67 566	34 820	32 746	.	.	.
12/ 55	67 697	34 528	33 169	.	.	.
12/ 56	57 671	28 462	29 209	.	.	.
12/ 57	58 091	28 863	29 228	.	.	.
12/ 58	55 260	26 653	28 607	.	.	.
06/ 59	36 635	17 659	18 976	.	.	.
12/ 59	42 158	20 049	22 109	.	.	.
06/ 60	44 495	20 837	23 658	.	2 605	41 890
12/ 60	46 303	21 647	24 656	.	.	.
12/ 61	45 073	20 200	24 873	.	3 009	42 064
12/ 62	40 586	18 377	22 209	.	2 163	38 423
12/ 63	42 226	18 856	23 370	.	.	.
12/ 64	45 106	20 045	25 061	.	.	.
06/ 65	42 700	18 708	23 992	.	.	.
12/ 66	49 156	21 565	27 591	.	.	.
12/ 67	48 939	21 052	27 887	.	.	.
12/ 68	55 342	23 939	31 403	.	.	.
12/ 69	63 227	27 797	35 430	.	.	.
12/ 70	66 941	28 964	37 977	.	.	.
12/ 71	69 199	28 906	40 293	.	.	.
12/ 72	70 679	28 661	42 018	.	.	.
12/ 73	74 627	30 518	44 109	.	.	.
12/ 74	66 053	26 631	39 422	.	.	.
12/ 75	72 908	29 828	43 080	5 845	1 212	65 851
12/ 76	75 387	30 703	44 684	.	.	.
12/ 77	79 350	32 323	47 027	.	.	.
12/ 78	81 086	33 088	47 998	4 986	1 406	74 694
12/ 79	80 828	31 642	49 186	.	.	.
12/ 80	75 315	29 267	46 048	4 146	4 972	66 197
12/ 81	78 113	31 804	46 309	3 881	6 651	67 581
08/ 82	73 169	29 238	43 931	.	.	.
12/ 82	78 657	.	.	3 587	5 420	69 650
12/ 83	78 600	.	.	.	6 157	72 443
12/ 84	78 005	.	.	.	.	.
12/ 85	78 400	.	.	.	.	.

Quelle: SAPMO-BArch, FDJ: Bestand Abt. Verbandsorgane, eigene Berechnungen

Tabelle 157: FDJ-Mitglieder des Bezirkes Neubrandenburg nach dem Geschlecht in Prozent und deren Organisationsgrad für den Zeitraum 1953 bis 1982 bzw. 1960 bis 1983

Monat/ Jahr	Ant. männl. Mitglieder in [%]	Ant. weibl. Mitglieder in [%]	jug. Wohn-bevölk.	Org.-grad in [%]
12/ 53	51,9	48,1	•	•
11/ 54	51,8	48,2	•	•
06/ 55	51,5	48,5	141 363	•
12/ 55	51,0	49,0	141 363	•
12/ 56	49,4	50,6	136 298	•
12/ 57	49,7	50,3	130 334	•
12/ 58	48,2	51,8	124 430	•
06/ 59	48,2	51,8	114 165	•
12/ 59	47,6	52,4	114 165	•
06/ 60	46,8	53,2	102 338	40,9
12/ 60	46,8	53,2	102 338	•
12/ 61	44,8	55,2	93 984	44,8
12/ 62	45,3	54,7	90 960	42,2
12/ 63	44,7	55,3	88 667	•
12/ 64	44,4	55,6	83 478	•
06/ 65	43,8	56,2	82 887	•
12/ 66	43,9	56,1	85 587	•
12/ 67	43,0	57,0	90 380	•
12/ 68	43,3	56,7	95 558	•
12/ 69	44,0	56,0	100 992	•
12/ 70	43,3	56,7	108 384	•
12/ 71	41,8	58,2	115 810	•
12/ 72	40,6	59,4	120 416	•
12/ 73	40,9	59,1	125 221	•
12/ 74	40,3	59,7	128 857	•
12/ 75	40,9	59,1	131 745	50,0
12/ 76	40,7	59,3	133 472	•
12/ 77	40,7	59,3	133 989	•
12/ 78	40,8	59,2	133 887	55,8
12/ 79	39,1	60,9	132 561	•
12/ 80	38,9	61,1	131 441	50,4
12/ 81	40,7	59,3	128 064	52,8
08/ 82	40,0	60,0	125 214	•
12/ 82	•	•	125 214	55,6
12/ 83	•	•	122 106	59,3
12/ 84	•	•	117 907	•
12/ 85	•	•	113 713	•

Tabelle 158: FDJ-Mitglieder des Bezirkes Potsdam nach der Geschlechts- und Altersstruktur für den Zeitraum 1952 bis 1985 bzw. 1960 bis 1983

Monat/ Jahr	FDJ-Mitglieder	dav. männl.	dav. weibl.	dav. 13 Jahre	dav. 26 Jahre u. älter	dav. 14 bis unter 26 Jahre
11/ 52	65 700	.	.	.	.	.
12/ 53	59 296	31 476	27 820	.	.	.
11/ 54	79 803	41 804	37 999	.	.	.
06/ 55	87 379	44 979	42 400	.	.	.
12/ 55	89 423	45 125	44 298	.	.	.
12/ 56	88 639	43 774	44 865	.	.	.
12/ 57	85 969	41 677	44 292	.	.	.
12/ 58	81 318	38 456	42 862	.	.	.
06/ 59	52 427	25 997	26 430	.	.	.
12/ 59	60 126	29 628	30 498	.	.	.
06/ 60	66 953	33 004	33 949	.	3 579	63 374
12/ 60	69 115	33 888	35 227	.	.	.
12/ 61	69 306	32 995	36 311	.	4 809	64 497
12/ 62	61 791	29 489	32 302	.	2 689	59 102
12/ 63	63 056	30 182	32 874	.	.	.
12/ 64	60 358	27 996	32 362	.	.	.
06/ 65	62 364	28 814	33 550	.	.	.
12/ 66	70 706	31 529	39 177	.	.	.
12/ 67	71 754	31 621	40 133	.	.	.
12/ 68	80 362	35 210	45 152	.	.	.
12/ 69	88 565	39 410	49 155	.	.	.
12/ 70	95 019	41 737	53 282	.	.	.
12/ 71	101 536	44 623	56 913	.	.	.
12/ 72	107 395	46 321	61 074	.	.	.
12/ 73	112 948	48 680	64 268	.	.	.
12/ 74	109 811	46 822	62 989	.	.	.
12/ 75	121 595	52 780	68 815	6 981	2 419	112 195
12/ 76	125 066	52 686	72 380	10 415	2 132	112 519
12/ 77	128 044	53 829	74 215	.	.	.
12/ 78	131 022	56 002	75 020	10 162	1 815	119 045
12/ 79	134 528	57 324	77 204	.	.	.
12/ 80	136 322	58 399	77 923	7 214	4 740	124 368
12/ 81	140 038	60 397	79 641	6 333	6 491	127 214
08/ 82	140 086	60 492	79 594	.	.	.
12/ 82	140 048	.	.	5 318	8 415	126 315
12/ 83	138 135	.	.	.	10 664	127 471
12/ 84	139 085	.	.	.	.	.
12/ 85	139 471	.	.	.	.	.

Quelle: SAPMO-BArch, FDJ: Bestand Abt. Verbandsorgane, eigene Berechnungen

Tabelle 159: FDJ-Mitglieder des Bezirkes Potsdam nach dem Geschlecht in Prozent und deren Organisationsgrad für den Zeitraum 1953 bis 1982 bzw. 1960 bis 1983

Monat/ Jahr	Ant. männl. Mitglieder in [%]	Ant. weibl. Mitglieder in [%]	jug. Wohn- bevölk.	Org.-grad in [%]
12/ 53	53,1	46,9	.	.
11/ 54	52,4	47,6	.	.
06/ 55	51,5	48,5	230 180	.
12/ 55	50,5	49,5	230 180	.
12/ 56	49,4	50,6	227 702	.
12/ 57	48,5	51,5	224 839	.
12/ 58	47,3	52,7	219 179	.
06/ 59	49,6	50,4	208 303	.
12/ 59	49,3	50,7	208 303	.
06/ 60	49,3	50,7	190 621	33,2
12/ 60	49,0	51,0	190 621	.
12/ 61	47,6	52,4	175 657	36,7
12/ 62	47,7	52,3	167 483	35,3
12/ 63	47,9	52,1	160 435	.
12/ 64	46,4	53,6	149 733	.
06/ 65	46,2	53,8	146 648	.
12/ 66	44,6	55,4	145 612	.
12/ 67	44,1	55,9	148 397	.
12/ 68	43,8	56,2	151 876	.
12/ 69	44,5	55,5	156 339	.
12/ 70	43,9	56,1	165 387	.
12/ 71	43,9	56,1	175 893	.
12/ 72	43,1	56,9	183 252	.
12/ 73	43,1	56,9	191 803	.
12/ 74	42,6	57,4	199 312	.
12/ 75	43,4	56,6	204 773	54,8
12/ 76	42,1	57,9	208 654	53,9
12/ 77	42,0	58,0	211 814	.
12/ 78	42,7	57,3	214 089	55,6
12/ 79	42,6	57,4	215 750	.
12/ 80	42,8	57,2	215 666	57,7
12/ 81	43,1	56,9	214 193	59,4
08/ 82	43,2	56,8	212 944	.
12/ 82	.	.	212 944	59,3
12/ 83	.	.	210 212	60,6
12/ 84	.	.	204 927	.
12/ 85	.	.	198 829	.

Tabelle 160: FDJ-Mitglieder des Bezirkes Rostock nach der Geschlechts- und Altersstruktur für den Zeitraum 1952 bis 1985 bzw. 1960 bis 1983

Monat/ Jahr	FDJ-Mit-glieder	dav. männl.	dav. weibl.	dav. 13 Jahre	dav. 26 Jahre u. älter	dav. 14 bis unter 26 Jahre
11/ 52	73 229	.	.	.	.	.
12/ 53	58 965	32 959	26 006	.	.	.
11/ 54	77 248	41 909	35 339	.	.	.
06/ 55	82 253	43 577	38 676	.	.	.
12/ 55	84 368	44 428	39 940	.	.	.
12/ 56	91 014	47 652	43 362	.	.	.
12/ 57	88 259	45 629	42 630	.	.	.
12/ 58	78 438	40 487	37 951	.	.	.
06/ 59	65 040	34 229	30 811	.	.	.
12/ 59	68 768	36 425	32 343	.	.	.
06/ 60	67 767	35 943	31 824	.	3 937	63 830
12/ 60	71 614	38 112	33 502	.	.	.
12/ 61	69 753	35 872	33 881	.	5 632	64 121
12/ 62	58 895	29 111	29 784	.	3 735	55 160
12/ 63	62 158	30 275	31 883	.	.	.
12/ 64	63 035	29 853	33 182	.	.	.
06/ 65	64 213	29 969	34 244	.	.	.
12/ 66	72 757	33 437	39 320	.	.	.
12/ 67	73 105	34 099	39 006	.	.	.
12/ 68	79 760	41 699	38 061	.	.	.
12/ 69	89 338	46 445	42 893	.	.	.
12/ 70	96 280	49 135	47 145	.	.	.
12/ 71	103 469	52 435	51 034	.	.	.
12/ 72	110 756	55 632	55 124	.	.	.
12/ 73	116 935	57 262	59 673	.	.	.
12/ 74	117 335	55 688	61 647	.	.	.
12/ 75	125 553	59 890	65 663	5 019	2 970	117 564
12/ 76	129 193	59 367	69 826	7 363	3 880	117 950
12/ 77	134 923	61 759	73 164	.	.	.
12/ 78	138 474	62 784	75 690	9 507	5 672	123 295
12/ 79	137 027	61 261	75 766	.	.	.
12/ 80	126 845	57 495	69 350	8 429	5 999	112 417
12/ 81	129 156	57 722	71 434	7 218	7 692	114 246
08/ 82	126 100	55 882	70 218	.	.	.
12/ 82	130 972	.	.	3 845	12 588	114 539
12/ 83	130 038	.	.	.	10 598	119 440
12/ 84	130 780	.	.	.	.	.
12/ 85	128 065	.	.	.	.	.

Quelle: SAPMO-BArch, FDJ: Bestand Abt. Verbandsorgane, eigene Berechnungen

Tabelle 161: FDJ-Mitglieder des Bezirkes Rostock nach dem Geschlecht in Prozent und deren Organisationsgrad für den Zeitraum 1953 bis 1982 bzw. 1960 bis 1983

Monat/ Jahr	Ant. männl. Mitglieder in [%]	Ant. weibl. Mitglieder in [%]	jug. Wohn- bevölk.	Org.-grad in [%]
12/ 53	55,9	44,1	•	•
11/ 54	54,3	45,7	•	•
06/ 55	53,0	47,0	180 052	•
12/ 55	52,7	47,3	180 052	•
12/ 56	52,4	47,6	175 831	•
12/ 57	51,7	48,3	168 242	•
12/ 58	51,6	48,4	165 297	•
06/ 59	52,6	47,4	156 374	•
12/ 59	53,0	47,0	156 374	•
06/ 60	53,0	47,0	145 618	43,8
12/ 60	53,2	46,8	145 618	•
12/ 61	51,4	48,6	137 167	46,7
12/ 62	49,4	50,6	133 165	41,4
12/ 63	48,7	51,3	129 022	•
12/ 64	47,4	52,6	122 240	•
06/ 65	46,7	53,3	121 289	•
12/ 66	46,0	54,0	118 919	•
12/ 67	46,6	53,4	121 665	•
12/ 68	52,3	47,7	125 418	•
12/ 69	52,0	48,0	130 414	•
12/ 70	51,0	49,0	138 708	•
12/ 71	50,7	49,3	148 020	•
12/ 72	50,2	49,8	154 155	•
12/ 73	49,0	51,0	161 198	•
12/ 74	47,5	52,5	167 515	•
12/ 75	47,7	52,3	172 097	68,3
12/ 76	46,0	54,0	175 033	67,4
12/ 77	45,8	54,2	177 362	•
12/ 78	45,3	54,7	178 597	69,0
12/ 79	44,7	55,3	179 042	•
12/ 80	45,3	54,7	179 032	62,8
12/ 81	44,7	55,3	177 337	64,4
08/ 82	44,3	55,7	176 396	•
12/ 82	•	•	176 396	64,9
12/ 83	•	•	174 191	68,6
12/ 84	•	•	170 495	•
12/ 85	•	•	166 521	•

Tabelle 162: FDJ-Mitglieder des Bezirkes Schwerin nach der Geschlechts- und Altersstruktur für den Zeitraum 1952 bis 1985 bzw. 1960 bis 1983

Monat/ Jahr	FDJ-Mitglieder	dav. männl.	dav. weibl.	dav. 13 Jahre	dav. 26 Jahre u. älter	dav. 14 bis unter 26 Jahre
11/ 52	49 124	•	•	•	•	•
12/ 53	42 077	21 641	20 436	•	•	•
11/ 54	56 582	28 898	27 684	•	•	•
06/ 55	56 735	27 930	28 805	•	•	•
12/ 55	58 580	28 631	29 949	•	•	•
12/ 56	58 385	28 620	29 765	•	•	•
12/ 57	59 923	29 504	30 419	•	•	•
12/ 58	61 887	30 286	31 601	•	•	•
06/ 59	41 753	19 381	22 372	•	•	•
12/ 59	47 994	22 512	25 482	•	•	•
06/ 60	50 837	23 964	26 873	•	3 870	46 967
12/ 60	51 370	24 275	27 095	•	•	•
12/ 61	50 039	22 715	27 324	•	4 073	45 966
12/ 62	45 535	20 411	25 124	•	3 186	42 349
12/ 63	46 654	20 785	25 869	•	•	•
12/ 64	42 099	18 450	23 649	•	•	•
06/ 65	42 061	18 134	23 927	•	•	•
12/ 66	45 050	18 891	26 159	•	•	•
12/ 67	47 369	21 842	25 527	•	•	•
12/ 68	52 372	23 868	28 504	•	•	•
12/ 69	55 353	25 589	29 764	•	•	•
12/ 70	58 356	26 468	31 888	•	•	•
12/ 71	63 111	28 910	34 201	•	•	•
12/ 72	68 923	32 571	36 352	•	•	•
12/ 73	72 819	34 439	38 380	•	•	•
12/ 74	69 995	30 909	39 086	•	•	•
12/ 75	72 935	33 052	39 883	5 992	1 718	65 225
12/ 76	74 290	33 178	41 112	5 391	1 423	67 476
12/ 77	77 314	34 520	42 794	•	•	•
12/ 78	79 559	35 099	44 460	6 231	1 105	72 223
12/ 79	77 948	34 870	43 078	•	•	•
12/ 80	77 785	35 576	42 209	4 290	2 219	71 276
12/ 81	77 958	34 994	42 964	5 022	2 623	70 313
08/ 82	77 384	35 054	42 330	•	•	•
12/ 82	74 262	•	•	3 271	3 530	67 461
12/ 83	73 296	•	•	•	4 172	69 124
12/ 84	73 588	•	•	•	•	•
12/ 85	74 339	•	•	•	•	•

Quelle: SAPMO-BArch, FDJ: Bestand Abt. Verbandsorgane, eigene Berechnungen

Tabelle 163: FDJ-Mitglieder des Bezirkes Schwerin nach dem Geschlecht in Prozent und deren Organisationsgrad für den Zeitraum 1953 bis 1982 bzw. 1960 bis 1983

Monat/ Jahr	Ant. männl. Mitglieder in [%]	Ant. weibl. Mitglieder in [%]	jug. Wohn-bevölk.	Org.-grad in [%]
12/ 53	51,4	48,6	•	•
11/ 54	51,1	48,9	•	•
06/ 55	49,2	50,8	127 757	•
12/ 55	48,9	51,1	127 757	•
12/ 56	49,0	51,0	123 816	•
12/ 57	49,2	50,8	118 917	•
12/ 58	48,9	51,1	115 195	•
06/ 59	46,4	53,6	107 979	•
12/ 59	46,9	53,1	107 979	•
06/ 60	47,1	52,9	99 386	47,3
12/ 60	47,3	52,7	99 386	•
12/ 61	45,4	54,6	93 068	49,4
12/ 62	44,8	55,2	90 426	46,8
12/ 63	44,6	55,4	87 432	•
12/ 64	43,8	56,2	80 243	•
06/ 65	43,1	56,9	79 686	•
12/ 66	41,9	58,1	81 562	•
12/ 67	46,1	53,9	84 736	•
12/ 68	45,6	54,4	87 954	•
12/ 69	46,2	53,8	92 052	•
12/ 70	45,4	54,6	98 021	•
12/ 71	45,8	54,2	103 711	•
12/ 72	47,3	52,7	107 615	•
12/ 73	47,3	52,7	111 823	•
12/ 74	44,2	55,8	114 940	•
12/ 75	45,3	54,7	117 112	55,7
12/ 76	44,7	55,3	118 588	56,9
12/ 77	44,6	55,4	119 698	•
12/ 78	44,1	55,9	119 957	60,2
12/ 79	44,7	55,3	119 728	•
12/ 80	45,7	54,3	118 906	59,9
12/ 81	44,9	55,1	117 389	59,9
08/ 82	45,3	54,7	115 887	•
12/ 82	•	•	115 887	58,2
12/ 83	•	•	113 938	60,7
12/ 84	•	•	111 128	•
12/ 85	•	•	108 047	•

Tabelle 164: FDJ-Mitglieder des Bezirkes Suhl nach der Geschlechts- und Altersstruktur für den Zeitraum 1952 bis 1985 bzw. 1960 bis 1983

Monat/ Jahr	FDJ-Mitglieder	dav. männl.	dav. weibl.	dav. 13 Jahre	dav. 26 Jahre u. älter	dav. 14 bis unter 26 Jahre
11/ 52	59 082	.	.	.	.	.
12/ 53	44 469	24 560	19 909	.	.	.
11/ 54	55 009	29 954	25 055	.	.	.
06/ 55	58 717	31 547	27 170	.	.	.
12/ 55	60 315	32 039	28 276	.	.	.
12/ 56	63 875	33 434	30 441	.	.	.
12/ 57	60 383	31 690	28 693	.	.	.
12/ 58	61 326	31 845	29 481	.	.	.
06/ 59	39 322	21 283	18 039	.	.	.
12/ 59	46 996	25 324	21 672	.	.	.
06/ 60	51 395	27 459	23 936	.	3 154	48 241
12/ 60	51 599	27 736	23 863	.	.	.
12/ 61	51 491	27 069	24 422	.	4 179	47 312
12/ 62	44 607	22 857	21 750	.	2 697	41 910
12/ 63	46 497	23 321	23 176	.	.	.
12/ 64	43 662	21 754	21 908	.	.	.
06/ 65	44 316	21 822	22 494	.	.	.
12/ 66	46 052	22 112	23 940	.	.	.
12/ 67	46 528	22 906	23 622	.	.	.
12/ 68	49 983	24 513	25 470	.	.	.
12/ 69	53 518	26 311	27 207	.	.	.
12/ 70	55 994	27 114	28 880	.	.	.
12/ 71	57 889	27 639	30 250	.	.	.
12/ 72	60 935	28 983	31 952	.	.	.
12/ 73	64 603	30 663	33 940	.	.	.
12/ 74	62 626	29 550	33 076	.	.	.
12/ 75	67 877	32 626	35 251	3 343	1 118	63 416
12/ 76	66 359	31 201	35 158	4 611	1 271	60 477
12/ 77	68 660	32 583	36 077	.	.	.
12/ 78	68 854	32 289	36 565	4 731	1 248	62 875
12/ 79	67 723	31 125	36 598	.	.	.
12/ 80	68 602	30 895	37 707	3 503	1 967	63 132
12/ 81	69 954	31 591	38 363	2 340	2 547	65 067
08/ 82	68 081	30 275	37 806	.	.	.
12/ 82	70 779	.	.	1 983	3 996	64 800
12/ 83	70 296	.	.	.	4 891	65 405
12/ 84	70 655	.	.	.	.	.
12/ 85	71 006	.	.	.	.	.

Quelle: SAPMO-BArch, FDJ: Bestand Abt. Verbandsorgane, eigene Berechnungen

Tabelle 165: FDJ-Mitglieder des Bezirkes Suhl nach dem Geschlecht in Prozent und deren Organisationsgrad für den Zeitraum 1953 bis 1982 bzw. 1960 bis 1983

Monat/ Jahr	Ant. männl. Mitglieder in [%]	Ant. weibl. Mitglieder in [%]	jug. Wohn- bevölk.	Org. -grad in [%]
12/ 53	55,2	44,8	.	.
11/ 54	54,5	45,5	.	.
06/ 55	53,7	46,3	95 589	.
12/ 55	53,1	46,9	95 589	.
12/ 56	52,3	47,7	94 818	.
12/ 57	52,5	47,5	93 987	.
12/ 58	51,9	48,1	94 819	.
06/ 59	54,1	45,9	91 686	.
12/ 59	53,9	46,1	91 686	.
06/ 60	53,4	46,6	87 196	55,3
12/ 60	53,8	46,2	87 196	.
12/ 61	52,6	47,4	83 201	56,9
12/ 62	51,2	48,8	80 412	52,1
12/ 63	50,2	49,8	78 734	.
12/ 64	49,8	50,2	75 282	.
06/ 65	49,2	50,8	73 826	.
12/ 66	48,0	52,0	74 995	.
12/ 67	49,2	50,8	76 577	.
12/ 68	49,0	51,0	78 371	.
12/ 69	49,2	50,8	80 219	.
12/ 70	48,4	51,6	83 949	.
12/ 71	47,7	52,3	87 774	.
12/ 72	47,6	52,4	90 362	.
12/ 73	47,5	52,5	93 191	.
12/ 74	47,2	52,8	95 540	.
12/ 75	48,1	51,9	97 103	65,3
12/ 76	47,0	53,0	97 694	61,9
12/ 77	47,5	52,5	98 333	.
12/ 78	46,9	53,1	98 778	63,7
12/ 79	46,0	54,0	98 918	.
12/ 80	45,0	55,0	98 659	64,0
12/ 81	45,2	54,8	97 416	66,8
08/ 82	44,5	55,5	96 422	.
12/ 82	.	.	96 422	67,2
12/ 83	.	.	95 515	68,5
12/ 84	.	.	94 230	.
12/ 85	.	.	92 569	.

Tabelle 166: FDJ-Mitglieder in den bewaffneten Organen nach dem Geschlecht und in Prozent für den Zeitraum 1955 bis 1988

Monat/ Jahr	FDJ-Mitglieder	dav. männlich	dav. weiblich	Ant. männl. Mitglieder in [%]	Ant. weibl. Mitglieder in [%]
12/ 55	108 000	91 800	16 200	85,0	15,0
12/ 56	108 000	91 800	16 200	85,0	15,0
12/ 57	169 000	143 650	25 350	85,0	15,0
12/ 58	169 000	143 650	25 350	85,0	15,0
12/ 59	141 018	136 494	4 524	96,8	3,2
12/ 60	150 044	145 442	4 602	96,9	3,1
12/ 61	151 720	150 691	1 029	99,3	0,7
12/ 62	158 463	157 206	1 257	99,2	0,8
12/ 63	163 452	162 071	1 381	99,2	0,8
12/ 64	163 452	162 071	1 381	99,2	0,8
06/ 65	91 345	•	•	•	•
12/ 66	91 345	•	•	•	•
12/ 67	111 050	•	•	•	•
12/ 68	111 050	•	•	•	•
12/ 71	111 050	•	•	•	•
12/ 72	111 050	•	•	•	•
12/ 73	111 050	•	•	•	•
12/ 75	165 000	160 000	5 000	97,0	3,0
12/ 76	165 000	160 000	5 000	97,0	3,0
12/ 79	165 000	160 000	5 000	97,0	3,0
12/ 80	165 000	160 000	5 000	97,0	3,0
12/ 81	165 000	160 000	5 000	97,0	3,0
12/ 87	165 000	160 000	5 000	97,0	3,0
12/ 88	165 000	160 000	5 000	97,0	3,0

Quelle: SAPMO-BArch, FDJ: Bestand Abt. Verbandsorgane, eigene Berechnungen

Tabelle 167: FDJ-Mitglieder der Gebietsorganisation Wismut nach dem Geschlecht und in Prozent für den Zeitraum 1950 bis 1985

Monat/ Jahr	FDJ-Mit-glieder	dav. männlich	dav. weiblich	dar. ab 26 Jahre	Ant. männl. Mitglieder in [%]	Ant. weibl. Mitglieder in [%]
10/ 50	26 285	21 606	4 679	•	82,2	17,8
11/ 51	27 407	23 992	3 415	•	87,5	12,5
11/ 52	26 059	•	•	•	•	•
12/ 53	21 090	17 229	3 861	•	81,7	18,3
11/ 54	21 910	17 984	3 926	•	82,1	17,9
06/ 55	19 832	16 078	3 754	•	81,1	18,9
12/ 55	19 762	16 073	3 689	•	81,3	18,7
12/ 56	19 266	15 552	3 714	•	80,7	19,3
12/ 57	14 773	11 664	3 109	•	79,0	21,0
12/ 58	12 921	10 253	2 668	•	79,4	20,6
06/ 59	11 786	9 119	2 667	•	77,4	22,6
11/ 59	11 816	9 122	2 694	•	77,2	22,8
06/ 60	11 871	9 147	2 724	5 704	77,1	22,9
12/ 60	11 076	8 745	2 331	•	79,0	21,0
12/ 61	10 119	8 027	2 092	5 630	79,3	20,7
12/ 62	8 072	5 938	2 134	3 156	73,6	26,4
12/ 63	9 005	6 761	2 244	•	75,1	24,9
12/ 64	9 167	6 895	2 272	•	75,2	24,8
06/ 65	8 763	6 542	2 221	•	74,7	25,3
12/ 66	7 990	5 790	2 200	•	72,5	27,5
12/ 67	7 516	5 267	2 249	•	70,1	29,9
12/ 68	7 647	5 379	2 268	•	70,3	29,7
12/ 69	7 998	5 652	2 346	•	70,7	29,3
12/ 70	8 361	5 892	2 469	•	70,5	29,5
12/ 71	8 936	6 405	2 531	•	71,7	28,3
12/ 72	8 989	6 407	2 582	•	71,3	28,7
12/ 73	9 687	6 765	2 922	•	69,8	30,2
12/ 74	10 161	7 158	3 003	•	70,4	29,6
12/ 75	11 111	8 041	3 070	1 791	72,4	27,6
12/ 76	12 057	8 988	3 069	2 202	74,5	25,5
12/ 77	11 999	8 868	3 131	•	73,9	26,1
12/ 78	12 328	8 820	3 508	1 902	71,5	28,5
12/ 79	12 512	8 988	3 524	•	71,8	28,2
12/ 80	12 273	8 822	3 451	2 131	71,9	28,1
12/ 81	12 416	8 903	3 513	2 379	71,7	28,3
08/ 82	10 288	8 104	2 184	•	78,8	21,2
12/ 82	10 989	8 983	2 006	•	81,7	18,3
12/ 83	11 157	8 883	2 274	•	79,6	20,4
12/ 84	11 369	•	•	•	•	•
12/ 85	11 602	•	•	•	•	•

Quelle: SAPMO-BArch, FDJ: Bestand Abt. Verbandsorgane, eigene Berechnungen

Tabelle 168: Zentralratsmitarbeiter nach dem Geschlecht und in Prozent für den Zeitraum 1959 bis 1975

Monat/ Jahr	Zentralrats-mitarbeiter	dav. männlich	dav. weiblich	dar. ab 26 Jahre	Ant. männl. Mitarbeiter in [%]	Ant. weibl. Mitarbeiter in [%]
06/ 59	207	129	78	117	62,3	37,7
12/ 59	207	129	78	•	62,3	37,7
06/ 60	218	135	83	153	61,9	38,1
12/ 61	222	136	86	151	61,3	38,7
12/ 62	282	164	118	198	58,2	41,8
12/ 63	327	201	126	•	61,5	38,5
12/ 64	338	202	136	•	59,8	40,2
06/ 65	376	225	151	•	59,8	40,2
12/ 66	373	220	153	•	59,0	41,0
12/ 67	373	220	153	•	59,0	41,0
12/ 68	373	220	153	•	59,0	41,0
12/ 71	414	230	184	•	55,6	44,4
12/ 72	414	230	184	•	55,6	44,4
12/ 73	414	230	184	•	55,6	44,4
12/ 75	588	308	280	•	52,4	47,6

Quelle: SAPMO-BArch, FDJ: Bestand Abt. Verbandsorgane, eigene Berechnungen

Tabelle 169: Jugendliche Abgeordnete in der Volkskammer, den Bezirkstagen und den örtlichen Volksvertretungen für den Zeitraum 1954, 1957 bzw. 1958 bis 1989

Jahr	Volkskammer gesamt	Volkskammer Mitgl.	Berliner Vertreter	jug. Volksk. Mitgl.	jug. Berl. Vertr.	Abgeordnete Bezirkstage	dar. unter 25 Jahre	Abgeordnete Land- u. Stadtkreise	dar. unter 25 Jahre	Abgeordnete Städte/ Gemeinden	dar. unter 25 Jahre	Abgeordnete Stadtbezirke	dar. unter 25 Jahre
1954	466	400	66	11	2	•	•	•	•	•	•	•	•
1957	466	400	66	7	–	•	•	•	•	•	•	•	•
1958	466	400	66	20	2	2 639	190	16 582	634	179 692	6 638	•	•
1959	466	400	66	20	2	2 632	168	16 524	411	177 456	4 350	3 001	43
1960	466	400	66	20	2	2 624	121	18 057	275	194 420	3 373	2 988	20
1961	466	400	66	20	2	2 825	67	17 344	1 379	188 517	12 096	3 005	245
1962	466	400	66	20	2	2 812	7	17 372	1 062	187 345	8 786	3 008	189
1963	500	434	66	36	4	2 839	349	17 372	1 062	187 345	8 786	3 008	189
1964	500	434	66	36	4	2 839	349	17 386	535	186 677	5 372	2 992	94
1965	500	434	66	36	4	2 829	210	16 949	2 222	183 268	14 352	2 955	334
1967	500	434	66	31	2	2 840	299	16 949	2 222	183 268	14 352	2 955	334
1969	500	434	66	31	2	2 838	81	16 949	2 222	183 268	14 352	2 955	334
1970	500	434	66	31	2	2 838	81	17 214	2 746	180 890	18 965	3 000	439
1971	500	500	–	31	–	2 840	374	17 214	2 746	180 890	18 965	3 000	439
1974	500	500	–	31	–	2 840	374	20 763	4 502	166 299	23 997	3 833	776
1976	500	500	–	40	–	2 840	441	20 763	4 502	166 299	23 997	3 833	776
1979	500	500	–	40	–	2 840	441	27 168	5 873	170 427	22 863	3 975	856
1981	500	500	–	46	–	3 172	550	27 168	5 873	170 427	22 863	3 975	856
1984	500	500	–	46	–	3 172	550	27 523	6 107	171 059	25 332	4 175	950
1986	500	500	–	26	–	3 235	652	27 523	6 107	171 059	25 332	4 175	950
1989	500	500	–	26	–	3 235	652	28 891	6 160	172 070	23 683	4 310	904

Quelle: Statistische Jahrbücher der DDR, 1954 Handbuch der Volkskammer der DDR, eigene Berechnungen

Tabelle 170: Jugendliche Abgeordnete in der Volkskammer, den Bezirkstagen und den örtlichen Volksvertretungen für den Zeitraum 1954, 1957 bzw. 1958 bis 1989 in Prozent

Jahr	Anteil jug. Abg. Volks-kammer	Anteil jug. Abg. Bezirks-tage	Anteil jug. Abg. Land- u. Stadtkreise	Anteil jug. Abg. Städte/ Gemeinden	Anteil jug. Abg. Stadt-bezirke
1954	2,8	.	.	.	.
1957	1,5	.	.	.	.
1958	4,7	7,2	3,8	3,7	.
1959	4,7	6,4	2,5	2,5	1,4
1960	4,7	4,6	1,5	1,7	0,7
1961	4,7	2,4	8,0	6,4	8,2
1962	4,7	0,2	6,1	4,7	6,3
1963	8,0	12,3	6,1	4,7	6,3
1964	8,0	12,3	3,1	2,9	3,1
1965	8,0	7,4	13,1	7,8	11,3
1967	6,6	10,5	13,1	7,8	11,3
1969	6,6	2,9	13,1	7,8	11,3
1970	6,6	2,9	16,0	10,5	14,6
1971	6,2	13,2	16,0	10,5	14,6
1974	6,2	13,2	21,7	14,4	20,2
1976	8,0	15,5	21,7	14,4	20,2
1979	8,0	15,5	21,6	13,4	21,5
1981	9,2	17,3	21,6	13,4	21,5
1984	9,2	17,3	22,2	14,8	22,8
1986	5,2	20,2	22,2	14,8	22,8
1989	5,2	20,2	21,3	13,8	21,0

Abbildung 19: Organisationsgrad der 14- bis unter 26jährigen FDJ-Mitglieder (ohne bewaffnete Organe) für den Zeitraum 1946 bis 1985

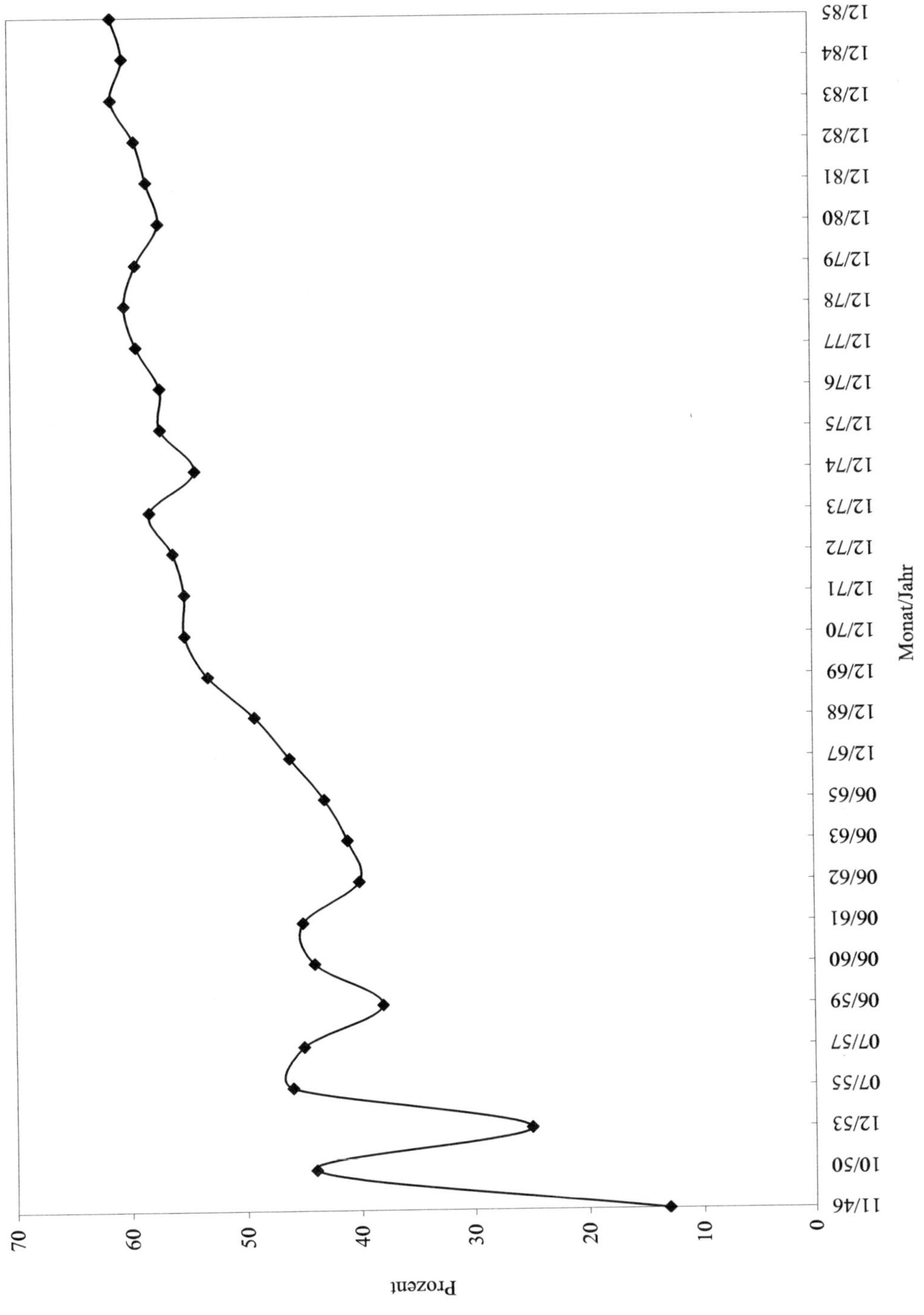

4 Quellen- und Literaturverzeichnis

4.1 Archivalien

Stiftung Archiv der Parteien und Massenorganisationen der DDR im Bundesarchiv

Bestand SED
Abteilung Leitende Parteiorgane und Massenorganisationen (DY 30/IV 2/5)
Nr. 1 367–1 373, 4 969.

Abteilung Befreundete Parteien (DY 30/IV 2/15 und IV A2/15)
Nr. 47, 56, 79–81, 103, 107 und Nr. 49, 108, 201.

Bestand Freie Deutsche Jugend (DY 24/A)
Nr. AA 297, A 2 390, A 2 525, A 7 966, A 8 222, A 8 324, A 8 337, A 8 340, A 8 342, A 8 389, A 8 390, A 8 412, A 8 413a, A 8 414, A 8 416, A 8 417a bis g, A 8 791, A 8 796, A 8 799, A 8 801 bis A 8 805, A 8 821, A 8 861, A 8 868, A 8 869, A 8 873, A 8 874, A 8 982, A 9 052, A 9 053, A 9 116 bis A 9 120, A 9 161 bis A 9 164, A 9 196, A 10 043/1, A 10 091/1, A 10 137, A 10 648, A 10 760, A 10 863, A 11 235, A 11 488, A 11 538.

Vorläufiger Bestand FDJ (DY 24/E)
E 15 503/I–III, E 15 505/I–III, E 15 507, E 15 508, E 15 511/I–III, E 15 512, E 15 513/I–III, E 15 514, E 15 515, E 15 520/I–III, E 15 523, E 15 527/I–III, E 15 529, E 15 530/I–III, E 15 547/I–III, E 15 548/I–III, E 15 559/I–III, E 15 561.

Archiv des Statistischen Bundesamtes, Zweigstelle Berlin

EDV-Listen der Abt. Deutsche Einheit/Osteuropa beim Statistischen Bundesamt.
EDV-Liste (Auszug) über die Volks-, Berufs-, Wohnraum- und Gebäudezählung 1981.
Kennziffern der Schuljahresstatistik der DDR für die Schuljahre 1973/74 bis 1989/90. Hrsg. vom Ministerium für Volksbildung, Abteilung Planung und Haushalt, Sektor Planung.
Kennziffern der Schuljahresendstatistik der DDR für die Schuljahre 1980 bis 1989. Hrsg. vom Ministerium für Volksbildung, Abteilung Planung und Haushalt, Sektor Planung.
Kultur-, Gesundheits-, Sozial- und Kommunalwesen. Bd. 7/1955.

Originallisten der Volks- und Berufszählung in der DDR am 31. August 1950. Bd. 1. Volkszählung.

Der Bundesbeauftragte für die Unterlagen des Staatssicherheitsdienstes der ehemaligen DDR

Allg. S 6/55, Bd. 2.

4.2 Interne Drucksachen

Die Jugend in der Deutschen Demokratischen Republik für die Jahre 1977 bis 1979. Statistische Übersichten. Hrsg. vom Ministerrat der DDR, Staatliche Zentralverwaltung für Statistik, Abt. Berichtswesen Bevölkerung Arbeitskräfte/Bildung. Berlin 1977 bis 1979.

Die Jugend in der Deutschen Demokratischen Republik für die Jahre 1982 bis 1989. Statistische Übersichten. Hrsg. vom Ministerrat der DDR, Staatliche Zentralverwaltung für Statistik, Abt. Berichtswesen Bevölkerung Arbeitskräfte/Bildung. Berlin 1982 bis 1989.

Ergebnisse der Eheschließungsstatistik für die Jahre 1979 bis 1989. Hrsg. vom Ministerrat der DDR, Staatliche Zentralverwaltung für Statistik, Abt. Berichtswesen Bevölkerung Arbeitskräfte/ Bildung.

Ergebnisse der Ehescheidungsstatistik für die Jahre 1979 bis 1989. Hrsg. vom Ministerrat der DDR, Staatliche Zentralverwaltung für Statistik, Abt. Berichtswesen Bevölkerung Arbeitskräfte/ Bildung.

Ergebnisse der Fachschulstatistik 1967 bis 1974. Hrsg. vom Ministerium für das Hoch- und Fachschulwesen, Sektor Statistik. Berlin 1967 bis 1974.

Ergebnisse der Fachschulstatistik 1975/76. Hrsg. ebenda, Sektor Rechnungsführung und Statistik. Berlin 1976.

Ergebnisse der Gestorbenenstatistik für die Jahre 1979 bis 1989. Hrsg. vom Ministerrat der DDR, Staatliche Zentralverwaltung für Statistik, Abt. Berichtswesen Bevölkerung Arbeitskräfte/Bildung.

Ergebnisse der Jahreshauptstatistik 1960 bis 1965. Teil 1. Universitäten und Hochschulen. Hrsg. vom Staatssekretariat für das Hoch- und Fachschulwesen, Sektor Planung und Statistik. Berlin 1960 bis 1965.

Ergebnisse der Jahreshauptstatistik 1960 bis 1966. Teil 2. Ingenieur- und Fachschulen. Hrsg. vom Staatssekretariat für das Hoch- und Fachschulwesen, Sektor Statistik. Berlin 1960 bis 1966.

Ergebnisse der Jahreshauptstatistik 1966. Hrsg. vom Staatssekretariat für das Hoch- und Fachschulwesen, Sektor Statistik. Berlin 1966.

Ergebnisse der Hochschulstatistik 1967 bis 1968. Hrsg. vom Ministerium für das Hoch- und Fachschulwesen, Sektor Statistik. Berlin 1967 bis 1968.

Ergebnisse der Hochschulstatistik 1969 bis 1976. Hrsg. vom Ministerium für das Hoch- und Fachschulwesen, Sektor Rechnungsführung und Statistik. Berlin 1969 bis 1976.

Ergebnisse der Lebendgeborenenstatistik für die Jahre 1979 bis 1989. Hrsg. vom Ministerrat der DDR, Staatliche Zentralverwaltung für Statistik, Abt. Berichtswesen Bevölkerung Arbeitskräfte/ Bildung.

1946–1966 – Ein erfolgreicher Weg der Jugend in der DDR. Hrsg. vom Ministerrat der DDR und der Staatlichen Zentralverwaltung für Statistik. Berlin 1966.

Statistik des Schulwesens der Sowjetischen Besatzungszone. Bearb. vom Referat Statistik der Deutschen Verwaltung für Volksbildung.

Statistisches Jahrbuch des Bildungswesens der DDR 1968. Hrsg. von der Staatlichen Zentralverwaltung für Statistik, Abteilung Bevölkerung und kulturell-soziale Bereiche der Volkswirtschaft. Berlin 1968.

Statistisches Jahrbuch des Fachschulwesens der DDR 1977 bis 1986. Hrsg. vom Ministerium für das Hoch- und Fachschulwesen, Sektor Rechnungsführung und Statistik. Berlin 1977 bis 1986.

Statistisches Jahrbuch des Fachschulwesens der DDR 1987 bis 1989. Hrsg. vom Ministerium für das Hoch- und Fachschulwesen, Sektor Statistik. Berlin 1987 bis 1989.

Statistisches Jahrbuch des Hochschulwesens der DDR 1977 bis 1989. Hrsg. vom Ministerium für das Hoch- und Fachschulwesen, Sektor Statistik. Berlin 1977 bis 1989.

4.3 Veröffentlichte Statistiken

Ausgewählte Ergebnisse der Volks- und Berufszählung 1981. Hrsg. von der Staatlichen Zentralverwaltung für Statistik. Berlin 1984.

Berlin in Zahlen – Taschenbuch. Hrsg. vom Statistischen Amt der Stadt Berlin. Berlin 1947.

Berlin in Zahlen 1946 bis 1947. Hrsg. vom Hauptamt für Statistik von Groß-Berlin. Berlin 1949.

Bevölkerungsstatistisches Jahrbuch der DDR 1965 bis 1971. Hrsg. vom Ministerrat der DDR, Staatliche Zentralverwaltung für Statistik, Abt. Bevölkerung und kulturell-soziale Bereiche der Volkswirtschaft. Berlin 1965 bis 1971.

Bevölkerungsstatistisches Jahrbuch der DDR 1972 bis 1980. Hrsg. vom Ministerrat der DDR, Staatliche Zentralverwaltung für Statistik, Abt. Berichtswesen Bevölkerung Arbeitskräfte/Bildung. Berlin 1972 bis 1980.

Bevölkerungsstatistisches Jahrbuch der DDR 1983. Hrsg. vom Ministerrat der DDR, Staatliche Zentralverwaltung für Statistik. Berlin 1983.

Bevölkerungsstatistische Übersichten der DDR. Hrsg. von der Staatlichen Zentralverwaltung für Statistik. Berlin 1983.

Die Frau in der DDR. Statistische Kennziffernsammlung. Hrsg. vom Statistischen Amt der DDR, Abteilung Erwerbstätige, Löhne und Gehälter. Berlin 1989.

Die sowjetische Zone in der deutschen Wirtschaft. Hrsg. vom Statistischen Zentralamt. Berlin Oktober 1945.

Die Volkszählung vom 1. Dezember 1945 in der sowjetischen Besatzungszone Deutschlands. Hrsg. Statistisches Zentralamt. Berlin 1946.

Ergebnisse der Volks- und Berufszählung am 31. Dezember 1964. Hrsg. von der Staatlichen Zentralverwaltung für Statistik. Berlin 1967.

Ergebnisse der Volks- und Berufszählung 1964. Schriftenreihe der Volks- und Berufszählung am 31. Dezember 1964. Hrsg. von der Staatlichen Zentralverwaltung für Statistik. Berlin 1967.

Hoch- und Fachschulen der DDR. Statistischer Überblick. Berlin 1986.

Statistisches Jahrbuch der DDR 1955 bis 1962. Hrsg. von der Staatlichen Zentralverwaltung für Statistik. Berlin 1956 bis 1962.

Statistisches Jahrbuch der DDR 1963 bis 1989. Hrsg. von der Staatlichen Zentralverwaltung für Statistik. Berlin 1963 bis 1989.

Statistisches Jahrbuch der DDR '90. Hrsg. vom Statistischen Amt der DDR. Berlin 1990.

Volks- und Berufszählung vom 29. Oktober 1946 in den vier Besatzungszonen und Groß-Berlin. Hrsg. Ausschuß der deutschen Statistiker für die Volks- und Berufszählung 1946. Berlin 1951.

Volks- und Berufszählung vom 29. Oktober 1946 in den vier Besatzungszonen und Groß-Berlin. Volkszählung. Tabellenteil. Berlin/München 1949.

Volks- und Berufszählung 1946. Tabellenteil. Berlin/München 1949.

Volks- und Berufszählung vom 29. Oktober 1946 in der sowjetischen Besatzungszone Deutschlands. Bd. 3, Hefte 1–5, Bd. 4. Berlin 1949.

Volks- und Berufszählung in der Deutschen Demokratischen Republik am 31. August 1950. Bd. 1 und 2. Hrsg. von der Staatlichen Zentralverwaltung für Statistik. O. O., o. J.

Volks-, Berufs-, Wohnraum- und Gebäudezählung am 1. Januar 1971. Hrsg. von der Staatlichen Zentralverwaltung für Statistik. Berlin 1972.

Volks-, Berufs-, Wohnraum- und Gebäudezählung am 31. Dezember 1981. Ausgewählte Ergebnisse der Wohnraum- und Gebäudezählung. Hrsg. von der Staatlichen Zentralverwaltung für Statistik. Berlin 1983.

Wirtschaftszahlen aus der SBZ. Eine Zusammenstellung statistischer Daten zur wirtschaftlichen Entwicklung in der Sowjetischen Besatzungszone und in Ostberlin. Hrsg. vom Bundesministerium für Gesamtdeutsche Fragen. Bonn 1958.

Zahlen zeigen Zeitgeschehen. Berlin 1945–1947. Berliner Statistik, 3. Sonderheft 1947. Hrsg. vom Hauptamt für Statistik von Groß-Berlin. Berlin 1947.

Zahlenspiegel Bundesrepublik Deutschland/Deutsche Demokratische Republik. Ein Vergleich. Hrsg. vom Bundesministerium für innerdeutsche Beziehungen. Bonn 1986 und 1988.

4.4 Ausgewählte Literatur

Abriß der Geschichte der Arbeiterjugendbewegung. Entwurf. Teil II. 1945–1964. Berlin 1966.

Adomeit, Heinz: Dokumente zur staatlichen Jugendpolitik in der DDR. Berlin 1970.

Anweiler, Oskar: Schulpolitik und Schulsystem in der DDR. Opladen 1988.

Arbeitsgruppe Bildungsbericht am Max-Planck-Institut für Bildungsforschung (Hrsg.): Das Bildungswesen in der Bundesrepublik Deutschland. Strukturen und Entwicklungen im Überblick. Reinbek bei Hamburg 1994.

Ausgewählte Zahlen der Volks- und Berufszählungen und Gebäude- und Wohnraumzählungen 1950 bis 1981. Hrsg. vom Statistischen Bundesamt Wiesbaden. Sonderreihe mit Beiträgen für das Gebiet der ehemaligen DDR. Heft 15, 1994.

Aus Politik und Zeitgeschichte. Beilage zur Wochenzeitung Das Parlament, B 49–50/93 vom 3. Dezember 1993.

Barthel, Horst: Die wirtschaftlichen Ausgangsbedingungen der DDR. Berlin 1979.

Baske, Siegfried: Das Problem der Eigenständigkeit der DDR im Bereich der Bildung und Erziehung. In: Die DDR – Partner oder Satellit der Sowjetunion? Hrsg. von Siegfried Mampel und Karl C. Thalheim. München 1980.

Baske, Siegfried; Engelbert, Martha: Zwei Jahrzehnte Bildungspolitik in der Sowjetzone Deutschlands. Dokumente. Erster Teil 1945 bis 1958. Zweiter Teil 1959 bis 1965. Berlin 1966.

Baske, Siegfried (Hrsg.): Bildungspolitik in der DDR 1963–1976. Dokumente. Berlin 1979.

Bethlehem, Siegfried: Heimatvertreibung, DDR-Flucht, Gastarbeiterzuwanderung. Wanderungsströme und Wanderungspolitik in der Bundesrepublik Deutschland. Stuttgart 1982.

Bevölkerungsentwicklung. Informationen zur politischen Bildung, Nr. 220/1988.

Bevölkerungsstatistische Übersichten 1946 bis 1989. Hrsg. vom Statistischen Bundesamt Wiesbaden. Sonderreihe mit Beiträgen für das Gebiet der ehemaligen DDR. Heft 3, 1993.

Bildungspolitik in Deutschland 1945–1990. Ein historisch-vergleichender Quellenband. Hrsg. von Oskar Anweiler, Hans-Jürgen Fuchs, Martina Dorner, Eberhard Petermann. Opladen 1992.

Brämer, Rainer: Anspruch und Wirklichkeit sozialistischer Bildung. Beiträge zur Soziologie des DDR-Bildungswesens. München 1983.

Bürgerliches Gesetzbuch. Beck-Texte. München 1993.

Das Bildungssystem der Deutschen Demokratischen Republik. Berlin 1989.

Das Hochschulwesen der DDR. Ein Überblick. Berlin 1980.

Datenreport 1992. Zahlen und Fakten über die Bundesrepublik Deutschland. Hrsg. vom Statistischen Bundesamt u. a. Bonn 1992.

DDR – 1990. Zahlen und Fakten. Hrsg. vom Statistischen Bundesamt Wiesbaden. Stuttgart 1990.

DDR-Handbuch. Wissenschaftliche Leitung Hartmut Zimmermann unter Mitarbeit von Horst Ulrich und Michael Fehlauer. Bd. 1 und 2. Köln 1984.

DDR – Staat der Jugend. Berlin 1973.

DDR – Stabilisierung der Geburtenrate durch Sozialpolitik. In: Wochenbericht des DIW, Nr. 44/1989.

Definitionen für Planung, Rechnungsführung und Statistik. Stichwortverzeichnis. Berlin 1989.

Definitionen wichtiger Kennziffern und Begriffe für Planung und Statistik. Hrsg. von der Staatlichen Zentralverwaltung für Statistik beim Ministerrat der DDR. Berlin 1962.

Deutsche Lehrerzeitung, Nr. 29/1963.

Deutscher Bundestag. Enquetekommission „Aufarbeitung von Geschichte und Folgen der SED-Diktatur in Deutschland“: Forschungsprojekte zur DDR-Geschichte. Ergebnisse einer Umfrage des Arbeitskreises DDR-Geschichte im Mannheimer Zentrum für Europäische Sozialforschung (MZES) der Universität Mannheim. Bearb. von Thomas Heimann. Mannheim 1994.

Deutschland Archiv, H. 2 u. 5/1993.

Deutschland-Handbuch. Eine doppelte Bilanz 1949–1989. Hrsg. von Werner Weidenfeld und Hartmut Zimmermann. Bonn 1989.

Deutschland. Jahrbuch 1949. Hrsg. von Klaus Mehnert und Heinrich Schulte. Essen 1949.

Die Fachschulausbildung in der DDR. Leipzig 1980.

Die Jugend beim umfassenden Aufbau des Sozialismus in der DDR. Hrsg. von der Staatlichen Zentralverwaltung für Statistik beim Ministerrat der DDR. Berlin 1964.

Die DDR im Spiegel ihrer Bezirke. Hrsg. von Werner Ostwald. Berlin 1989.

Die deutsche demokratische Schule im Aufbau. Berlin o. J.

Dietze, Gerhard: Hochschulfernstudium in den 50er Jahren. Über Grundlagen, Aufbau und Probleme. Berlin 1989.

Dlugoborski, Waclaw (Hrsg.): Zweiter Weltkrieg und sozialer Wandel. Achsenmächte und besetzte Länder. Göttingen 1981.

Dokumente der SED. Bd. I bis VI. Hrsg. vom Parteivorstand/ZK der SED. Berlin 1948 bis 1958.

Dokumente zur Geschichte der FDJ. Bd. 1 bis 4. Hrsg. vom Zentralrat der FDJ. Berlin 1960 bis 1964.

Dorbitz, Jürgen: Bevölkerungsentwicklung und demographische Situation in der DDR. In: Wissenschaftlicher Rat für Sozialpolitik und Demografie (Hrsg.): Protokolle und Informationen, Heft 1/1985.

Erler, Peter; Laude, Horst; Wilke, Manfred (Hrsg.): „Nach Hitler kommen wir". Dokumente zur Programmatik der Moskauer KPD-Führung 1944/45 für Nachkriegsdeutschland. Berlin 1994.

Erwerbstätige 1950 bis 1989. Hrsg. vom Statistischen Bundesamt Wiesbaden. Sonderreihe mit Beiträgen für das Gebiet der ehemaligen DDR. Heft 14, 1993.

Fischer, Andreas: Das Bildungssystem der DDR. Entwicklung, Umbruch, Neubeginn seit 1989. Darmstadt 1992.

Forum, H. 8/9/1947.

Frankfurter Rundschau, 6. April 1995.

Freiburg, Arnold; Mahrad, Christa: Die Freie Deutsche Jugend. Der sozialistische Jugendverband der DDR. Opladen 1982.

Friedrich, Jürgen: Sozialwissenschaftliche Dissertationen und Habilitationen in der DDR 1951–1991. Eine Dokumentation. Berlin, New York 1993.

Friedrich, Walter; Gerth, Werner (Hrsg.): Jugend konkret. Berlin 1984.

Friedrich, Walter: Jugend und Jugendforschung. Berlin 1976.

Friedrich, Walter; Griese, Helmut (Hrsg.): Jugend und Jugendforschung in der DDR. Opladen 1991.

Froese, Leonhard: Sowjetisierung der deutschen Schule. Entwicklung und Struktur des mitteldeutschen Bildungswesens. Freiburg 1962.

Geschichte der Freien Deutschen Jugend. Berlin 1982.

Geschichte der SED. Abriß. Berlin 1978.

Gesetzblätter der Jahrgänge 1950, 1959, 1961, 1962, 1963, 1965 und 1970.

Gotschlich, Helga (Hrsg.): „Links und links und Schritt gehalten ...". Die FDJ: Konzepte – Abläufe – Grenzen. Berlin 1994.

Günther, Karl-Heinz; Uhlig, Günter: Geschichte der Schule in der DDR 1945–1971. Berlin 1974.

Günther, Karl-Heinz u. a. (Hrsg.): Geschichte der Erziehung. Berlin 1987.

Günther, Karl-Heinz: Das Bildungssystem der Deutschen Demokratischen Republik. Berlin 1989.

Hearnden, Arthur: Bildungspolitik in der BRD und DDR. Düsseldorf 1973.

Heidemeyer, Helge: Flucht und Zuwanderung aus der SBZ/DDR 1945/49–1961. Die Flüchtlingspolitik der Bundesrepublik Deutschland bis zum Bau der Berliner Mauer. Düsseldorf 1994.

Helwig, Gisela (Hrsg.): Schule in der DDR. Köln 1988.

Herbst, Andreas; Ranke, Winfried; Winkler, Jürgen: So funktionierte die DDR. Bd. 1 und 2. Lexikon der Organisationen und Institutionen. Reinbek bei Hamburg 1994.

Hochschulen 1980 bis 1990. Hrsg. vom Statistischen Bundesamt Wiesbaden. Sonderreihe mit Beiträgen für das Gebiet der ehemaligen DDR. Heft 13, 1994.

Hohlfeld, Brigitte: Die Neulehrer in der SBZ/DDR 1945–1953. Weinheim 1992.

Im Trabi durch die Zeit. 40 Jahre Leben in der DDR. Hrsg. von Egon Hölder. Stuttgart 1992.

Jaide, Walter; Hille, Barbara: DDR-Jugend. Politisches Bewußtsein und Lebensalltag. Opladen 1990.

Jaide, Walter; Hille, Barbara: Jugend im doppelten Deutschland. Opladen 1977.

Jahrbuch der DDR. Berlin 1956, 1957, 1959, 1960 und 1961.

Jahrbuch für Wirtschaftsgeschichte. Zu Problemen der Demographie. Berlin 1974.

Jahresbericht 1992 und 1993. Institut für zeitgeschichtliche Jugendforschung. Berlin 1992 und 1993.

Junge Welt, 9. Februar 1956.

Kaelble, Hartmut; Kocka, Jürgen; Zwahr, Hartmut (Hrsg.): Sozialgeschichte der DDR. Stuttgart 1994.

Khalatbari, Parviz (Hrsg.): Räumliche Bevölkerungsbewegung in sozialistischen Ländern. Berlin 1981.

Klier, Freya: Lüg Vaterland. Erziehung in der DDR. München 1990.

Kocka, Jürgen (Hrsg.): Historische DDR-Forschung. Aufsätze und Studien. Berlin 1993.

Köhler, Roland; Kraus, Aribert; Methfessel, Werner: Geschichte des Hochschulwesens der Deutschen Demokratischen Republik. Ein Überblick. Teil I und II. Berlin 1976.

Krippendorf, Ekkehart: Die Liberal-Demokratische Partei Deutschlands in der Sowjetischen Besatzungszone 1945/48. Entstehung, Struktur, Politik. Düsseldorf 1961.

Krönig, Waldemar; Müller, Klaus-Dieter: Anpassung. Widerstand. Verfolgung. Hochschule und Studenten in der SBZ und DDR 1945–1961. Köln 1994.

Krüger, Heinz-Hermann (Hrsg.): Handbuch der Jugendforschung. Opladen 1993.

Lammel, Hans-Joachim (Hrsg.): Dokumente zur Geschichte der ABF. Teil I. 1945–1949. Berlin 1987.

Lange, Max Gustav: Totalitäre Erziehung. Das Erziehungssystem der Sowjetzone Deutschlands. Frankfurt a. M. 1954.

Mählert, Ulrich: „Die gesamte junge Generation für den Sozialismus begeistern“. In: Weber, Jürgen (Hrsg.): Neues über eine vergangene Diktatur – Der SED-Staat. München 1994.

Marschalck, Peter: Bevölkerungsgeschichte Deutschlands im 19. und 20. Jahrhundert. Frankfurt a. M. 1984.

Meier, Artur: Soziologie des Bildungswesens. Berlin 1974.

Metzler Aktuell – DDR im Wandel. Daten und Fakten für Geographie und Wirtschaft. Zeitgeschichte und Politik in Zusammenarbeit mit dem Statistischen Bundesamt Wiesbaden. Stuttgart 1990.

Mischnick, Wolfgang: Von Dresden nach Bonn. Erlebnisse – jetzt aufgeschrieben. Stuttgart 1991.

Mitteilungen zur Selbstmordsterblichkeit in der DDR 1961-1989 und nach Bezirken für 1989. Sonderheft 1990. Hrsg. vom Institut für medizinische Statistik und Datenverarbeitung. Berlin 1990.

Monumenta Paedagogica. Reihe C, Teil 1 bis 4. Berlin 1969 bis 1986.

1950/1963 – 13 Jahre Gesetz zur Förderung der Jugend. Hrsg. vom Amt für Jugendfragen beim Ministerrat der DDR. Berlin 1963.

Partei und Jugend. Dokumente marxistisch-leninistischer Jugendpolitik. Berlin 1986.

Protokoll der Verhandlungen des VIII. Parteitages der SED. Berlin 1971.

Richert, Ernst: „Sozialistische Universität“. Die Hochschulpolitik der SED. Berlin 1967.

Rudolph, Hedwig; Husemann, Rudolf: Hochschulpolitik zwischen Expansion und Restriktion. Ein Vergleich der Entwicklung in der BRD und in der DDR. Frankfurt a. M. 1984.

Rytlewski, Ralf; Opp de Hipt, Manfred: Die DDR in Zahlen. 1945/49–1980. München 1987.

SBZ-Handbuch. Hrsg. von Martin Broszat und Hermann Weber. München 1990.

Schäfer, Hans-Peter: Jugendforschung in der DDR. Entwicklungen, Ergebnisse, Kritik. München 1974.

Sozialstruktur der DDR. Berlin 1988.

Spittmann, Ilse (Hrsg.): Die SED in Geschichte und Gegenwart. Köln 1987.

Stallmann, Herbert: Hochschulzugang in der SBZ/DDR 1945–1959. St. Augustin 1980.

Statistische Praxis. Monatszeitschrift. Berlin 1946–1956.

Steinborn, Tom; Klatte, Ivo (Hrsg.): Liberale Jugend in Ostdeutschland. Dresden 1994.

Storbeck, Dietrich: Soziale Strukturen in Mitteldeutschland. Eine sozialstatistische Bevölkerungsanalyse im gesamtdeutschen Vergleich. Berlin 1962.

Tägliche Rundschau, 31. Juli 1945.

Vergleich von Bildung und Erziehung in der Bundesrepublik Deutschland und der Deutschen Demokratischen Republik. Wissenschaftliche Kommission unter Leitung von Oskar Anweiler. Köln 1990.

Vierteljahreshefte zur Statistik der DDR. Berlin 1957–1959.

40 Jahre DDR. Berlin 1989.

Vogt, Hartmut: Bildung und Erziehung in der DDR. Stuttgart 1969.

Vom Werden unseres Staates. Eine Chronik. Bd. 1: 1945 bis 1949 und Bd. 2: 1949 bis 1955. Berlin 1968.

Vortmann, Heinz: Geburtenzunahme in der DDR – Folge des „Babyjahres“. Geburtenentwicklung und Familienförderung in der DDR. In: Vierteljahreshefte zur Wirtschaftsforschung. Heft 3/1978.

Vortmann, Heinz: Anhaltend hohe Geburtenzahlen in der DDR. In: Wochenbericht des DIW, Nr. 30/1979.

Waterkamp, Dietmar: Das Einheitsprinzip im Bildungswesen der DDR. Köln 1985.

Waterkamp, Dietmar: Handbuch zum Bildungswesen der DDR. Berlin 1987.

Weber, Hermann: Geschichte der DDR. München 1985.

Weber, Hermann (Hrsg.): Parteiensystem zwischen Demokratie und Volksdemokratie. Dokumente und Materialien zum Funktionswandel der Parteien und Massenorganisationen in der SBZ/DDR. Köln 1982.

Wörterbuch zur sozialistischen Jugendpolitik. Berlin 1975.

Zilch, Dorle: Die FDJ. Mitgliederzahlen und Strukturen. In: Jugend '92. Lebenslagen, Orientierungen und Entwicklungsperspektiven im vereinigten Deutschland. Bd. 3. Die neuen Länder: Rückblick und Perspektiven. Opladen 1992.

Zilch, Dorle: Millionen unter der blauen Fahne. Die FDJ. Zahlen – Fakten – Tendenzen. Mitgliederbewegung und Strukturen in der FDJ-Mitgliedschaft von 1946 bis 1989 unter besonderer Berücksichtigung der Funktionäre. Bd. 1: Mitgliederbewegung der FDJ von 1946 bis 1989. Rostock 1994.

Zur Situation von Kindern und Jugendlichen in der DDR. Untersuchung im Auftrag des Volkskammerausschusses für Familie und Frauen. Hrsg. vom Institut für Soziologie und Sozialpolitik. Berlin 1990.

5 Tabellenverzeichnis

6 Abbildungsverzeichnis